"十三五"职业教育国家规划

供护理、助产、药剂、营养与保健、康复技术、口腔修复
工艺、医学影像技术等专业使用

解剖学基础

（第二版）

主　编　刘东方　黄嫦斌

副主编　刘　斌　刘　斗　李广鹏　姚　红

编　者　（按姓氏汉语拼音排序）

崔志英（山西晋中卫生学校）
邓仁川（四川护理职业学院）
房　霞（大连铁路卫生学校）
管永福（江西省赣州卫生学校）
黄嫦斌（广西南宁市卫生学校）
姜　丽（广西医科大学附设护士学校）
李广鹏（辽宁省沈阳市中医药学校）
刘　斌（甘肃省天水市卫生学校）
刘　斗（山西省太原市卫生学校）
刘东方（吉林省吉林职工医科大学）
马　艳（宁夏卫生学校·平罗县职业教育中心）
聂新星（新疆石河子大学护士学校）
牛玉英（山西省长治卫生学校）
宋　瑜（山西晋中卫生学校）
魏成超（昆明卫生职业学院）
闫卫民（山西省太原市卫生学校）
杨爱连（山西省吕梁市卫生学校）
姚　红（安徽省淮南卫生学校）
赵国志（吉林省通化市卫生学校）

科 学 出 版 社

北　京

内 容 简 介

本教材按120学时编写，共分14章。内容包括绪论、细胞、基本组织、运动系统、消化系统、呼吸系统、泌尿系统、生殖系统、脉管系统、感觉器、神经系统、内分泌系统、人体胚胎学概要和护理常用技术应用解剖，另附实验指导、参考文献、教学大纲和自测题参考答案。全书采用彩色插图，文字简洁，语言精练，重点突出，图文并茂，真实感强，力求达到教材与图谱合二为一的效果。每章均有案例、案例分析、考点提示、链接、护考链接、小结和自测题，有利于学生掌握重点和课后复习。

本书可供护理、助产、药剂、营养与保健、康复技术、口腔修复工艺、医学影像技术等专业使用。

图书在版编目（CIP）数据

解剖学基础 / 刘东方，黄嫦斌主编．-2版．-北京：科学出版社，2017.1

“十三五”职业教育国家规划教材

ISBN 978-7-03-050971-0

Ⅰ．解…　Ⅱ．①刘…　②黄…　Ⅲ．人体解剖学-中等专业学校-教材　Ⅳ．R322

中国版本图书馆CIP数据核字（2016）第299918号

责任编辑：池　静 / 责任校对：张怡君

责任印制：赵　博 / 封面设计：张佩战

科学出版社 出版

北京东黄城根北街16号

邮政编码：100717

http://www.sciencep.com

北京汇瑞嘉合文化发展有限公司 印刷

科学出版社发行　各地新华书店经销

*

2012年4月第　一　版　开本：787×1092　1/16

2017年1月第　二　版　印张：18 1/2

2021年8月第十一次印刷　字数：439 000

定价：69.80元

（如有印装质量问题，我社负责调换）

中等职业教育数字化课程建设项目
教材出版说明

为贯彻《国家中长期教育改革和发展规划纲要（2010—2020）》《教育信息化十年发展规划（2011—2020）》等文件精神，落实教育部最新《中等职业学校专业教学标准（试行）》要求，调动广大教师参与数字化课程建设，提高其数字化内容创作和运用能力，结合最新数字化技术促进职业教育发展，科学出版社于2015年9月正式启动了中等职业教育护理、助产专业数字化课程建设项目。

科学出版社前身是1930年成立于上海的龙门联合书局，1954年，龙门联合书局与中国科学院编译局合并组建成立科学出版社，现隶属中国科学院，员工达1200余名，其中硕士研究生及以上学历者627人（截至2016年7月1日），是我国最大的综合性科技出版机构。依托中国科学院的强大技术支持，我社于2015年推出最新研发成果："爱医课"互动教学平台（见封底）。该平台可将教学中的重点内容以视频、语音及三维模型等方式呈现，学生用手机扫描常规书页即可免费浏览书中配套3D模型、动画、视频、护考模拟试题等教学资源。

本项目分数字化教材建设与资源建设两部分。数字化课程建设项目与"爱医课"互动教学平台进行的首次有益结合而成的教材，是我国中等职业层次首套数字化创新教材。2015年10月开展了建设团队的全国遴选工作，共收到全国62所院校575位老师的申请资料，于2016年1月在湖北武汉召开了项目启动会及教材编写会。

（一）数字化教材的编写指导思想

本次编写充分体现了职业教育特色，紧紧围绕"以就业为导向，以能力为本位，以发展技能为核心"的职业教育培养理念，遵循"理论联系实际"的原则，强调"必需、够用"的编写标准，以数字化课程建设为方向，以创新教材为呈现形式。

（二）本套数字化教材的特点

1. 按照专业教学标准安排课程结构　本套数字化教材严格按照专业教学标准的要求设计科目、安排课程。全套教材分公共基础课、专业技能课、专业选修课及综合实训四类，共计39种，体系完整。

2. 紧扣最新护考大纲调整内容　本套系列教材参考了"国家护士执业资格考试大纲"的相关标准，围绕考试内容调整学习范围，突出考点与难点，方便学生的在校日常学习与护考接轨，适应护理职业岗位需求。

3. 呈现形式新颖　"数字化"是未来教育的发展方向，本项目39种教材均将传统纸质教材与"爱医课"教学平台无缝对接，形式新颖。它能充分培养职业院校学生的学习兴趣，提高课堂教学效果，使学生用"碎片化时间"学习，寓教于乐，乐中识记、乐中理解、乐中运用，为翻转课堂提供了有效的实现手段。

（三）本项目出版教材目录

本项目经中国科学院、科学出版社领导的大力支持，获年度重大项目立项。39种教材具体情况如下。

中等职业教育数字化课程配套创新教材目录

序号	教材名	主编	书号
1	《语文》	孙　琳　王　斌	978-7-03-048363-8
2	《数学》	赵　明	978-7-03-048206-8
3	《公共英语基础教程（上册）》（双色）	秦博文	978-7-03-048366-9
4	《公共英语基础教程（下册）》（双色）	秦博文	978-7-03-048367-6
5	《体育与健康》	张洪建	978-7-03-048361-4
6	《计算机应用基础》（全彩）	施宏伟	978-7-03-048208-2
7	《计算机应用基础实训指导》	施宏伟	978-7-03-048365-2
8	《职业生涯规划》	范永丽　汪　冰	978-7-03-048362-1
9	《职业道德与法律》	许练光	978-7-03-050751-8
10	《人际沟通》（第四版，全彩）	钟　海　莫丽平	978-7-03-049938-7
11	《医护礼仪与形体训练》（全彩）	王　颖	978-7-03-048207-5
12	《医用化学基础》（双色）	李湘苏　姚光军	978-7-03-048553-3
13	《生理学基础》（双色）	陈桃荣　宁　华	978-7-03-048552-6
14	《生物化学基础》（双色）	赵勋靡　王　懿　莫小卫	978-7-03-050956-7
15	《医学遗传学基础》（第四版，双色）	赵　斌　王　宇	978-7-03-048364-5
16	《病原生物与免疫学基础》（第四版，全彩）	刘建红　王　玲	978-7-03-050887-4
17	《解剖学基础》（第二版，全彩）	刘东方　黄嫦斌	978-7-03-050971-0
18	《病理学基础》（第四版，全彩）	贺平泽	978-7-03-050028-1
19	《药物学基础》（第四版）	赵彩珍　郭淑芳	978-7-03-050993-2
20	《正常人体学基础》（第四版，全彩）	王之一　覃庆河	978-7-03-050908-6
21	《营养与膳食》（第三版，双色）	魏玉秋　戚　林	978-7-03-050886-7
22	《健康评估》（第四版，全彩）	罗卫群　崔　燕	978-7-03-050825-6
23	《内科护理》（第二版）	崔效忠	978-7-03-050885-0
24	《外科护理》（第二版）	闵晓松　阴　俊	978-7-03-050894-2
25	《妇产科护理》（第二版）	周　清　刘丽萍	978-7-03-048798-8
26	《儿科护理》（第二版）	段慧琴　田　洁	978-7-03-050959-8
27	《护理学基础》（第四版，全彩）	付能荣　吴姣鱼	978-7-03-050973-4
28	《护理技术综合实训》（第三版）	马树平　唐淑珍	978-7-03-050890-4
29	《社区护理》（第四版）	王永军　刘　蔚	978-7-03-050972-7
30	《老年护理》（第二版）	史俊萍	978-7-03-050892-8
31	《五官科护理》（第二版）	郭金兰	978-7-03-050893-5
32	《心理与精神护理》（双色）	张小燕	978-7-03-048720-9
33	《中医护理基础》（第四版，双色）	马秋平	978-7-03-050891-1
34	《急救护理技术》（第三版）	贾丽萍　王海平	978-7-03-048716-2
35	《中医学基础》（第四版，双色）	伍利民　郝志红	978-7-03-050884-3
36	《母婴保健》（助产，第二版）	王瑞珍	978-7-03-050783-9
37	《产科学及护理》（助产，第二版）	李　俭　颜丽青	978-7-03-050909-3
38	《妇科护理》（助产，第二版）	张庆桂	978-7-03-050895-9
39	《遗传与优生》（助产，第二版，双色）	潘凯元　张晓玲	978-7-03-050814-0

注：以上教材均配套教学 PPT 课件，在“爱医课”平台上提供免费试题、微视频等多种资源，欢迎扫描封底二维码下载

科学出版社

2016 年 12 月

前　言

时值“十三·五”开局之年，创新精神和能力培养是中等卫生职业教育的灵魂和目标。为了贯彻教育部关于“深化教育改革，要大力推动培养模式、管理体制、课程体系、教学内容和方法的改革与创新”的精神，缩短教学与实际工作的差距，培养学生的决策能力，体现学生的职业行为能力，本教材在坚持“三基”的基础上，突出重点，强调核心内容，编写本着够用、实用、适用的原则，通过案例和护考链接，使教学内容与国家护士职业资格考试贴近，力求卫生职业教育与岗位“零距离”，以培养更多高素质、创新型和实用型的医学人才。

本教材在编写形式上做了大胆尝试，有以下特点：①本书共有四百余幅彩色人体实物标本图、线条图和镜下组织学切片图，将教材和图谱合二为一，对学生使用教材有很大的帮助。②每章开始部分为导言，用生动风趣的语言导出教学大纲的精髓，引人入胜，激发学生浓厚的求知欲。③每节内容以“考点”的方式将重点内容列出，引起师生的关注。④本教材的核心是将案例教学法融入教材编写之中，在每章都精选了案例和案例分析，以培养学生的学习兴趣，达到锻炼学生分析问题和解决问题的能力。⑤在每章节适当位置插入与临床、日常生活常识等有关内容的“链接”，以增加学生的学习乐趣，拓展学生的视野。⑥“护考链接”的引入及点评分析，充分体现了卫生职业教育教学与临床岗位要求“零距离”接触的特点。⑦本教材涵盖了国家执业护士资格考试大纲中涉及的解剖学、组织学、胚胎学内容，力求实现“学历证书”与“资格证书”的对接融通，为学生毕业后顺利通过资格考试和早日就业打下坚实的基础。⑧在每章后“小结”用最精辟的语言总结表达该章的主要内容，以便学生能进一步回顾知识，把握重点。⑨同时在每章后设置了自测题，题型紧扣执业资格考试，针对性强。选择题统一附有参考答案，便于老师辅导和学生自测自评。⑩本书还以自学的方式添加了护理常用技术应用解剖，力求联系临床。⑪本教材还附有实验指导，教学基本要求和学时分配建议，使教学有据可依。

本书按 120 学时编写，共分 14 章。内容包括绪论、细胞、基本组织、运动系统、消化系统、呼吸系统、泌尿系统、生殖系统、脉管系统、感觉器、神经系统、内分泌系统和人体胚胎学概要、护理常用技术应用解剖，另附实验指导、参考文献、教学大纲和自测题参考答案。在编写过程中，语言力求简明扼要，做到图文并茂、通俗易懂，从而增加了可读性和广泛的适用性。

书中的专业名词，均以1991年全国自然科学名词审定委员会公布的名词为准，规范使用人体解剖学名词。

本教材凝聚着集体的力量和智慧，参编人员都是教学一线的教师，具有较高的理论造诣和丰富的教学经验，他们无私地奉献了多年的教学经验和研究成果。在教材编写过程中，还得到了各编者所在学校的鼎力支持和帮助，在此表示衷心的感谢！更要感谢各位编者在时间短、任务重的情况下，克服困难，为保证本书的质量和如期出版所付出的辛勤努力！

由于编写水平有限，书中疏漏和不完善之处在所难免，恳求广大读者和同仁不吝赐教，为再版的修订工作提供依据和参考。

刘东方

2016年6月

目　录

1

第一章 绪 论

引言：当莘莘学子怀着崇高的理想，带着远大的志向，携着好奇的心理，步入博大而精深的医学殿堂之时，首先迎接他的是解剖学基础这门课程。它讲述的是神奇而富有活力的人体是如何由一个细胞发育而来，众多微小的细胞如何构成人体的组织、器官、系统，它们的正常形态、结构和基本功能又是如何，让医海学子对人体有一个全面而系统的认识，为进一步学好其他医学基础课程和临床课程奠定必要的基础。解剖学将带领每一位学子走进神秘的人体，去透视人体，剖视人体，去揭开人体的奥秘。

一、解剖学基础的定义与地位

解剖学基础是研究正常人体形态结构及其发生发展规律的科学，包括解剖学、组织学和胚胎学三门学科。

解剖学是研究正常人体各器官的形态结构、位置和毗邻关系的科学。“解剖”一词含有分割、切开的意思。早在两千多年前，我国的医著《黄帝内经·灵枢》中就已经有了“解剖”二字的记载。直到现在，这种持刀切割的方法仍是研究人体形态结构的基本方法之一。随着科学技术的进步、相关学科的发展及医学实践的促进，解剖学的研究范畴不断扩大与加深，逐渐形成许多新的分支学科。

解剖学依其研究重点不同，分为系统解剖学和局部解剖学。**系统解剖学**是按人体功能系统（如运动系统、消化系统、呼吸系统等）阐述人体各器官形态结构的科学。一般所说的解剖学就是系统解剖学。**局部解剖学**是在系统解剖学的基础上，按部位（如头部、颈部、胸部、腹部、盆部等）进一步阐述人体各个局部的层次结构、各器官间的位置与毗邻关系的科学。系统解剖学和局部解剖学主要通过肉眼观察描述正常人体的形态结构，故又称巨视解剖学。

组织学是研究正常人体的细胞、组织和器官微细结构及其相关功能的科学，它是借助切片技术和显微镜观察的方法进行研究，故又称微视解剖学。

胚胎学是研究个体发生、发育及生长变化规律的科学。

解剖学基础是一门重要的医学主干学科，是医学各学科的基础。清代名医王清任说：“著书不明脏腑，岂不是痴人说梦；治病不明脏腑，何异盲子夜行。”他充分说明只有在认识正常人体形态结构的基础上才能进一步理解人体的生理现象，正确地认识和鉴别疾病的发生、发展及演变规律，从而采取有效的治疗和护理措施，协助患者康复。在医学科学、生命科学高度发展的今天，解剖学基础的重要性更加凸现，CT、MRI、介入医学等先进诊疗手段的发展无不依赖于本学科的发展。正确认识和理解正常人体的形态结构及其发生、发展规律，为进一步学习其他基础医学课程（如病理学、生物化学等）和专业课程（如外科护理、内科护理等），奠定坚实的基础。

二、学习解剖学基础的基本观点和方法

在学习人体解剖学时，一定要从医学专业的实际需要出发，坚持局部与整体相统一的观点、形态与功能相联系的观点、进化与发展相一致的观点、理论与实践相结合的观点。在学习中，学生要学会将教材、标本、图谱、挂图和教学多媒体软件有机结合起来，以达到正确、全面地认识和记忆人体形态结构，学好解剖学基础的目的。

（一）局部与整体相统一的观点

人体是作为一个整体而存在的，各器官与系统都是整体不可分割的一部分，它们相互联系、相互依存、相互制约、有机配合、协调一致，学习时既要始终注意各器官与系统的相互联系和相互影响，了解它们在整体中的地位和作用，又要从整体的角度来认识器官和系统的形态和结构。

（二）形态与功能相联系的观点

人体每个器官都有一定的形态，以完成其特定的功能，器官的形态结构是功能的物质基础。如肌细胞细长，它具有收缩功能；成熟红细胞质内含有大量的血红蛋白，它具有运输氧气和二氧化碳的功能。功能的改变也会引起器官形态的变化，如加强体育锻炼，可使骨骼肌细胞纤维变粗，肌肉发达；长期卧床，可导致骨骼肌细胞细弱，肌肉萎缩。因此，人体的形态结构与功能是相互依存、相互影响的。

（三）进化与发展相一致的观点

人是生物经过亿万年由低级到高级、长期的种系发生和演变而来的。人与动物区别在于人有思维能力，有交感思维活动的语言和进行生产劳动的双手，这些使人成为世界的主宰者，但人体的形态结构至今仍保留许多与动物，尤其是与哺乳类动物相似的特征，如皮肤上生有毛发，以乳汁哺育幼儿，两侧对称的身体，体腔分为胸腔和腹腔等。截至现代，人的形态结构仍然处在不断发展和变化之中。不同年龄、不同的自然因素、社会环境和劳动条件等，均可影响人体形态结构的发展。因此，只有用进化发展的观点来学习解剖学基础，才能正确全面认识人体、理解人体出现的变异和畸形。

（四）理论与实践相结合的观点

解剖学基础是一门实践性很强的学科，结构复杂、名词繁多、不易记忆。学生如果死啃书本、硬记名词，则如同嚼蜡，索然无味。因此，学生学习中必须做到三个结合：图文结合，理论学习与观察实物相结合，与临床应用相结合。这样才容易调动学生的学习积极性，激发学习兴趣，提高对某些器官结构重要性的认识。

三、人体的组成和分部

（一）人体的组成

人体的组成：细胞→ 组织→ 器官→ 系统→ 人体。

细胞是人体结构和功能的基本单位。许多形态相似和功能相近的细胞借细胞间质有机地结合在一起构成**组织**。由于细胞种类和功能的不同，组织也相应地分为上皮组织、结缔组织、肌组织和神经组织。这四种组织是构成人体各器官和系统的基础，故又称为基本组织。

几种不同的组织结合成具有一定形态、完成一定功能的结构称**器官**，如心、肝、脾、肺、肾等。共同完成人体某一方面功能的各个器官组合在一起称**系统**。如肾、输尿管、膀胱、尿道组成泌尿系统。人体有九大系统，包括运动系统、消化系统、呼吸系统、泌尿系统、生殖系统、脉管系统、内分泌系统、感觉器和神经系统。其中消化、呼吸、泌尿和生殖四个系统的大部分器官位于胸腔、腹腔和盆腔内，统称为**内脏**。

（二）人体的分部

人体是一个整体，为了学习和研究的方便，通常按照人体的形态分为**头**、**颈**、**躯干**和**四肢**四大部分。头部是人体最重要的部位。头的前部称为面，后部称为颅。颈部把头部和躯干部联系起来。颈的前部称为颈，后部称为项。躯干可分为胸部、腹部、盆部、会阴部和背部，背部的下方称为腰。四肢包括上肢和下肢各一对。上肢分为肩、臂、前臂和手四部分。上肢和躯干相连部分的上面为肩，臂和前臂相连处的后面凸起部分称肘，前臂和手相连的部分称腕；下肢分为臀、大腿、小腿和足四部分。身体背面腰部下方、大腿上方的隆起部分称臀。大腿和小腿相连部分的前面称膝，后面称腘。小腿和足相连的部分称踝。

考点：人体的组成和分部

四、常用的解剖学术语

为了正确描述人体形态结构、位置及它们之间的相互关系，国际上规定了公认的统一标准和术语。初学者首先应掌握解剖学姿势、常用方位、轴和切面这些基本术语，以利于学习和交流。

（一）解剖学姿势

身体直立，两眼平视正前方，上肢自然下垂于躯干两侧，手掌向前，下肢并拢，足尖向前的姿势，称解剖学姿势。在对人体某一部位或某一器官进行描述时，均以解剖学姿势为准进行描述。

（二）方位术语

为了在研究和认识人体称呼方位时能统一、规范，特按解剖学姿势规定了人体的方位，常用的术语见图 1-1。

1. 上和下 以解剖学姿势为准，近头顶者为上，近足底者为下。上和下在胚胎学分别称为头侧和尾侧。

2. 前和后 近胸、腹面者为前，又称腹侧。近背、腰面者为后，又称背侧。描述手时前为掌侧，后为背侧。

3. 内侧和外侧 以身体正中矢状面为准，距正中矢状面较近者为内侧，较远者为外侧。描述四肢时，上肢前臂的内侧称尺侧，外侧称桡侧；下肢小腿的内侧称胫侧，外侧称腓侧。

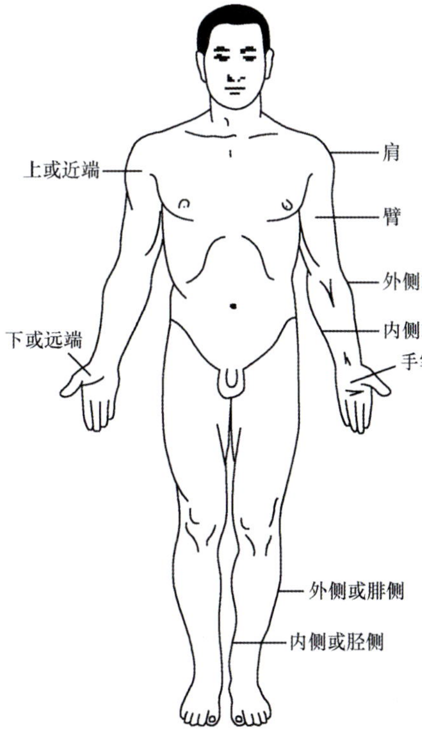

图 1-1 解剖学姿势和方位

4. 内和外 常用来描述某结构与空腔器官的位置关系，在腔内或近腔者为内，反之为外。

5. 浅和深 以身体表面或器官表面为准，近表面者为浅，反之为深。

6. 近侧（近端）**和远侧**（远端） 以距离躯干的远近为准。近躯干者为近侧（近端），远躯干者为远侧（近端）。

（三）轴

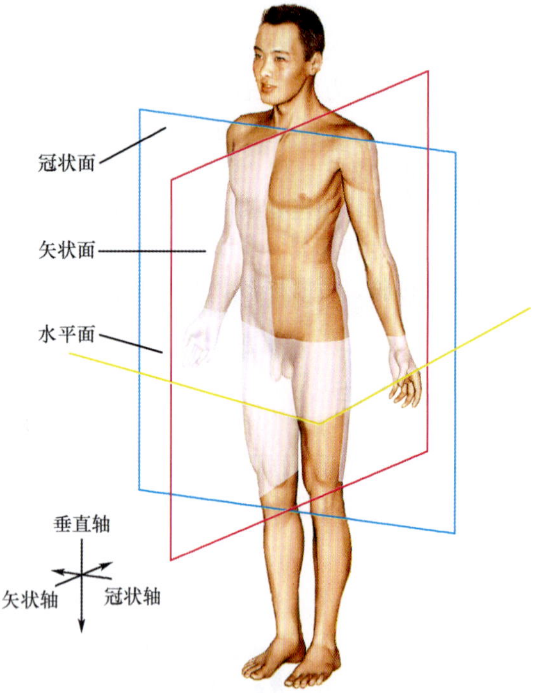

图 1-2 人体的轴和面

轴多用于表达关节运动时骨的位移轨迹所沿的轴线。以解剖学姿势为准，将人体设为三个相互垂直的轴（图 1-2）。

1. 垂直轴 为上、下方向的垂直轴线，与身体长轴平行，与地平面垂直。人体可以此轴为转动轴做左、右旋转运动。

2. 矢状轴 为前、后方向的水平轴线，与垂直轴和冠状轴相互垂直。人体可以此轴为转动轴做左、右侧屈运动。

3. 冠状轴（额状轴） 为左、右方向的水平轴线，与垂直轴和矢状轴相互垂直。人体可以此轴为转动轴做屈、伸运动。

（四）面

以解剖学姿势为准，将人体设为三个相互垂直的面（图 1-2）。

1. 水平面（横切面） 与水平面平行，将人体横切为上、下两部分的切面，称水平面。

2. 矢状面 沿前后方向，将人体垂直纵切为左、右两部分的切面，称矢状面。通过人体正中的矢状面为正中矢状面，将人体分为左、右相等的两半。

考点： 常用的解剖学术语、轴和面

3. 冠状面（额状面） 沿左右方向，将人体垂直纵切为前、后两部分的切面，称冠状面。

此外，描述器官的切面，一般则以器官本身的长轴为准，与器官长轴平行的切面称纵切面，与器官长轴垂直的切面称横切面。

链接

人体器官的变异和畸形

解剖学基础记载的数值（器官的形态、结构、大小、位置等）均为正常；离开正常范围，但对外观或功能影响不大的个体差异称变异；离开正常范围较远，对外观或功能影响严重的异常，称畸形或异常。变异和畸形主要是胚胎发育过程中的返祖（如毛人）、发育停滞（如兔唇）、发育过度（如多指）的结果。

小结

解剖学基础是研究正常人体形态结构及其发生、发展规律的科学，包括解剖学、组织学和胚胎学三门学科。它们相互渗透，共同发展，是医学生的先修课和必修课。正常人体是由细胞→组织→器官→系统组成，是功能复杂、完整统一的有机体。为了学习和研究的方便，通常按照人体的形态分为头、颈、躯干和四肢四大部分。人体构造十分复杂，为了准确地描述人体各部分、各器官的形态结构、位置及其相互关系，国际上规定了标准的解剖学姿势、常用方位、轴和切面的术语。

自测题

A 型题

1. 最早研究人体的人是
   A. 盖伦　B. 达·芬奇
   C. 维萨里　D. 宋慈
   E. 华佗
2. 现代人体解剖学的创始人是
   A. 盖伦　B. 达·芬奇
   C. 维萨里　D. 宋慈
   E. 华佗
3. 人体的基本结构和功能单位是
   A. 组织　B. 细胞
   C. 器官　D. 血液
   E. 神经
4. 下列哪个系统的器官不能被称为内脏
   A. 消化系统　B. 呼吸系统
   C. 泌尿系统　D. 生殖系统
   E. 运动系统
5. 下列哪一项不是按照人体的形态和部位分类的
   A. 头　B. 颈
   C. 躯干　D. 呼吸系统
   E. 四肢
6. 在解剖学姿势中不包括下列哪一项
   A. 两眼平视前方　B. 上肢自然下垂
   C. 手掌向后　D. 下肢并拢
   E. 足尖向前
7. 上下方向与身体长轴平行、与地面垂直的轴是
   A. 冠状轴　B. 垂直轴
   C. 矢状轴　D. 水平轴
   E. 额状轴
8. 沿冠状轴方向将人体纵行切开的剖面是
   A. 额状面　B. 水平面
   C. 矢状面　D. 切面
   E. 正中矢状面
9. 沿矢状轴方向将人体纵行切开的面是
   A. 矢状面　B. 冠状面
   C. 水平面　D. 额状面
   E. 横切面
10. 下列哪一项不是解剖学方位术语
   A. 上和下　B. 内侧和外侧
   C. 近侧和远侧　D. 肱侧和股侧
   E. 尺侧和桡侧

（刘东方）

2

第二章 细 胞

引言：细胞是构成人体的基本单位和功能单位。每天照镜子，你看不出自己有什么变化，一切似乎和昨天一样。然而事实上，你体内的细胞以每秒 100 万个的速度更新自己，使你的身体每天都有一“块”是新的。那么，细胞是如何构成的？它们的形态怎样？让我们带着这些问题一起走进人体细胞。

第一节 细胞的概况

人体是自然界中最复杂的有机体之一，构成人体的细胞数量众多，形态各异，大小不一，功能不同。如骨骼肌细胞呈长圆柱状有利于收缩；神经细胞有很多细长突起，能接受刺激和传导冲动；在血液中流动的白细胞呈球形；紧密排列的上皮细胞呈扁平形、立方形、柱形、多边形等，功能各不相同（图 2-1）。

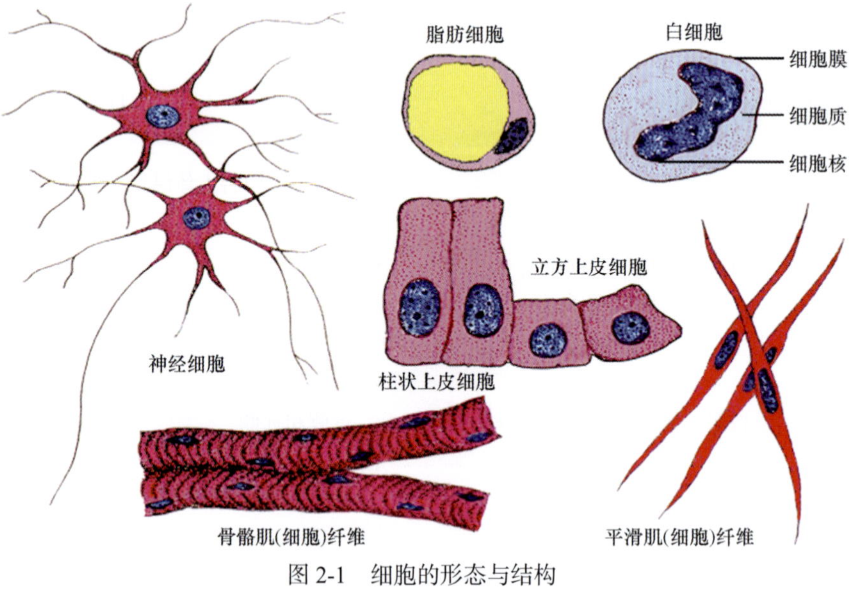

图 2-1 细胞的形态与结构

第二节 细胞的结构

细胞的大小和形态千差万别，但都具有共同的基本结构，即**细胞膜**、**细胞质**和**细胞核**（图 2-2）。

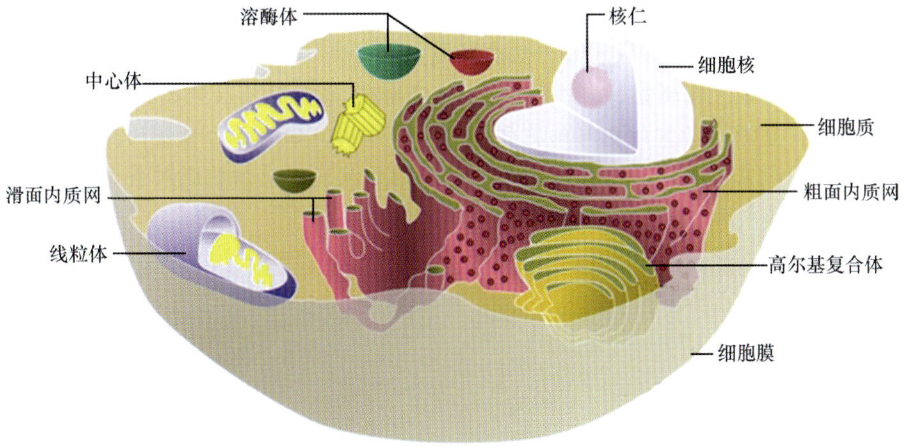

图 2-2 细胞结构模式图

一、细 胞 膜

细胞膜指细胞表面的一层薄膜，又称为**质膜**。细胞膜是一种具有特殊结构和功能的生物膜，构成细胞的屏障，使细胞具有相对稳定的内环境，是细胞和外界之间进行物质交换和信息传递的门户。

（一）细胞膜的化学组成和分子结构

细胞膜主要由类脂、蛋白质和糖类组成。关于细胞膜的分子结构，目前公认的是液态镶嵌模型学说，即细胞膜分子结构是以液态的脂质双分子层为基架，其中镶嵌着具有不同结构和功能的蛋白质（图 2-3）。

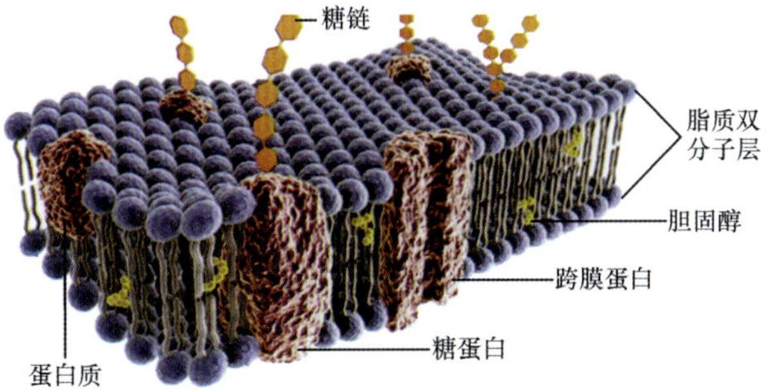

图 2-3 细胞膜分子结构模式图

（二）细胞膜的功能

细胞膜的功能是多方面的，且与膜的分子结构密切相关：①维持细胞的完整性，保持一定的细胞形态；②选择性通透作用，保持细胞内环境的相对稳定；③细胞膜受体功能；④构成细胞的支架；⑤与细胞识别、代谢、调节控制、免疫、细胞粘着和细胞运动等有关。

考点：细胞膜的分子结构、功能

链接

细胞膜与肿瘤

正常的细胞不能无限增殖，而肿瘤细胞会无限增殖。各种肿瘤细胞都有粘连蛋白的缺失，使肿瘤细胞失去了原来正常细胞与细胞之间的粘着作用，如糖蛋白糖链的改变，就与肿瘤细胞的免疫逃避现象有关；而肿瘤细胞表面降解酶的改变，使细胞膜对蛋白质和糖的传递能力增强，为肿瘤细胞的分裂和增殖提供物质基础。

二、细　胞　质

案例 2-1

患者，女，52 岁。因反复发作性意识丧失 26 年，四肢无力 7 年，言语不利 2 年，在当地医院就诊，经检查诊断为线粒体脑肌病。

问题：

1. 什么是线粒体？
2. 线粒体的功能是什么？

分析：线粒体是具有一定形态结构，完成特定生理功能的细胞器。线粒体对营养物质进行氧化，并释放能量。这些能量是人体细胞的主要能量来源。线粒体的结构和功能异常往往导致整个能量代谢过程紊乱，从而产生一系列疾病。本案例为主要累及中枢神经系统与骨骼肌的一类疾病，称线粒体脑肌病。

细胞质位于细胞膜与细胞核之间，是细胞完成多种生命活动的场所，包括基质、细胞器和内含物。

（一）基质

基质是细胞质的基本成分，为无定形、透明的胶状物质，由可溶性蛋白质、糖类、脂类、无机盐和大量水分组成，是细胞进行多种物质代谢的重要场所。

（二）细胞器

细胞器是指悬浮在细胞质基质内具有一定形态结构，完成特定生理功能的“小器官”（图 2-2）。细胞器有线粒体、核糖体、内质网、高尔基复合体、溶酶体、微体、中心体及细胞骨架（微管、微丝和中间丝）等。细胞器承担着细胞生长、修复和控制等复杂功能（表 2-1）。

考点：主要细胞器及其各有何功能

表 2-1　细胞器的形态结构和功能

细胞器	形态结构	功能
线粒体	粗线状或颗粒状，双层单位膜围成，外膜光滑，内膜折叠成嵴，含多种酶	对营养物质进行氧化，释放能量（ATP），供细胞活动所需
核糖体	由 RNA 和蛋白质构成的椭圆形粒状小体	蛋白质的合成场所
内质网	粗面内质网（有核糖体附着）、滑面内质网（无核糖体附着）	合成和输送蛋白质与糖、脂质，与类固醇激素的代谢与分泌有关，解毒
高尔基复合体	由扁平囊、大泡、小泡构成	对蛋白质进行加工、浓缩；形成分泌颗粒或溶酶体

续表

细胞器	形态结构	功能
溶酶体	膜性球泡状结构，内含多种酸性水解酶	消化分解细胞质内衰老的细胞器或被细胞吞噬的异物（如细菌）
微体	单位膜围成的内含过氧化氢酶的卵圆形小体	对细胞起保护作用
中心体	由中心粒和中心球组成	参与细胞分裂
细胞骨架	包括微管、微丝、中间丝	构成细胞支架，参与细胞运动和细胞分裂等

（三）内含物

内含物是细胞质中具有一定形态的各种代谢产物和储存物质的总称，如肝细胞的糖原、脂肪细胞的脂滴、色素和分泌颗粒等。

三、细 胞 核

人体除了成熟的红细胞外，所有细胞均有细胞核。多数细胞只有 1 个细胞核，少数细胞为双核（如肝细胞），个别细胞为多核（如骨骼肌细胞）。细胞核的形状常与细胞的形态相适应，如球形和杆形的细胞，细胞核多为圆形和椭圆形。细胞核含有遗传信息分子，在一定程度上控制细胞的代谢、分化或增殖等活动。细胞核由核膜、核仁、染色质和核基质 4 部分组成（图 2-4）。

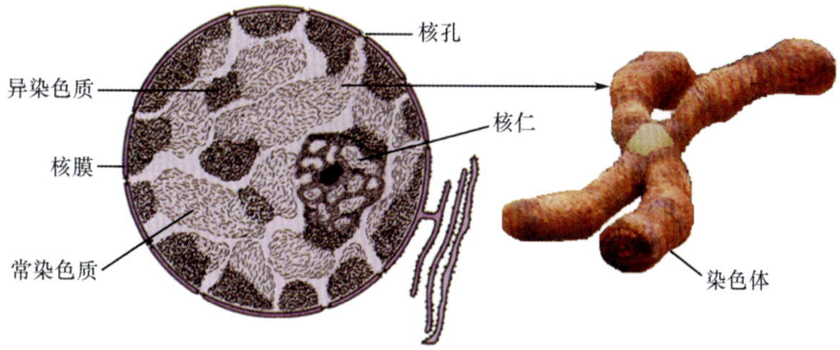

图 2-4 细胞核电镜结构模式图

1. 核膜 核膜位于细胞核的表面，由两层单位膜组成。核膜外层有核糖体附着，有时同内质网膜相连。核膜上有核孔，是细胞核与细胞质之间进行大分子物质交换的通道。

2. 核仁 核仁是核内的一个圆形小体。核仁的主要化学成分为脱氧核糖核酸（DNA）、核糖核酸（RNA）和蛋白质，是合成核糖体的场所。

3. 染色质与染色体 染色质与染色体是同一物质的不同生理状态。染色质或染色体都是由 DNA 和蛋白质构成。染色质是分裂间期细胞核内可被碱性染料染色的物质；染色体是指细胞分裂时，染色质浓缩成的杆状或条状结构。染色体的数目是恒定的。人体细胞中有 46 条染色体，其中 44 条为常染色体，2 条为性染色体。性染色体决定人类的性别，在男性为 XY，在女性为 XX。染色质或染色体中 DNA 是生物遗传的物质基础，DNA 分子上的某段碱基序列称作基因，它可经过复制遗传给子代，并通过转录和翻译合成细胞生命活动所需的各种蛋白质。

链接

亲子关系鉴定

鉴定亲子关系（又称亲子鉴定）目前用得最多的是DNA分型鉴定。人的血液、毛发、唾液、口腔细胞等都可用于亲子鉴定。一个人有23对（46条）染色体，同一对染色体同一位置上的一对基因称为等位基因，一般一个来自父亲，一个来自母亲。只要作十几至几十个DNA位点检测，如果全部一样，就可确定亲子关系，如果有3个以上的位点不同，则可排除亲子关系，有一两个位点不同，则考虑基因突变的可能，应加做一些位点的检测进行辨别。DNA亲子鉴定，否定亲子关系的准确率几近100%，肯定亲子关系的准确率可达到99.99%。

考点：细胞核的组成

4. 核基质 核基质是核内透明的液态胶状物质，又称核液，其组成除含水、蛋白质和无机盐外，还有由酸性蛋白质构成的核内骨架，对核的结构起支持作用。

小结

细胞是人体形态结构、生理功能和生长发育的基本单位，可分为细胞膜、细胞质和细胞核三部分。细胞膜是一种双层类脂分子与嵌入的球形蛋白质构成的液态膜。细胞质包括基质、细胞器和内含物。细胞器包括线粒体、内质网、核糖体、高尔基复合体、溶酶体、微体、中心体、微管、微丝等。细胞核由核膜、核仁、染色质和核基质组成。核仁是合成核糖体的场所。人体细胞中有46条（23对）染色体，44条常染色体和2条性染色体（XX或XY）。

自测题

A型题

1. 被称为“供能中心”的细胞器是
   A. 溶酶体　B. 中心体　C. 高尔基复合体　D. 线粒体　E. 内质网
2. 高尔基复合体的主要功能是参与
   A. 蛋白质的合成　B. 蛋白质加工　C. 蛋白质消化　D. 能量转化　E. 支持作用
3. 内含大量水解酶的结构是
   A. 微体　B. 线粒体　C. 中心体　D. 溶酶体　E. 高尔基复合体
4. 合成蛋白质的场所是
   A. 溶酶体　B. 中心体　C. 线粒体　D. 核糖体　E. 微体
5. 存在遗传物质的结构是
   A. 核膜与核仁　B. 核膜与核液　C. 核仁和核液　D. 核仁与染色体　E. 染色质或染色体
6. 人体细胞正常染色体的数目为
   A. 23对常染色体，1对性染色体
   B. 23对常染色体，1对X染色体
   C. 44对常染色体，1对性染色体
   D. 22对常染色体，1对性染色体
   E. 22对常染色体，1对Y染色体

（宋　瑜）

3 第三章 基本组织

引言：人体内许多结构和功能相似的细胞及细胞间质共同构成组织。通常把人体的组织分为上皮组织、结缔组织、肌组织和神经组织四大类。这四类组织是人体各器官的基本结构成分，故又称为基本组织。每种组织均具有各自的形态结构和功能特点。

第一节 上皮组织

考点： 人体组织的分类

上皮组织简称**上皮**，是由大量形态较规则并排列紧密的上皮细胞和极少量的细胞外基质组成。上皮组织具有以下结构特点：细胞多，细胞外基质少，细胞排列紧密；上皮细胞具有明显的极性，朝向身体的表面或有腔器官的腔面为游离面，与其相对的朝向深部结缔组织的一面则为基底面；上皮组织内大都无血管，其所需营养依靠结缔组织内的血管透过基膜供给；上皮组织内一般有丰富的感觉神经末梢。根据其分布和功能的不同，上皮组织可分为**被覆上皮**、**腺上皮**。被覆上皮具有保护、吸收、分泌、排泄等功能，腺上皮具有分泌功能。

考点： 上皮组织的结构特点、功能及分类

案例 3-1

有1个10月龄的患儿，于3天前突然腹泻，水样粪便，呈蛋花汤样，无腥臭味，每日10次以上，伴有高热，体温38～39℃，时有呕吐，呕吐物呈凝乳块，体格检查：患儿前囟未闭，凹陷，高热面容，呈中度脱水貌，肠鸣音亢进。诊断为轮状病毒肠炎（又称秋冬季腹泻）。经补液、纠正水电解质紊乱、抗病毒等综合治疗，患儿于1周后痊愈出院。

问题：

1. 消化道内表面被覆什么上皮？
2. 该患儿消化管黏膜上皮中哪种结构遭到破坏？这种结构的生理功能是什么？

分析： 各段消化道内表面被覆的上皮有所差别。其中胃肠内表面被覆单层柱状上皮。本案例中病毒侵入肠道后，主要在小肠绒毛上复制，其微绒毛肿胀，排列紊乱和变短，致使小肠黏膜回收水和电解质受损，在肠腔内大量积聚而引起腹泻。

一、被覆上皮

考点： 被覆上皮的分类与分布

被覆上皮是指覆盖于身体的表面，如皮肤表皮、衬贴于体腔（胸腔、腹腔、盆腔）和有腔器官（如呼吸道、消化道等）内表面的上皮。一般所说的上皮组织就是指被覆上皮。

（一）被覆上皮的分类、结构及分布

被覆上皮根据细胞的排列层数和在垂直切面上细胞的形态结构不同进行分类（表3-1）。

表 3-1　被覆上皮的分类及主要分布

分类	主要分布
单层上皮	
单层扁平上皮	内皮：在心、血管和淋巴管的内表面
	间皮：在胸膜、腹膜、心包膜的内表面
单层立方上皮	肾小管、甲状腺滤泡等处
单层柱状上皮	胃、肠和子宫等内表面
假复层纤毛柱状上皮	呼吸道内表面
复层上皮	
复层扁平上皮	角化：皮肤表皮
	未角化：口腔、食管、阴道的内表面
变移上皮	肾盂、输尿管、膀胱的内表面

1. 单层扁平上皮　又称单层鳞状上皮，由一层扁平细胞构成（图3-1）。从上皮表面观察，细胞呈多边形，边缘锯齿状，互相嵌合，连接紧密，核椭圆形，位于细胞中央。从垂直切面观察，细胞扁薄，胞质少，只有细胞核的部分略厚。衬贴于心、血管和淋巴管腔内表面的单层扁平上皮，称为**内皮**。内皮游离面光滑，有利于血液和淋巴液的流动及物质交换。分布在胸膜、腹膜和心包膜内表面的单层扁平上皮，称为**间皮**。间皮游离面湿润光滑，可减少器官间的摩擦，有利于器官的运动。

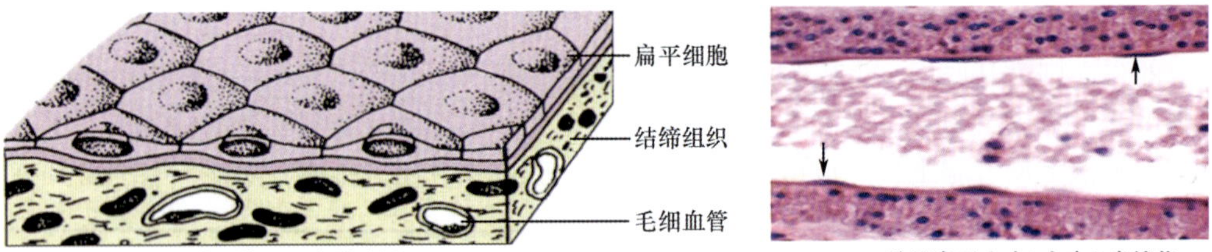

单层扁平上皮模式图　　单层扁平上皮（内皮）光镜像

图 3-1　单层扁平上皮模式图

2. 单层立方上皮　由一层近似立方形的细胞构成。从上皮表面观察，细胞呈多边形。在垂直切面上，细胞呈立方形，核圆，位于细胞中央（图3-2）。分布于肾小管、甲状腺滤泡等处，具有吸收和分泌功能。

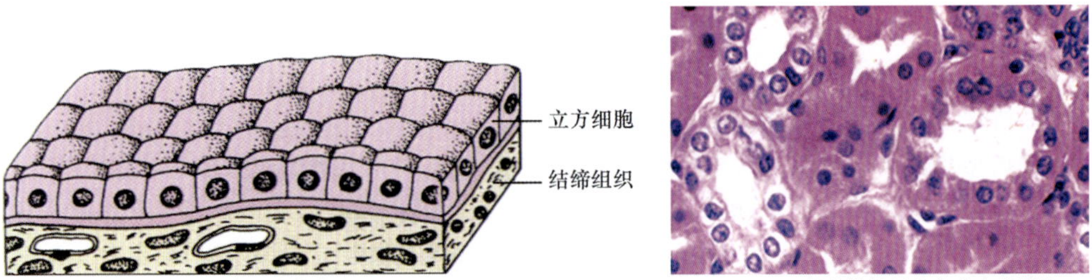

单层立方上皮模式图　　肾小管单层立方上皮光镜像

图 3-2　单层立方上皮模式图

3. 单层柱状上皮　由一层棱柱状细胞紧密排列组成。从表面观察，细胞呈六边形或多边形；在垂直切面上，细胞呈柱状，核椭圆形，多靠近细胞基底部（图3-3）。单层柱状上皮多分布于胃、肠、子宫、输卵管和胆囊等器官的腔面，具有吸收或分泌功能。分布在肠壁的单层柱状上皮，在棱柱状细胞间常夹有单个的杯状细胞，分泌黏液，有润滑和保护上皮的功能。

4. 假复层纤毛柱状上皮　主要分布在呼吸管道，由高矮不等的柱状细胞、锥形细胞、梭形细胞和杯状细胞组成，其中柱状细胞最多，游离面有纤毛。由于这四种细胞高矮不等，仅柱状细胞和杯形细胞的顶端能达到上皮的游离面，细胞核的位置不在同一平面上。在垂直切面上观察，有多层细胞核，形似复层，但细胞基底面均附着在同一基膜上，故实际为单层上皮（图 3-4）。该上皮主要分布在呼吸管道的内表面，具有重要的保护功能。

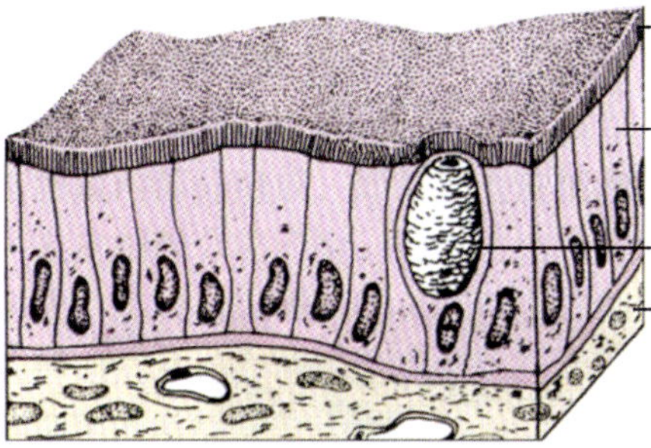

单层柱状上皮模式图

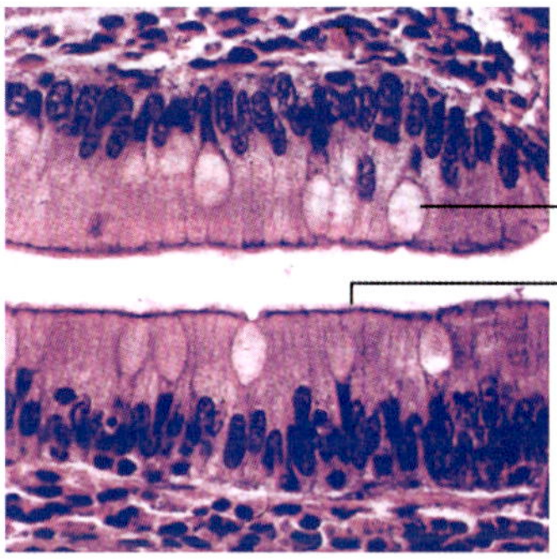

单层柱状上皮光镜像

图 3-3　单层柱状上皮

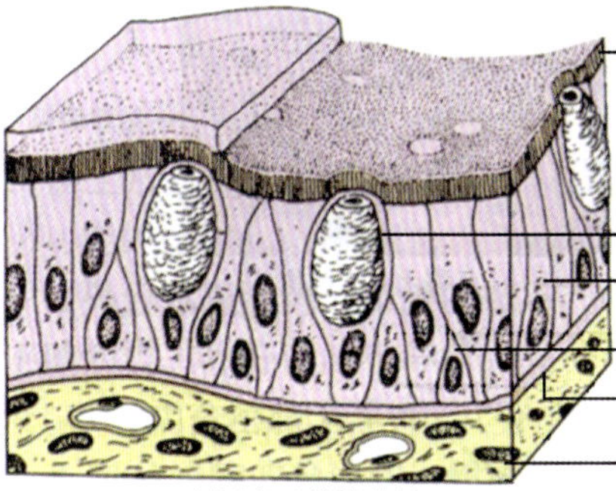

复层扁平坡模式图

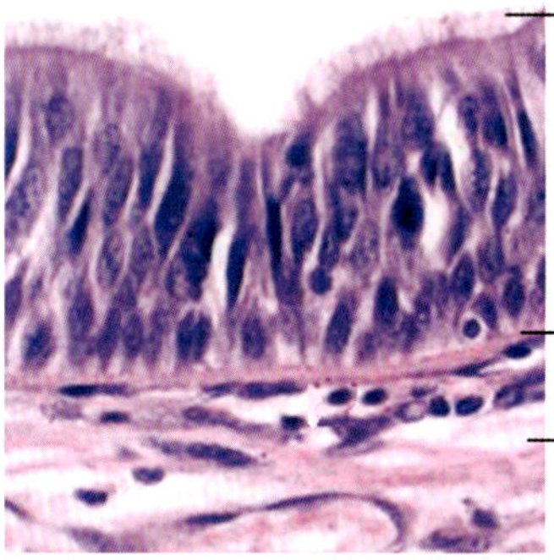

复层扁平上皮光镜像

图 3-4　假复层纤毛柱状上皮

5. 复层扁平上皮　由多层细胞组成，因表层细胞为扁平鳞片状，又称复层鳞状上皮（图 3-5）。最表层的细胞已退化并不断脱落。基底层的细胞较幼稚，分裂能力旺盛，能不断补充表层脱落的细胞。分布在皮肤表皮的为复层扁平上皮，其表层细胞胞质含有大量角质蛋白，细胞干硬并不断脱落，称为角化的复层扁平上皮；分布在口腔、咽、食管、阴道等处的复层扁平上皮，其表层细胞有细胞器，角质蛋白很少，称为未角化的复层扁平上皮。复层扁平上皮具有耐摩擦和阻止异物侵入等保护功能，同时受损伤后也有很强的再生修复的能力。

6. 变移上皮　分布于排尿管道，又称移行上皮，由多层细胞构成，可分为表层细胞、中间层细胞和基底细胞。变移上皮的特点是细胞形态和层数会随所在器官的充盈或空虚的状态变化而变化（图 3-6）。如膀胱空虚时，上皮变厚，细胞层数增多，细胞呈大的立方形；当膀胱充盈扩张时，上皮变薄，细胞层数减少，细胞形状也变扁。其表层细胞大而厚，称盖细胞。

伤后第二天来医院就诊。体温39℃，上唇隆起呈紫红色，红肿弥散，界限不清，有多个脓栓，中央破溃坏死。其他系统检查未见异常。实验室检查：血常规：WBC 23×10^9/L，中性粒细胞0.85。诊断：唇部蜂窝织炎。

问题：

1. 疏松结缔组织中有哪几种成分？每种成分的生理功能是什么？

2. 该患者皮肤红肿弥散不局限的原因是什么？疏松结缔组织的结构特点是什么？

分析：护考要求熟悉疏松结缔组织的组成及其特点。本案例中由于疏松结缔组织具有细胞数量少，排列疏松，细胞间质多等特点，外加细菌分泌的酶可以分解疏松结缔组织内的物质，从而使细菌及其产生的毒素得以扩散，所以患者皮肤红肿弥散不局限。

表3-2 结缔组织的分类

分类	分布
固有结缔组织	
疏松结缔组织	细胞、组织、器官之间
致密结缔组织	皮肤真皮、器官被膜、肌腱、韧带
脂肪组织	皮下组织、器官之间、器官内
网状组织	淋巴组织、淋巴器官和骨髓
血液/淋巴液	心及血管内/淋巴管内
软骨	气管、肋软骨、会厌、关节面等
骨	骨骼

考点：结缔组织的分类及特点

结缔组织由少量的细胞和大量的细胞间质构成，在人体内分布广泛。其结构特点是细胞的数量少，种类比较多，分布稀疏，细胞的数量和种类随组织类型的不同有一定的差异；细胞间质由细胞产生，相对较多，主要有基质、纤维及基质内的组织液。结缔组织的形态多样，广义上结缔组织有纤维性的固有结缔组织、固体的软骨组织和骨组织、液态的血液等（表3-2）。狭义的结缔组织单指固有结缔组织。

结缔组织主要有支持、连接、营养、保护和修复等功能。

一、固有结缔组织

（一）疏松结缔组织

疏松结缔组织广泛地存在于人体的组织之间、器官之间及细胞之间，并构成器官的组成成分。它由细胞、纤维和基质构成。细胞种类多而分散，基质丰富，纤维数量少，排列散乱、疏松，形状如蜂窝，又称蜂窝组织。疏松结缔组织具有连结、支持、营养、防御和修复等功能（图3-8）。

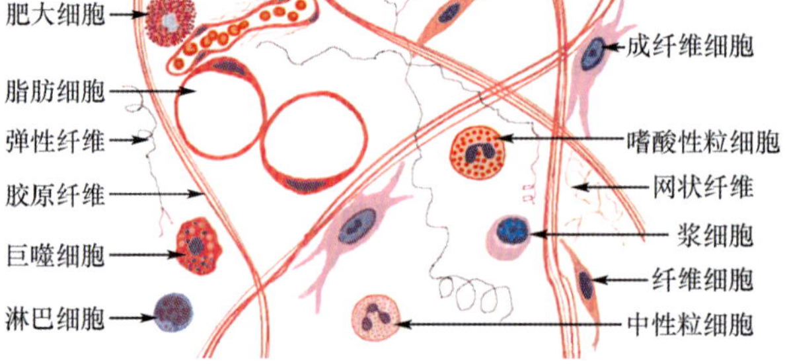

图3-8 疏松结缔组织模式图

1. 细胞

(1) 成纤维细胞：是疏松结缔组织的主要细胞。细胞呈扁平星形或梭形，细胞核为椭圆形，染色浅（图3-9）。成纤维细胞能合成**纤维和基质**，成纤维细胞功能处于静止状态时，称为**纤维细胞**。在创伤等情况下，纤维细胞可转变为功能活跃的成纤维细胞，具有合成和分泌功能，与创伤的愈合有密切关系。

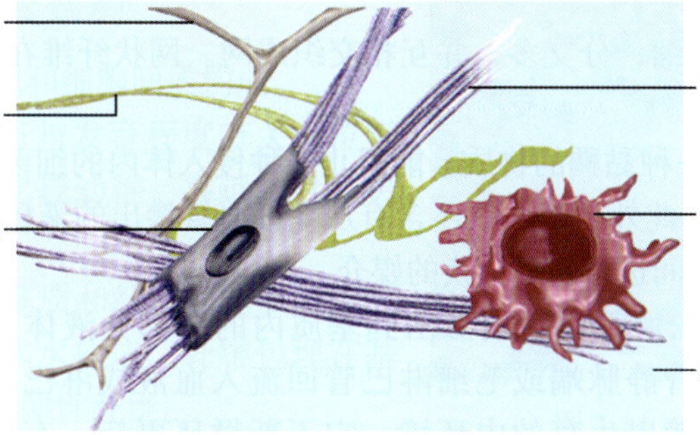

图 3-9 成纤维细胞和巨噬细胞模式图

(2) 浆细胞：在病原微生物或异体蛋白质容易入侵的部位，如消化道、呼吸道的结缔组织内及慢性炎症部位较多。细胞呈圆形或卵圆形。细胞核圆，偏居细胞一侧，染色质粗大，呈放射状排列于核的周边。细胞质嗜碱性。浆细胞可合成**免疫球蛋白**，参与机体的体液免疫。

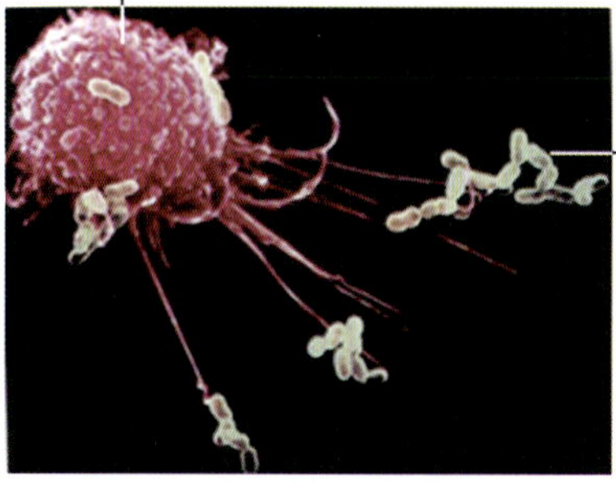

图 3-10 巨噬细胞吞噬细菌扫描电镜图

(3) 巨噬细胞：细胞呈圆形、椭圆形或有突起的不规则形。细胞核小，染色深。细胞质内含有很多的溶酶体、吞饮小泡和吞噬体等（图 3-9，图 3-10）。巨噬细胞能吞噬进入结缔组织内的异物和细菌、逸出血管的红细胞及组织内衰老死亡的细胞，并参与免疫反应。

(4) 肥大细胞：常沿小血管和小淋巴管分布，多在身体与外界抗原接触的部位，如皮肤、消化管和呼吸道的管壁结缔组织内，肥大细胞特别多。细胞多呈圆形。细胞核小，多居中央。细胞质中含有大量的粗大颗粒，颗粒内含**肝素**、**组胺**及**慢反应物质**等。肝素有抗凝血作用，组胺和慢反应物质与过敏反应有关。

(5) 脂肪细胞：细胞较大，呈圆形或椭圆形。细胞质内含有脂肪滴，细胞核被挤到细胞的边缘部。脂肪细胞有合成和储存脂肪的功能。

(6) 未分化的间充质细胞：是结缔组织中的一些原始细胞，其分化程度很低，但分化的潜能很大，当创伤修复时，可增殖分化为成纤维细胞、脂肪细胞、新生血管的平滑肌细胞和内皮细胞。

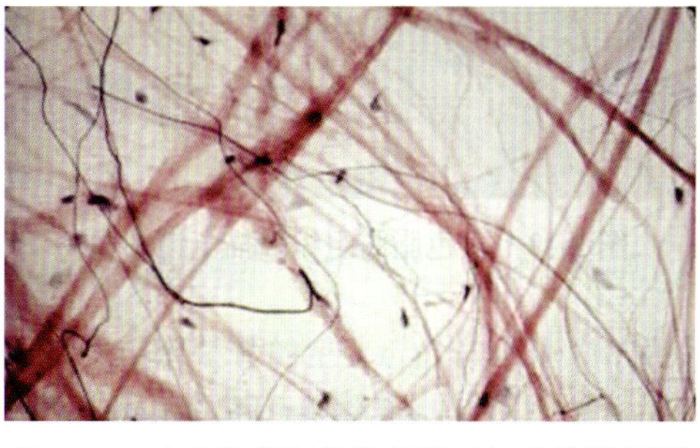

图 3-11 疏松结缔组织的纤维（红色为胶原纤维，黑色为弹性纤维）

(7) 白细胞：血液内的白细胞，如中性粒细胞、嗜酸性粒细胞、淋巴细胞等，受趋化因子的吸引，以变形运动穿出毛细血管和微静脉，到达疏松结缔组织内，参与免疫应答和炎症反应，具有防御功能。

2. 纤维 疏松结缔组织中有三种纤维，即胶原纤维、弹性纤维和网状纤维（图 3-11）。

(1) 胶原纤维：是结缔组织中的主要纤维，新鲜时呈白色，故也称**白纤维**。纤维成束排列出许多小管，称**骨小管**（图 3-18）。相邻的骨陷窝借骨小管互相连通。

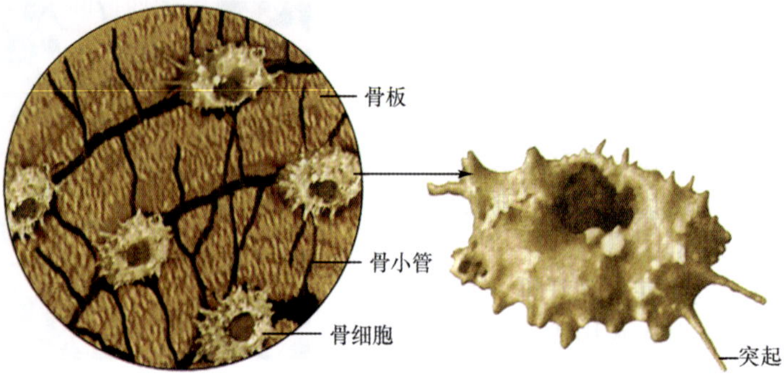

图 3-18 骨细胞与骨板结构模式图

(2) 骨细胞：呈扁椭圆形多突起。骨细胞的细胞体位于骨陷窝内，其突起包埋在骨小管内，相邻的骨细胞借突起互相连接。

（二）骨密质和骨松质的结构特点

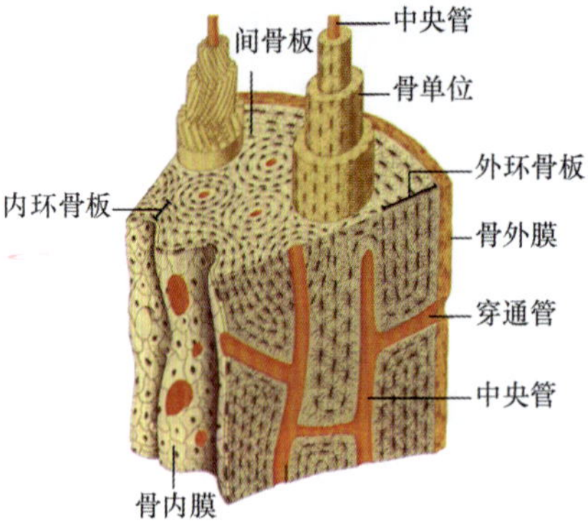

图 3-19 长骨骨干立体结构模式图

考点：骨组织的组成及骨单位的概念

骨组织构成骨密质和骨松质，两者在微细结构上的主要区别在于骨板的排列形式不同。

1. 骨密质 结构致密，分布于骨的表层。其骨板分三种类型（图 3-19）：①**环骨板**：略呈环形，构成骨密质的外层和内层。②**骨单位**：又称哈弗斯 (Haversian) 系统，位于骨密质的中层，是由骨板围成的圆柱状结构。骨单位的中央有与骨的长轴平行的中央管，中央管与横向穿行于骨内的穿通管相通，两种管道内都有血管和神经等。③**间骨板**：是一类外形不规则的骨板，主要填充于骨单位之间。

2. 骨松质 结构疏松，分布于骨的内部。骨松质由骨小梁连接而成。骨小梁细小，呈片状或针状，由平行排列的骨板构成。

四、血　　液

考点：血液的组成

血液是红色液体，由**血细胞**和**血浆**组成（图 3-20）。成人血量为 4000 ～ 5000ml，占体重的 7% ～ 8%。

（一）血浆

血浆为淡黄色的液体，相当于细胞间质，约占血液容积的 55%，其中 90% 是水，其余是白蛋白、球蛋白、纤维蛋白原、酶、激素、糖类、脂类、维生素、无机盐及代谢产物等。从血浆中去除纤维蛋白原后，形成的淡黄色透明液体称**血清**。

（二）血细胞

血细胞约占血液容积的 45%，包括红细胞、白细胞和血小板（图 3-20）。血细胞形态结构的光镜观察，通常采用瑞氏染色 (Wright staining) 的血涂片标本（图 3-21）。人体血液中，血细胞的种类及正常值如表 3-3。

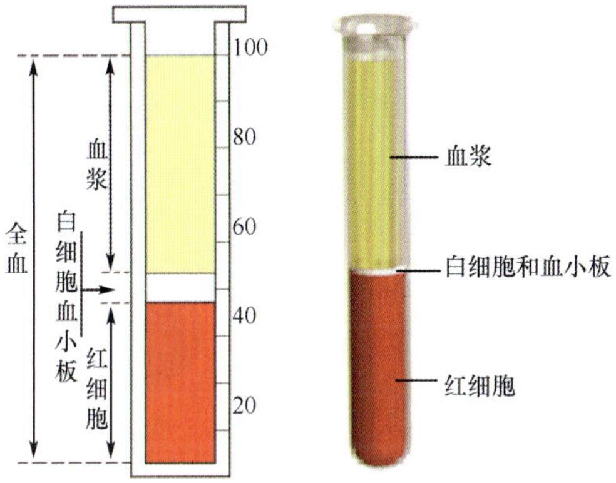

图 3-20　血细胞比容示意图

表 3-3　血细胞分类和正常值

分类	正常值
红细胞	男性：(4.0 ～ 5.5) $\times 10^{12}$/L
	女性：(3.5 ～ 5.0) $\times 10^{12}$/L
白细胞	(4.0 ～ 10) $\times 10^{9}$/L
有粒白细胞	
中性粒细胞	50% ～ 70%
嗜酸性粒细胞	0.5% ～ 3%
嗜碱性粒细胞	0% ～ 1%
无粒白细胞	
单核细胞	3% ～ 8%
淋巴细胞	25% ～ 30%
血小板	(100 ～ 300) $\times 10^{9}$/L

考点：血细胞的分类、功能及正常值

1. 红细胞　成熟红细胞呈双面微凹的圆盘状，直径 7 ～ 8μm，中央较薄，周缘较厚（图 3-22）。无**细胞核**和**细胞器**。细胞质内含有大量淡红色的血红蛋白 (Hb)，Hb 有运输 O_2 和 CO_2 的功能。血红蛋白的正常值，男性是 120 ～ 160g/L (12 ～ 16g/100ml)；女性是 110 ～ 150g/L (11 ～ 15g/100ml)。红细胞的数量及血红蛋白的含量，可随生理及病理因素而改变，通常认为红细胞少于 3.0×10^{12}/L (300 万 /mm^3)，血红蛋白低于 100g/L (10/100ml)，为**贫血**。

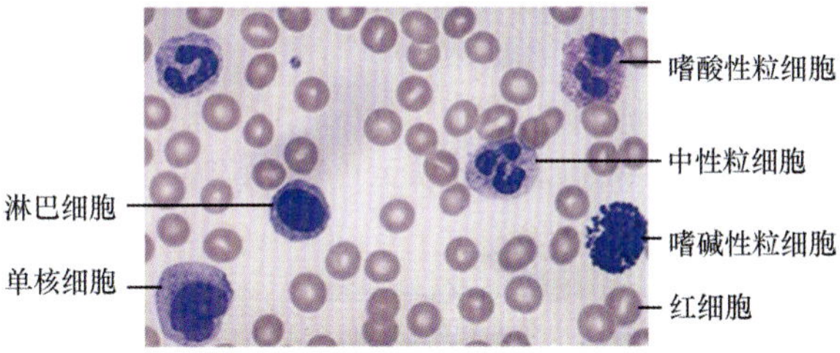

图 3-21　各种血细胞光镜图

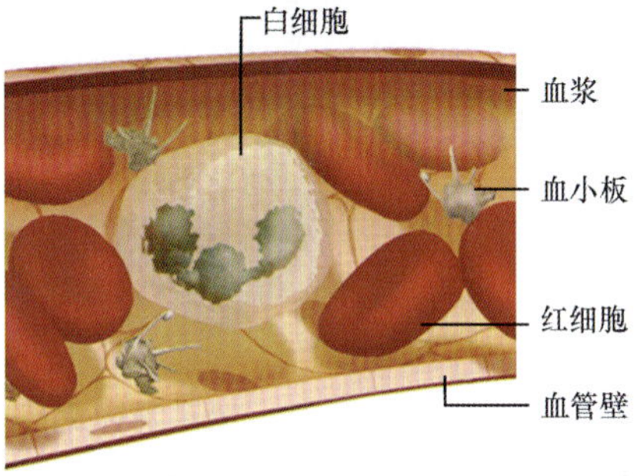

图 3-22　红细胞扫描电镜图

在正常人的血液中，存在着刚从骨髓进入血液尚未完全成熟的**网织红细胞**。网织红细胞占红细胞总数的 0.5% ～ 1.5%，新生儿高达 3% ～ 6%，这是骨髓生成红细胞能力的指标之一。红细胞的平均寿命为 120 天。

链接

贫血、血象的概念

血象：血细胞的形态、数量、百分比和血红蛋白含量的测定结果称为血象。患病时，血象常有显著变化，故检查血象对了解机体状况和诊断疾病有重要意义。

贫血：外周血中红细胞数少于 3.0×10^{12}/L 或血红蛋白低于 100g/L，称为贫血。引起贫血的原因很多，包括原材料的缺乏、长期慢性失血、造血功能障碍等。因此，贫血常是一种症状，而非具体疾病。但不同类型贫血，都有共同的临床表现，最早出现的症状是疲乏、困倦、软弱无力、皮肤苍白、面色无华。但检查患者不能只看面色，较可靠的方法是观察指甲、睑结膜、口腔黏膜和舌质。对贫血患者应查找原因，消除贫血的病因是治疗的首要原则。

2. 白细胞 为无色有核的球形细胞。它能以变形运动穿过毛细血管壁，进入组织。白细胞的正常值为 $(4 \sim 10) \times 10^9/L$。根据其细胞质内有无特殊颗粒，白细胞可分为**有粒白细胞**和**无粒白细胞**两类（图 3-21，图 3-23）。

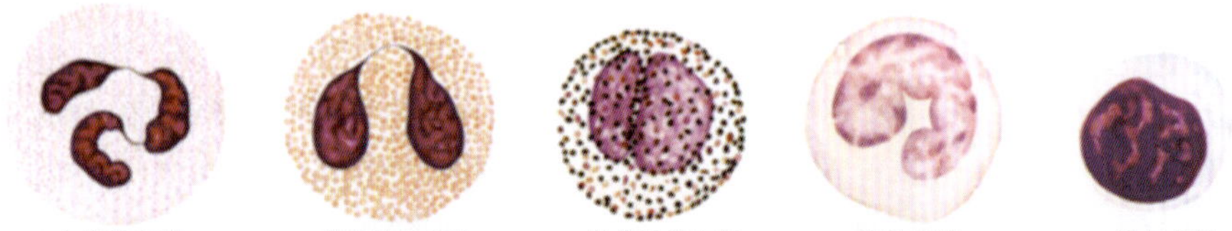

图 3-23 白细胞光镜结构模式图

(1) 有粒白细胞：根据其所含特殊颗粒的嗜色性，又分为**中性粒细胞**、**嗜酸性粒细胞**和**嗜碱性粒细胞**。

中性粒细胞：占白细胞总数的 50% ～ 70%。细胞直径 10 ～ 12μm，细胞核多数分为 2 ～ 5 个叶；也有少数细胞核呈腊肠形，称为杆状核。细胞质内有染成淡紫红色的颗粒，颗粒至少可分为两类：一类是特殊颗粒，数量较多，有杀菌作用；另一类是嗜天青颗粒，数量较少，能消化细胞吞噬的异物。中性粒细胞具有变形运动和吞噬异物的能力，在体内起重要的防御作用。

嗜酸性粒细胞：占白细胞总数的 0.5% ～ 5%。细胞直径 10 ～ 15μm，细胞核多分为两叶。细胞质内含有较大的嗜酸性颗粒，染成橘红色。颗粒中含有多种酶，如组胺酶等。嗜酸性粒细胞能吞噬抗原 - 抗体复合物。在患过敏性疾病或某些寄生虫病时，嗜酸性粒细胞增多。

嗜碱性粒细胞：占白细胞总数的 0% ～ 1%。细胞直径 10 ～ 11μm，细胞核呈 S 形或不规则形，染色较淡。细胞质内含有大小不一的嗜碱性颗粒，染成紫蓝色。颗粒中含有肝素、组胺和慢反应物质等。

(2) 无粒白细胞：包括**淋巴细胞**和**单核细胞**。

淋巴细胞：占白细胞总数的 20% ～ 40%。淋巴细胞呈圆形或椭圆形，直径 6 ～ 16μm。细胞核相对较大，呈圆形或椭圆形，染成深蓝色。细胞质很少，染成天蓝色。根据细胞膜的表面结构和免疫功能等方面的差别，在光镜下形态基本一致的淋巴细胞，还可分为 T 淋巴细胞和 B 淋巴细胞等数种。T 淋巴细胞能识别、攻击和杀灭异体细胞、肿瘤细胞、感染病毒的细胞等；B 淋巴细胞能转化为浆细胞，产生抗体。

单核细胞：占白细胞总数的 3% ～ 8%。单核细胞呈圆形或椭圆形，是血液中最大的细胞，直径 14 ～ 20μm。细胞核呈肾形、蹄铁形或不规则形，染色浅淡。细胞质较多，染成淡灰蓝色。单核细胞具有活跃的变形运动和一定的吞噬能力。单核细胞很快由血液进入结缔组织，分化为巨噬细胞。

3. 血小板 呈双面微凸的圆盘状，直径 2 ～ 4μm。在血液涂片标本中，血小板多成群分布在血细胞之间，其外形不规则，中央部染成紫红色，周围部染成浅蓝色。血小板又称血栓细胞，正常数值为 $(100 \sim 300) \times 10^9/L$，参与止血和凝血过程。

第三节 肌 组 织

案例 3-3

有一位男性患者，于3个月前打球摔倒，右小腿骨折，经过医院的及时复位、石膏固定治疗后，在家一直卧床休息。近日到医院复查，现情况为骨折愈合良好。医嘱拆取石膏。体格检查：心率、呼吸、血压正常。取掉石膏后发现右下肢明显变细，右下肢肌肉收缩力明显下降，不能支撑自身重量。

问题：

1. 造成该患者右下肢变细的原因是什么？能否恢复？

2. 试述骨骼肌纤维的形态、结构与功能。

分析： 护考要求熟悉骨骼肌纤维的形态、结构与功能。本案例中患者因骨折后经石膏固定，须长时间卧床休息，导致下肢不能运动，肌纤维变细，肌肉萎缩所致。

肌组织主要由肌细胞构成。肌细胞之间有少量结缔组织、血管、淋巴管及神经等。肌细胞细长，呈纤维状，因此又称肌纤维，肌纤维具有收缩性。肌纤维的细胞膜称**肌膜**，细胞质称**肌浆**，肌浆内有许多丝状的肌原纤维，肌纤维的收缩性是由肌原纤维来实现的。

根据结构和功能，肌组织分为骨骼肌、心肌和平滑肌三种（图 3-24）。

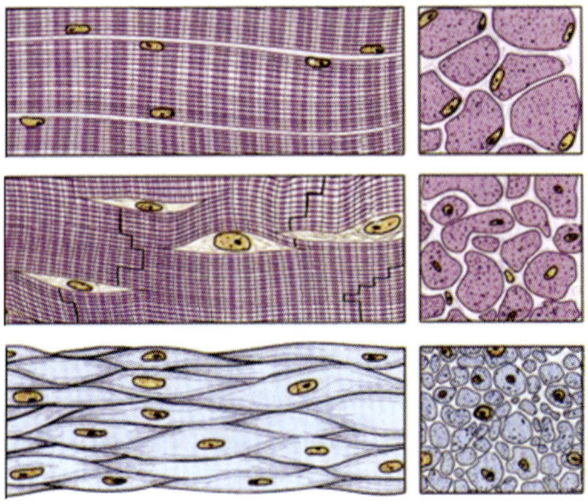

图 3-24 骨骼肌心肌平滑肌结构模式图

一、骨 骼 肌

骨骼肌主要由骨骼肌纤维构成，附着于头颈、躯干和四肢等处的骨骼上。每一块完整的骨骼肌都是一个器官，由许多平行排列的骨骼肌纤维组成。它收缩迅速而有力，一般受意识支配，是随意肌。

考点： 肌组织的分类

（一）骨骼肌纤维的一般结构

骨骼肌纤维一般呈细长圆柱状，不同部位的骨骼肌纤维形状不同。细胞核呈扁椭圆形，一条骨骼肌纤维有几十个甚至数百个细胞核，紧靠肌膜的深面排列（图 3-25）。肌质内含有大量与肌纤维长轴平行排列的肌原纤维，在每条肌原纤维上有色浅的明带（I 带）和色深的暗带（A 带），明带和暗带交替排列。在同一肌纤维中，所有肌原纤维的明带和暗带都互相对齐，构成了骨骼肌纤维光镜下可见的明暗相间的横纹。在电镜下，位于暗带中央，有一条着色较浅的窄带，称为 H 带，其中央有一条深色的线，称为 M 线；在明带的中央有一条着色较深的细线，称为 Z 线。两条相邻的 Z 线之间的一段肌原纤维，称为肌节，由 1/2 I 带 +1A 带 +1/2 I 带所组成。肌节是肌原纤维的结构和功能的基本单位（图 3-26）。

（二）骨骼肌纤维的超微结构

1. 肌原纤维 在电镜下（图 3-27），肌原纤维由粗、细两种肌丝有规律地交替排列而成。粗肌丝位于肌节的暗带，其中央固定于 M 线，两端游离。细肌丝一端固定于 Z 线上，另一

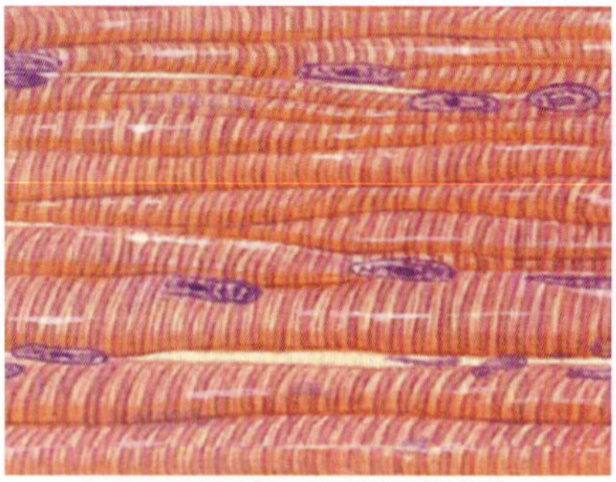
骨骼肌纤维纵切面光镜结构模式图

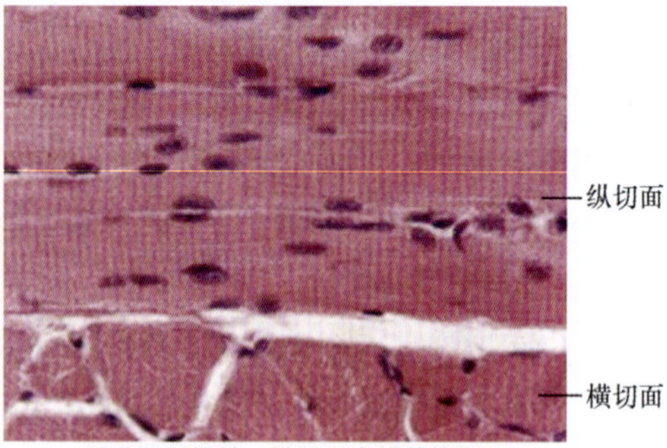

骨骼肌纤维纵、横切面光镜结构图

图 3-25　骨骼肌纤维光镜结构图

端伸入粗肌丝之间，止于 H 带的外缘。因此，明带内只有细肌丝，暗带中央的 H 带内只有粗肌丝，而 H 带两侧的暗带内既有粗肌丝又有细肌丝。骨骼肌收缩时，细肌丝及其所固着的 Z 线向暗带的中央滑行，明带变短，暗带不变，肌节缩短。

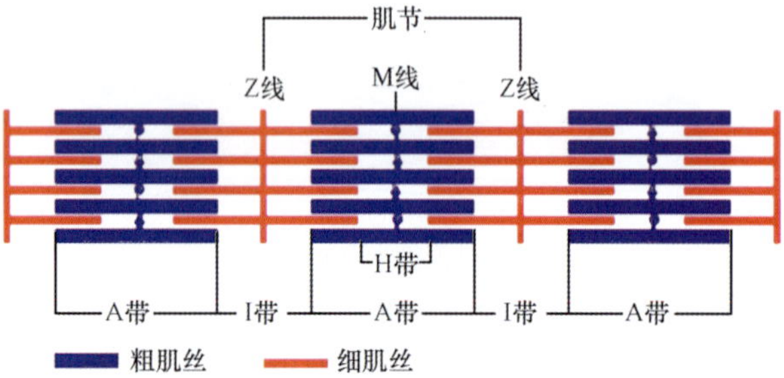

图 3-26　肌节结构模式图

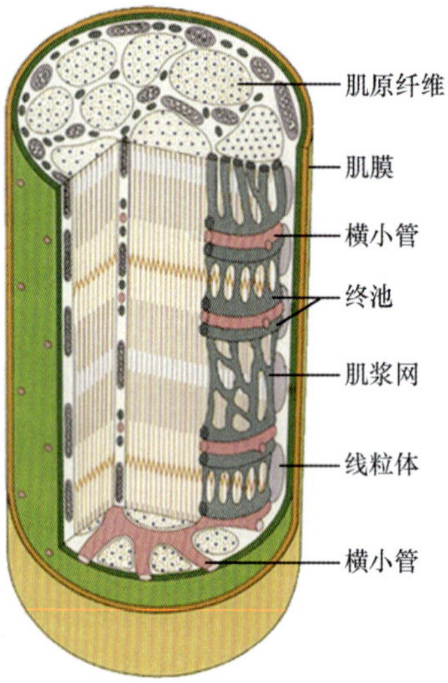

图 3-27　骨骼肌超微结构模式图

2. 横小管　横小管是肌膜向肌质内凹陷而成的小管，围绕在每条肌原纤维的周围，走向与肌纤维长轴垂直，故称**横小管**或 **T 小管**（图 3-27）。横小管位于 A 带与 I 带交界处，其功能是将肌膜表面的兴奋迅速传至肌纤维上每一个肌节。

3. 肌质网　肌质网是肌纤维内特化的滑面内质网，位于相邻两条横小管之间，包绕每一条肌原纤维，沿长轴纵行排列，分支之间互相吻合，称**纵小管**或 **L 小管**。肌质网在靠近横小管的两侧扩大呈扁囊状，称**终池**。每条横小管及两侧的终池合称为**三联体**（图 3-27）。肌质网的膜上有钙泵，具有储存和调节肌质内 Ca^{2+} 浓度的作用。

二、心　肌

心肌主要由心肌纤维构成，分布于心壁和临近心脏的大血管壁上，能产生自动节律性收缩，收缩缓慢持久，不易疲劳，但不受意识支配，是不随意肌。

考点：骨骼肌纤维的一般结构和超微结构特点；肌节的概念

（一）心肌纤维的一般结构

心肌纤维呈短圆柱状，一般只有1个椭圆形的细胞核，位于细胞的中央。心肌纤维有分支，互相连接成网状。相邻心肌纤维的连接处染色较深，称为**闰盘**，是心肌的特征性结构。心肌纤维也有明暗相间的横纹，但不如骨骼肌纤维的明显（图3-28）。

（二）心肌纤维的超微结构

心肌纤维的超微结构与骨骼肌纤维相似。心肌纤维有以下特点：①肌质网不如骨骼肌的发达，终池小而少，横小管多与一侧的终池形成**二联体**。②横小管较粗，位于Z线水平。③闰盘位于Z线水平，其中连接的横位部分为中间连接和桥粒，起加固作用；纵位部分是缝隙连接，起传递作用，保证心肌同步舒缩。

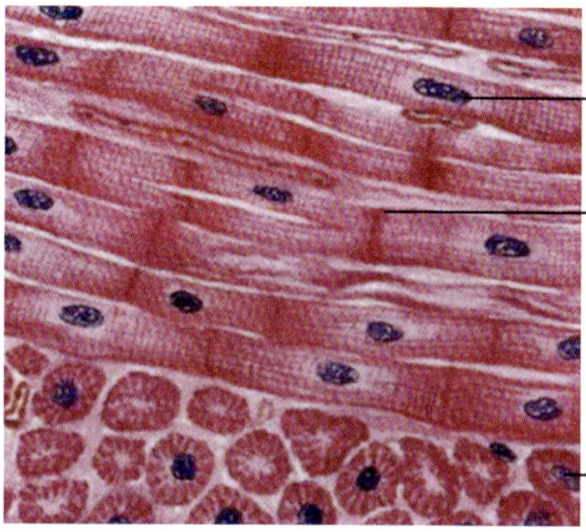

图3-28　心肌纤维光镜结构模式图

考点：心肌纤维的一般结构和超微结构特点

三、平　滑　肌

平滑肌主要由平滑肌纤维构成，广泛分布于许多内脏器官和血管壁。它收缩缓慢而持久，不受意识支配，是不随意肌。

光镜下，平滑肌纤维呈长梭形，无横纹，长短不一，细胞中央有一个杆状或长椭圆形的细胞核。平滑肌纤维多数是成层或成束分布的，在同一层内，相邻的平滑肌纤维彼此平行排列且互相嵌合。

电镜下，相邻平滑肌间有缝隙连接，当平滑肌兴奋时，神经冲动可以迅速从一个细胞扩散到另一个细胞，使成束、成层的平滑肌同步收缩，很好地完成某一生理功能。

考点：平滑肌纤维的光镜结构特点

链接

肌丝滑动学说

目前常用肌丝滑动学说来解释骨骼肌收缩的机制。其过程大致如下：①运动终板将神经冲动传递至肌膜。②肌膜的兴奋经横小管迅速传向终池，终池将大量Ca^{2+}释放入肌质中，肌质Ca^{2+}浓度升高。③肌钙蛋白与Ca^{2+}结合后发生构型改变而位移。④肌动蛋白位点暴露，迅速与肌球蛋白头结合，激活ATP酶释放能量。⑤肌球蛋白屈曲转动将肌动蛋白拉向M线。⑥细肌丝滑入暗带，使明带变窄，肌节缩短。⑦收缩结束，肌质内Ca^{2+}被重新泵回终池内储存，肌质内Ca^{2+}浓度降低。⑧肌钙蛋白与Ca^{2+}分离，恢复原来构型；肌动蛋白与肌球蛋白头脱离，肌纤维恢复松弛状态。

第四节　神经组织

案例3-4

男性患者，55岁。主诉：左侧肢体瘫痪半天。现病史：患者晨起时发现左侧肢体无力及麻木、头痛，无恶心、呕吐，能独立行走，但肢体无力逐渐加重，中午时左侧肢体完全不能动，明显头痛，轻度恶心但无呕吐遂来院就诊。发病以来神志清楚，无饮水呛咳及吞咽困难，大、小便无异常。既往史：高血压病史 15 余年，无糖尿病史。经做各项检查后确诊为脑血栓形成。

问题：

1. 患者出现左侧肢体瘫痪是哪种神经元受损伤？
2. 神经元的结构包括哪些？它们是如何分类的？

考点：神经组织的组成及功能

神经组织是构成神经系统的主要成分，由**神经细胞**和**神经胶质细胞**组成。神经细胞又称**神经元**，具有接受刺激、整合信息、传导冲动的功能。神经胶质细胞的数量是神经元的 10 ～ 50 倍，对神经元起支持、保护、营养和绝缘等作用。

一、神　经　元

（一）神经元的结构

神经元形态多样，大小不等，但都包含**胞体**和**突起**两部分（图 3-29）。

1. 胞体　形态多样，有圆形、星形、锥体形和梭形等。神经元的胞体位于中枢神经系统的大脑皮质、小脑皮质和脑干、脊髓灰质及周围神经系统的神经节内。由细胞膜、细胞质和细胞核组成，是神经元功能活动中心。细胞核大而圆，着色浅，位于细胞的中央，核仁大而明显（图 3-30）。胞质内除有一般细胞器外，还有尼氏体和神经原纤维。

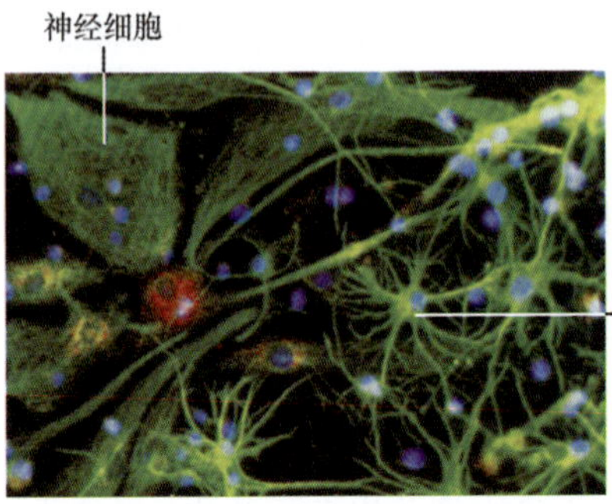

图 3-29　神经元和神经胶质细胞光镜结构图

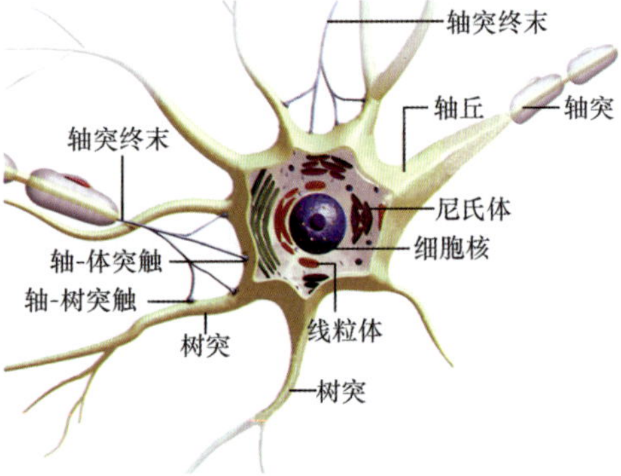

图 3-30　神经元结构模式图

(1) 细胞膜：是可兴奋膜，能接受内、外环境的刺激，产生和传导冲动。

(2) 细胞质：光镜下，可观察到其特征性结构：尼氏体和神经原纤维。

①尼氏体：又称为**嗜染质**，是神经元胞质内一种强嗜碱性物质。光镜下呈小块状或颗粒状；电镜下，尼氏体由粗面内质网和游离核糖体构成，表明神经元具有活跃的蛋白质和神经递质合成功能。当神经元受损时，尼氏体减少或消失，恢复时重新出现或增多。

②神经原纤维：在镀银染色切片中，神经原纤维呈棕黑色细丝，相互交织成网（图 3-31）。神经原纤维构成神经元的细胞骨架，除有支持神经元的作用外，还与营养物质、神经递质及离子的运输有关。

2. 突起　由神经元的细胞膜和细胞质向细胞表面突起而成，分为**树突**和**轴突**。

(1) 树突：每个神经元有一个或多个树突，形如树枝状，在其分支上有树突棘。树突内胞质的结构与胞体基本相似。树突的主要功能是接受刺激，而树突和树突棘极大地扩展了神经元接受刺激的表面积。因此，神经元接受信息、整合信息的能力与其树突的分支及树突棘的数目有密切关系。

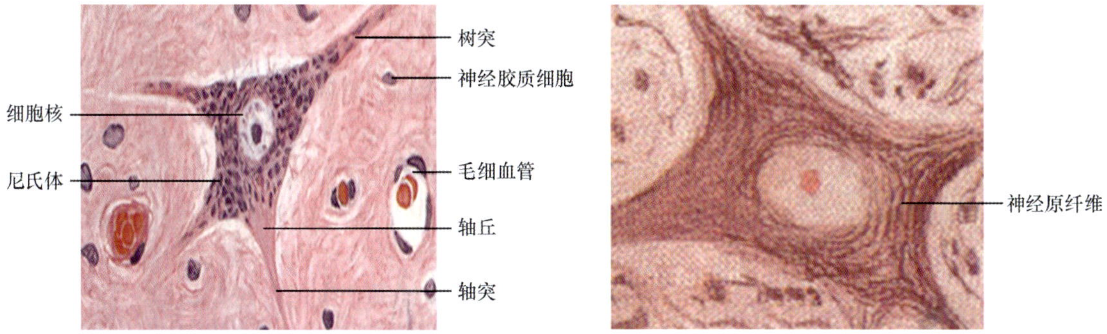

尼氏体　　神经原纤维

图 3-31　神经元中的神经原纤维和尼氏体

考点：神经元的形态结构

(2) 轴突：每个神经元只有一个轴突。短者仅数微米，长者可达 1m 以上。光镜下可见轴突的起始处为圆锥形，称轴丘，此处无尼氏体，故染色浅。轴突末端的分支较多，形成轴突终末。轴突的主要功能是传导神经冲动。

（二）神经元的分类

考点：神经元的分类

1. 根据神经元的形态　可分为三类（图 3-32）。①**多极神经元**：有一个轴突和多个树突。②**双极神经元**：有一个轴突和一个树突。③**假单极神经元**：从胞体仅发出一个突起，随后分为两支，一支进入脑或脊髓称中枢突；一支分布于外周的其他组织和器官称为周围突。

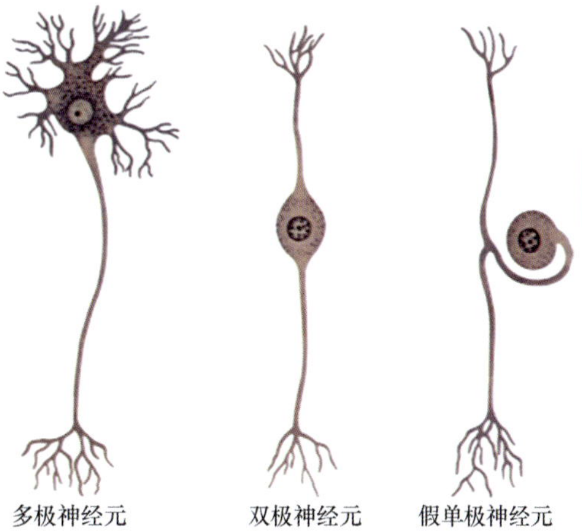

图 3-32　神经元的形态

2. 根据神经元的功能　可分为三类。①**感觉神经元**：也称传入神经元，多为假单级神经元，能接受机体内、外环境的刺激，并将刺激转化为冲动传入中枢。②**运动神经元**：也称传出神经元，一般为多级神经元，能将脑或脊髓产生的冲动传出至周围的效应器，如肌和腺体，调节它们的活动。③**中间神经元**：也称联络神经元，位于感觉神经元和运动神经元之间，主要为多极神经元，起信息加工和传递作用。机体对刺激所做出的反应都需要这三类神经元参与，它们和感受器、效应器共同构成反射弧。动物的进化程度越高，中间神经元的数量越多。人的中间神经元占神经元总数的 99% 以上，在中枢神经系统内形成错综复杂的神经元网络，是学习、记忆和思维的基础。

（三）突触

突触是神经元与神经元之间，或神经元与效应细胞（肌细胞、腺细胞）之间一种特化的细胞连接方式，是神经元传递信息的重要结构。神经冲动只有通过突触，才能由一个神经元传到另一个神经元。

1. 突触的类型　根据传递信息的方式不同，突触分为化学突触和电突触两类。其中，**化学突触**是以神经递质作为传递信息的媒介，是最常见的突触。电突触是以生物电讯号（电流）作为信息媒介，低等动物比较发达，哺乳动物和人少有。

2. 化学突触的结构　在电镜下，**化学突触**由**突触前部**、**突触间隙**和**突触后部**三部分构成（图 3-33）。突触前部由神经元的轴突末梢的膨大部构成，突触后部是与突触前部相对的

考点：突触的概念及结构

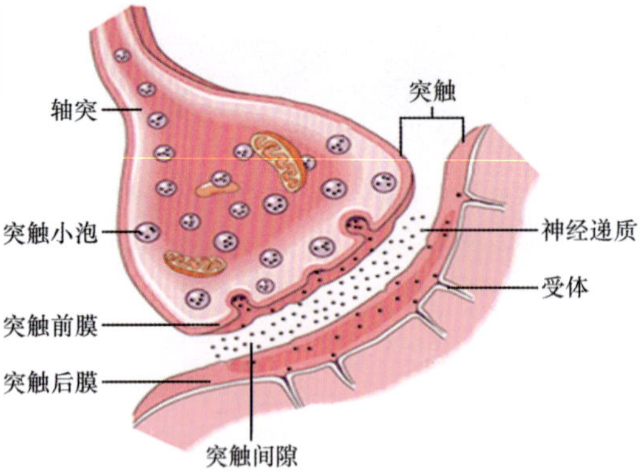

图 3-33　化学突触超微结构模式图

树突或胞体的一部分，两者之间的间隙为突触间隙，有 15 ～ 30nm 宽。突触前、后部彼此相对的膜局部增厚，分别称为突触前膜和突触后膜。突触前部内含大量突触小泡和线粒体等。突触小泡内含有多种神经递质。突触后膜上有特异性神经递质受体，一种受体只能与一种神经递质相结合。

当神经元产生的神经冲动沿着轴突膜传递到突触前部时，突触小泡移近突触前膜并与之融合，通过胞吐方式将神经递质释放到突触间隙内，并与突触后膜上的相应受体结合，引起突触后神经元的兴奋或抑制。使突触后神经元发生抑制的突触，称为抑制性突触。化学突触在神经元之间的冲动传递是单向传导。

二、神经胶质细胞

神经胶质细胞是一种多突起的细胞，广泛分布于神经元与神经元之间、神经元与非神经元之间，起支持、营养、分隔、绝缘作用，以保证信息传递的专一性和不受干扰性。神经胶质细胞可分为中枢神经系统的神经胶质细胞（图 3-34）和周围神经系统的神经胶质细胞。中枢神经系统的神经胶质细胞包括星形胶质细胞、少突胶质细胞、小胶质细胞和室管膜细胞。周围神经系统的神经胶质细胞包括施万细胞和卫星细胞（表 3-4）。

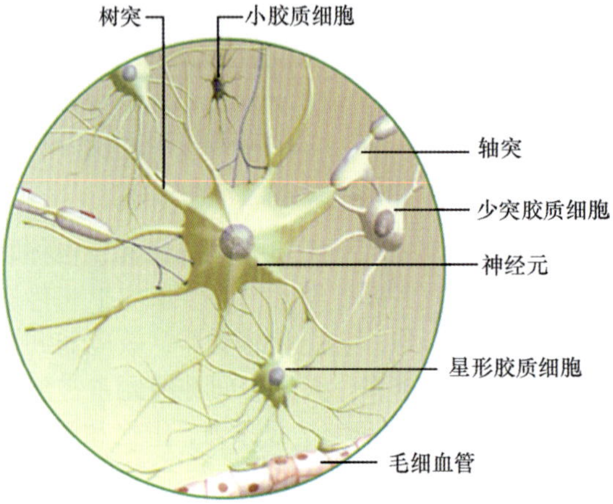

图 3-34　中枢神经系统的神经胶质细胞

表 3-4　神经胶质细胞的分类与功能

类型	功能
中枢神经系统	
星形胶质细胞	起支持和绝缘作用，参与构成血－脑屏障
少突胶质细胞	形成中枢神经系统有髓神经纤维的髓鞘
小胶质细胞	来源于血液中的单核细胞，具有吞噬功能
室管膜细胞	起支持和保护作用，参与脑脊液的形成
周围神经系统	
施万细胞	形成周围神经系统有髓神经纤维的髓鞘
卫星细胞	保护神经元

三、神经纤维

神经纤维由神经元的长突起和包绕在其外面的神经胶质细胞构成。根据其有无髓鞘，分为**有髓神经纤维**和**无髓神经纤维**。

（一）有髓神经纤维

有髓神经纤维是由神经元的长突起外包髓鞘构成。髓鞘呈节段性包绕轴突，相邻两个节段间无髓鞘的狭窄处，称**神经纤维节**（**郎飞节**）（图 3-35）。

有髓神经纤维的神经冲动是通过郎飞节处裸露的轴膜呈跳跃式传导的，即从一个郎飞节跳跃到下一个郎飞节，故传导速度很快。

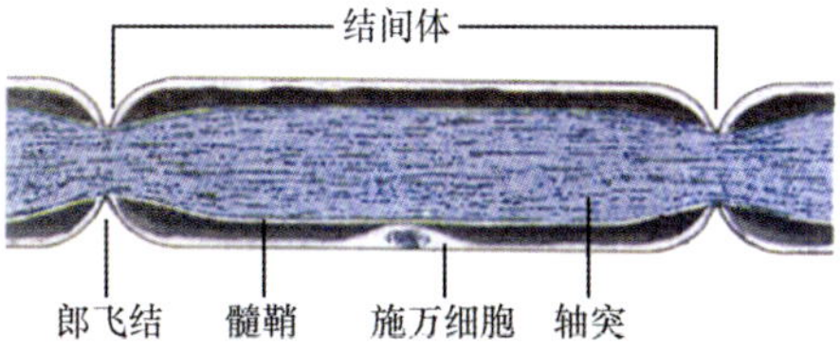

图 3-35　周围神经有髓神经纤维结构模式图

（二）无髓神经纤维

考点：神经胶质细胞的分类及功能

无髓神经纤维外无髓鞘，也无郎飞节，故神经冲动不作跳跃式传导，而是沿着细胞膜连续传导，故其传导速度较有髓神经纤维慢。

四、神经末梢

神经末梢是周围神经纤维的终末部分，遍布全身各组织、器官，形成各种末梢装置。根据其功能不同，神经末梢分为**感觉神经末梢**和**运动神经末梢**。

（一）感觉神经末梢

感觉神经末梢是指感觉神经纤维的末端，又称为**感受器**，能感受各种内、外环境的刺激，并将其转化为神经冲动，通过感觉神经纤维传到中枢，产生感觉。根据形态结构不同，可分为**游离神经末梢**和**有被囊神经末梢**。

1. 游离神经末梢　由较细的有髓或无髓神经纤维的终末部分反复分支而成，其细支裸露，广泛分布于皮肤表皮、角膜和毛囊的上皮细胞之间，或分布在各型结缔组织内，如真皮、骨膜、脑膜、血管外膜、关节囊、肌腱、韧带、筋膜和牙髓等处（图 3-36）。游离神经末梢能感受触、压、痛、温觉的刺激。

考点：神经纤维的概念及分类

2. 有被囊的神经末梢　即神经末梢的外面包有结缔组织形成的被囊。①触觉小体：呈卵圆形（图 3-37），长轴与皮肤表面垂直，分布于皮肤真皮乳头层内，以手指和足趾掌侧的皮肤内最多，能感受应力刺激，参与产生触觉。②环层小体：呈圆形或椭圆形（图 3-38），广泛分布于皮下组织、腹膜、肠系膜、韧带和关节囊等处。环层小体能感受较强的应力，参与产生压觉和振动觉。③肌梭：呈梭形（图 3-39），分布于骨骼肌内，能感受肌纤维的舒缩变化，调节骨骼肌纤维的张力。故肌梭是调控骨骼肌活动的本体感受器。

（二）运动神经末梢

运动神经末梢是运动神经纤维的末端，分布于肌组织和腺体内，又称为效应器，支配肌细胞的舒缩和调节腺体的分泌。运动神经末梢可分为**躯体运动神经末梢**和**内脏运动神经末梢**。

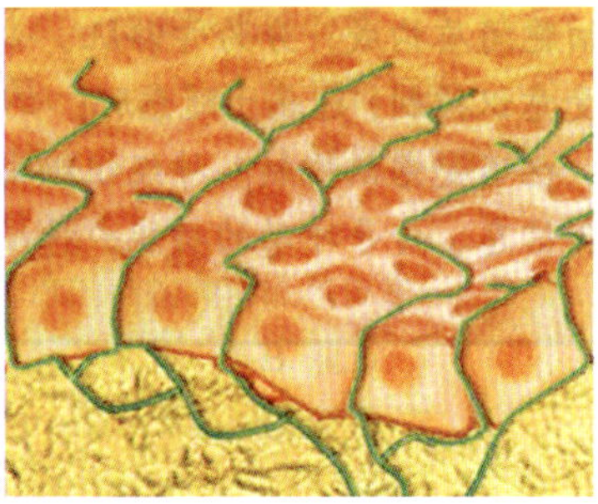

图 3-36　游离神经末梢模式图

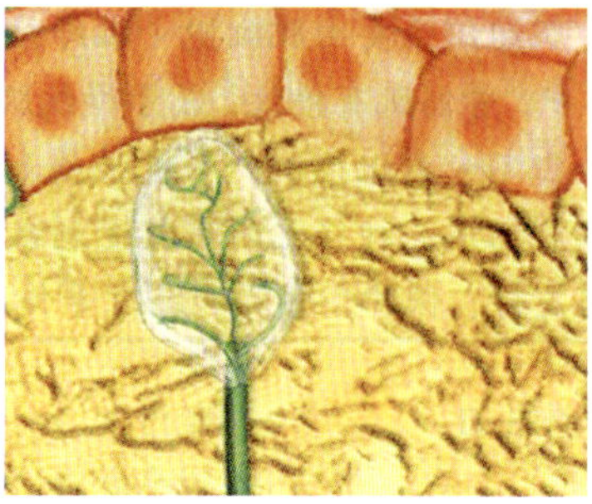

图 3-37　触觉小体模式图

18. 关于平滑肌的描述，哪一项是错误的
   A. 平滑肌纤维呈长梭形
   B. 分布于内脏及血管等处
   C. 每一条平滑肌纤维有一个细胞核，椭圆形，位于中央
   D. 不受意识支配，是不随意肌
   E. 受意识支配，是随意肌
19. 关于骨骼肌纤维细胞核的描述中，哪一项是正确的
   A. 1 个细胞核，位于细胞中央
   B. 多个细胞核，位于细胞中央
   C. 1 个细胞核，位于肌膜下
   D. 多个细胞核，位于肌膜下
   E. 以上都不对
20. 肌节是由
   A. 1/2 暗带组成
   B. 暗带 + 明带组成
   C. 明带 + 暗带组成
   D. 1/2 明带 +1/2 暗带组成
   E. 1/2 明带 +1 暗带 +1/2 明带组成
21. 具有吞噬功能的神经胶质细胞是
   A. 星形胶质细胞　　B. 少突胶质细胞
   C. 小胶质细胞　　D. 神经膜细胞
   E. 施万细胞
22. 以下对神经元结构的描述中，哪一项是错误的
   A. 由胞体和突起两部分组成
   B. 细胞核大而圆，位于胞体的中央
   C. 突起分轴突和树突两种
   D. 胞质内含许多神经纤维
   E. 胞质内有丰富的尼氏体
23. 下列哪一项在光镜下所见到的纹状缘或刷状缘，在电镜下是密集排列的
   A. 微绒毛　　B. 绒毛
   C. 纤毛　　D. 微丝
   E. 微管
24. 神经元功能活动中心是
   A. 细胞核　　B. 树突
   C. 突触　　D. 神经原纤维
   E. 胞体

（李广鹏　宋　瑜）

4 第四章　运动系统

引言：运动系统在神经系统的支配下，能够完成各种复杂的动作，如说话、书写、奔跑、跳跃等。那么参与运动的器官有哪些呢？它们的位置在何处？有什么形态、结构？通过对本章的学习，你将会对运动系统有一个清晰的认识。

运动系统由**骨**、**骨连结**和**骨骼肌**三部分组成，约占成人体重的60%。在神经系统和其他系统的调节配合下，对人体起着运动、支持和保护作用。全身骨借骨连结形成骨骼，构成人体的支架（图4-1），赋予人体基本形态。骨骼肌附着在骨骼，通过收缩和舒张，带动关节产生运动。在体表能看到或摸到骨骼和骨骼肌突起及凹陷等，称为**体表标志**。

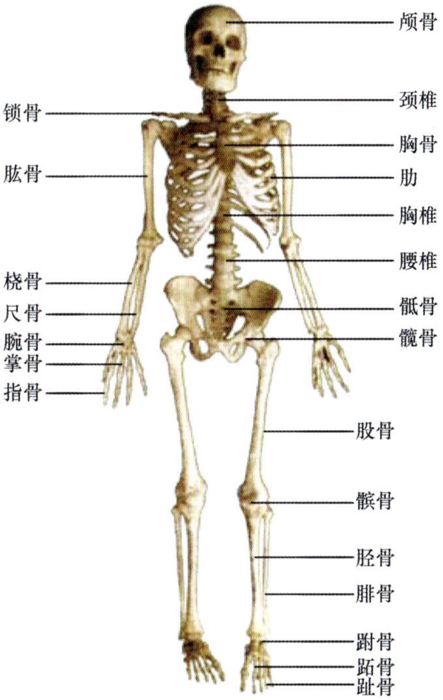

图4-1　全身骨骼

考点：运动系统的组成和功能

第一节　骨与骨连结

一、概　　述

骨有很多功能，包括构成人体的框架、保护精细的结构（如脑和脊髓）、联合附着的肌肉产生运动、储存钙盐（当血钙浓度降低时可被重吸收入血）、生成血细胞（在红骨髓中）。

骨作为人体骨架结构，成人全身有206块，约占体重的1/5。每块骨都是一个器官，主要由骨组织构成，外被骨膜，内含骨髓，有丰富的血管、淋巴管和神经。

（一）骨的分类

1. 按部位分类　除6块听小骨分布于感觉器官外，按其所在部位可分为**躯干骨**51块、**颅骨**23块、**上肢骨**64块、**下肢骨**62块。躯干骨和颅骨统称为中轴骨，上肢骨和下肢骨统称为**附肢骨**。

2. 按形态分类　据骨的形态不同可分为长骨、短骨、扁骨和不规则骨（图4-2）。长骨呈长管状，分为一体两端，主要分布于四肢。体又称骨干，位于长骨中部，其内有空腔，称**骨髓腔**，容纳骨髓。两端膨大为**骺**，具有光滑的关节面，在活体有关节软骨覆盖。短骨形似立方体，多成群分布，如腕骨和跗骨等。扁骨呈板状，主要构成骨性腔的壁，对腔内器官有保护作用，如颅盖骨、胸骨和肋骨等。不规则骨形态不规则，如椎骨、髋骨和颞骨等。

考点：骨的分类

考点：骨的构造

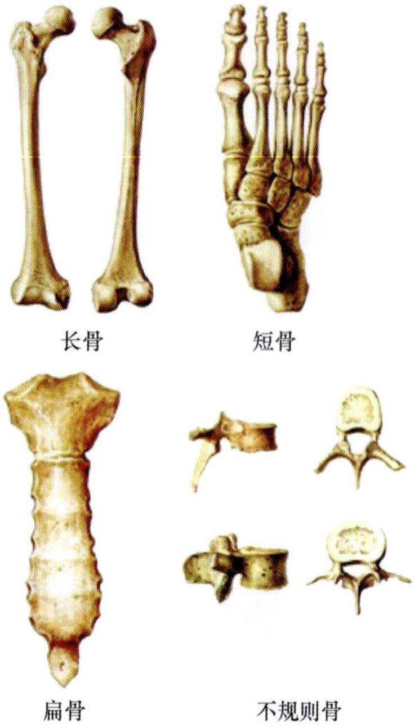

图 4-2　骨的形态

有些不规则骨，内有含气的腔，称为**含气骨**，如上颌骨和蝶骨等。

（二）骨的构造

骨由**骨质**、**骨膜**和**骨髓**构成，并有血管、淋巴管和神经等结构（图 4-3）。

1. 骨质　由骨组织构成，分为**骨密质**和**骨松质**。骨密质质地致密，抗压性强，分布于骨的表面和长骨的骨干；骨松质由许多片状的骨小梁交织排列而成，呈海绵状，多位于长骨的两端和短骨、扁骨、不规则骨的内部。在颅盖骨，内、外表层的骨密质构成内板和外板，两板间的骨松质称为**板障**。

2. 骨膜　由致密结缔组织构成，有丰富的血管和神经，被覆于除关节面以外的整个骨面。骨膜对骨的生长、营养、改造和修复具有重要作用，故手术时应尽量保留骨膜。

3. 骨髓　充填于骨髓腔及骨松质腔隙内，分为**红骨髓**和**黄骨髓**。红骨髓有造血功能，胎儿及幼儿的骨髓全是红骨髓，6 岁以后，长骨骨髓腔内的红骨髓逐渐被脂肪组织代替形成黄骨髓，失去造血活力。但在慢性失血过多或重度贫血时，黄骨髓可转化为红骨髓，恢复造血功能。成年后在长骨的两端、短骨、扁骨和不规则骨的骨松质内终身保留红骨髓。临床常选择髂骨、胸骨等处进行骨髓穿刺，检查骨髓的造血功能。

考点：骨髓的位置、类型、作用和临床意义

（三）骨的化学成分和物理特性

骨含有**有机质**和**无机质**两种成分。有机质主要是骨胶原纤维和黏多糖蛋白，使骨具有韧性和弹性；无机质主要是碱性磷酸钙，使骨具有硬度和脆性。骨的化学成分随年龄的增长而不断变化，年幼者有机质含量比成人高，弹性、韧性大，易发生变形；老年人无机质含量比例增高，脆性较大，易发生骨折。

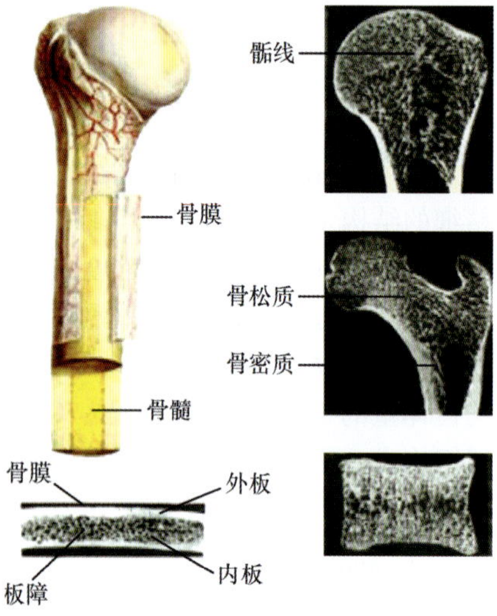

图 4-3　骨的构造

（四）骨连结

骨与骨之间的连结装置叫**骨连结**。根据连结方式的不同，分为直接连结和间接连结。

1. 直接连结　两骨间借纤维结缔组织、骨或软骨相连，连结较牢固，不活动或仅有少许活动，这种连结称**直接连结**。可分为以下三类。

(1) 纤维连结：两骨之间借纤维结缔组织相连，如颅骨的缝连结、椎骨棘突间的韧带连结等。

考点：直接连结的类型

(2) 软骨连结：两骨之间借软骨直接相连，如椎间盘和耻骨联合。

(3) 骨性结合：两骨之间借骨组织直接相连，如骶椎椎骨之间的骨性结合及髂、耻、坐骨之间在髋臼处的骨性结合等。

2. 间接连结　又称**关节**或**滑膜关节**，由骨与骨之间借膜性的结缔组织囊相连而成，囊内有腔隙，含有滑液，一般有较大的活动性。

(1) 关节的基本结构：包括**关节面**、**关节囊**和**关节腔**（图 4-4）。

1) 关节面：是参与构成关节的骨的接触面，通常一骨形成凸面，称**关节头**；另一骨形成凹面，称**关节窝**。关节面上覆盖一层关节软骨，光滑而富有弹性，可减少运动时的摩擦，并缓冲震荡。

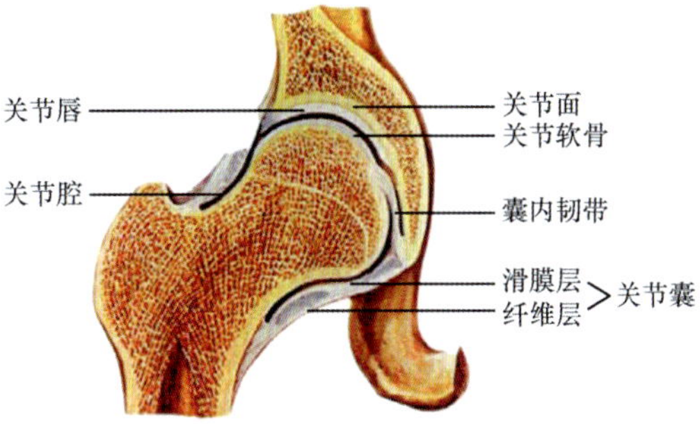

图 4-4　关节的结构

2) 关节囊：由结缔组织膜构成的囊，附着在关节面周缘及附近的骨面并与骨膜相延续，包围关节，封闭关节腔，分内、外两层。外层为纤维层，内层为滑膜层，由致密结缔组织构成，含丰富的血管和神经。

3) 关节腔：为关节囊滑膜层与关节软骨之间所围成的密闭腔隙，内含有少量滑液。腔内呈负压，对维持关节的稳固性有一定作用。

考点：关节的基本结构

(2) 关节的辅助结构：有些关节除具备基本结构外，还有一些辅助结构。

1) **韧带**：呈束状或膜状，连于相邻两骨之间，由致密纤维结缔组织束构成，可增加关节的稳固性。

2) **关节盘**：位于两关节面之间，由纤维软骨板构成，能增加关节的弹性，减少对骨面的冲击，并可使两骨关节面互相适应，增加稳固性，更有利于关节的运动。

3) **关节唇**：是附着于关节窝周缘的纤维软骨环，可加深关节窝，增加关节稳固性。

(3) 关节的运动：关节基本上是沿着冠状轴、垂直轴、矢状轴运动。有以下几种运动形式。

1) **屈和伸**：指关节沿冠状轴进行的运动。运动时两骨互相靠拢，角度变小的称屈，反之为伸。

2) **内收和外展**：指关节沿矢状轴的运动。运动时骨向正中面靠近为内收（或收），反之，离开正中面称外展（或展）。

3) **旋内和旋外**：骨环绕垂直轴进行的运动，称**旋转**。骨的前面转向内侧的称旋内，反之，转向外侧的称旋外。在前臂，手背转向前方的运动，又称为**旋前**；手掌恢复到向前，手背转向后方的运动，又称为**旋后**。

4) **环转**：环转运动时，骨的近端在原位转动，远端做圆周运动，运动时全骨描绘成一锥形轨迹。环转运动实际为屈、展、伸、收的依次连续运动。

考点：关节的运动形式

二、躯干骨及其连结

（一）躯干骨

躯干骨包括**椎骨**、**胸骨**和**肋**，共 51 块。

1. 椎骨　成人椎骨 26 块，**颈椎** 7 块、**胸椎** 12 块、**腰椎** 5 块、**骶骨** 1 块和**尾骨** 1 块。

考点：躯干骨的组成

(1) 椎骨的一般形态：椎骨属于不规则骨，由位于前方的**椎体**和后方的**椎弓**组成（图 4-5）。椎体与椎弓围成的孔，称为**椎孔**。所有的椎孔连接起来形成**椎管**，容纳脊髓。椎体位于椎骨的前部，呈短圆柱状，是椎骨承重的主体。椎弓是椎体后部的弓状骨板，椎弓与椎体连结的部分较细，称为**椎弓根**，其上、下缘各有一切迹，分别称为**椎上切迹**和**椎下切迹**，相邻椎骨的椎上、下切迹围成**椎间孔**，有脊神经根和血管通过。椎弓的后部是宽厚的椎弓板，其上有 7 个突起：向上伸出 1 对**上关节突**，向下伸出的 1 对**下关节突**，向两侧伸出 1 对**横突**，向后正中伸出 1 个**棘突**。

考点：椎骨的组成

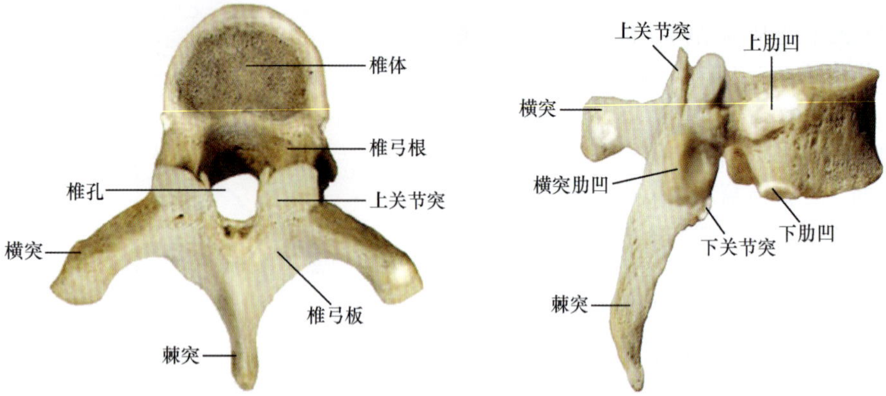

图 4-5　胸椎

⑵ 各部椎骨的主要特征

1) 颈椎：椎体较小，椎孔呈三角形，横突根部有圆形的**横突孔**，有椎动、静脉通过。第 2 ～ 6 颈椎的棘突短，末端分叉（图 4-6）。第 1 颈椎又称**寰椎**，呈环形，无椎体、棘突和关节突，由前弓、后弓及两个侧块构成（图 4-7）。第 2 颈椎又称**枢椎**，椎体上有**齿突**，与寰椎前弓后面的齿突凹相关节（图 4-8）。第 7 颈椎又称**隆椎**，棘突较长，末端不分叉并呈结节状隆起，当头前屈时，在体表易于触及，是临床记数椎骨序数和针灸取穴的标志（图 4-9）。

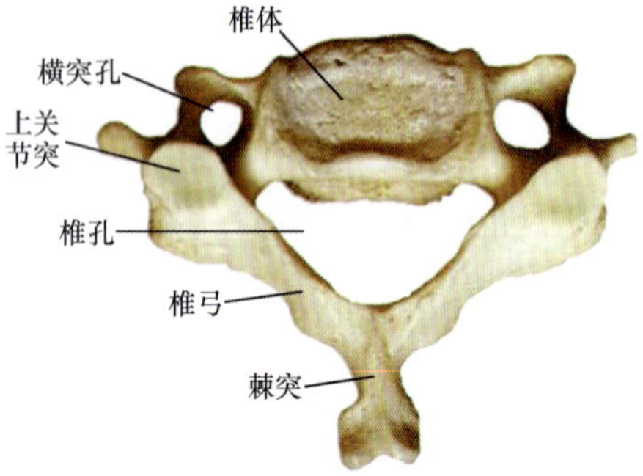

图 4-6　（第 2 ～ 6）颈椎形态

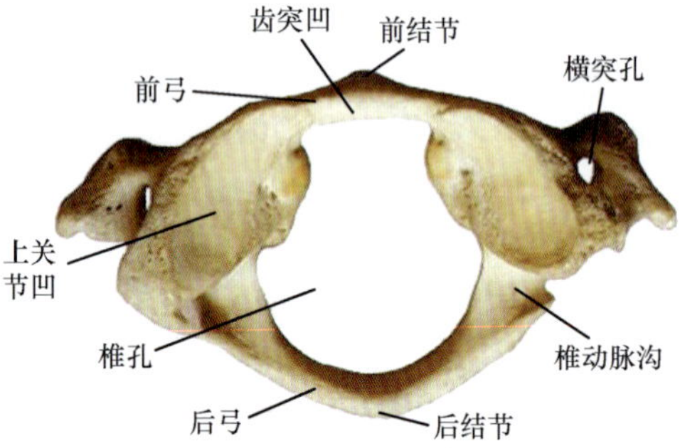

图 4-7　寰椎（上面）

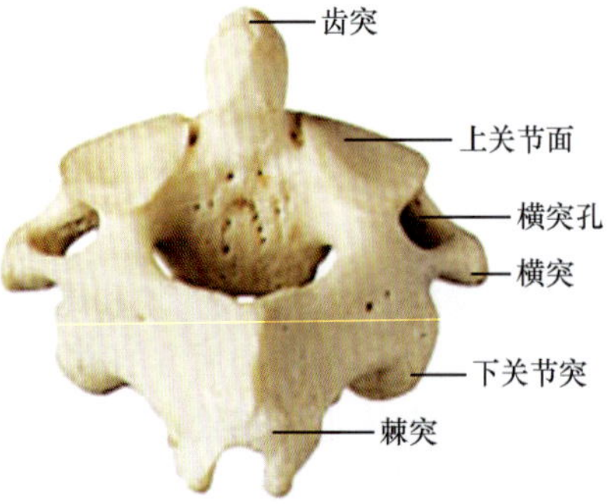

图 4-8　枢椎（上面）

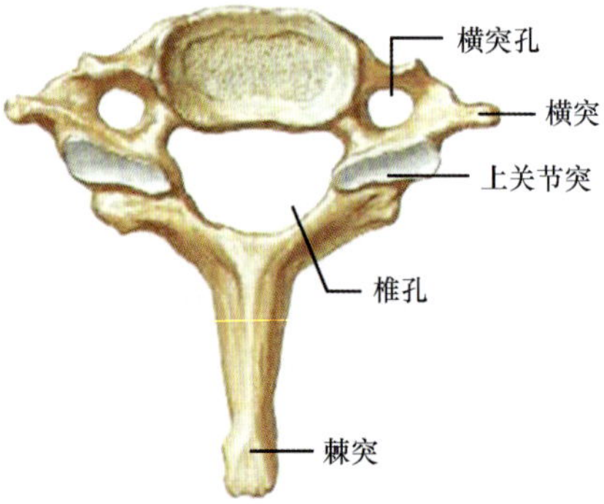

图 4-9　隆椎（侧面）

2) 胸椎：椎体似心形，从上向下逐渐增大，有和肋骨相关节的椎体肋凹和横突肋凹。棘突较长斜向后下方，呈叠瓦状排列（图 4-5）。

3）腰椎：椎体粗大，棘突宽短呈板状，呈矢状水平位后伸，棘突间隙较宽（图4-10）。临床常在第3～4或第4～5腰椎间隙进行腰椎穿刺。

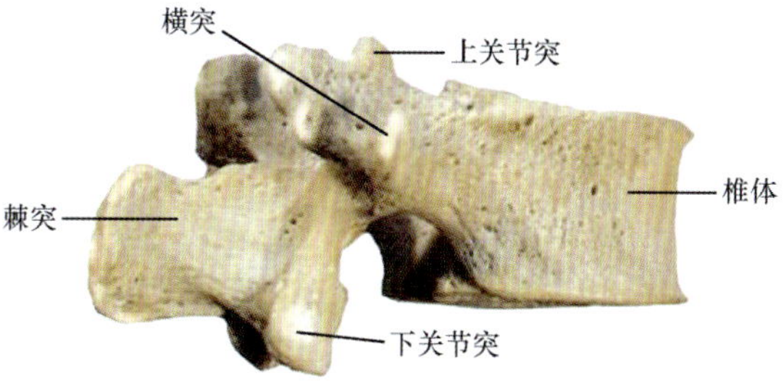

图4-10　腰椎（侧面观）

考点：颈椎、胸椎、腰椎和骶骨的形态特征及骨性标志

4）骶骨：由5块骶椎融合而成，呈倒三角形。底的前缘向前突出，称为**岬**，为女性盆骨测量的重要标志。骶骨的前后面分别有4对**骶前孔**和**骶后孔**。两侧有**耳状面**。骶骨中央有一纵贯全长的管道，称为**骶管**，向上与椎管相连，向下开口形成**骶管裂孔**。此孔两侧有向下突出的**骶角**。临床常以它为标志进行骶管阻滞麻醉（图4-11，图4-12）。

5）尾骨：由4块退化的尾椎融合而成，借软骨和韧带与骶骨相连（图4-11，图4-12）。

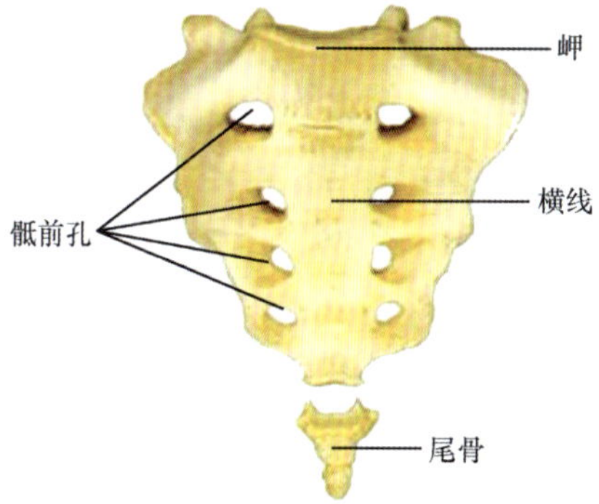

图4-11　骶骨和尾骨（前面）

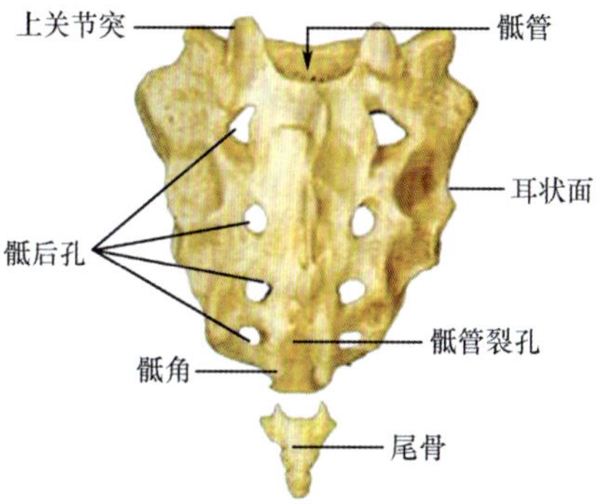

图4-12　骶骨和尾骨（后面）

2. 胸骨　位于胸前部正中，前凸后凹，属于典型的扁骨，可分为**胸骨柄**、**胸骨体**和**剑突**三部分。胸骨柄上缘正中的切迹称为**颈静脉切迹**，两侧为锁切迹，与锁骨相关节。胸骨体呈长方形，外侧缘接第2～7肋软骨。胸骨体与胸骨柄连接处形成微向前突，称**胸骨角**，两侧平对第2肋软骨，体表可触及，为计数肋的标志。胸骨的下端为一末端游离的薄骨片，称为**剑突**（图4-13）。

考点：胸骨的组成；胸骨角及意义

3. 肋　共12对，由**肋骨**和**肋软骨**构成。肋骨为细长弓状的扁骨，富有弹性，分为中部的体及前、后端。肋骨体有内、外两面及上、下两缘。肋骨体内面近下缘处有**肋沟**，肋间血管和神经沿此沟走行。肋骨前端接肋软骨，后端稍膨大，称肋头，肋头的外侧有肋结节。肋软骨为透明软骨，连接各肋的前端，终身不骨化（图4-14）。

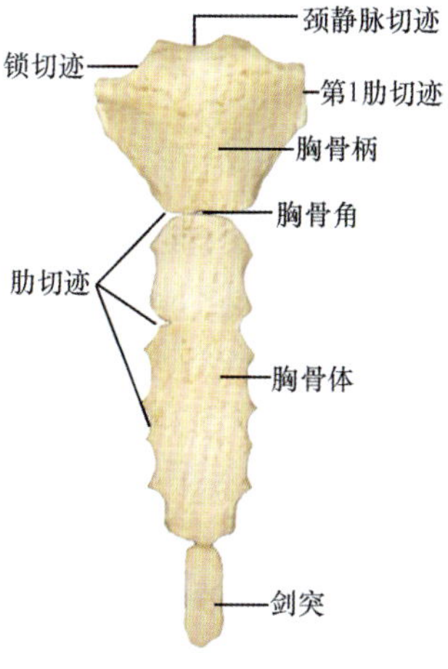

图4-13　胸骨（前面）

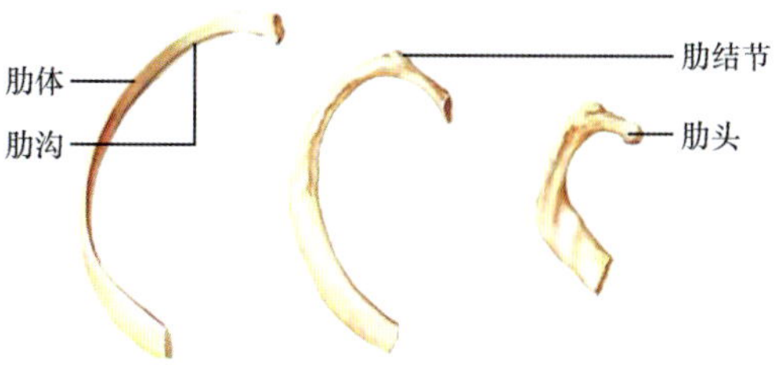

图4-14　肋骨

（二）躯干骨的连结

1. 脊柱 由 24 块椎骨、1 块骶骨和 1 块尾骨，借椎间盘、韧带和关节连结而成。脊柱构成人体的中轴，上承颅骨，下连髋骨，具有运动、保护及支持体重等作用。

(1) 椎骨间的连结：相邻椎骨之间借**椎间盘**、**韧带**和**关节**相连结。

1) 椎间盘：是连结相邻两个椎体之间的纤维软骨盘，由**髓核**和**纤维环**构成。髓核是位于中央部的柔软而富有弹性的胶状物质；纤维环为呈环形排列的纤维软骨，围绕在髓核的周围，可防止髓核向外突出。椎间盘坚韧，富有弹性，能承受压力和震荡，并允许椎体之间做少许运动（图 4-15）。

考点：椎间盘的组成和临床意义

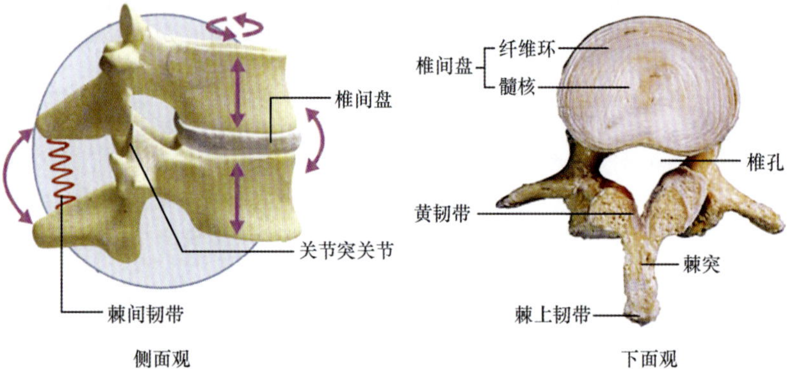

图 4-15 椎间盘（水平切面）

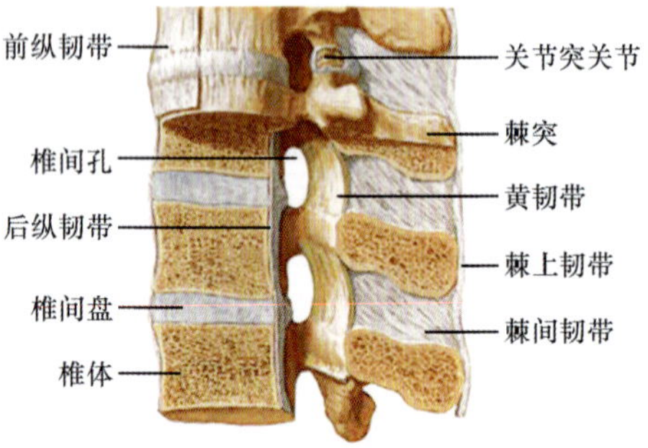

图 4-16 椎骨间的连结

2) 韧带：脊柱的韧带可分为以下几种（图 4-16）。

①**前纵韧带**：位于椎体的前面，上至枕骨大孔前缘，下达第 1 或第 2 骶椎体，与椎体边缘及椎间盘结合较紧。

②**后纵韧带**：位于各椎体的后面，起自枢椎，向下达骶管。

③**棘上韧带**：是连结胸、腰、骶椎各棘突尖之间的纵行韧带。

④**黄韧带**：是连结相邻椎弓板间的短韧带，由弹力纤维构成，坚韧富有弹性。

⑤**棘间韧带**：为连接相邻棘突之间的短韧带。

链接

椎间盘突出症的解剖学基础

椎间盘的纤维环破裂，髓核突出，压迫脊神经根，产生疼痛、反射异常等临床表现，即为椎间盘突出症。正常时椎间盘的纤维环坚韧而有弹性，完全可以限制髓核的膨出，但随着挤压、负重等刺激的积累及年龄增长（特别是随年龄增长，髓核水分丧失）的影响，再加上椎间盘本身的血液循环较差，纤维环就会发生萎缩、变脆等退行性变，此时再出现急性或慢性损伤，导致髓核突出。腰椎间盘突出症最常见，好发于第 4 与第 5 腰椎或第 5 腰椎与骶骨之间。

3) 关节：主要有关节突关节、寰枢关节和寰枕关节。

(2) 脊柱的整体观及其运动：成人脊柱长约 70cm，女性略短。其长度可因姿势不同略有差异，静卧可比站立高出 2 ～ 3cm，这是由于椎间盘被压缩所致。椎间盘的总厚度约占脊柱全长的 1/4。

1) **前面观**：椎体自上而下逐渐增大，从骶骨耳状面以下又渐次缩小。

2) **后面观**：所有棘突连贯成纵嵴，颈椎棘突短，末端分叉，近水平位，但第 7 颈椎棘突较长而突出；胸椎棘突细长，斜伸向后下方，呈叠瓦状排列；腰椎棘突呈板状，水平伸向后方。

3) 侧面观：可见脊柱有**颈曲**、**胸曲**、**腰曲**、**骶曲** 4 个生理性弯曲。其中颈曲、腰曲凸向前，胸曲、骶曲凸向后（图 4-17）。

考点：脊柱的生理弯曲

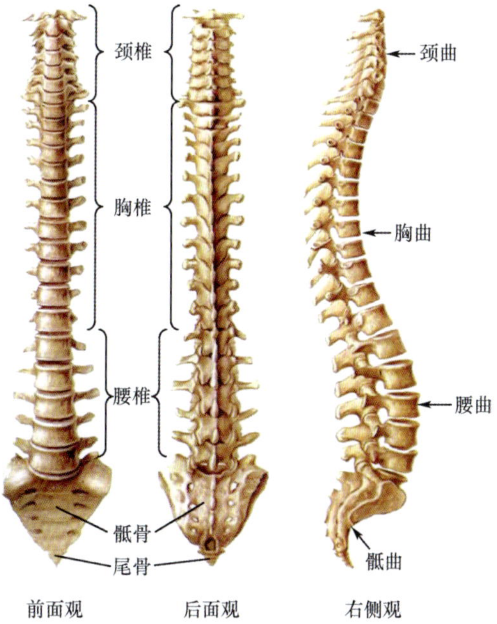

图 4-17　脊柱的整体观

4) 脊柱的运动：脊柱除支持和保护功能外，还有灵活的运动功能。虽然相邻两椎骨间运动范围较小，但整个脊柱的活动范围较大，尤其是颈部和腰部。脊柱可作前屈、后伸、侧屈、旋转和环转运动。

考点：胸廓的组成

2. 胸廓　由 12 块胸椎、12 对肋、1 块胸骨借骨连结构成。

(1) 胸廓的连结

1) **肋椎关节**：是肋骨与胸椎的连结，包括由 12 对肋头的关节面与 12 个胸椎的肋凹构成的**肋头关节**；肋结节的关节面与胸椎横突的肋凹构成的**肋横突关节**（图 4-18）。

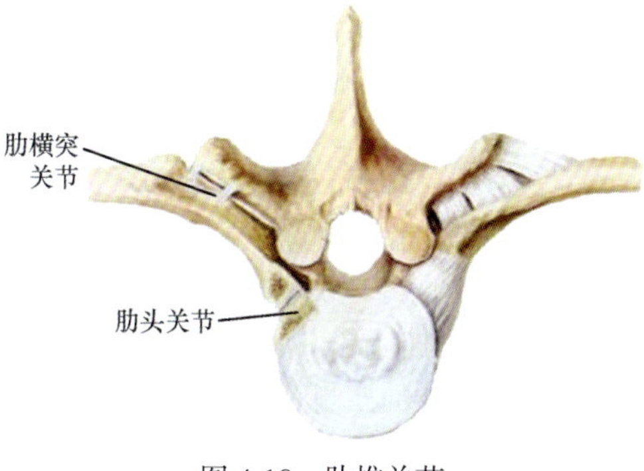

图 4-18　肋椎关节

2) **胸肋关节**：由第 2 ～ 7 对肋软骨与胸骨体相应的肋切迹构成。第 1 对肋软骨与胸骨柄直接连结；第 8 ～ 10 对肋软骨依次与上位肋软骨相连构成**肋弓**。第 11、12 对肋的前端游离于腹壁肌中。

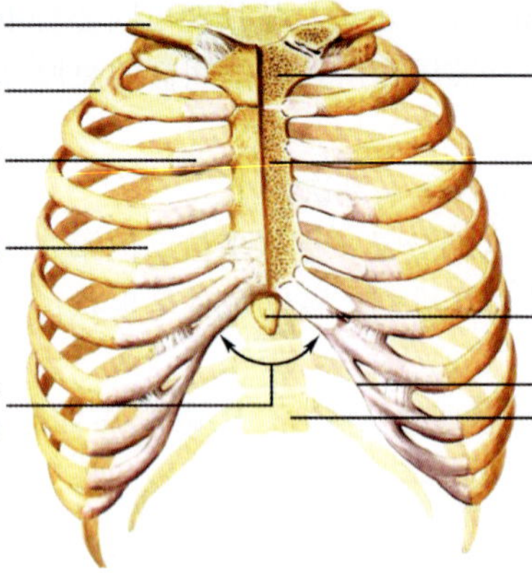

图 4-19　胸廓（前面）

(2) 胸廓的整体观：成人胸廓呈上窄下宽、前后略扁的圆锥形。胸廓有上、下两口。**胸廓上口**较小，由第 1 胸椎体、第 1 对肋及胸骨柄上缘围成，是食管、气管、大血管和神经等出入胸腔的通道；**胸廓下口**宽阔而不整齐，由第 12 胸椎，第 12、11 肋前端，肋弓和剑突围成。两侧肋弓之间的夹角称**胸骨下角**。相邻两肋之间的间隙称**肋间隙**（图 4-19）。

(3) 胸廓的运动：胸廓除支持和保护胸腔脏器外，还参与呼吸运动。

链接

胸廓的临床意义

胸廓的形态和大小与年龄、性别、体型、营养及健康状况密切相关。新生儿胸廓横径与前后径大致相等呈桶状；成人呈扁圆锥形；老年人因弹性减退，运动减弱，胸廓则扁而长。成年女性比男性略圆而短。经常参加体育锻炼的人，胸廓较为宽短；身体瘦弱或胸肌和肺发育不良的人，胸廓扁平、狭长。佝偻病患儿的胸廓前后径大，胸骨向前突出，形成所谓的“鸡胸”。肺气肿患者的胸廓各径线都增大，形成“桶状胸”。一些严重消耗性疾病患者或极度消瘦者，形成扁平胸。患有肺不张、肺萎缩或胸腔积液、胸壁肿瘤等疾病时，可出现胸廓两侧的不对称现象。因此。观察胸廓外形是检查和诊断疾病的一个重要指标。

三、颅骨及连结

颅骨共 23 块（6 块听小骨未计入），除下颌骨和舌骨外，均借缝或软骨牢固相连，彼此间不能活动。颅骨分为后上部的脑颅骨和前下部的面颅骨两部分。

（一）脑颅骨

共 8 块，不成对的有**额骨**、**枕骨**、**蝶骨**和**筛骨**，成对的有**顶骨**和**颞骨**。脑颅骨围成颅腔，容纳脑。

（二）面颅骨

考点：脑颅骨和面颅骨的组成

共 15 块，不成对的有**犁骨**、**下颌骨**和**舌骨**，成对的有**上颌骨**、**鼻骨**、**泪骨**、**颧骨**、**下鼻甲**及**腭骨**。面颅骨构成颜面的支架，围成眶、骨性口腔和鼻腔。

考点：下颌骨的形态特征

下颌骨位于面颅下部，分为一体两支。下颌体居中央，呈马蹄形，其上缘为容纳下颌牙根的牙槽，体的外侧面左右各有一**颏孔**。下颌支为由下颌体后端向上伸出的长方形骨板，其上缘有两个突起，前方的称为**冠突**，后方的称为**髁突**，其上端的膨大为**下颌头**。下颌支内面中央有**下颌孔**，通过下颌管与颏孔相通。下颌体和下颌支相交处形成**下颌角**（图 4-20）。

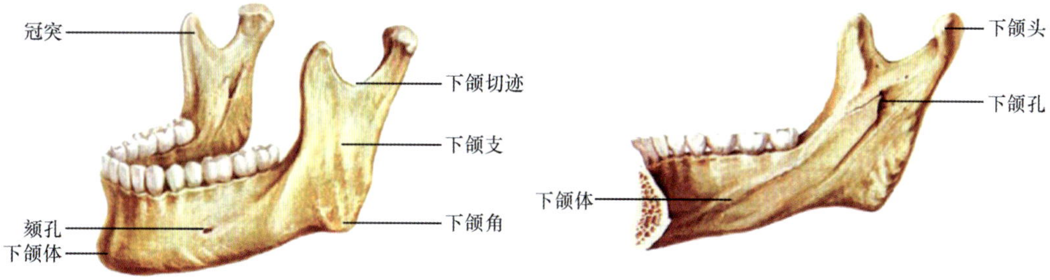

图 4-20　下颌骨

（三）颅的整体观

1. 颅的顶面观　呈卵圆形，前窄后宽。额骨与两顶骨连结构成**冠状缝**，两侧顶骨连结构成**矢状缝**，两侧顶骨与枕骨连结构成**人字缝**（图 4-21）。

2. 颅的前面观　颅的前面可分为额区、眶、骨性鼻腔、骨性口腔（图 4-22）。

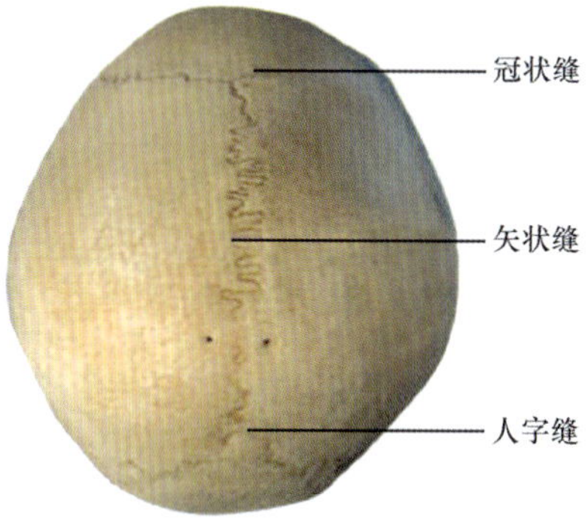

图 4-21　颅的顶面观

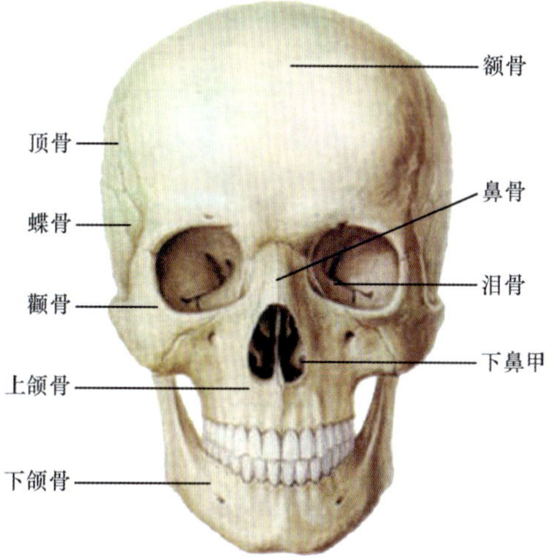

图 4-22　颅的前面观

(1) **眶**：容纳眼球及其附属结构，呈四棱锥体形，尖向后内，经**视神经管**通入颅中窝。底向前外，它的上、下缘分别称**眶上缘**和**眶下缘**。眶上缘的内侧部有**眶上切迹**（眶上孔）。眶下缘中点的下方有**眶下孔**。眶的上壁前外侧份有**泪腺窝**，内侧壁前下份有**泪囊窝**，它向下经鼻泪管通鼻腔；眶外侧壁后半的上、下方各有**眶上裂**和**眶下裂**。

(2) **骨性鼻腔**：位于面颅的中央，上方以筛板与颅腔相隔，下方以硬腭骨板与口腔分界，两侧邻接筛窦、眶和上颌窦。它被**骨性鼻中隔**分为左右两半。外侧壁自上而下有三个卷曲的骨片，分别称为**上鼻甲**、**中鼻甲**和**下鼻甲**。每个鼻甲下方相应的有鼻道，分别为**上鼻道**、**中鼻道**和**下鼻道**。骨性鼻腔前方的开口为**梨状孔**，后方的开口为**鼻后孔**（图 4-23）。

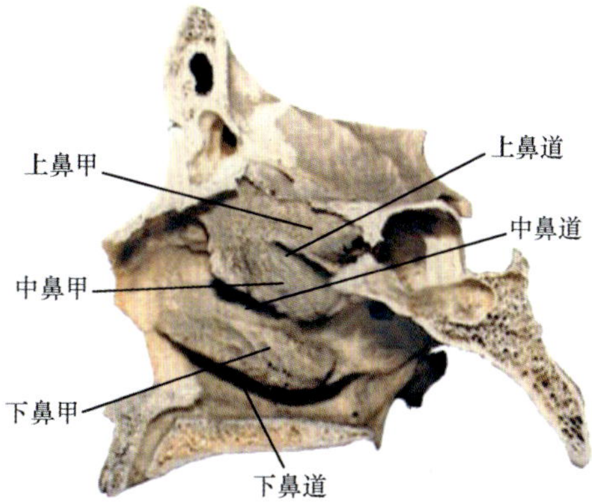

图 4-23　鼻腔外侧壁（右侧）

考点：鼻旁窦及开口部位

(3) 鼻旁窦：共四对，包括额窦、上颌窦、筛窦和蝶窦，它们是同名骨内含气的空腔，都与鼻腔相通。额窦位于额骨内，开口于中鼻道；上颌窦最大，位于上颌骨内，开口于中鼻道，由于窦口高于窦底部，故在直立位时不易引流；筛窦位于筛骨内，由许多不规则的小房组成，可分前、中、后群，前、中群开口于中鼻道，后群开口于上鼻道；蝶窦位于蝶骨体内，开口于蝶筛隐窝。鼻旁窦有减轻颅骨的重量和对发音起共鸣的作用。

3. 颅的侧面观 在乳突的前方有**外耳门**，外耳门前方，有一弓状**颧弓**，可在体表摸到。颧弓上方的凹陷，称为**颞窝**。在颞窝内，额、顶、颞、蝶四骨的会合处常构成“H”形的缝，称为**翼点**。翼点的骨质比较薄弱。其内面有脑膜中动脉的前支经过。翼点处骨折时，容易损伤该动脉，导致硬膜外血肿而危及生命（图 4-24）。

考点：翼点的概念及临床意义

4. 颅底内面观 颅底内面凹凸不平，由前向后呈阶梯状排列着**颅前窝**、**颅中窝**和**颅后窝**。窝内有很多孔裂，有血管和神经通过（图 4-25）。

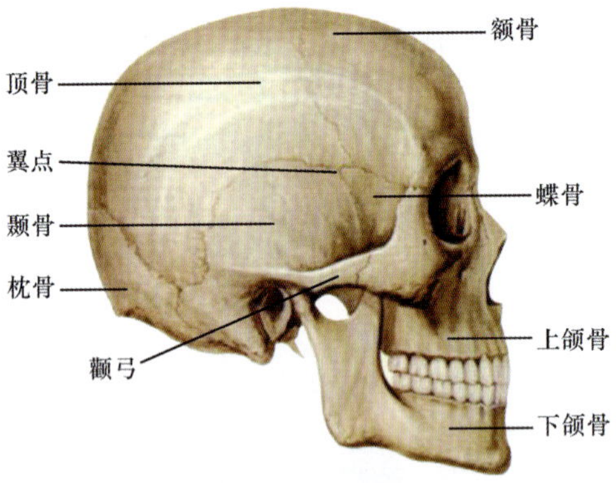

图 4-24 颅的侧面观

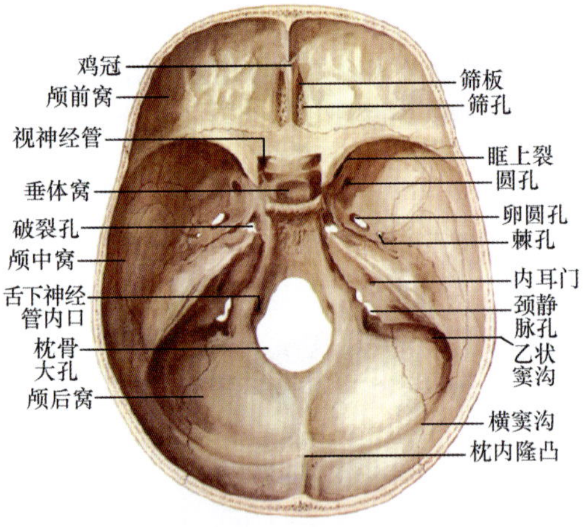

图 4-25 颅底内面观

(1) **颅前窝**：底的正中有向上的突起称**鸡冠**，两侧为**筛板**，其上的许多小孔称**筛孔**，筛板较薄，外伤时易发生骨折，导致脑脊液鼻漏。

(2) **颅中窝**：中央是蝶骨体，上面中央的凹陷为**垂体窝**。窝的前外侧有**视神经管**。在垂体窝的两侧，从前内向后外依次为**圆孔**、**卵圆孔**和**棘孔**。

(3) **颅后窝**：中央有**枕骨大孔**，其前外缘有**舌下神经管**内口。枕骨大孔的后上方为“十”字形隆起的**枕内隆凸**。隆凸的两侧有**横窦沟**，横窦沟折向前下内方为**乙状窦沟**，向下止于**颈静脉孔**。在前外侧壁的颞骨上有**内耳门**，通内耳道。

5. 颅底外面观 颅底外面凹凸不平，前部中央为上颌骨和腭骨构成的**骨腭**，其前和两侧为**牙槽弓**，骨腭后上方为**鼻后孔**。后部的中央有枕骨大孔，它的两侧呈椭圆形突出的关节面称为**枕髁**。枕髁的根部有**舌下神经管外口**，外侧有**颈静脉孔**，孔的前方从后向前有**颈动脉管外口**、**棘孔**、**卵圆孔**。颈动脉管外口的后外方，有细长骨突称为**茎突**，茎突的后外方有颞骨的**乳突**。茎突与乳突之间的孔称为**茎乳孔**。茎乳孔前方大而深的凹陷为**下颌窝**，前方的横行隆起称为**关节结节**。枕骨大孔后上方的粗糙隆起称为**枕外隆凸**（图 4-26）。

（四）颅骨的连结

颅骨之间多数借缝或软骨相互连结，只有下颌骨与颞骨之间构成颞下颌关节，又称下颌关节（图 4-27）。

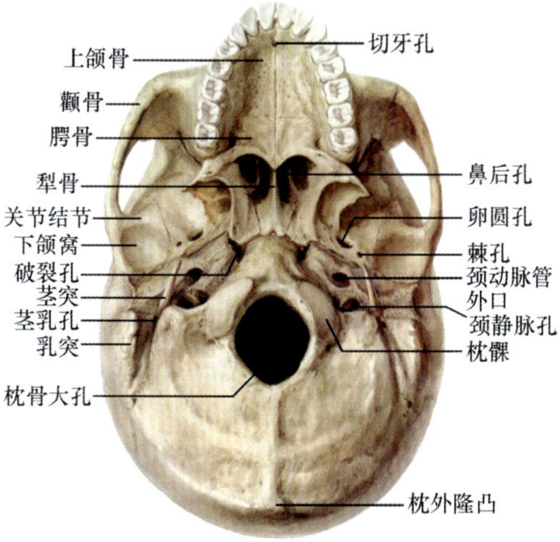

图 4-26　颅底外面观

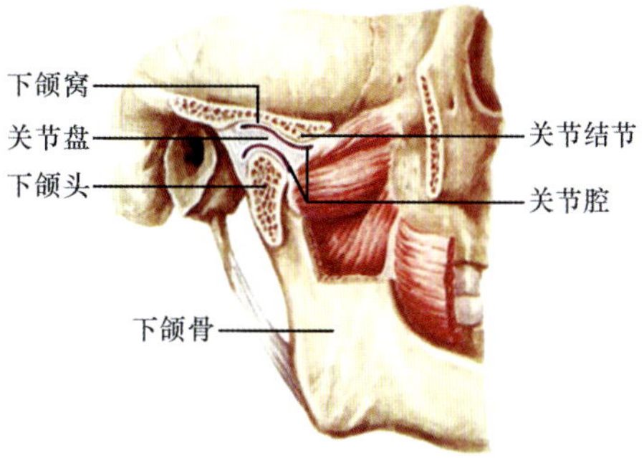

图 4-27　下颌关节

1. 组成　由下颌头及颞骨的下颌窝和关节结节构成。

2. 特点　关节囊内有关节盘，将关节腔分为上、下两部分。关节囊的前部薄而松弛，关节易向前脱位。

3. 运动形式　颞下颌关节属联合关节，运动灵活，两侧必须同时运动，可使下颌骨做上提、下降、前进、后退和侧方运动。

（五）新生儿颅的特征

新生儿脑颅较大，面颅较小，仅占脑颅的 1/8（成人为 1/4）。新生儿颅骨的某些部分尚未发育完全，相邻骨缝间充满结缔组织膜，较大的膜称为**颅囟**，其中重要的有前囟和后囟。**前囟**位于矢状缝与冠状缝相交处，呈菱形，一般于 1 ～ 2 岁闭合。**后囟**位于矢状缝和人字缝相交处，呈三角形，于出生后不久闭合。前囟闭合的早晚可作为婴儿发育的标志，并可通过它观察颅内压的变化。

四、上肢骨及连结

（一）上肢骨

考点： 上肢骨的组成

上肢骨包括上肢带骨（**锁骨**、**肩胛骨**）和自由上肢骨（**肱骨**、**桡骨**、**尺骨和手骨**），每侧 32 块，共 64 块。

1. 锁骨　位于胸廓前上部的两侧，呈“～”形，有一体、两端。锁骨内侧 2/3 凸向前，外侧 1/3 凸向后，内侧端粗大称为**胸骨端**，外侧端扁平称为**肩峰端**。全长在体表均可触及，锁骨骨折多发生在中、外 1/3 交界处（图 4-28）。

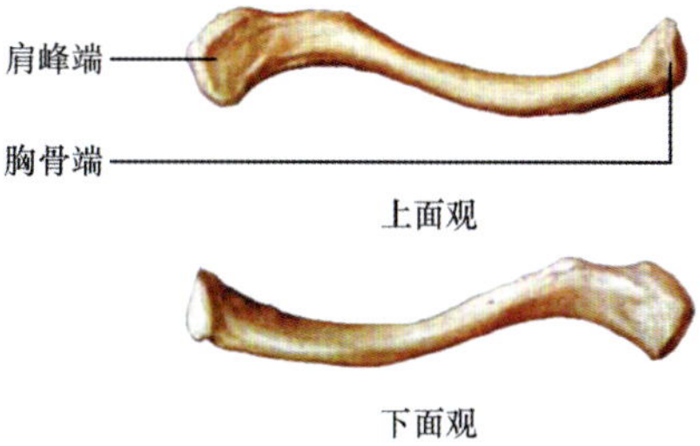

图 4-28　锁骨

2. 肩胛骨　位于胸廓后外上方，是三角形的扁骨，有两面、三缘和三角。肩胛骨的前面有一大的浅窝称**肩胛下窝**；后面上部有一向前外上方突出的骨嵴称**肩胛冈**，冈的上下分别称**冈上窝**和**冈下窝**，冈的外侧端扁平称为**肩峰**，为肩部的最高点。**上缘**外侧部有一向前弯曲的指状突起，称为**喙突**。外侧缘肥厚，临近腋窝；**内侧缘**薄而长，

考点：肩胛骨的形态及骨性标志

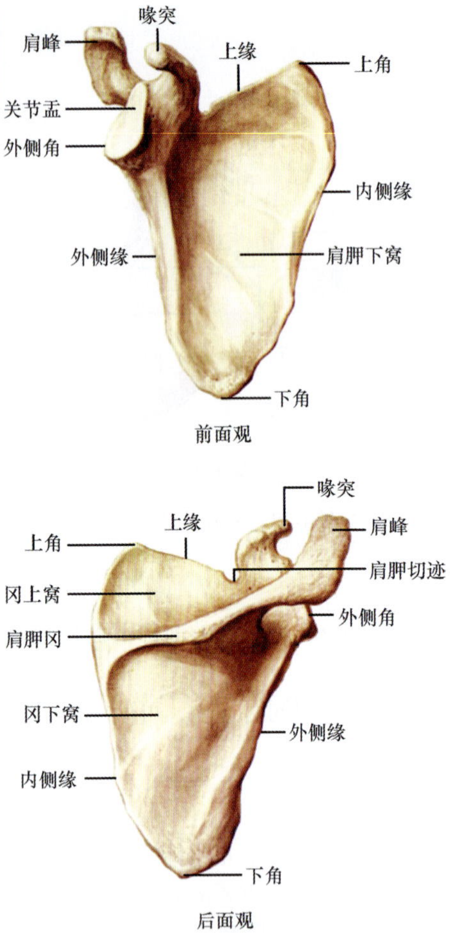

图 4-29　肩胛骨

靠近脊柱。**外侧角**肥厚，有一朝向外侧的浅窝称**关节盂**。**上角**平对第 2 肋，**下角**平对第 7 肋或第 7 肋间隙，可作为计数肋骨的标志（图 4-29）。

3. 肱骨　位于上臂部，有一体、两端。上端有半球形的**肱骨头**。肱骨头前下方和外侧各有一隆起的**小结节**和**大结节**，两结节之间的纵沟称为**结节间沟**，内有肱二头肌长头腱通过。上端与体交界处稍细，称为**外科颈**，是骨折的易发部分。肱骨体的中部外侧面有粗糙的**三角肌粗隆**。体的后面有由内上斜向外下的**桡神经沟**，有桡神经通过，肱骨干的骨折可伤及此神经。肱骨下端前后稍扁，外侧部有半球形的**肱骨小头**，内侧部有**肱骨滑车**，下端的后面在肱骨滑车的上方有**鹰嘴窝**。肱骨小头的外侧和肱骨滑车的内侧各有一个突起，分别称为**外上髁**和**内上髁**。内上髁的后下方有一浅沟，称为**尺神经沟**，有尺神经通过，内上髁骨折时，易伤及尺神经（图 4-30）。

4. 桡骨　位于前臂外侧部，有一体两端。上端稍膨大称**桡骨头**，桡骨头的上面有**关节凹**，桡骨头的周缘有**环状关节面**。桡骨头的下内侧有一粗糙突起，称为**桡骨粗隆**。桡骨下端的腕关节面与腕骨相关节；下端的内侧面有凹形关节面，称为尺切迹；下端的外侧份向下突起，称为**桡骨茎突**（图 4-31）。

考点：肱骨的形态及骨性标志

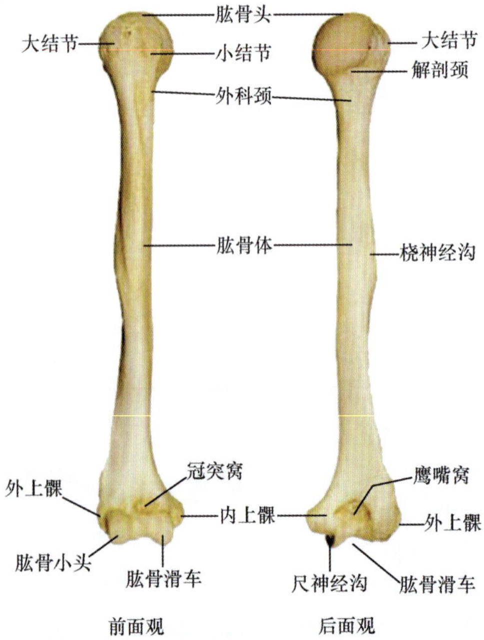

图 4-30　肱骨

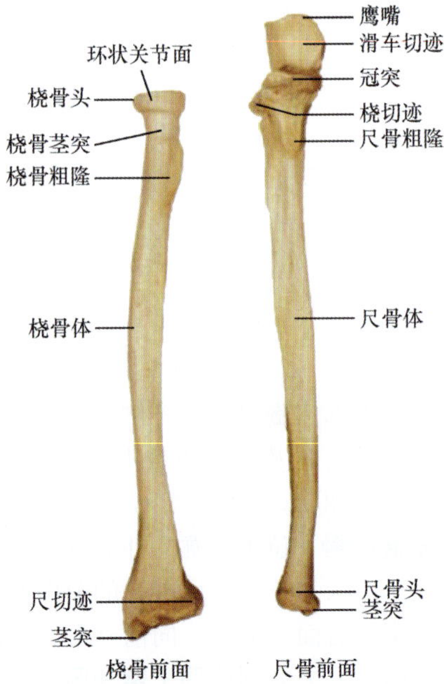

图 4-31　桡骨和尺骨

考点：桡骨和尺骨的形态及骨性标志

5. 尺骨　位于前臂内侧部，有一体、两端。上端较粗大，前面有较大凹陷的关节面称为**滑车切迹**。在切迹的上、下方各有一突起，分别称为**鹰嘴**和**冠突**，冠突的外侧面有一弧形关节面称**桡切迹**。尺骨下端称**尺骨头**，尺骨头的后内侧有向下的突起称**尺骨茎突**（图 4-31）。

6. 手骨　包括腕骨、掌骨和指骨三部分（图 4-32）。

⑴ 腕骨：由 8 块短骨组成，排成两列，每列有 4 块。由桡侧向尺侧，近侧列依次为**手舟骨**、**月骨**、**三角骨**和**豌豆骨**；远侧列依次为**大多角骨**、**小多角骨**、**头状骨**和**钩骨**。

⑵ 掌骨：由 5 块长骨组成，由桡侧向尺侧依次称为第 1 ～ 5 掌骨。

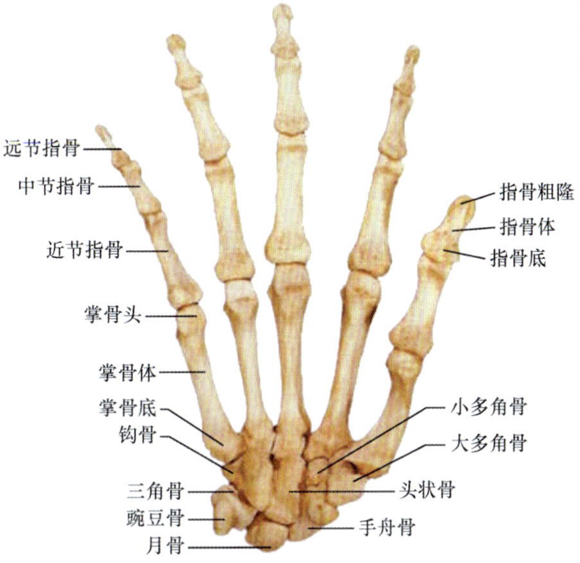

图 4-32　手骨（左侧）

⑶ 指骨：由 5 块长骨组成，除拇指有两节指骨外，其余各指都有 3 节。由近侧向远侧依次为近节指骨、中节指骨和远节指骨。

（二）上肢骨的连结

上肢骨的连结，主要有胸锁关节、肩锁关节、肩关节、肘关节、前臂骨间的连结、手关节。

1. 胸锁关节　由锁骨的胸骨端和胸骨的锁切迹构成，囊内有关节盘，可使锁骨做向上、下、前、后和轻微的旋转运动（图 4-33）。

2. 肩锁关节　由肩胛骨肩峰的关节面与锁骨肩峰端的关节面构成，可做轻微的活动。

3. 肩关节　由肱骨头与肩胛骨的关节盂构成（图 4-34）。结构特点：①肱骨头大，关节盂浅而小。②关节盂周缘有关节唇，使之略为加深。③肩关节囊薄而松弛，囊内有肱二头肌长头腱通过。④囊的上部、后部和前部有韧带和肌肉加强。关节囊的前下部较薄弱，肱骨头常向前下方脱位。

肩关节为人体运动最灵活的关节，可做屈、伸、展、收、旋转、环转运动。

考点：肩关节的组成、结构特点及运动形式

4. 肘关节　由肱骨下端和桡、尺骨上端构成（图 4-35），包括三个关节：①**肱尺关节**，由肱骨滑车与尺骨滑车切迹构成。②**肱桡关节**，由肱骨小头与桡骨头关节凹构成。③**桡尺近侧关节**，由桡骨头的环状关节面与尺骨的桡切迹构成。结构特点：①三个关节共包在一个关节囊内。②关节囊的前后壁薄弱而松弛，两侧有桡侧副韧带和尺侧副韧带加强。③桡骨环状韧带于桡骨头处较发达，包绕桡骨头，防止桡骨头脱出。4 岁以下的幼儿，桡骨头发育不全，且环状韧带较松弛，故当肘关节伸直位牵拉前臂时，易发生桡骨头半脱位。

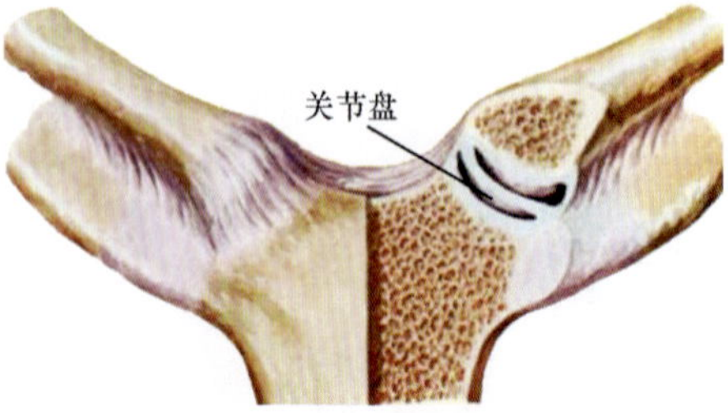

图 4-33　胸锁关节

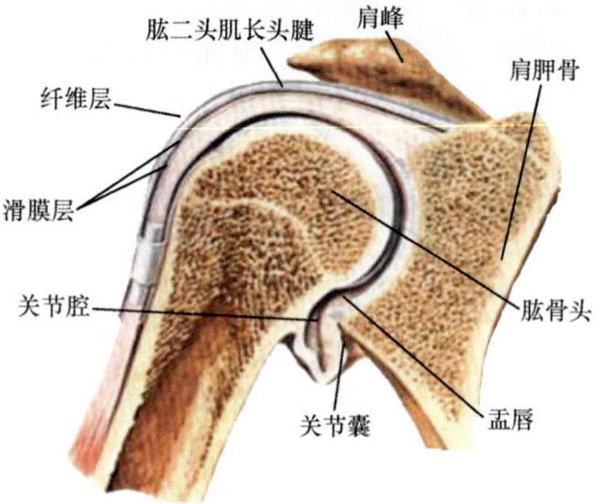

图 4-34　肩关节

考点：肘关节的组成、结构特点及运动形式

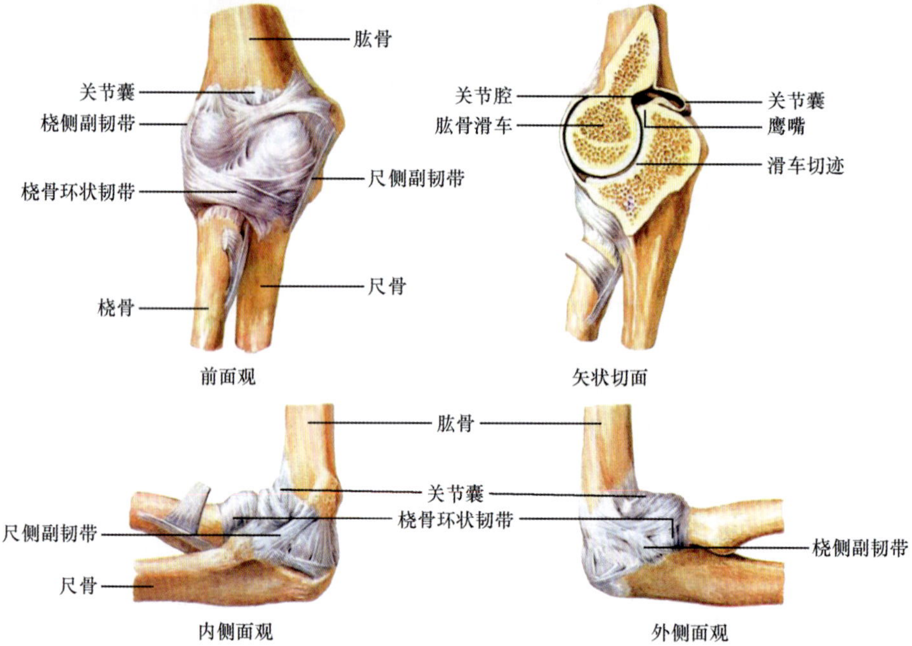

图 4-35　肘关节

链接

肘后三角

尺骨鹰嘴和肱骨内、外上髁是肘部三个重要的骨性标志。正常状态下当肘关节后伸时，上述三点连成一条直线；当肘关节屈至 90° 时，三点连成一等腰三角形称肘后三角。在肘关节脱位时，三点的位置关系会发生改变。

肘关节可做屈、伸运动，其桡尺近侧关节还参与前臂的旋前、旋后运动。

5. 前臂骨间的连结　包括**前臂骨间膜**、桡尺近侧关节和**桡尺远侧关节**。

前臂骨间膜为连结尺骨和桡骨两骨干之间的坚韧的纤维膜。桡尺近侧关节见前述“肘关节”。**桡尺远侧关节**由桡骨下端的尺切迹与尺骨头构成。桡、尺骨的近、远侧两个关节联合活动，可做旋前和旋后运动。

6. 手关节 包括桡腕关节、腕骨间关节、腕掌关节、掌骨间关节、掌指关节和指骨间关节。

五、下肢骨及连结

（一）下肢骨

下肢骨包括下肢带骨（**髋骨**）和自由下肢骨（**股骨**、**髌骨**、**胫骨**、**腓骨**和**足骨**），每侧 31 块，共 62 块。

考点：下肢骨的组成

1. 髋骨 位于盆部，为不规则扁骨，由**髂骨**、**坐骨**和**耻骨**构成。幼年时，三骨借软骨相连，至 15 ～ 16 岁时，软骨骨化，三骨逐渐融合成为髋骨。在融合部的外侧面有一深窝，称为**髋臼**。髋臼下方有坐骨和耻骨围成的**闭孔**（图 4-36）。

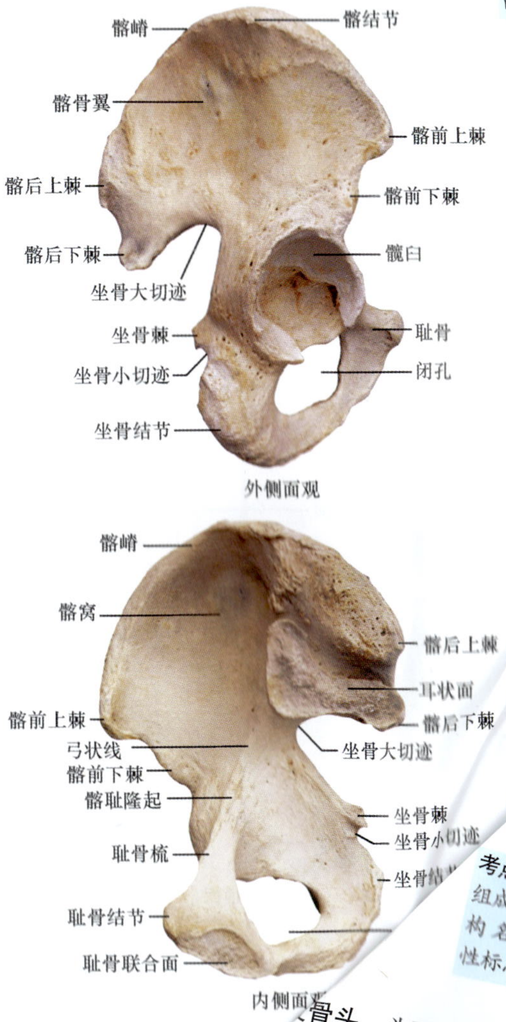

图 4-36

(1) 髂骨：位于髋骨的后上部，其上缘肥厚称**髂嵴**，两侧髂嵴最高点的连线在后正中线上约与第 4 腰椎棘突相平，是腰椎穿刺时确定穿刺部位的标志。髂嵴的前后突起分别为**髂前上棘**和**髂后上棘**，它们下方的突起分别称为**髂前下棘**和**髂后下棘**。髂嵴的前、中 1/3 交界处向外侧突出称为**髂结节**。髂骨内面的浅窝，称为**髂窝**，其下界为**弓状线**，后方的关节面称为**耳状面**。

(2) 坐骨：位于髋骨的后下部，分为**坐骨体**和**坐骨支**。坐骨后下方有粗大的**坐骨结节**，其后上方的三角形突起称**坐骨棘**。坐骨棘的上、下方的切迹，分别称**坐骨大切迹**和**坐骨小切迹**。

(3) 耻骨：位于髋骨的前下部，分为**耻骨体**、**耻骨上支**和**耻骨下支**。耻骨上支的前端向前突起称**耻骨结节**。耻骨上支上缘锐薄的骨嵴，称**耻骨梳**。耻骨内侧的椭圆形粗糙面称**耻骨联合面**。

考点：髋骨的组成、主要结构名称及骨性标志

2. 股骨 位于大腿部，为人体最粗最长的长骨，约为身高的 1/4，分为一体、两端。上端有伸向内上方的……外侧的狭细部分称**股骨颈**。颈与体交界处有两个隆起，上外侧……体表标志，可在体表扪及；下内侧的隆起称**小转子**。股骨体……分别称为**内侧髁**和**外侧髁**，两髁的前面为**髌面**，后面的……分分别称为**内上髁**和**外上髁**（图 4-37）。

3. 髌骨 是全身最大的籽骨，位于膝关节前方……

骨头，头下 子，是重要的 下端有两个膨大， 两髁侧面最突出部 尧，上宽下尖，前面粗糙，

考点：股骨的主要结构名称及骨性标志

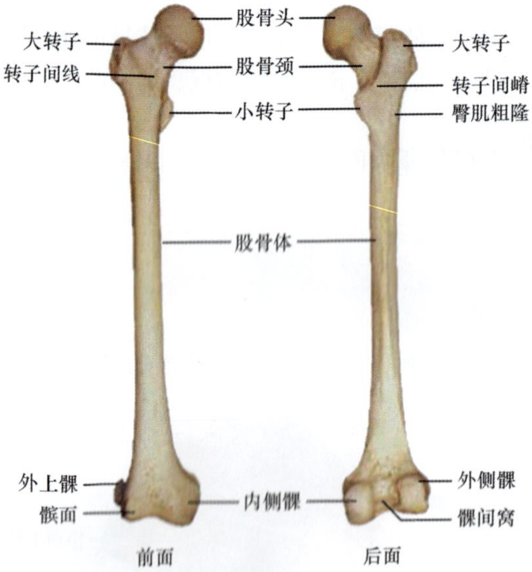

图 4-37　股骨

考点：胫、腓骨的主要结构名称及骨性标志

后面光滑（图 4-38）。

4. 胫骨　位于小腿内侧，分为一体两端。上端膨大，形成**内侧髁**和**外侧髁**，两髁之间向上的隆起称**髁间隆起**，外侧髁的后外侧有一小关节面称**腓关节面**。胫骨体呈三棱柱形，在前缘上端有粗糙的隆起称**胫骨粗隆**。胫骨下端内侧面向下的突起称**内踝**，外侧有**腓切迹**（图 4-39）。

5. 腓骨　位于小腿外侧部，细而长，

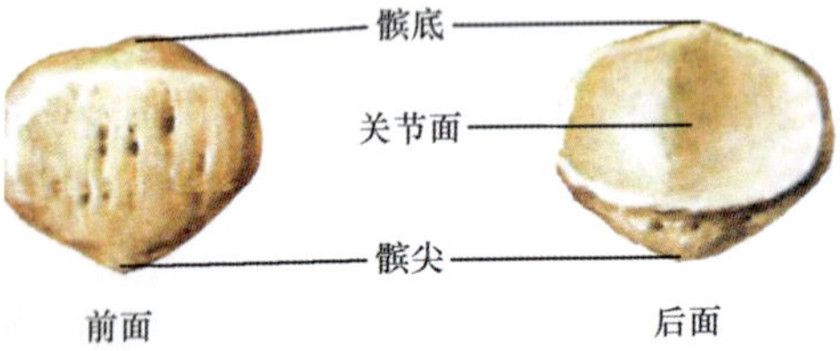

图 4-38　髌骨

分为一体、两端。上端略膨大称**腓骨头**，下端膨大称**外踝**（图 4-39）。

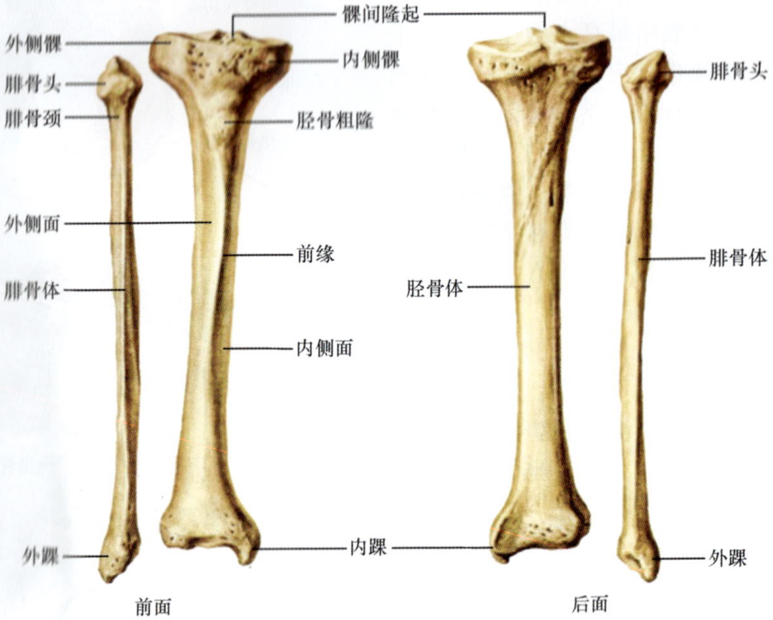

图 4-39　腓骨和胫骨

骨　可分为**跗骨**、**跖骨**及**趾骨**三部分（图 4-40）。

远侧列　属于短骨，共 7 块，分为近侧和远侧两列。近侧列有跟骨、距骨和足舟骨；

(2)　骨、中间楔骨、外侧楔骨和骰骨。

体和头三部　长骨，共 5 块，从内侧向外侧依次称为第 1～5 跖骨。每块跖骨可分为底、

(3) 趾

（二）下肢骨　共 14 块，跗趾为 2 节，其余各趾均为 3 节。

下肢骨的连结

关节、膝关节和足关节等。

1. 骶髂关节　由骶骨、髂骨的耳状面构成。关节囊紧张，并有坚强的韧带进一步加强其稳固性，运动幅度极小。骶髂关节的后下方有两条由骶、尾骨的外侧缘连结至坐骨结节和坐骨棘的韧带，分别称为**骶结节韧带**和**骶棘韧带**。这两条韧带与坐骨大、小切迹分别围成**坐骨大孔**和**坐骨小孔**，有神经、血管和肌肉通过（图 4-41）。

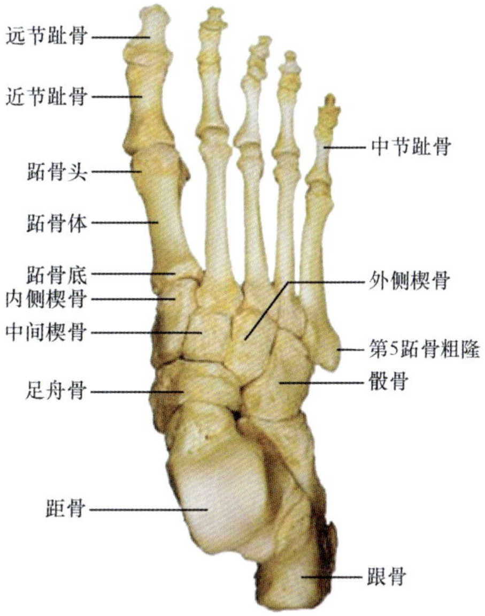

图 4-40　足骨

2. 耻骨联合　由左、右耻骨的联合面借**耻骨间盘**而成。女性的耻骨联合有一定的活动性，在妊娠或分娩过程中，耻骨联合可出现轻度的分离，使骨盆发生暂时性扩大。

3. 骨盆

(1) 骨盆的组成和分部：骨盆由骶骨、尾骨及左右髋骨借关节和韧带连结而成。其主要功能是支持体重、保护盆腔脏器，是女性娩出胎儿的通道。骨盆以界线为界分为上方的**大骨盆**和下方的**小骨盆**。**界线**是由骶骨的岬及其两侧弓状线、耻骨梳、耻骨结节至耻骨联合上缘构成的

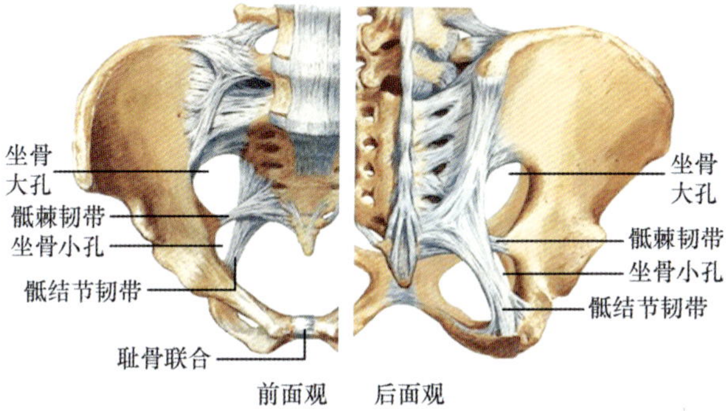

图 4-41　骶髂关节

案例 4-1

某即将分娩的孕妇到医院产科检查，发现骨盆狭窄，医生决定为其进行剖宫产。

问题：

1. 骨盆由哪些结构组成？
2. 何为界线？大、小骨盆是如何划分的？
3. 小骨盆下口由哪些结构组成？
4. 女性骨盆有何特征？

环状线。大骨盆较宽大，向前开放。小骨盆有上、下两口：上口由界线围成，骨盆下口由尾骨尖、骶结节韧带、坐骨结节和坐骨支、耻骨下支、耻骨联合下缘围成。两口之间的空腔称**骨盆腔**。两侧坐骨支与耻骨下支连成耻骨弓，其间的夹角称**耻骨下角**（图 4-42）。

考点： 骨盆的组成，骨盆上、下口

(2) 骨盆的性别差异（图 4-43）：成年男、女性骨盆有一定差异（表 4-1）。

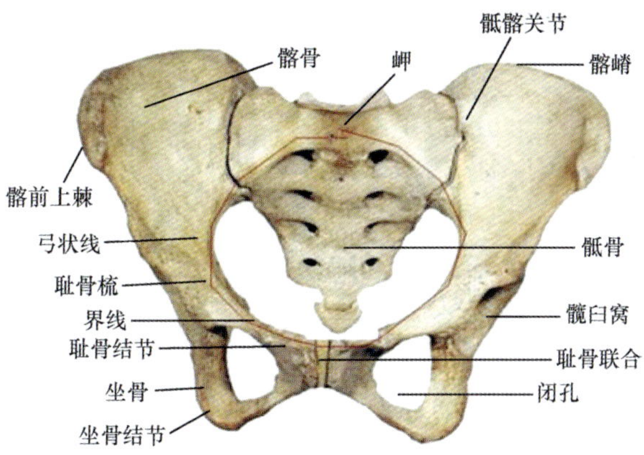

图 4-42　骨盆

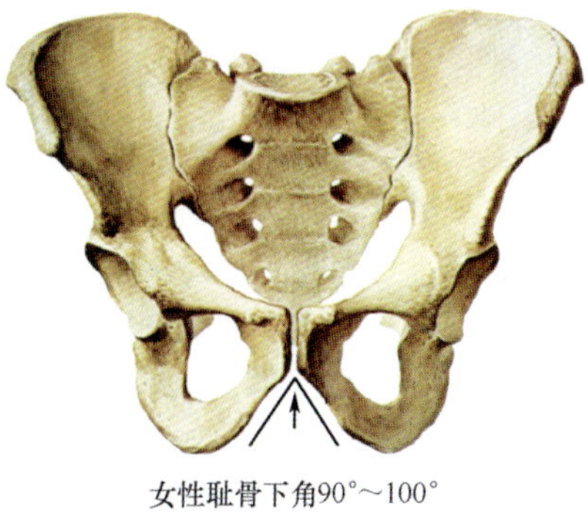

图 4-43　成年女性骨盆

表 4-1　骨盆的性别差异

区别点	男性	女性
骨盆外形	窄而长	宽而短
骨盆上口	心形	近圆形
骨盆下口	较窄小	较宽大
小骨盆腔	漏斗形	圆桶形
耻骨下角	70°～75°	90°～100°

考点：髋关节的组成、结构特点及运动形式

4. 髋关节　由股骨头与髋臼构成（图 4-44），有以下结构特点：①髋臼深，周缘有髋臼唇增加髋臼的深度，增大了髋臼与股骨头的接触面，从而增强关节的稳固性。②关节囊厚而坚韧，周围有韧带加强，股骨颈前面全部包在囊内，但股骨颈后面的外 1/3 在囊外。所以临床上股骨颈发生骨折，有囊内、外之分。③关节囊后下部较薄弱，所以股骨头容易向后下方脱位。④关节囊内有股骨头韧带，连于股骨头与髋臼之间，韧带中含有营养股骨头的血管（图 4-44）。

髋关节可做屈、伸、收、展、旋内、旋外和环转运动。因受髋臼的限制，髋关节的运动范围较肩关节小，但稳固性好。

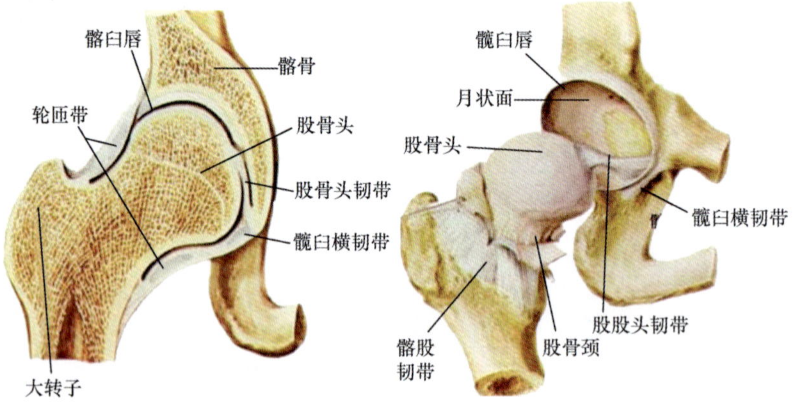

冠状切面观　　前面观

图 4-44　髋关节

5. 膝关节　是人体最大最复杂的关节，由股骨下端、胫骨上端和髌骨构成（图 4-45）。有以下结构特点：①关节囊广阔松弛、各部厚薄不一。②关节囊周围有韧带加固，前壁有**髌韧带**，两侧壁有**腓侧副韧带**和**胫侧副韧带**。③囊内还有**前**、**后交叉韧带**。④在股骨内外侧髁和胫骨内外侧髁的关节面之间有两个纤维软骨板，分别称**内**、**外侧半月板**（图 4-46）。膝关节主要做屈、伸运动，在半屈膝时，还可做轻度的旋转运动。

考点：膝关节的组成、结构特点及运动形式

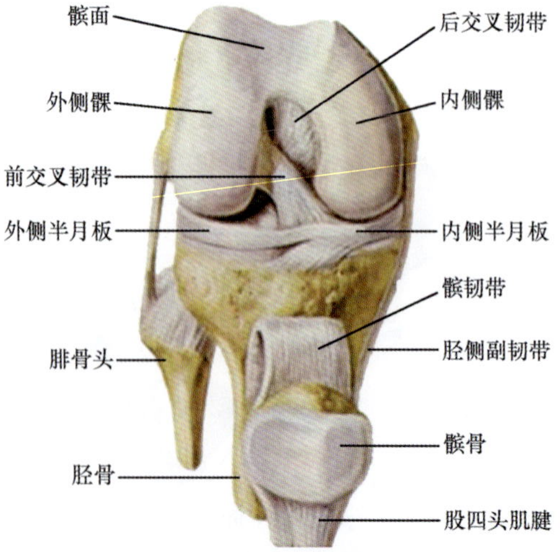

图 4-45　膝关节的内部结构

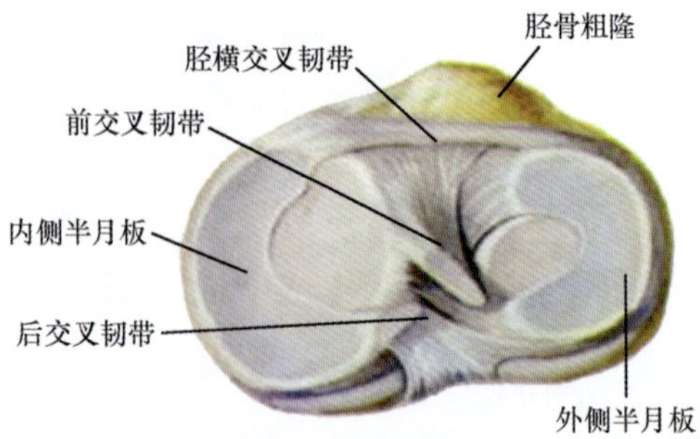

图 4-46　半月板

6. 小腿骨间的连结 小腿胫骨、腓骨连结紧密，活动度很小。其上端有微动的胫腓关节，下端靠韧带联合，两骨的体借骨间膜连结。

7. 足关节 包括距小腿（踝）关节、跗骨间关节、跗跖关节、跖趾关节和趾间关节等。

（1）**距小腿关节**：又称**踝关节**，由胫骨、腓骨下端的关节面与距骨滑车构成。关节囊前、后壁较薄而松弛，两侧较厚有韧带增强，足过度内翻时易导致扭伤。踝关节主要做背屈（伸）和跖屈（屈）运动。

（2）**足弓**：是由跗骨、跖骨、足底韧带和肌腱构成的凸向上的弓形结构（图 4-47）。当站立时足骨仅以跟结节和第 1、5 跖骨头三点着地，保证了站立的稳定。足弓具有弹性，可在跳跃和行走时缓冲震荡，同时还有保护足底血管神经免受压迫的作用。

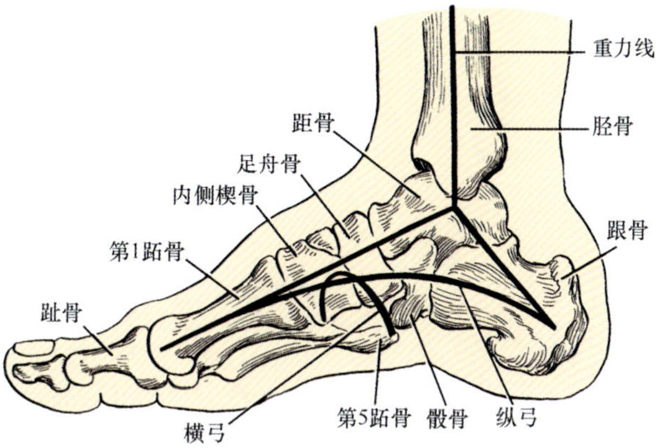

图 4-47 足弓

第二节 骨 骼 肌

一、概 述

运动系统的肌均为**骨骼肌**，是运动系统的动力器官，分布于头、颈、躯干和四肢，多数附着于骨骼，少数附着于皮肤。全身共有 600 余块，分布广泛，约占体重的 40%。每块骨骼肌都是一个器官，有一定的位置、形态、结构和辅助结构，并有丰富的血管营养和神经支配，执行一定的功能（图 4-48，图 4-49）。在神经系统的支配下，可进行随意收缩，称**随意肌**。

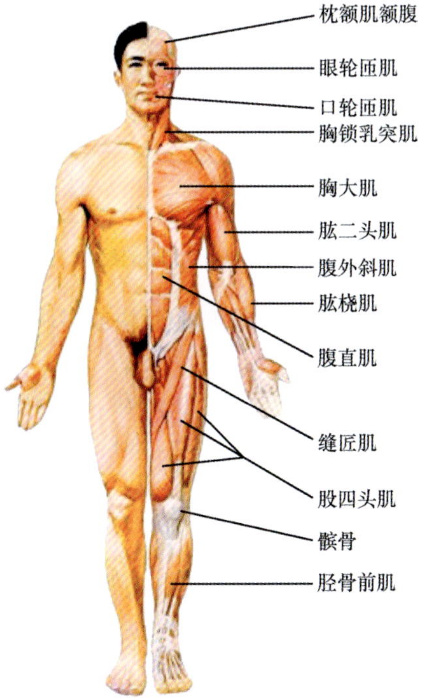

图 4-48 全身体表及肌肉（前面观）

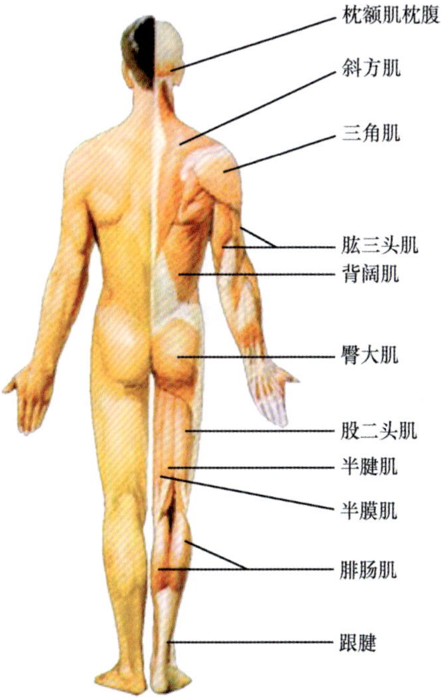

图 4-49 全身体表及肌肉（后面观）

（一）肌的构造和形态

图 4-50 骨骼肌的形态和构造

1. 肌的构造 每块骨骼肌由中间的**肌腹**和两端的**肌腱**构成。肌腹主要由肌纤维组成，多位于肌的中部，色红而柔软，具有收缩能力。肌腱主要由平行致密的胶原纤维束构成，多位于肌腹的两端，色白，强韧而无收缩能力，其抗张强度是肌腹的 100 倍。骨骼肌多借肌腱附着于骨骼。扁肌的肌腱呈膜状，称**腱膜**（图 4-50）。

2. 肌的形态和命名 骨骼肌的形态多样，按其外形可分为长肌、短肌、扁肌和轮匝肌（图 4-50）。**长肌**呈梭形，多见于四肢，收缩时肌显著缩短，可引起较大幅度的运动。有的长肌有两个或两个以上的起始头，依其头数被称为二头肌、三头肌和四头肌。**短肌**形态短小，主要分布于躯干深层，具有节段性，收缩时运动幅度较小。**扁肌**呈宽扁的薄片状，主要分布于胸、腹壁，收缩时具有运动躯干、保护内脏的作用。**轮匝肌**呈环形，位于孔、裂的周围，收缩时可使孔裂关闭。

考点：骨骼肌的分布、类型和构造

肌的命名：①根据肌的形状命名的，如三角肌、斜方肌等；②根据肌的位置命名的，如冈上肌、冈下肌、胫骨前肌等；③根据肌的起止点命名的，如胸锁乳突肌、肱桡肌等；④根据肌的作用命名的，如咬肌、旋后肌、竖脊肌等；⑤根据肌的纤维方向命名的，如腹直肌、腹横肌等；⑥综合命名的，如桡侧腕长伸肌、拇长展肌、趾长屈肌等。

（二）肌的起止、配布和作用

1. 肌的起止 骨骼肌一般以两端附着于两块或两块以上的骨表面，中间跨过一个或几个关节。通常把接近躯体正中面或四肢近端的附着点称为**起点**，远离躯体正中面或接近四肢远端的附着点称为**止点**（图 4-51）。

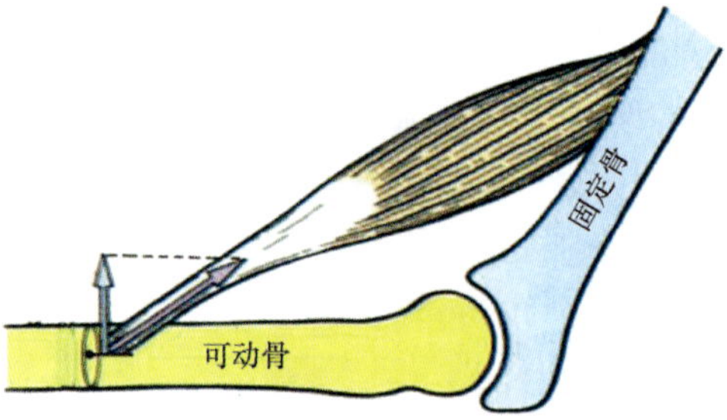

图 4-51 肌的起止

2. 肌的配布和作用 骨骼肌大多数配布在关节周围，其配布方式和多少，与关节的运动形式密切相关。一个关节运动轴的两侧至少配布有两组作用相反的肌或肌群，这些在作用上相互对抗的肌或肌群称为**拮抗肌**；而配布在一个关节运动轴的同侧的两块或多块作用相同的肌，称为**协同肌**。

肌的作用有两种：一种是动力作用，使整个机体或某一部分产生运动，如行走、跳跃或伸手取物等；另一种是静力作用，即通过肌肉少量肌纤维的轮流收缩，保持一定的肌张力，以维持身体的平衡，维持某种姿势，如站立、蹲下等。

（三）肌的辅助结构

考点：骨骼肌的辅助结构

骨骼肌的辅助结构有**筋膜**、**滑膜囊**、**腱鞘**和**籽骨**等，位于骨骼肌的周围，具有保持肌位置、保护和协助肌活动的作用。

1. 筋膜　由结缔组织构成，位于肌的表面，分为**浅筋膜**和**深筋膜**两种（图 4-52）。

（1）浅筋膜：位于真皮下，又称**皮下筋膜**，由疏松结缔组织构成，其内含有脂肪、浅静脉、皮神经及浅淋巴结、淋巴管等。临床上作皮下注射，即将药液注入浅筋膜内。

（2）深筋膜：位于浅筋膜深面，又称**固有筋膜**，由致密结缔组织构成，分布于全身且互相连续，具有保护和约束骨骼肌的作用。深筋膜包裹肌或肌群、腺体、血管和神经等形成筋膜鞘。四肢的深筋膜伸入肌群之间并与骨相连，分隔肌群，称肌间隔。

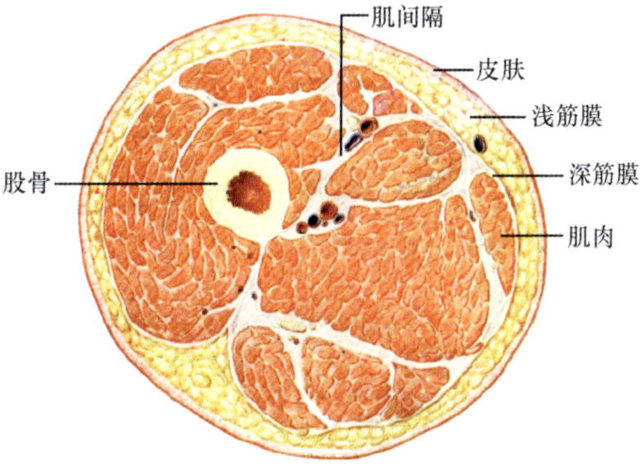

图 4-52　筋膜

2. 滑膜囊　为扁薄密闭的结缔组织小囊，囊腔内含有少量滑液。多位于肌、肌腱、韧带与骨面之间，可减少两者之间的摩擦。在关节附近的滑膜囊可与关节腔相通。滑膜囊炎症可影响肢体局部的运动功能。

3. 腱鞘　为包裹在长肌腱外面的鞘管，由外层的**纤维层**和内层的**滑膜层**组成，多位于手、足活动性较大的部位。腱鞘具有约束肌腱和减少摩擦的作用（图 4-53）。

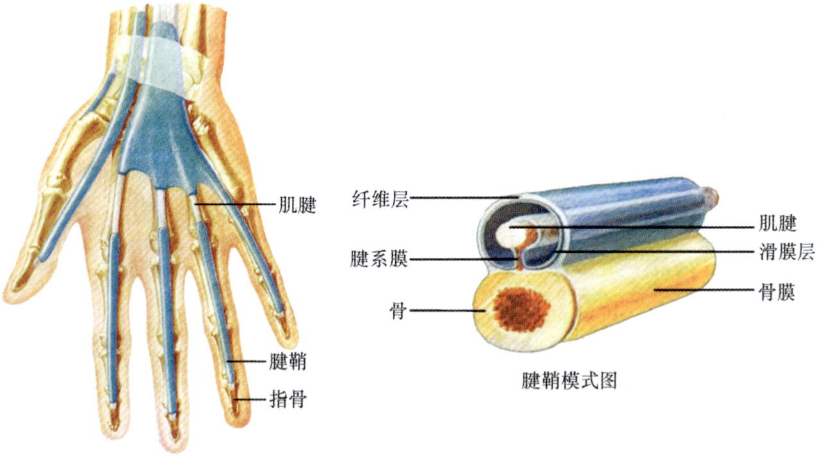

图 4-53　腱鞘结构模式图

二、头　　肌

头肌可分为面肌和咀嚼肌两部分。

（一）面肌

面肌为扁薄的皮肌，位置表浅，肌束起自颅骨的表面或筋膜，止于面部皮肤。可分为环行肌和辐射肌两种，主要分布于口裂、眼裂和鼻孔周围，可开大或闭合孔裂，并牵动面部皮肤产生喜、怒、哀、乐等各种表情，故面肌又称**表情肌**（图 4-54）。

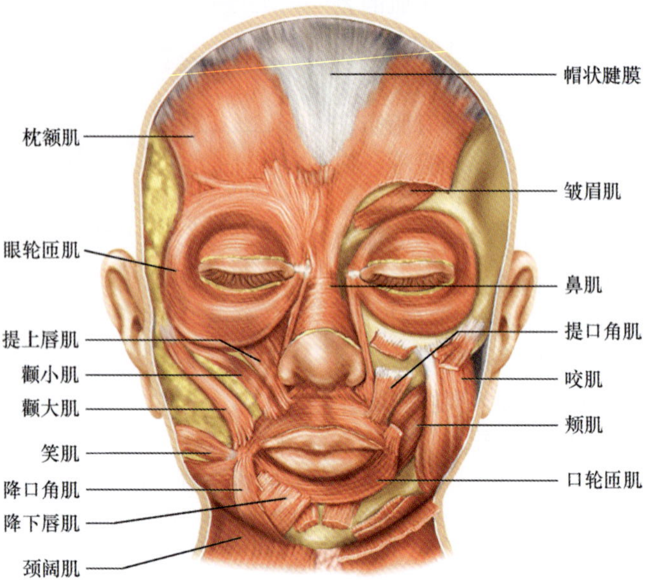

图 4-54　面肌

考点：枕额肌的组成、起止点和作用

枕额肌　薄而扁，由枕腹和额腹及中间的帽状腱膜组成。枕腹起自枕骨，止于帽状腱膜，收缩时可向后牵拉帽状腱膜；额腹起自帽状腱膜，止于额部皮肤，收缩时可提眉使额部皮肤出现皱纹。帽状腱膜坚韧并与头皮紧密结合，与深部的骨膜间隔以疏松结缔组织。

（二）咀嚼肌

咀嚼肌包括咬肌、颞肌、翼内肌和翼外肌（图 4-55），分布于颞下颌关节周围，参与咀嚼运动。

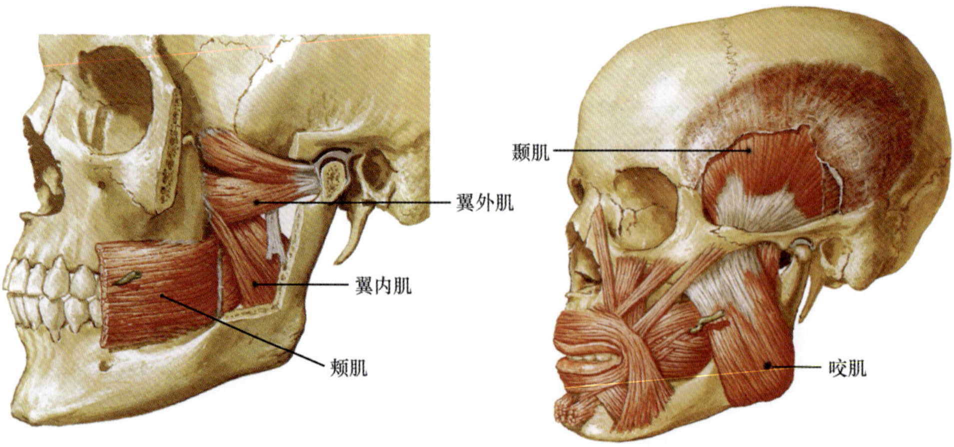

图 4-55　咀嚼肌

1. 咬肌　起自颧弓的下缘和内面，肌束向后下止于下颌角外面的咬肌粗隆。收缩时上提下颌骨，同时向前牵引下颌骨。

2. 颞肌　起自颞窝骨面，肌束呈扇形向下会聚，通过颧弓的内侧，止于下颌骨的冠突，收缩时上提下颌骨，并可向后牵拉下颌骨。

三、颈　　肌

颈肌位于头颅和胸之间，根据位置分为颈浅肌群、舌骨肌群和颈深肌群。颈浅肌群主要有颈阔肌、胸锁乳突肌，颈深肌群主要有前、中、后斜角肌等（图 4-56，图 4-57）。

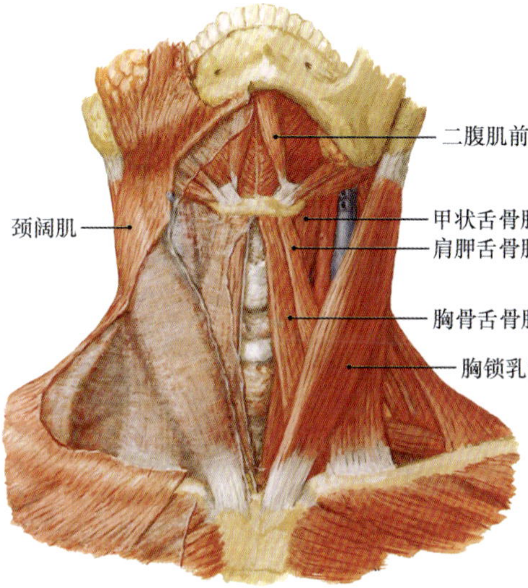

图 4-56　颈肌

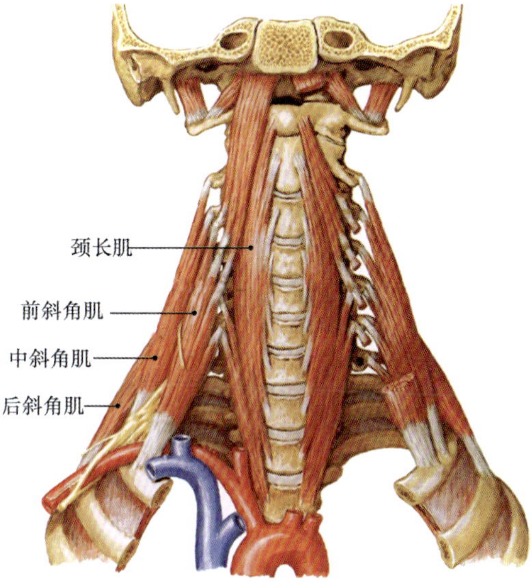

图 4-57　斜角肌

（一）颈浅肌群

1. 颈阔肌　薄而宽阔的皮肌，位于颈前外侧部的浅筋膜内。起自胸大肌和三角肌表面的筋膜，向内上止于口角、下颌骨下缘及面下部皮肤。该肌收缩时下拉口角和下颌，并使颈部皮肤出现皱褶。

2. 胸锁乳突肌　位于颈部两侧，大部分被颈阔肌所覆盖，起自胸骨柄前面和锁骨的胸骨端，二头会合斜向后上方，止于颞骨的乳突。胸锁乳突肌的作用：一侧胸锁乳突肌收缩使头屈向同侧，面部转向对侧；两侧同时收缩可使头后仰。

考点：胸锁乳突肌的位置、起止点和作用

（二）舌骨肌群

1. 舌骨上肌群　位于舌骨与下颌骨之间，包括二腹肌、下颌舌骨肌、颏舌骨肌和茎突舌骨肌。这些肌收缩时上提舌骨，并使舌升高以协助吞咽；当舌骨固定时，可下拉下颌骨而张口。

2. 舌骨下肌群　位于颈前部、舌骨下方正中线的两侧，覆盖于喉、气管、甲状腺的前方，依其起止，分别称为胸骨舌骨肌、肩胛舌骨肌、胸骨甲状肌和甲状舌骨肌。这些肌收缩时下降舌骨和喉。

（三）颈深肌群

颈深肌群主要有前、中、后斜角肌，它们均起自颈椎横突，前、中斜角肌止于第 1 肋，并与第 1 肋围成三角形间隙，称**斜角肌间隙**，锁骨下动脉和臂丛神经由此进入腋窝。

四、躯　干　肌

根据位置分为背肌、胸肌、膈、腹肌和会阴肌。

（一）背肌

位于躯干的背面，分为浅、深两群。浅群主要有**斜方肌**、**背阔肌**、肩胛提肌、菱形肌，深群主要有**竖脊肌**和夹肌（图 4-58）。

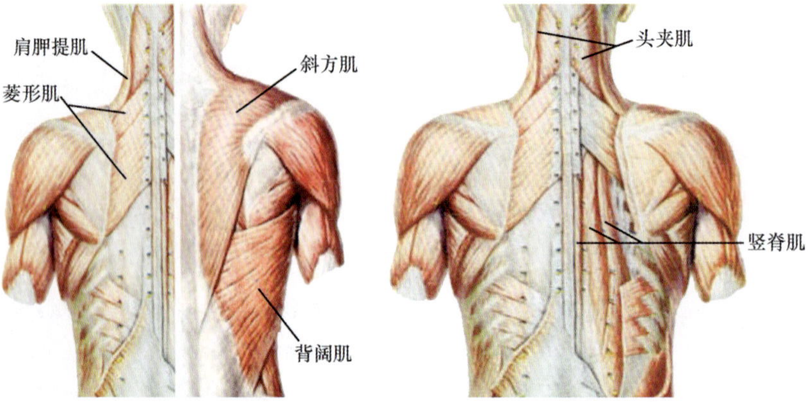

浅层　　深层

图 4-58　背肌

1. 斜方肌　位于项部及背上部的浅层，一侧为三角肌形的扁肌，两侧合并则呈斜方形。以腱膜起自上项线、枕外隆凸、项韧带、第 7 颈椎棘突、全部胸椎棘突及其棘上韧带，上部肌束斜向外下方，中部肌束平行向外侧，下部肌束斜向外上方，止于锁骨外侧 1/3、肩峰和肩胛冈。上部肌束可上提肩胛骨；中部肌束可使肩胛骨向脊柱靠拢；下部肌束可下降肩胛骨。如果肩胛骨固定，一侧收缩使颈向同侧屈、面转向对侧，两侧同时收缩使头后仰（图 4-59）。该肌瘫痪时，致“塌肩”畸形。

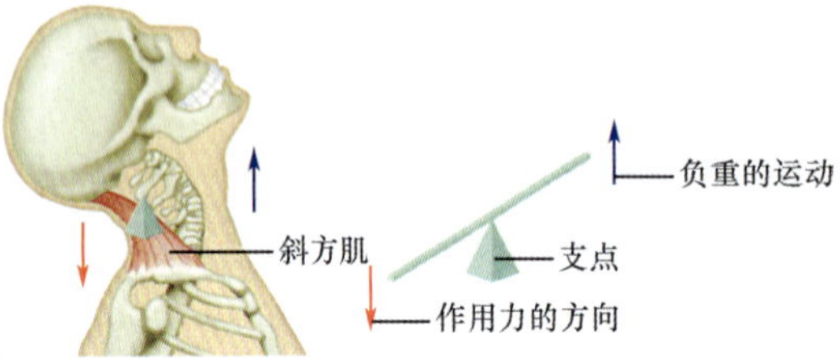

图 4-59　斜方肌作用示意图

考点：斜方肌的位置和作用

2. 背阔肌　为全身最大的扁肌，位于背下半部及胸部后外侧。以腱膜起自下 6 个胸椎棘突、全部腰椎棘突、骶正中嵴及髂嵴收后部及下 3 ～ 4 个肋骨外面，肌束向外上会聚止于肱骨小结节嵴。该肌收缩时使肩关节内收、旋内和后伸；当上肢上举固定时，可上提躯干做引体向上。

3. 肩胛提肌　呈带状位于项部两侧，斜方肌的深面。收缩时上提肩胛骨。

4. 菱形肌　位于斜方肌中部深面，呈菱形，收缩时牵拉肩胛骨移向内上方。

5. 竖脊肌　又称骶棘肌，为背肌中最长的长肌，位于脊柱棘突两侧、斜方肌和背阔肌深面。起自骶骨背面、髂嵴后部和腰椎棘突，肌束向外上分为 3 组，沿途分别止于肋骨、椎骨及颞骨乳突。该肌双侧同时收缩使脊柱后伸和仰头，单侧收缩使脊柱向同侧屈，维持人体直立姿势。

（二）胸肌

胸肌分两部分，一部分起自胸廓，止于上肢骨，收缩时运动上肢，称为**胸上肢肌**（图 4-60）；另一部分起、止点均在胸廓，收缩时运动胸廓，称为**胸固有肌**（图 4-61）。

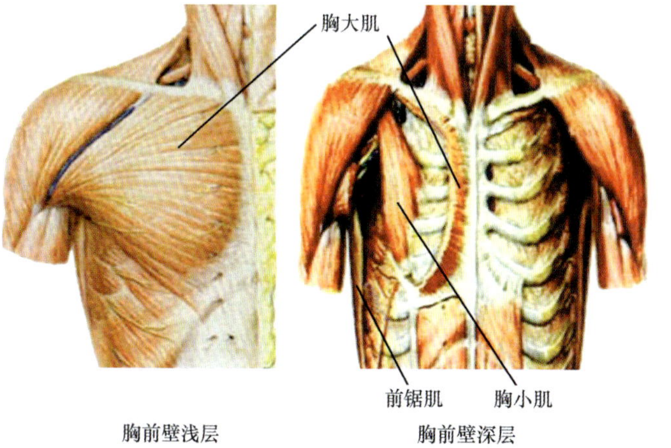

图 4-60　胸上肢肌

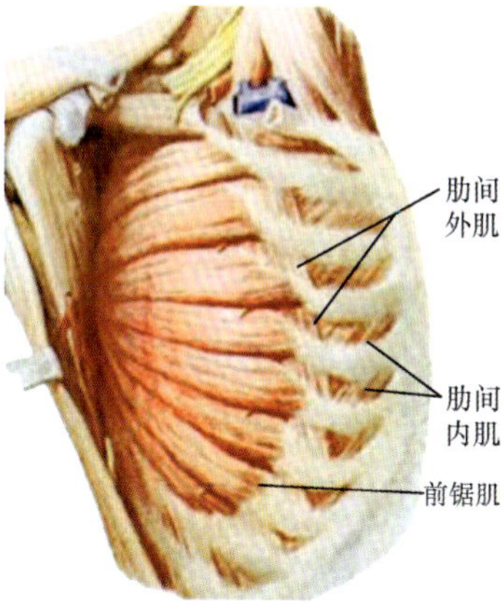

图 4-61　胸固有肌

1. 胸上肢肌

(1) **胸大肌**：位于胸廓的前上部，宽而厚，呈扇形。起自锁骨内侧 2/3、胸骨前面、第 1 ～ 6 肋软骨前面和腹外斜肌腱膜，肌束向外上集中，以扁腱止于肱骨大结节嵴。该肌收缩时可使肩关节内收、旋内和前屈；当上肢固定时，可上提躯干，与背阔肌一起完成引体向上的动作，也可上提肋助吸气。

(2) **胸小肌**：位于胸大肌的深面，呈三角形。起自第 3 ～ 5 肋，肌束向外上方，止于肩胛骨的喙突。该肌收缩时拉肩胛骨向前下方；当肩胛骨固定时可上提肋助吸气。

(3) **前锯肌**：位于胸廓侧壁的宽大扁肌，以肌齿起于第 1 ～ 8 肋，肌束行向后上方，止于肩胛骨的内侧缘和下角。该肌收缩时拉肩胛骨向前并紧贴胸廓，其下部肌束可使肩胛骨下角外旋，助外展的臂上举；当肩胛骨固定时可上提肋以助深吸气。若此肌瘫痪可产生“翼状肩”。

2. 胸固有肌

(1) 肋间外肌：位于各肋间隙的浅层，起自上位肋骨的下缘，肌束斜向前下方，止于下位肋骨的上缘。该肌收缩时可上提肋助吸气。

(2) 肋间内肌：位于肋间外肌的深面，起自下位肋骨的上缘，肌束斜向内上方，止于上位肋骨的下缘。该肌收缩时可下降肋助呼气。

(三) 膈

膈为向上膨隆呈穹隆状的扁薄阔肌，介于胸腔和腹腔之间，构成胸腔的底和腹腔的顶。膈的周边为肌性部，起自胸廓下口的周缘及腰椎前面，各部肌纤维向中央集中止于**中心腱**。

膈有三个裂孔：①**主动脉裂孔**：在第 12 胸椎的前方，内有降主动脉和胸导管通过；②**食管裂孔**：位于主动脉裂孔的左前方，约平第 10 胸椎水平，内有食管及迷走神经通过；③**腔静脉孔**：位于食管裂孔右前方的中心腱内，约平第 8 胸椎水平，有下腔静脉通过（图 4-62）。

考点：胸肌的类型、位置和作用

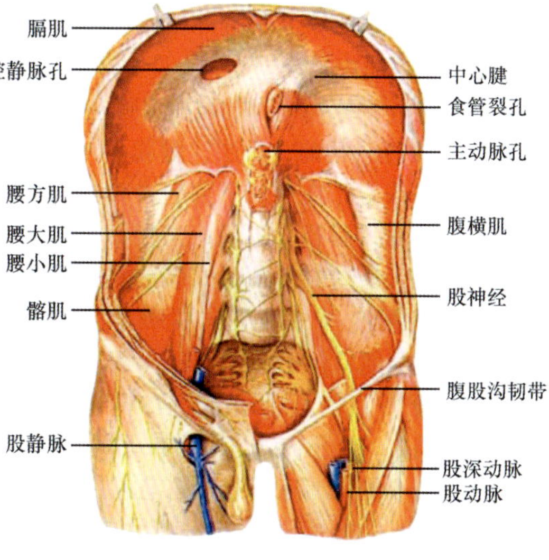

图 4-62　膈及腹后壁肌

考点：膈肌的位置、形态结构和作用

膈是重要的呼吸肌。收缩时，膈穹隆下降，胸腔容积扩大，以助吸气；舒张时，膈穹隆上升复位，胸腔容积变小，助呼气。膈与腹肌同时收缩，则能增加腹压，协助排便、呕吐及分娩等活动。

（四）腹肌

腹肌位于胸廓下部与骨盆之间，参与构成腹腔的前壁、侧壁和后壁，分为腹前外侧群和腹后群。

1. 腹前外侧群 参与构成腹腔的前壁和外侧壁，包括腹直肌、腹外斜肌、腹内斜肌和腹横肌等（图 4-63，图 4-64）。

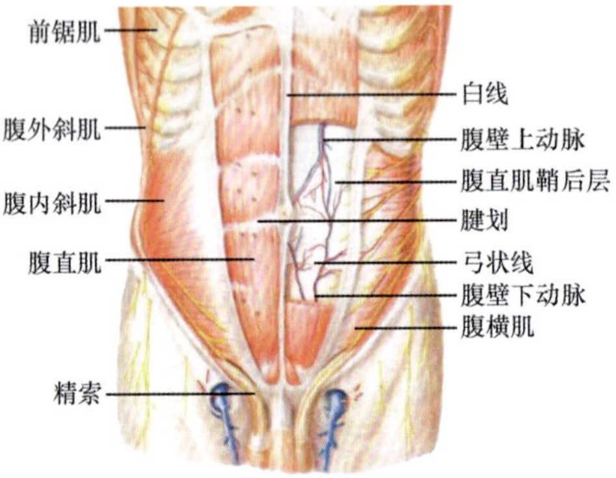

图 4-63 腹前外侧群肌

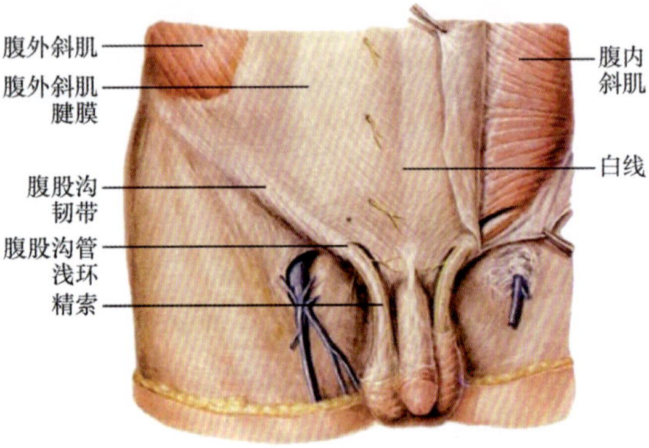

图 4-64 腹前壁肌（下部）

(1) **腹直肌**：位于腹前壁正中线两侧，为一对长带状肌，上宽下窄，包裹于腹直肌鞘内，其全长被 3 ～ 4 条横行的腱划分成多个肌腹。起自耻骨联合和耻骨嵴，肌束向上，止于剑突和第 5 ～ 7 肋软骨的前面。

(2) **腹外斜肌**：为一宽薄扁肌，位于腹前外侧壁的浅层。起自下位 8 个肋骨的外面，大部分肌束由后外上斜向前内下方，在腹直肌外侧缘移行为腹外斜肌腱膜，经过腹直肌前面，参与构成腹直肌鞘前层，止于白线。腹外斜肌腱膜的下缘卷曲增厚，连于髂前上棘与耻骨结节之间，形成**腹股沟韧带**。在耻骨结节的外上方，腹外斜肌腱膜形成一个三角形裂孔，称为**腹股沟管浅环**或**皮下环**。

(3) **腹内斜肌**：位于腹外斜肌深面。起自胸腰筋膜、髂嵴、腹股沟韧带的外侧，肌束呈扇形。后部肌束几乎垂直向上止于下位 3 对肋骨下缘及肋软骨；大部分肌束斜向内上方，至腹直肌的外侧缘移行为腱膜，腱膜上 2/3 在腹直肌外侧缘分为前、后两层并包裹腹直肌，参与构成腹直肌鞘前、后层，腱膜下 1/3 全部在腹直肌前面，参与构成腹直肌鞘前层，腱膜至腹正中线止于白线。下部起自腹股沟韧带的肌束呈弓形行向前下，越过男性精索或女性子宫圆韧带后移行为腱膜，与腹横肌腱膜的下部结合，形成腹股沟镰或联合腱，止于耻骨梳内侧端及耻骨结节附近。腹内斜肌下部的肌束与腹横肌下部的肌束一起包绕精索和睾丸，形成提睾肌，收缩时可上提睾丸。

> **考点：** 腹前外侧肌群的名称、位置和作用

(4) **腹横肌**：位于腹内斜肌深面。起自下位 6 对肋骨的内面、胸腰筋膜、髂嵴和腹股沟韧带的外侧 1/3 部，肌束向前内横行，在腹直肌外侧缘移行为腱膜，参与构成腹直肌鞘的后层或前层，止于白线。腹横肌下部的肌束和腱膜，分别参与提睾肌和腹股沟镰的组成。

腹前外侧群肌具有保护、固定腹腔脏器的作用；收缩时缩小腹腔，增加腹压以助呼气、排便、咳嗽、呕吐及分娩等；使脊柱前屈、侧屈和旋转。

2. 后群 参与构成腹腔的后壁，主要有腰大肌和腰方肌（腰大肌将在下肢肌中叙述）。

腰方肌呈长方形，位于腹后壁腰大肌外侧，起自髂嵴后份，向上止于第12肋内侧半和第1～4腰椎横突。收缩时能下降和固定第12肋，使脊柱侧屈（图4-62）。

3. 腹肌形成的结构

（1）**腹直肌鞘**：是由腹前外侧壁的三层扁肌的腱膜构成，包裹腹直肌的纤维性鞘，分前、后两层。前层完整，由腹外斜肌腱膜与腹内斜肌腱膜的前层组成，后层由腹内斜肌腱膜后层与腹横肌腱膜组成。在脐平面下5cm以下，腹内斜肌腱膜后层与腹横肌腱膜全部转至腹直肌前面参与构成鞘的前层，该处形成凸向上的弧形线，称**弓状线**，此线以下缺乏鞘的后层，腹直肌后面直接与腹横筋膜相贴（图4-65）。

考点：腹直肌鞘的组成和形态结构特点

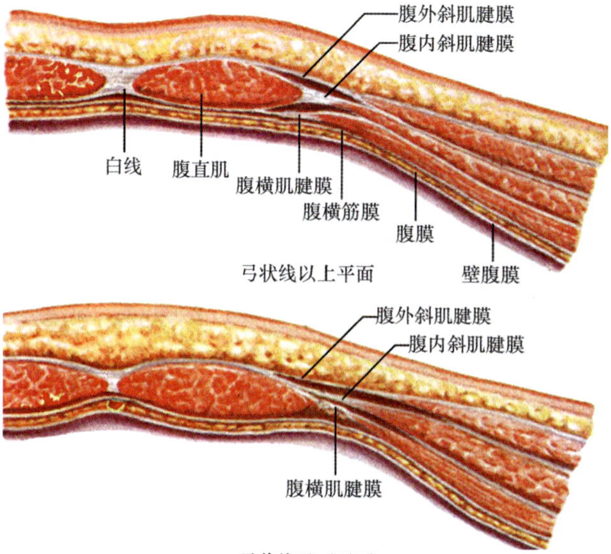

图4-65　腹直肌鞘

（2）**白线**：位于腹前壁正中线上，由两侧腹直肌鞘的纤维交织而成。起自剑突，止于耻骨联合。白线血管较少，约在其中部有一脐环，是腹壁薄弱处，易发生脐疝。

（3）**腹股沟管**：位于腹股沟韧带内侧半的上方，为腹肌与腱膜之间，由外上斜向内下的裂隙，长4～5cm。男性有精索通过，女性有子宫圆韧带通过。

腹股沟管有内、外两口和前、后、上、下四壁。内口称**腹股沟管深环**（腹环），位于腹股沟韧带中点上方约1.5cm处，为腹横筋膜向外突出而成的卵圆形孔；外口即腹股沟管浅环（皮下环）。前壁为腹外斜肌腱膜和部分腹内斜肌，后壁为腹横筋膜和腹股沟镰，上壁为腹内斜肌和腹横肌的弓状下缘，下壁为腹股沟韧带（图4-66）。

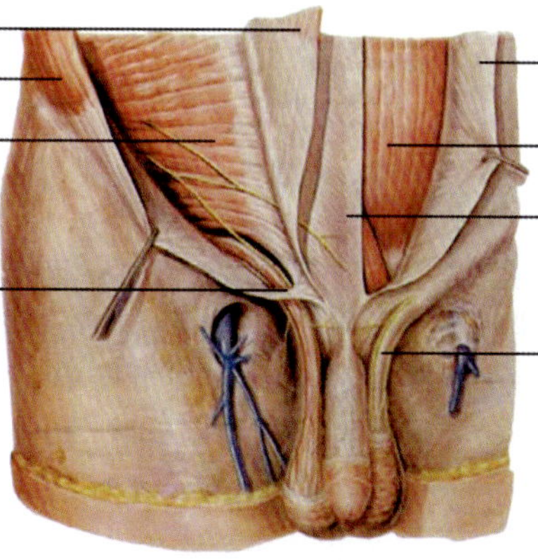

图4-66　腹股沟管

（4）**腹股沟三角**：又称海氏三角，位于腹前壁下部，由腹直肌外侧缘、腹股沟韧带和腹壁下动脉围成的三角形区域。该区域为腹前壁下部的薄弱区，若腹腔内容物经此区域突

考点：腹股沟管的位置、形态结构特点和通过结构

出则形成**腹股沟直疝**。

链接

腹股沟疝

腹股沟管和海氏三角均为腹前壁下部的薄弱区。病理情况下，腹腔内容物可通过上述部位向外突出，形成腹股沟疝。如腹腔内容物自腹股沟管深环突出，沿腹股沟管经浅环进入阴囊，临床上称为腹股沟斜疝；如腹腔内容物由海氏三角直接向前突出，则称为腹股沟直疝。

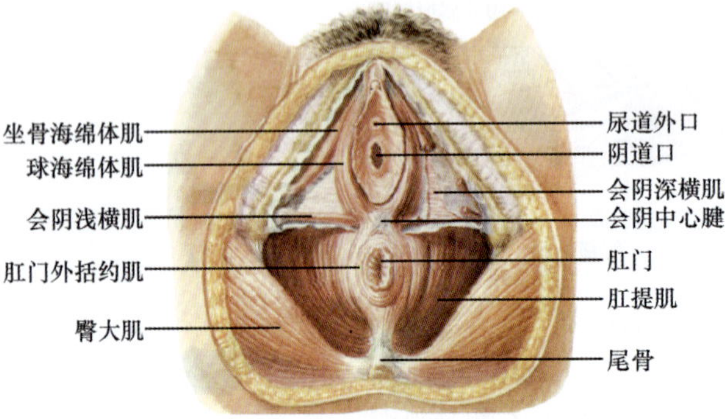

图 4-67　女性会阴肌

（五）会阴肌

会阴肌位于会阴部，封闭小骨盆下口的诸肌（图 4-67）。

1. 肛区的肌与盆膈　肛区的肌有**肛提肌**、**尾骨肌**和**肛门外括约肌**等。

(1) **肛提肌**：是一宽薄的扁肌，两侧汇合成漏斗状，尖向下，封闭小骨盆下口大部分。起于小骨盆侧壁的筋膜，肌纤维行下后下及内侧，止于会阴中心腱、肛尾韧带及尾骨。具有承托盆腔器官，括约肛管和阴道的作用。

(2) **盆膈**：由肛提肌、尾骨肌及覆盖于其表面的盆膈上、下筋膜共同构成，形成盆腔的底，中央有直肠通过。盆膈具有封闭小骨盆下口，支持和固定盆腔器官的作用，并与排便，分娩等有关。

2. 尿生殖区的肌与尿生殖膈　**尿生殖区内的肌**位于肛提肌前部下方，分为浅、深两层。浅层有会阴浅横肌、球海绵体肌和坐骨海绵体肌，深层有会阴深横肌和尿道括约肌。

(1) **会阴中心腱**：又称为会阴体，是狭义会阴深面的一个腱性结构，长约 1.3cm，许多会阴肌附着于此，有加强盆底肌的作用。在女性，此腱较强大且具有韧性和弹性，分娩时起重要作用。

(2) **尿生殖膈**：由会阴深横肌、尿道括约肌及其覆盖于两肌表面的尿生殖膈上、下筋膜共同构成，具有加强盆底、协助承托盆腔器官的作用。

五、四　肢　肌

（一）上肢肌

上肢肌按部位分为上肢带肌、臂肌、前臂肌和手肌。

1. 上肢带肌　又称肩肌，配布在肩关节周围，均起自上肢带骨，止于肱骨，运动肩关节，并增强肩关节的稳固性（图 4-68，图 4-69）。

考点：三角肌的位置、起止点和作用

(1) **三角肌**：位于肩部，呈三角形。起自锁骨的外 1/3、肩峰和肩胛冈。肌束包绕肩关节并逐渐向外下方集中，止于肱骨体外侧方的三角肌粗隆。该肌收缩时，主要使肩关节外展，前部肌束收缩可使肩关节前屈和旋内，后部肌束可使肩关节后伸和旋外。三角肌是肌内注射的常选部位。

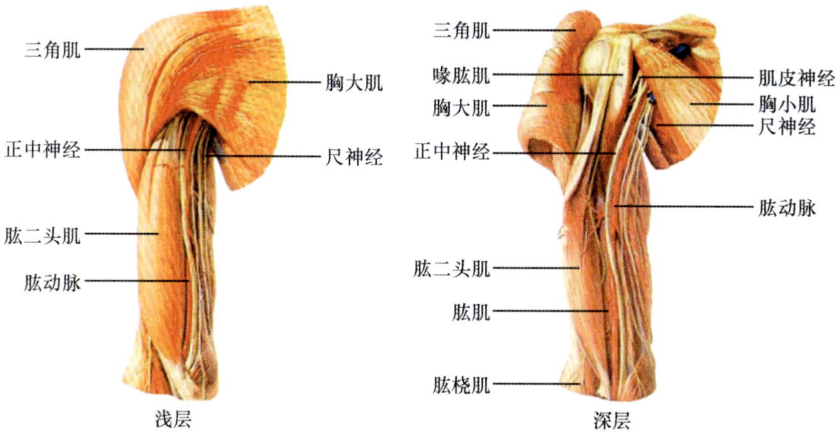

图 4-68　上肢带肌和臂肌（前面）

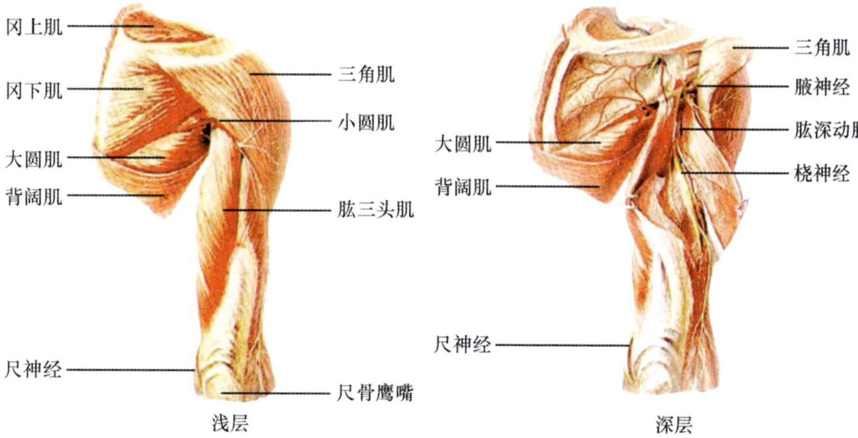

图 4-69　上肢带肌和臂肌（后面）

链接

三角肌注射术

三角肌的前、后部深面均有较大的血管神经走行，中部深面无大血管神经，故臂外侧、肩峰下 2 ～ 3 横指处为三角肌注射的安全部位，穿经层次依次为皮肤、浅筋膜、深筋膜至三角肌（图 4-69）。

(2) 冈上肌：位于冈上窝，使肩关节外展。

(3) 冈下肌：位于冈下窝，使肩关节旋外。

(4) 小圆肌：位于冈下肌的下方，使肩关节旋外。

(5) 大圆肌：位于小圆肌的下方，使肩关节旋内、内收和后伸。

(6) 肩胛下肌：位于肩胛下窝，呈三角形。起自肩胛下窝，肌束向外上方止于肱骨小结节嵴。该肌收缩时使肩关节旋内和内收。

2. 臂肌　臂肌位于肱骨周围，分前、后两群。前群为屈肌，后群为伸肌（图 4-68，图 4-69）。

考点：肱二头肌的位置、起止点和作用

(1) 前群：包括肱二头肌、肱肌和喙肱肌。

1) **肱二头肌**：位于臂前面浅层，呈梭形。起端有两个头，长头以长肌腱起自肩胛骨盂上结节，通过肩关节囊；短头在内侧，起自肩胛骨的喙突。两头会合成一肌腹，向下延伸为肌腱，经过肘关节前方，止于桡骨粗隆。该肌收缩时屈肘关节；当前臂屈并处于旋前位时，可使前臂旋后。

2) **肱肌**：位于肱二头肌深面，具有屈肘关节的作用。

3) **喙肱肌**：在肱二头肌的内侧，具有屈肩关节的作用。

(2) 后群：为**肱三头肌**，位于臂的后方，起端有三个头，即长头、内侧头和外侧头。长头起自肩胛骨盂下结节；外侧头和内侧头均起自肱骨背面。三头合为一个肌腹，以扁腱止于尺骨鹰嘴。主要作用为伸肘关节，长头还可使肩关节后伸和内收。

3. 前臂肌 前臂肌位于尺、桡骨的周围，共有 19 块，分为前、后两群（图 4-70，图 4-71）。前群为屈肌，后群为伸肌。

(1) 前群：位于前臂的前面，共 9 块，分为浅、深两层。浅层 6 块，自桡侧向尺侧依次为**肱桡肌**、**旋前圆肌**、**桡侧腕屈肌**、**掌长肌**、**指浅屈肌**和**尺侧腕屈肌**；深层 3 块，即**拇长屈肌**、**指深屈肌**和**旋前方肌**。

前臂肌前群主要作用为屈肘关节、腕关节、指间关节，还可使前臂旋前。

(2) 后群：位于前臂后面，共 10 块，分为浅、深两层。浅层 5 块，由桡侧向尺侧依次为**桡侧腕长伸肌**、**桡侧腕短伸肌**、**指伸肌**、**小指伸肌**和**尺侧腕伸肌**；深层 5 块，自上而下，由外侧向内侧依次为**旋后肌**、**拇长展肌**、**拇短伸肌**、**拇长伸肌**和**示指伸肌**。

前臂肌后群主要作用为伸肘关节、腕关节、指间关节，还可使前臂旋后。

4. 手肌 手肌为短小的肌，全部分布于手的掌面，分为外侧、中间和内侧三群（图 4-72）。

(1) 外侧群：位于拇指掌侧形成丰满的隆起，称**鱼际**，包括**拇短展肌**、**拇短屈肌**、**拇对掌肌**和**拇收肌**。主要作用是使拇指做屈、收、展和对掌等运动。

(2) 内侧群：位于小指掌侧形成手掌小指侧的隆起，称**小鱼际**，包括**小指展肌**、**小指短屈肌**和**小指对掌肌**。有使小指做屈、展和对掌等运动的作用。

(3) 中间群：位于掌心和掌骨之间，包括 4 块蚓状肌和 7 块骨间肌。主要是屈掌指关节、伸指间关节，并可使第 2、4、5 指内收和外展。

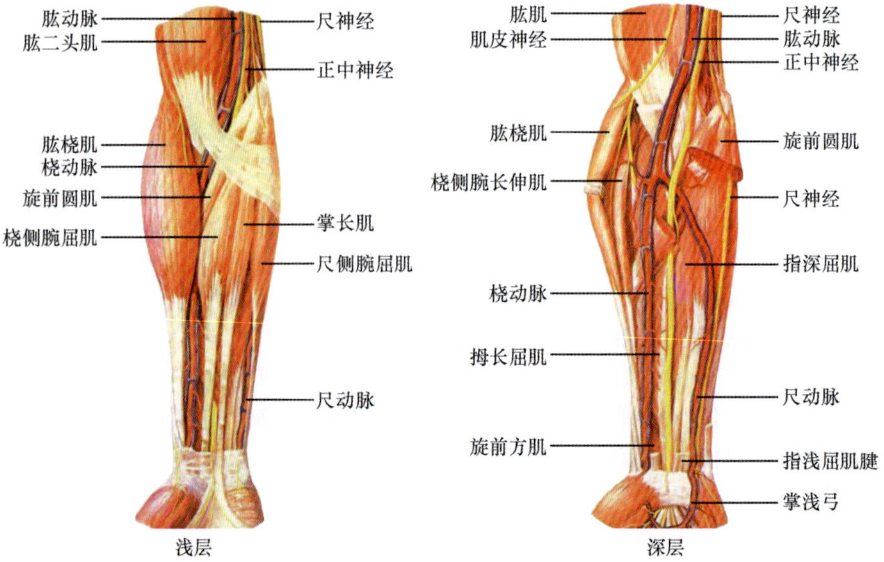

图 4-70 前臂肌前群

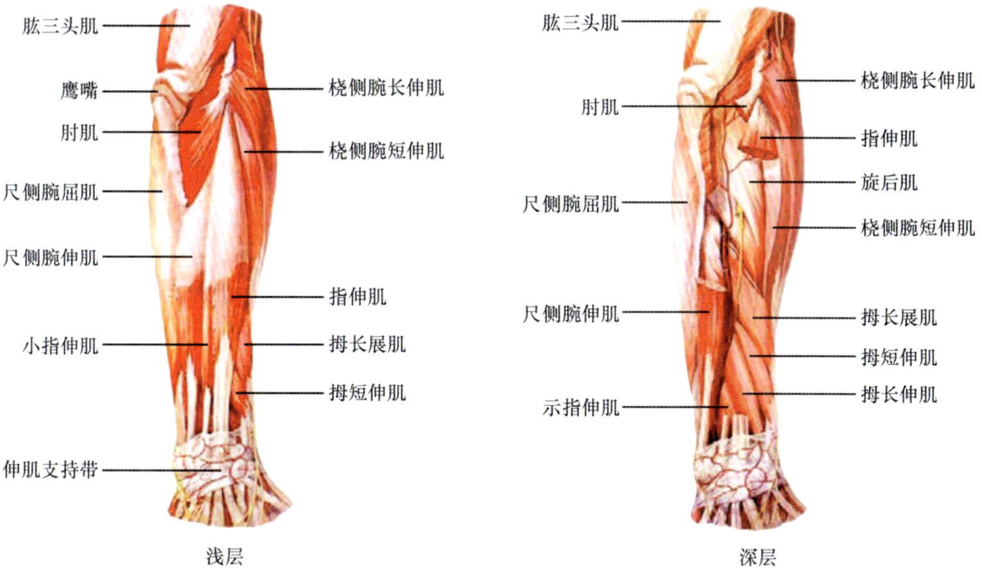

图 4-71　前臂肌后群

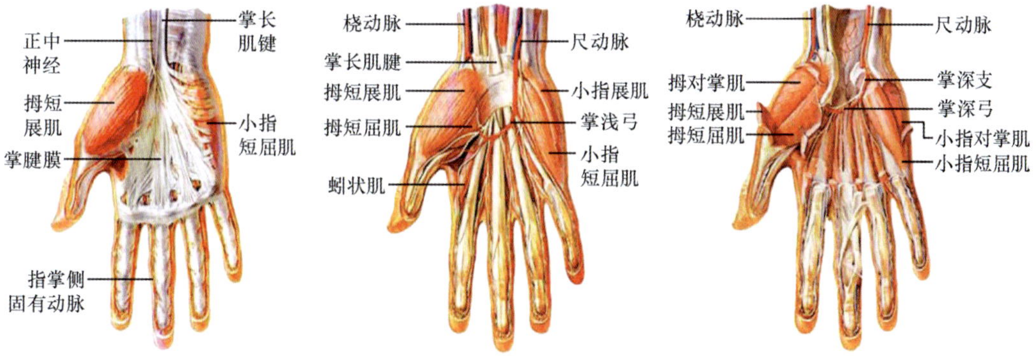

图 4-72　手肌

5. 上肢的局部记载

(1) 腋窝：是位于胸外侧壁和臂上部内侧之间的锥体形腔隙，分为顶、底及前、后、内、外侧四个壁。顶即上口，由锁骨、肩胛骨上缘和第 1 肋围成的三角形间隙；底由腋筋膜、浅筋膜和皮肤构成；前壁为胸大肌、胸小肌；后壁为肩胛下肌、大圆肌、背阔肌和肩胛骨；内侧壁为上胸壁和前锯肌；外侧壁为喙肱肌、肱二头肌短头和肱骨。窝内有重要的血管、神经通过。临床上常在此测量体温。

(2) 肘窝：位于肘关节前面的三角形浅凹。外侧界为肱桡肌，内侧界为旋前圆肌，上界为肱骨内、外上髁间的连线。窝内有重要的血管、神经通过。

（二）下肢肌

下肢肌包括髋肌、大腿肌、小腿肌和足肌。

1. 髋肌　髋肌位于髋关节周围，分为前、后群，主要运动髋关节。

(1) 前群：主要有**髂腰肌**，由腰大肌和髂肌组成。腰

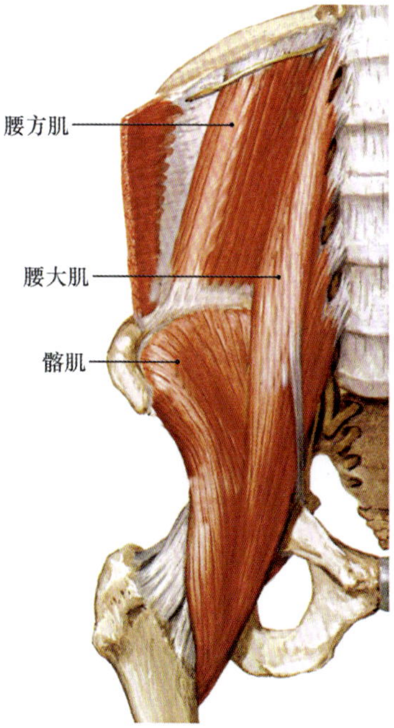

图 4-73　髂腰肌

大肌起自腰椎体侧面和横突；髂肌起自髂窝，两肌向下合并后，经腹股沟韧带深面，止于股骨小转子。收缩时可使髋关节前屈和旋外（图 4-73）。

(2) 后群：位于臀部，又称臀肌，主要包括臀大肌、臀中肌、臀小肌和梨状肌等，具有伸髋关节等作用（图 4-74）。

考点：臀大肌的位置、起止点和作用

1) **臀大肌**：位于臀部皮下，大而肥厚。起于髂骨翼外面和骶骨背面，肌束斜向外下，止于髂胫束和股骨的臀肌粗隆。其主要作用使髋关节后伸和旋外，并可防止身体前倾，维持身体平衡。臀大肌和皮下组织形成臀部隆起，在臀部外上 1/4 处为临床常用的肌内注射部位。

2) **臀中肌**和**臀小肌**：臀中肌位于臀大肌深面，臀小肌位于臀中肌深面。两肌都起自髂骨外面，止于股骨大转子，两肌同时收缩可使髋关节外展。

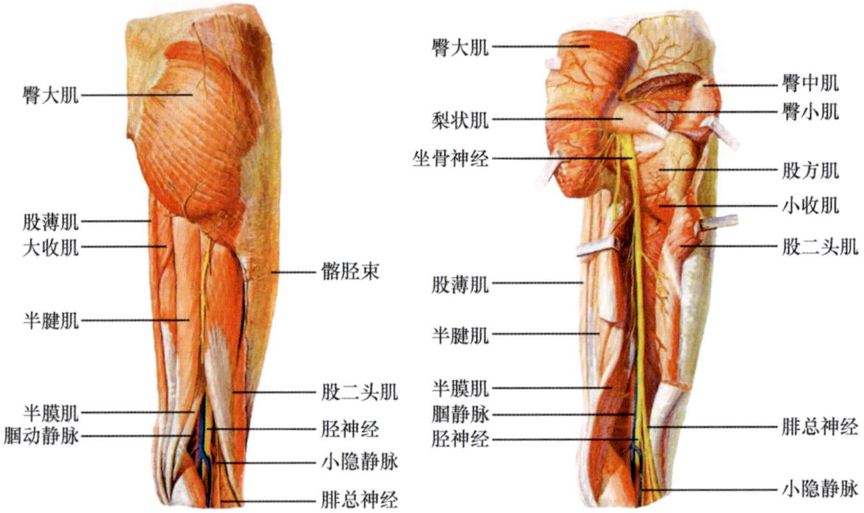

图 4-74　臀肌及大腿肌（后群）

3) **梨状肌**：位于臀中肌下方，起于骶骨前面的外侧部，向外经坐骨大孔出骨盆入臀部，止于股骨大转子的顶部。坐骨大孔被梨状肌分隔成梨状肌上孔和梨状肌下孔，孔内有血管、神经通过。收缩时可使髋关节外展和旋外。

链接

臀大肌注射术

临床上常选择臀大肌作为肌内注射的部位，臀大肌注射的定位方法主要有两种：①十字法：从臀裂顶点向外划一水平线，再经髂嵴最高点向下作一垂线，其外上 1/4 为注射区［图 4-75(1)，(2)］。②连线法：将髂前上棘至骶尾结合处作一连线，将此连线分为 3 等份，其外上 1/3 为注射区［图 4-75(3)］。

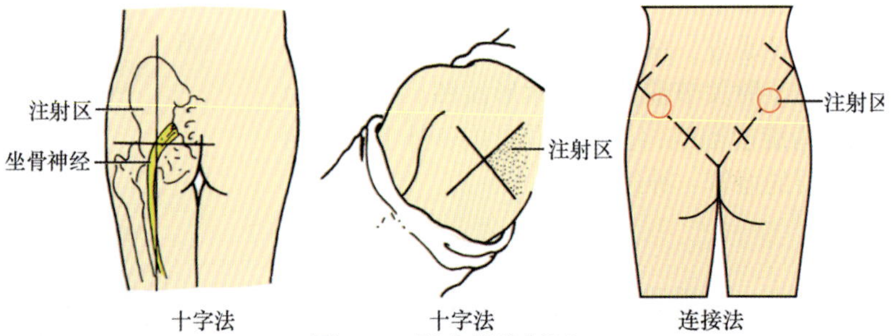

图 4-75　臀大肌注射区

2. 大腿肌　大腿肌位于股骨的周围，分为前、后和内侧三群。

(1) 前群：位于大腿前面，有缝匠肌和股四头肌（图 4-76）。

1) **缝匠肌**：是全身最长的肌，呈扁带状，起自髂前上棘，斜向内下方，止于胫骨上端的内侧。收缩时可屈髋关节和膝关节，并可使屈曲的膝关节旋内。

2) **股四头肌**：是全身体积最大的肌，有四个头，分别称为股直肌、股内侧肌、股外侧肌和股中间肌。除股直肌起自髂前下棘外，其余三头均起自股骨。四个头向下合并形成**股四头肌腱**，向下包绕髌骨延续为**髌韧带**，止于胫骨粗隆。收缩时伸膝关节，股直肌还有屈髋关节作用。

考点：股四头肌的组成、起止点和作用

(2) 内侧群：位于大腿内侧部，有耻骨肌、长收肌、股薄肌、短收肌和大收肌。收缩时使髋关节内收（图 4-76）。

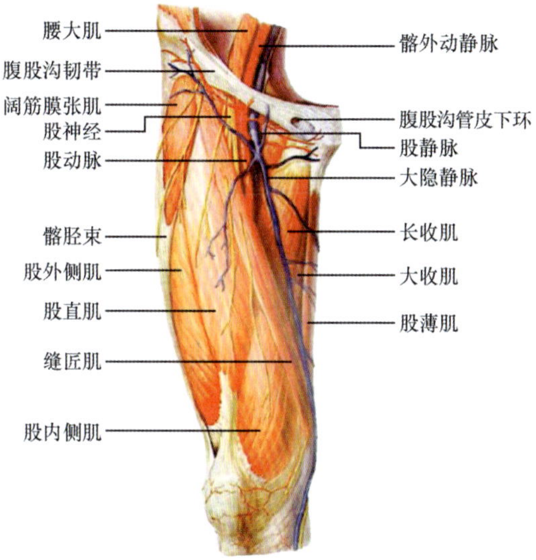

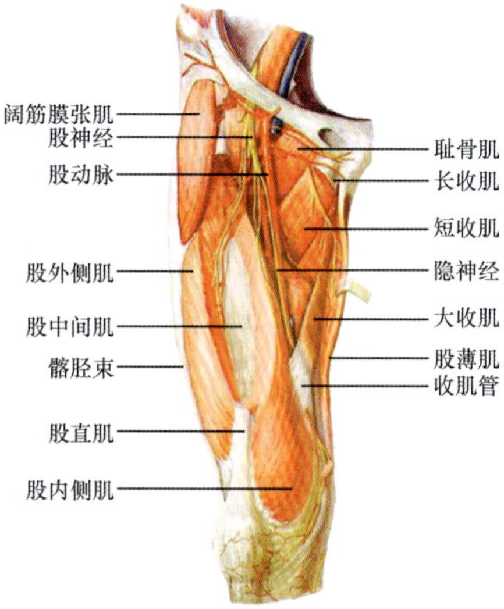

图 4-76　大腿前群肌

(3) 后群：位于大腿的后部，有股二头肌、半腱肌和半膜肌（图 4-74）。

1) **股二头肌**：位于大腿后部外侧，有长、短两头。长头起自坐骨结节，短头起自股骨粗线，两头合并后，止于腓骨头。

2) **半腱肌**：位于大腿后部内侧，肌腱细长，几乎占肌的一半。起自坐骨结节，止于胫骨上端的内侧。

3) **半膜肌**：在半腱肌的深面，以扁薄的腱膜起自坐骨结节，其腱膜几乎占肌的一半，止于胫骨内侧髁。

后群肌主要作用是屈膝关节和伸髋关节。当半屈膝位时，股二头肌可使小腿旋外，半腱肌和半膜肌可使小腿旋内。

3. 小腿肌　小腿肌参与维持人体直立姿势和行走等，分为前、后和外侧群（图 4-77）。

(1) 前群：位于小腿前部，自内侧向外侧依次为胫骨前肌、䟴长伸肌和趾长伸肌。

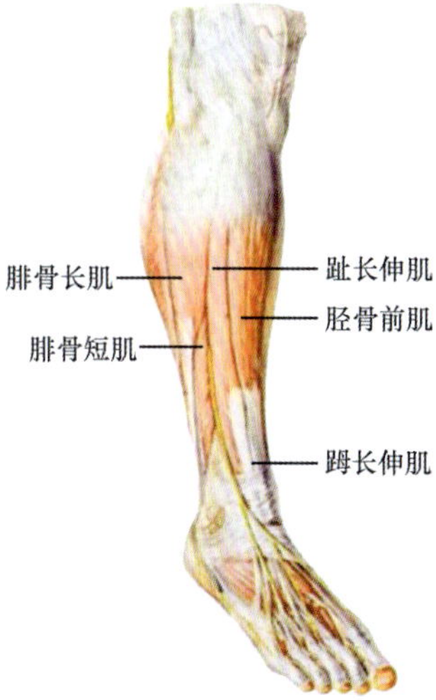

图 4-77　小腿前外侧群肌

作用：前群肌均可伸踝关节。胫骨前肌还可使足内翻；䟴长伸肌还可伸䟴趾；趾长伸肌还能伸第 2 ～ 5 趾。

(2) 外侧群：位于腓骨的外侧，包括腓骨长肌和腓骨短肌。收缩时使足外翻和踝关节跖屈。

(3) 后群：位于小腿骨后方，可分浅、深两层（图 4-78）。

1) 浅层：为强大的**小腿三头肌**，浅表的两个头称**腓肠肌**，位置较深的一个头称**比目鱼肌**。腓肠肌的内、外侧头起自股骨内、外侧髁，比目鱼肌起自胫腓骨上端的后面，三个头合并后，在小腿的上部形成膨隆的小腿肚，向下延续为**跟腱**，止于跟骨结节。小腿三头肌收缩时可跖屈踝关节和屈膝关节；在站立时，能固定踝关节和膝关节，以防止身体向前倾倒。

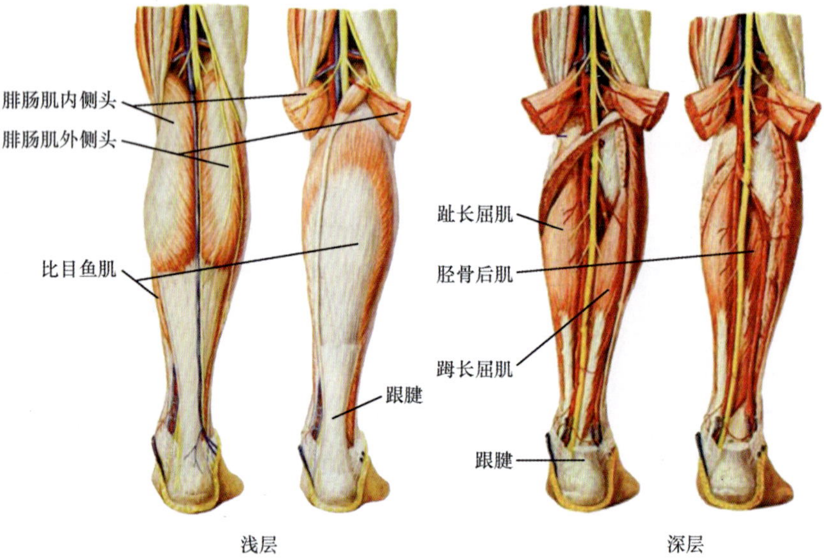

图 4-78　小腿后群肌

考点：小腿三头肌的组成、起止点和作用

2) 深层：自内侧向外侧依次为趾长屈肌、胫骨后肌和踇长屈肌。三肌均可屈踝关节。趾长屈肌和踇长屈肌还可屈第 2 ～ 5 趾和踇趾；胫骨后肌还可使足内翻。

4. 足肌　可分为足背肌和足底肌。足背肌协助伸趾；足底肌协助屈趾和维持足弓。

5. 下肢的局部记载

(1) 股三角：位于大腿前面上部，上界为腹股沟韧带，内侧界为长收肌内侧缘，外侧界为缝匠肌的内侧缘。股三角内由外向内依次排列有股神经、股动脉和股静脉（图 4-76）。

(2) 腘窝：位于膝关节的后面，呈菱形。窝的上外侧界为股二头肌，上内侧界为半腱肌和半膜肌，下外侧界为腓肠肌的外侧头，下内侧界为腓肠肌的内侧头。腘窝内容纳有血管、神经、脂肪和淋巴结等。

小结

运动系统由三部分组成，分别为骨、骨连结和骨骼肌。运动系统在神经系统的控制下，其他系统的协调下具有运动、支持和保护功能。

全身骨借骨连接形成骨骼，构成人体的支架。骨在运动中起杠杆作用，骨连接在运动中发挥非常重要的作用。骨骼肌附着于骨，肌肉收缩时就会产生运动。

运动系统的器官占全身重量的 60%，赋于人体基本形态。一些骨的突起、凹陷和肌肉隆起在体表可以触摸到。这些重要的体表标志在决定体内器官、血管和神经的位置及外科手术的定位等方面发挥重要作用。

自测题

A 型题

1. 以下不是长骨的是
   A. 肱骨　B. 掌骨
   C. 锁骨　D. 趾骨
   E. 腓骨
2. 骨髓
   A. 全部位于长骨的骨髓腔内
   B. 黄骨髓有造血功能
   C. 胎儿和 5 岁以下的小儿只有红骨髓
   D. 老年人的骺内存在黄骨髓
   E. 红骨髓不会转变为黄骨髓
3. 椎骨
   A. 共有 25 块
   B. 一般由椎体和椎弓组成
   C. 第 1 颈椎又称枢椎
   D. 胸椎的棘突最短
   E. 腰椎棘突斜向后下方
4. 椎弓和椎体围成
   A. 椎间孔　B. 椎孔
   C. 横突孔　D. 椎骨上、下切迹
   E. 椎管
5. 肋
   A. 第 7 ～ 10 肋软骨连成肋弓
   B. 分为真肋、假肋和浮肋
   C. 外面近下缘处有肋沟
   D. 第 1 ～ 8 肋前端连于胸骨，称真肋
   E. 以上都不对
6. 胸骨
   A. 分为胸骨体和胸骨柄 2 个部分
   B. 上缘有一颈静脉切迹
   C. 与肋软骨都以关节相连
   D. 成人胸骨体内含有黄骨髓
   E. 上述全对
7. 常用于计数肋和椎骨的结构有
   A. 第 7 颈椎棘突　B. 肩胛骨下角
   C. 胸骨角　D. 两髂嵴最高点的连线
   E. 以上都是
8. 在胸廓上容易摸到的体表标志是
   A. 胸椎横突　B. 锁骨
   C. 颈静脉切迹　D. 第 7 颈椎棘突
   E. 上述全对
9. 慢性鼻窦炎常发于
   A. 额窦　B. 蝶窦
   C. 上颌窦　D. 筛窦前群
   E. 筛窦后群
10. 在体表不易摸到的骨性标志是
   A. 肩峰　B. 尺骨冠突
   C. 桡骨茎突　D. 肱骨尺神经沟
   E. 肩胛骨喙突
11. 髋骨
   A. 由髂、坐、耻骨在髋臼处融合而成
   B. 组成闭孔的有耻骨和坐骨
   C. 髂前上棘位置最表浅
   D. 髂骨翼终身只含红骨髓
   E. 以上全对
12. 不参与构成骨盆结构的是
   A. 骶尾骨　B. 髋骨
   C. 骶髂关节　D. 髋关节
   E. 耻骨联合
13. 肩关节
   A. 关节盂较深
   B. 关节囊前壁薄弱
   C. 关节囊各壁均有韧带加强
   D. 内有关节盘
   E. 以上都不对
14. 肘关节
   A. 由肱骨和尺骨构成
   B. 关节囊两侧薄弱，前后有韧带加强
   C. 可作屈伸、收展运动
   D. 有囊内韧带
   E. 以上都不对
15. 髋关节
   A. 关节头大、关节窝小
   B. 关节囊包裹全部股骨颈

C. 关节囊内有股骨头韧带
D. 关节易向上脱位
E. 以上都不对

16. 有关膝关节的叙述，错误的是
A. 由股骨下端与胫腓骨上端构成
B. 关节囊薄弱而松弛
C. 有囊内、外韧带加强
D. 关节腔内有内、外侧半月板
E. 可沿冠状轴作屈伸运动

17. 脊椎可作
A. 前屈后伸运动　B. 侧屈运动
C. 旋转运动　D. 环转运动
E. 上述所有运动

18. 胸大肌和背阔肌在肩关节下述哪一项运动均起作用
A. 内收和旋内　B. 内收和旋外
C. 内收和后伸　D. 内收和前屈
E. 旋内和前屈

19. 肋间肌的作用
A. 肋间外肌提肋助吸气
B. 肋间内肌提肋助呼气
C. 肋间外肌降肋助呼气
D. 肋间内肌降肋助吸气
E. 肋间外肌提肋助呼气

20. 腹股沟韧带
A. 位于两侧髂前上棘之间
B. 由腹内斜肌腱膜构成
C. 为腹股沟管的前壁
D. 由腹外斜肌腱膜构成
E. 以上都不对

21. 膈
A. 收缩时穹隆下降助呼气
B. 松弛时穹隆上升助吸气
C. 收缩时穹隆上升助呼气
D. 松弛时穹隆下降助呼气
E. 收缩时穹隆下降助吸气

22. 三角肌的主要作用是使臂
A. 外展　B. 内收
C. 旋内　D. 旋外
E. 前屈

23. 肱二头肌
A. 位于臂前部深面　B. 长头起于喙突
C. 短头起自关节盂上方　D. 下端止于尺骨粗隆
E. 可屈肘

24. 既可屈髋关节又可屈膝关节的肌是
A. 股二头肌　B. 缝匠肌
C. 股直肌　D. 髂腰肌
E. 以上都不是

25. 胸锁乳突肌
A. 在体表不能显示
B. 起于胸骨
C. 两侧收缩使头前屈
D. 一侧收缩头偏向同侧脸转向对侧
E. 上述全错

26. 骨膜
A. 是覆盖于整个骨外表面的薄膜
B. 由疏松结缔组织构成
C. 外层有骨细胞，内层含破骨细胞
D. 有丰富的血管而无神经分布
E. 对骨的营养、生长和修复起重要作用

27. 骨的理化性质
A. 无机质形成骨的支架
B. 有机质使骨具有弹性和韧性
C. 年轻人骨的有机质约占 2/3
D. 老年人骨的有机质约占 2/3
E. 幼儿骨有机质比例大于 2/3

28. 骶管麻醉时，其定位标志是
A. 骶岬　B. 骶正中嵴
C. 骶粗隆　D. 骶后孔
E. 骶角

29. 胸骨角
A. 平对第 2 肋　B. 平对第 2 肋软骨
C. 参与构成胸锁关节　D. 平对第 2 肋间隙
E. 以上都不是

30. 在体表易摸到的骨性标志是
A. 全部颈椎棘突　B. 前部肋骨
C. 胸椎横突　D. 胸骨角
E. 骶岬

（刘　斗　姜　丽　邓仁川）

5

第五章　消化系统

引言：俗话说："民以食为天"，"人是铁，饭是钢，一顿不吃饿得慌"。我们每天都要通过进食来摄取营养，储存能量以供给生命活动的需要。那么这些食物在我们体内到过哪里旅行？又发生了哪些变化呢？让我们带着心中的疑惑一起来探索消化系统的奥秘吧！

第一节　概　　述

一、消化系统的组成和功能

消化系统由**消化管**和**消化腺**组成（图 5-1）。消化管是一条口腔至肛门，长而迂曲的管道，

考点：消化系统组成；上、下消化道的概念

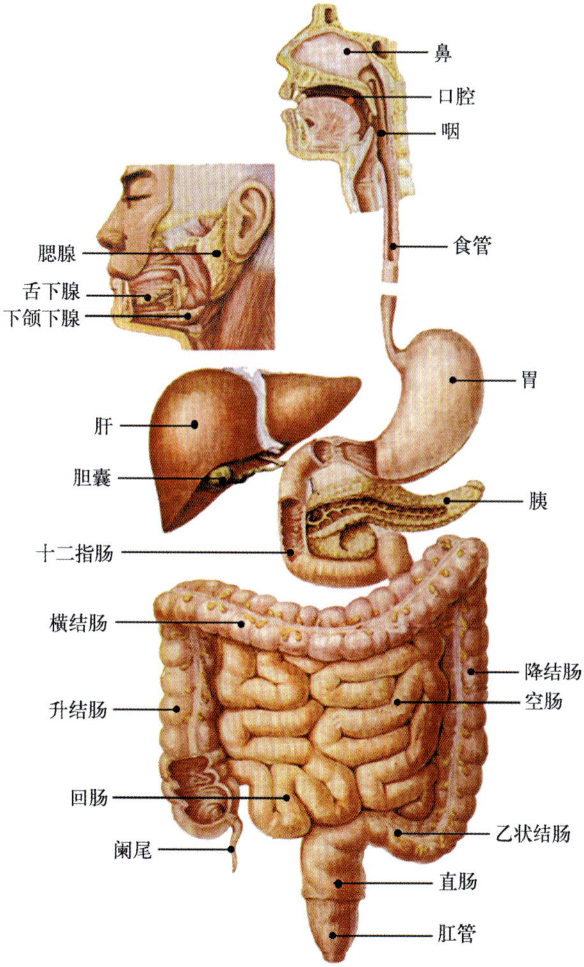

图 5-1　消化系统模式图

包括口腔、咽、食管、胃、小肠（十二指肠、空肠和回肠）和大肠（盲肠、阑尾、结肠、直肠和肛管）等。临床上通常把口腔至十二指肠的消化管称为**上消化道**，空肠及其以下的消化管称为**下消化道**。消化腺包括口腔腺、肝、胰及散在于消化管壁的小腺体，它们都开口于消化管。

消化系统的主要功能是消化食物，吸收营养，排出食物残渣。

二、消化管壁的结构

见图 5-2。

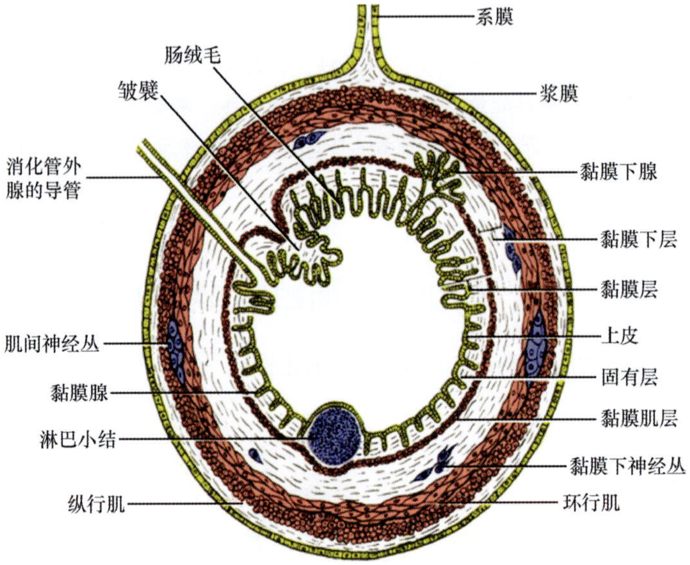

图 5-2　消化管壁的一般结构

（一）黏膜

黏膜是消化管进行消化吸收的重要结构，自内向外由上皮、固有层和黏膜肌层构成。

1. 上皮　衬于黏膜表面。口腔、咽、食管和肛门的上皮为复层扁平上皮，具有保护作用；胃、肠管的上皮为单层柱状上皮，以消化、吸收为主。

2. 固有层　由结缔组织构成，内含血管、神经、淋巴组织和小腺体。

3. 黏膜肌层　由 1 ～ 2 层平滑肌构成。其舒缩能改变黏膜形态，腺体分泌，血液、淋巴运行，有助于食物消化和营养物质吸收。

（二）黏膜下层

黏膜下层由疏松结缔组织构成，内含血管、神经和黏膜下神经丛。

黏膜和部分黏膜下层共同突向消化管腔，形成环形或纵行黏膜皱襞，扩大黏膜表面积。

（三）肌层

除口腔、咽、食管上段及肛门外括约肌为骨骼肌外，其余均为内环、外纵行排列的平滑肌，其内有肌间神经丛，可调节肌的运动。在某些部位，环行肌增厚形成括约肌。

考点：消化管壁的一般结构

（四）外膜

外膜分纤维膜和浆膜 2 种。纤维膜由薄层结缔组织构成，分布于食管和大肠末端，与周围组织无明显界限；浆膜由结缔组织及表面的间皮构成，分布于胃、大部分小肠和大肠，其表面光滑，分泌滑液，有利于胃肠蠕动。

三、胸部标志线和腹部分区

人们通常在胸、腹部体表，画出若干条标志线，进行分区（图 5-3，图 5-4），这对从体表确定内脏各器官的正常位置及体表投影、临床诊断和病理检查有重要意义。

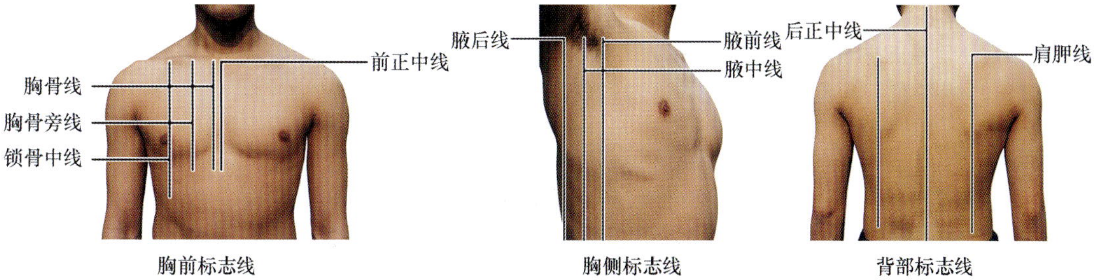

图 5-3　体表标志线

（一）胸部标志线

1. 前正中线　通过身体前面正中所做的垂线。

2. 胸骨线　沿胸骨最宽处的外侧缘所做的垂线。

3. 锁骨中线　通过锁骨中点所做的垂线。

4. 胸骨旁线　经胸骨线与锁骨中线之间连线的中点所做的垂线。

5. 腋前线　通过腋窝前缘（腋前襞）所做的垂线。

6. 腋中线　通过腋前、后线连线的中点所做的垂线。

7. 腋后线　通过腋窝后缘（腋后襞）所做的垂线。

8. 肩胛线　通过肩胛下角所做的垂线。

9. 后正中线　通过身体后面正中所做的垂线。

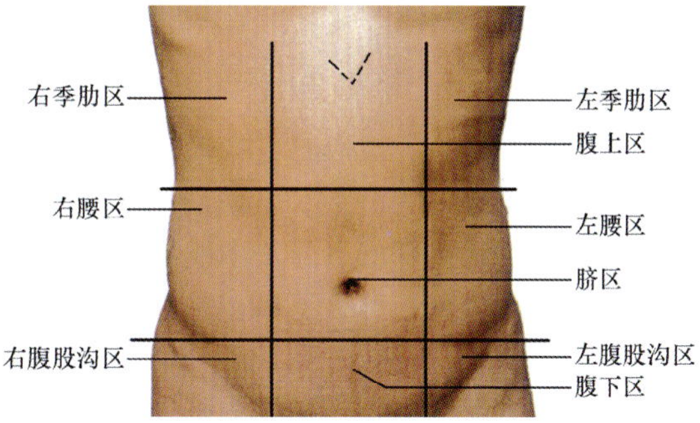

图 5-4　腹部分区

（二）腹部分区

腹部分区通常采用九分法，即2条水平线和2条纵线把腹部分成9个区。2条水平线是左、右肋弓最低点连线和左、右髂结节连线；2 条纵线是通过左右腹股沟韧带中点的垂线。这 9 个区包括**腹上区**，**左**、**右季肋区**，**脐区**，**左**、**右腹外侧区**，**耻区**，**左**、**右腹股沟区**。临床上常用四分法，以前正中线与通过脐的水平线将腹部分为左、右上腹和左、右下腹 4 个区。

第二节　消　化　管

一、口　　腔

口腔是消化管的起始部，向前借口裂与外界相通，向后经咽峡与咽相续。口腔前壁为唇，侧壁为颊，顶为腭，底为肌性结构。口腔借上、下颌牙弓为界，分为**口腔前庭**和**固有口腔**。当上、下颌牙咬合时，口腔前庭与固有口腔之间可借最后磨牙的后方间隙相通。临床上当患者牙关紧闭时，可借此间隙插管或注入药物和营养物质。

（一）唇和颊

唇构成口腔的前壁，分**上唇**和**下唇**。两唇之间为**口裂**，其结合处为**口角**。上唇的前面正中线有一纵行的浅沟，其上、中1/3交界处为**人中**，昏迷患者急救时常在此处进行针刺或指压，使患者苏醒。两唇游离缘上皮较薄，正常呈红色。当机体缺氧时唇变为暗红色，临床上称发绀。

颊为口腔的两侧壁，在上颌第2磨牙相对的颊黏膜处有腮腺导管的开口。从鼻翼两旁至口角两侧各有一浅沟称**鼻唇沟**，是唇和颊的分界线。

（二）腭

腭呈穹隆状，构成固有口腔的顶，分隔鼻腔和口腔。前2/3为**硬腭**，由腭骨外覆黏膜构成；后1/3为软腭，由骨骼肌被覆黏膜构成。软腭后缘游离，中央有垂向下方的突起称**腭垂（悬雍垂）**。腭垂的两侧各有两对黏膜皱襞，前方的1对称**腭舌弓**，续于舌根外侧；后方的1对称**腭咽弓**，向下延至咽的侧壁。两弓之间的三角形凹陷区称**扁桃体窝**，容纳**腭扁桃体**。腭垂、两侧的腭舌弓与舌根共同围成**咽峡**，是口腔与咽的分界线（图5-5）。

（三）舌

舌位于口腔底，具有感受味觉、协助咀嚼、吞咽食物和辅助发音等功能。

1. 舌的形态 舌分上、下两面。上面称**舌背**，前2/3为**舌体**，后1/3为**舌根**，舌体的前端称**舌尖**。舌前部的下面正中线处有连于口腔底的黏膜皱襞，称**舌系带**。其根部的两侧各有一小黏膜隆起，称**舌下阜**，是舌下腺大管和下颌下腺管的开口。舌下阜向口腔底后外方延续的带状黏膜皱襞为**舌下襞**，深面有舌下腺，表面有舌下腺小管开口（图5-5，图5-6）。

考点：咽峡的组成

2. 舌的构造 舌以骨骼肌为基础，外覆黏膜而成。

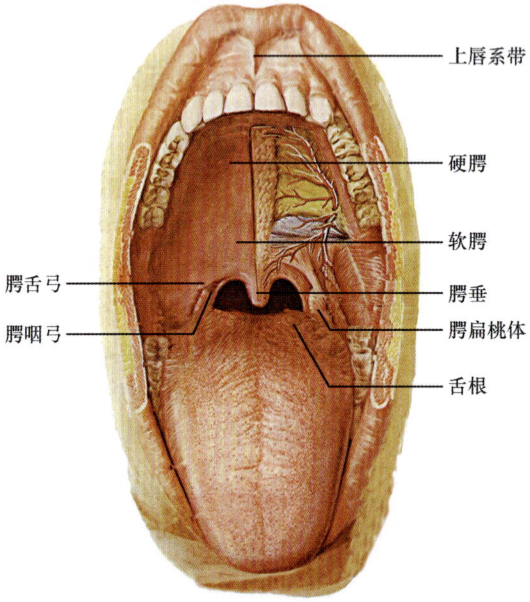

图5-5 口腔

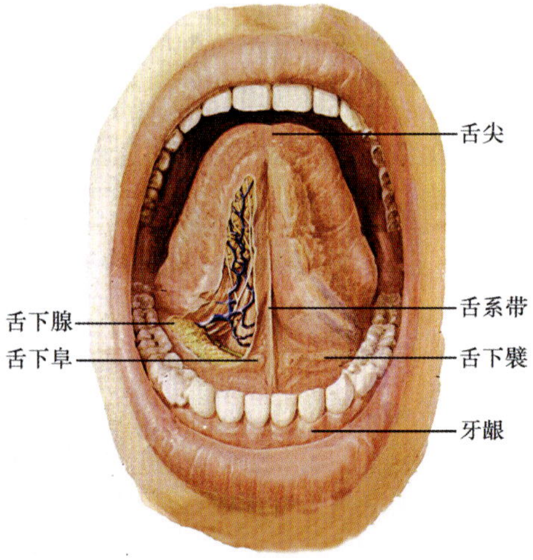

图5-6 口腔底和舌下面

(1) **舌黏膜**：淡红色，舌背的黏膜上有许多小突起，称舌乳头（图5-7，图5-8）。根据形态与功能的不同分为**丝状乳头**、**菌状乳头**、**轮廓乳头**、**叶状乳头**4种。丝状乳头小而多，呈白丝绒状，遍布舌体背面，能感受触觉；菌状乳头大而少，呈红色圆点状，分散于丝状乳头之间，多见于舌尖和舌的侧缘；轮廓乳头体形最大，排列在界沟的前方。叶状乳头位于舌侧缘的后部，呈叶片形。后 3 种乳头中含有**味觉感受器（味蕾）**（图 5-9），具有感受酸、甜、苦、咸的功能。舌根背面的黏膜内，有淋巴组织构成大小不等的丘状隆起，称为**舌扁桃体**。

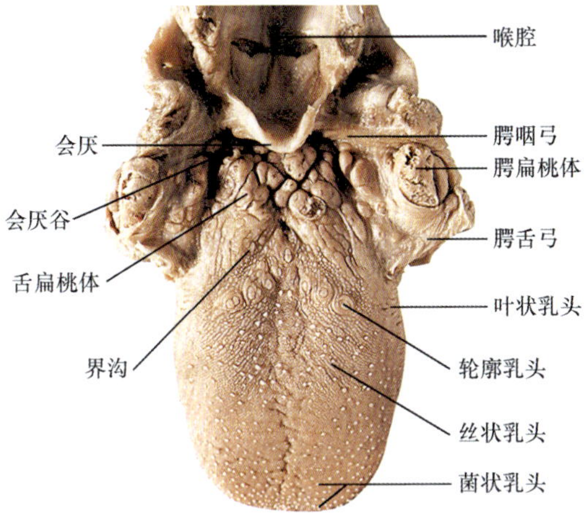

图 5-7　舌黏膜

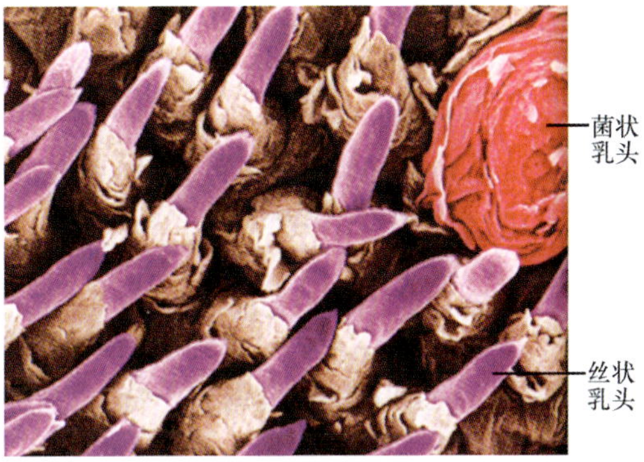

图 5-8　舌乳头扫描电镜像

（2）**舌肌**：为骨骼肌，分舌内肌和舌外肌（图 5-10，图 5-11）。**舌内肌**构成舌的主体，肌束排列成纵、横和垂直 3 个方向，收缩时可改变舌的形状；**舌外肌**收缩时可改变舌的位置，在临床上以**颏舌肌**最为重要。颏舌肌起自下颌体内面的颏棘，肌纤维呈扇形向后上方分散止于舌正中线两侧，双侧颏舌肌同时收缩可使舌前伸；单侧收缩时可使舌伸向对侧。当一侧颏舌肌瘫痪时，患者舌尖偏向瘫痪侧。

考点：舌乳头的分类特点和功能

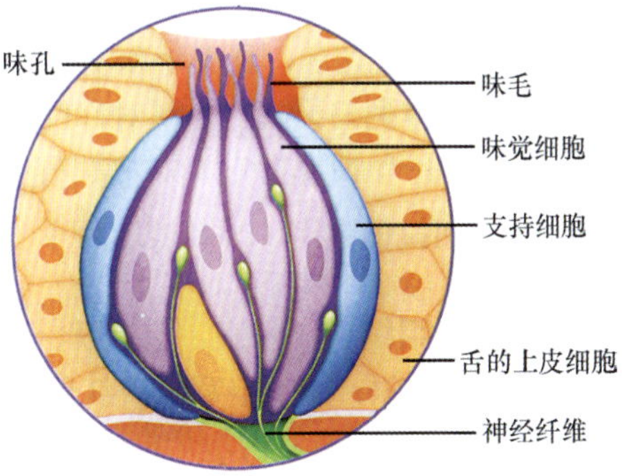

图 5-9　味蕾结构模式图

（四）牙

牙是人体最坚硬的器官，嵌于上、下颌骨的牙槽内，分别排成上、下牙弓，具有咀嚼食物和辅助发音的功能。

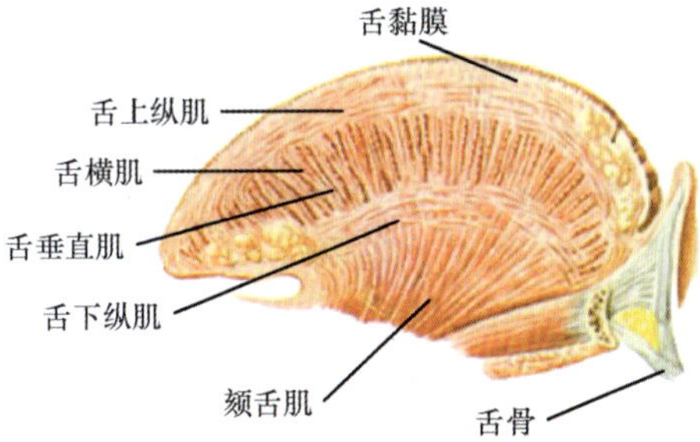

图 5-10　舌正中矢状切面

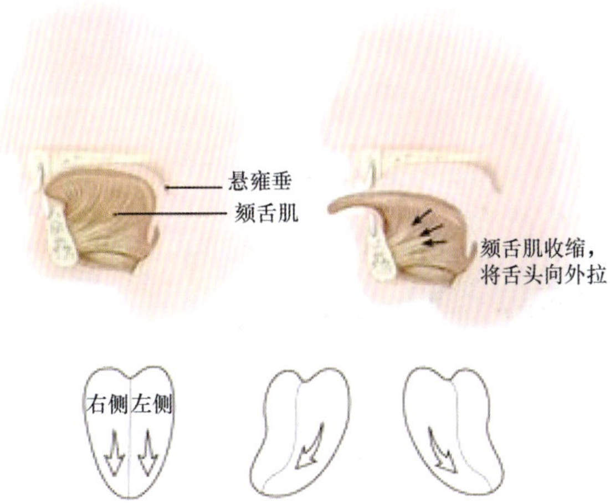

图 5-11　颏舌肌及其运动

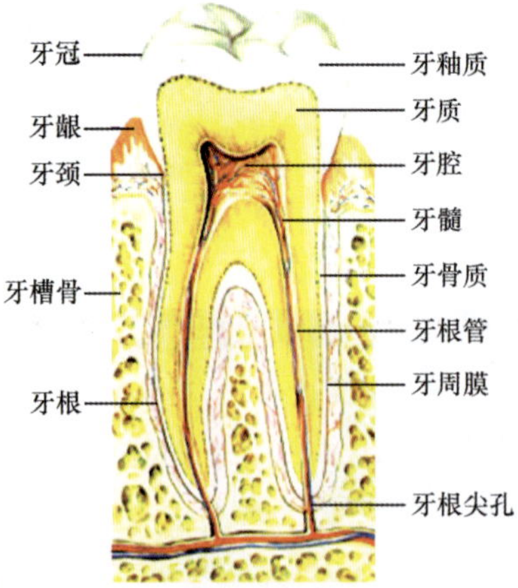

图 5-12　牙的构造

考点：牙的形态、结构

1. 牙的形态　牙在外形上分为**牙冠**、**牙颈**、**牙根** 3 部分（图 5-12）。暴露于口腔内的称牙冠，色白有光泽；嵌于牙槽内的称牙根；介于牙冠与牙根之间的部分被牙龈覆盖，称牙颈。

2. 牙的构造　牙主要由**牙质**、**釉质**、**牙骨质**和**牙髓**构成（图 5-12）。

牙质致密坚硬，构成牙的主体。在牙冠部分，牙质的表面覆有釉质，是人体内最坚硬的组织；在牙颈和牙根，牙质的表面覆有牙骨质。牙的中央有一个空腔称为牙腔或髓腔，包括牙冠内的牙冠腔和牙根内的牙根管。通过牙根管，与牙槽相通。牙腔内有牙髓，牙髓由结缔组织、血管、神经和淋巴管组成。当牙髓发炎时，牙腔内压力增高压迫神经，产生剧烈的疼痛。

3. 牙的名称及萌出时间　人的一生中有两组牙发生（图 5-13 ～图 5-16）。第一组称**乳牙**，第二组称**恒牙**。乳牙在出生后 6 个月左右萌出，3 岁左右出齐，共 20 个。6 岁左右乳牙开始脱落，逐渐被恒牙取代，在 12 ～ 14 岁出齐。第 3 磨牙在 17 ～ 25 岁或更晚萌出，故称**迟牙**，有的人甚至终身不萌出。因此，成人恒牙有 28 ～ 32 个。

乳牙包括乳切牙、乳尖牙和乳磨牙。恒牙分为切牙、尖牙、前磨牙和磨牙。

考点：牙的分类、名称和牙式

4. 牙的排列与牙式　牙呈对称性排列。临床上为了记录牙的位置，以被检查者的方位为准，用“十”记号划分 4 区记录牙的排列形式，称**牙式**。用罗马数字Ⅰ～Ⅴ表示乳牙（图 5-14），用阿拉伯数字 1 ～ 8 表示恒牙（图 5-13 ～图 5-16）。如|Ⅳ表示左上颌第 2 乳磨牙，6|表示右下颌第 1 磨牙。

5. 牙周组织　由牙龈、牙周膜、牙槽骨构成（图 5-12）。**牙龈**是覆盖于牙颈和牙槽弓表面的口腔黏膜，血管丰富，淡红色，坚韧而有弹性；**牙周膜**是位于牙根和牙槽骨之间的致密结缔组织膜，具有固定牙根的作用；**牙槽骨**是构成牙槽的骨质。牙周组织对牙有保护、支持和固定作用。

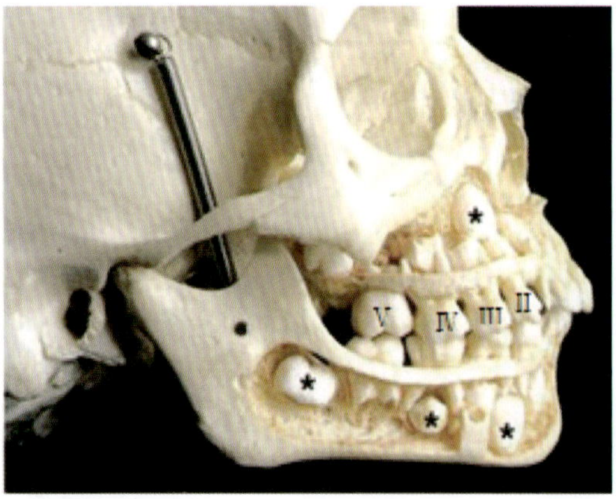

图 5-13　乳牙的名称及排列

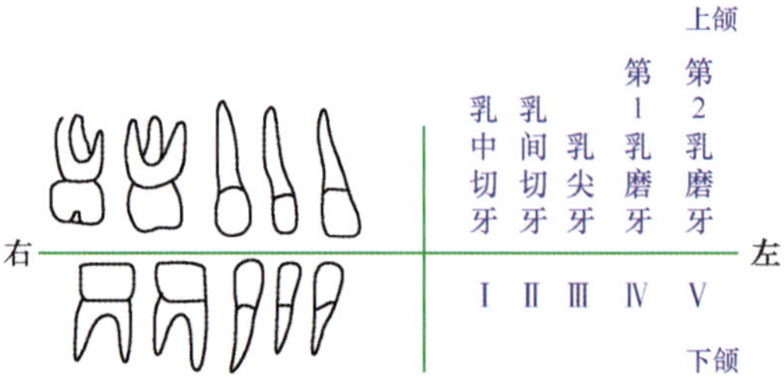

图 5-14　乳牙的名称及符号

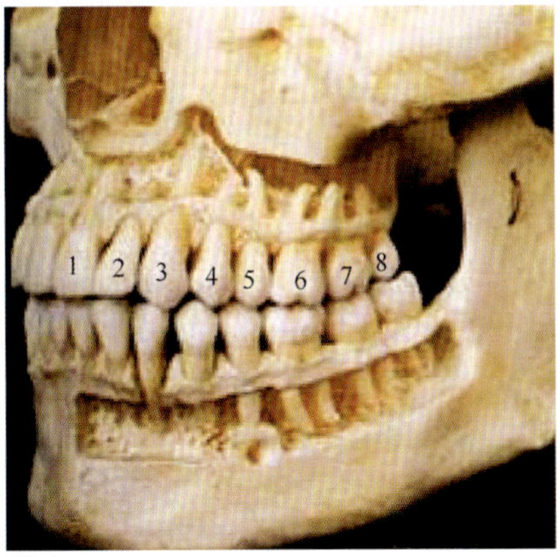

图 5-15 恒牙的名称与排列

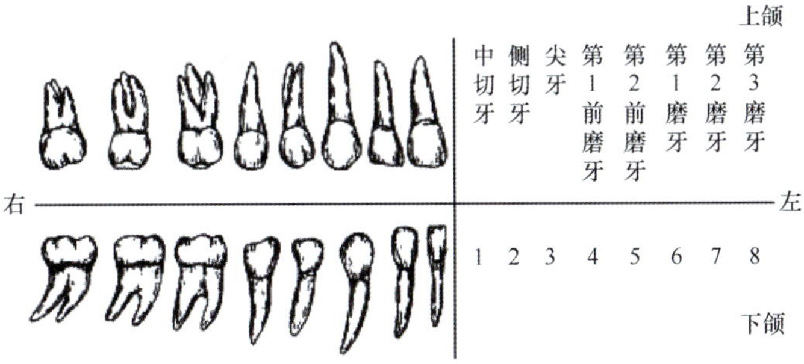

图 5-16 恒牙的名称和符号

案例 5-1

患儿，男性，7 岁，晨起告诉妈妈脖子痛，不能转头，并说幼儿园里也有的小朋友和他得的病一样。妈妈发现他耳郭前下部明显肿了起来。妈妈立即意识到问题严重，马上带他去医院就诊。医生诊断为“流行性腮腺炎”。

问题：

1. 请问唾液腺有哪些？
2. 各腺体的位置、开口如何？

（五）口腔腺

口腔腺又称**唾液腺**，是开口于口腔的腺体总称。口腔腺主要分泌唾液，有湿润口腔黏膜、帮助消化食物的功能。口腔腺包括除唇腺、颊腺等小腺体外，主要有**腮腺**、**下颌下腺**和**舌下腺** 3 对大唾液腺（图 5-17）。

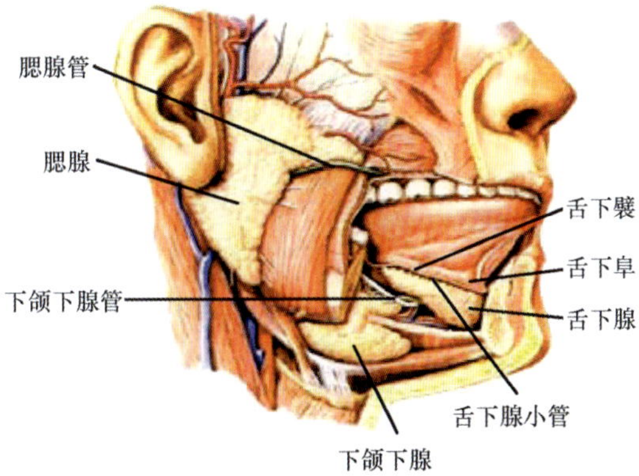

图 5-17 唾液腺

1. 腮腺 腮腺是最大的唾液腺，呈三角楔形，位于耳郭前下方，下颌支与胸锁乳突肌之间的窝内。其导管自腮腺前缘上部发出，于颧弓下 1 横指处沿咬肌表面水平前行，至咬肌前缘转向深部穿越颊肌，开口于上颌第 2 磨牙相对的颊黏膜处。

分析： 流行性腮腺炎简称腮腺炎、流腮，多发于春季，是儿童和青少年中常见的呼吸道传染病，由腮腺炎病毒引起，接触患者后 2～3 周发病。腮腺的非化脓性肿胀疼痛为突出的病症。

2. 下颌下腺 位于下颌体深面，呈卵圆形，腺管开口于舌下阜。

3. 舌下腺 位于舌下襞的深面，腺管开口于舌下阜和舌下襞。

链接

蛹齿是口腔中常见病，世界卫生组织将其与肿瘤、心血管疾病并列为人类三大重点防治疾病。龋齿俗称“虫牙”“蛀牙”，是细菌性疾病。病变先破坏牙釉质，然后逐步破坏牙本质，最后崩解形成龋洞。预防龋齿方法主要有刷牙，氟化物溶液漱口，窝沟封闭，通过限制蔗糖及其制品的摄入，或在食品中加入甜味剂，都可减少龋病的发生。

案例 5-2

患者，男，68 岁。自诉其嗓子疼痛，并有异物感 4 年有余。医生检查时发现鼻咽部有一肿瘤，呈菜花样变，病理检查恶性程度很高，决定立即做手术切除。

问题：

1. 该患者还应考虑什么疾病？
2. 发生在何部位？为什么要立即做手术？

二、咽

考点：咽的位置、分部及交通

咽呈前后略扁的漏斗形肌性管道，位于颈椎前方。上起颅底，下端平第 6 颈椎体下缘续于食管，全长约 12cm。咽的后壁与侧壁较完整，主要由咽肌内衬黏膜构成。前壁不完整，自上而下分别与鼻腔、口腔和喉腔相通，以软腭后缘和会厌上缘的平面为界，咽可分为**鼻咽**、**口咽**和**喉咽** 3 部分。咽是消化道与呼吸道的共同通道（图 5-18，图 5-19）。

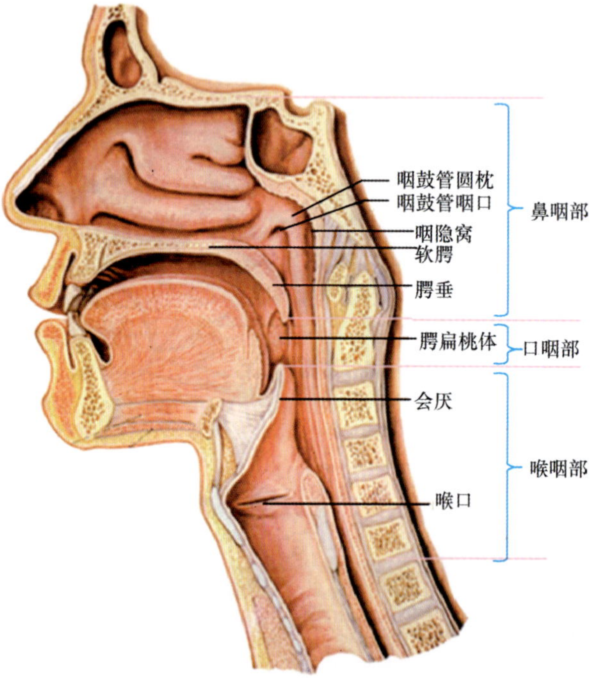

图 5-18　头颈部正中矢状切面

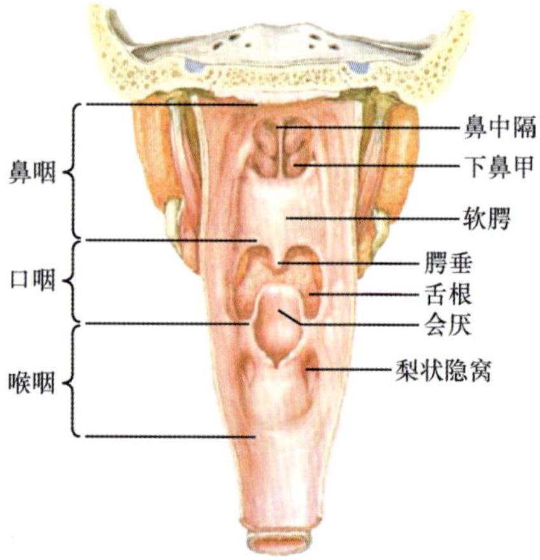

图 5-19　咽后面观

（一）鼻咽部

鼻咽部位于鼻腔后方，颅底至软腭游离缘平面以上的部分，向前借鼻后孔与鼻腔相通。

在鼻咽的两侧壁，正对下鼻甲后方约 1cm 处，各有一**咽鼓管咽口**，咽腔经此口通过咽鼓管与中耳的鼓室相通。咽鼓管咽口的前、上、后方的弧形隆起称**咽鼓管圆枕**，是寻找咽鼓管咽口的标志。咽鼓管圆枕后方与咽后壁之间有一纵行凹陷，称**咽隐窝**，是鼻咽癌的好发部位。在鼻咽部后上壁的黏膜内，有丰富的淋巴组织，称**咽扁桃体**，幼儿时较发达，6 ～ 7 岁开始退化，10 岁以后完全退化。

分析：该病例考虑鼻咽癌晚期，鼻咽癌好发于咽隐窝。因为是晚期，所以要立即做手术切除。

（二）口咽部

口咽部位于口腔后方，软腭游离缘至会厌上缘之间的部分，前方借咽峡与口腔相通。在口咽部外侧壁的扁桃体窝内，容纳**腭扁桃体**，就是通常所说的扁桃体，其表面有许多扁桃体小窝，细菌在此易于繁殖而成为感染灶。

舌扁桃体、腭扁桃体和咽扁桃体在鼻腔、口腔与咽相通的部位，构成了**咽淋巴环**，具有重要的免疫防御功能。

考点：腭扁桃体的位置

（三）喉咽部

喉咽部位于喉腔的后方，会厌软骨上缘至第 6 颈椎体下缘平面之间，前方经喉口通喉腔，向下续接食管，在喉口两侧各有一个深窝称**梨状隐窝**，是异物易滞留的部位。

链接

口诀——咽

鼻咽口咽和喉咽，鼻口喉腔相通连。
咽鼓管口通中耳，六颈下缘续食管。

案例 5-3

患者，男，56 岁，进行性吞咽困难，近 3 个月发现体重下降入院。体检发现左锁骨上淋巴结肿大。医生怀疑食管癌。

问题：

1. 确诊需要做哪些检查？
2. 为什么食管癌容易直接浸润周围器官？

三、食　　管

（一）食管的位置和分部

食管为前后略扁的肌性管道，长约 25cm。食管上端平第 6 颈椎体下缘处与咽相接，沿脊柱前方下行，经胸廓上口入胸腔，穿膈的食管裂孔入腹腔，下端在平第 11 胸椎体高度续于胃的贲门，食管全长分三部分（图 5-20）。

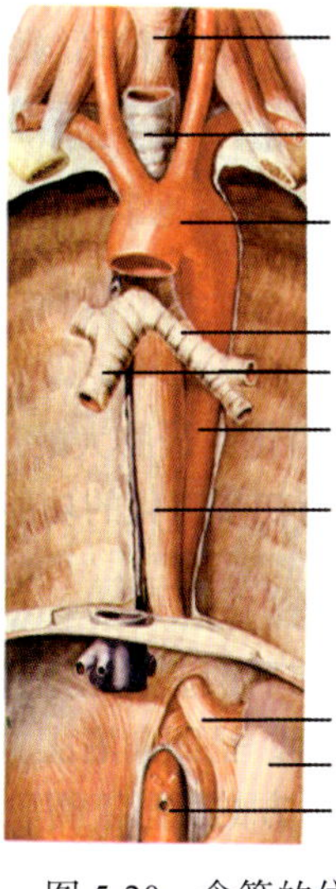

图 5-20　食管的位置毗邻

1. 颈部　位于气管和颈椎之间，长约 5cm，两侧有颈部大血管。

大量黏液。黏液覆盖于胃黏膜表面，上皮细胞间的紧密连接和细胞表面的黏液层构成胃黏膜屏障，可防止胃液对黏膜自身的侵蚀和消化（图 5-27）。

（2）**固有层**：由结缔组织构成，内含很多管状的**胃腺**（图 5-26）。根据胃腺所在部位不同，可分为**贲门腺**、**幽门腺**和**胃底腺**。贲门腺和幽门腺分别位于贲门部和幽门部，主要分泌**黏液**和**溶菌酶**等；胃底腺位于胃底和胃体，是分泌胃液的主要腺体。胃底腺的主要细胞：①**壁细胞**，又称**盐酸细胞**，主要分泌**盐酸**和**内因子**，盐酸有激活胃蛋白酶原和杀菌作用，内因子能促进回肠对维生素 B_{12} 的吸收。②**主细胞**，又称**胃酶细胞**，主要分泌**胃蛋白酶原**，胃蛋白酶原经盐酸激活后，参与蛋白质的消化分解（图 5-28，图 5-29）。

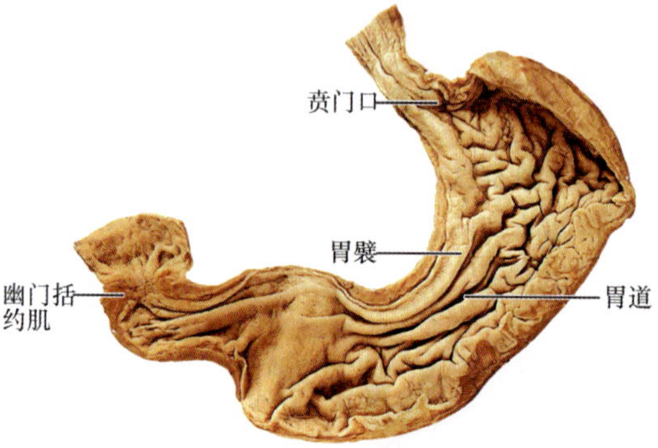

图 5-26　胃壁肉眼观

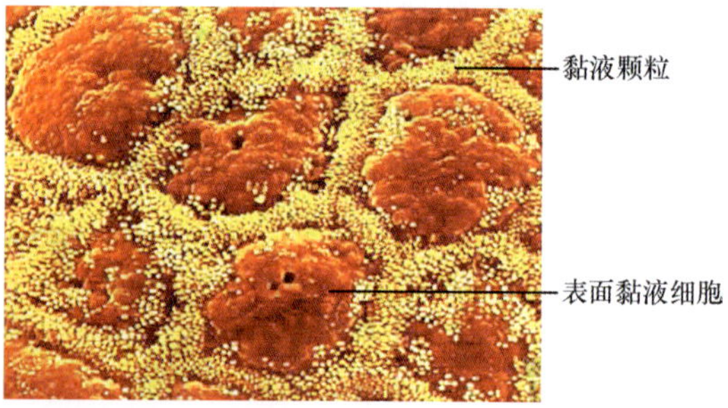

图 5-27　胃黏膜扫描电镜像

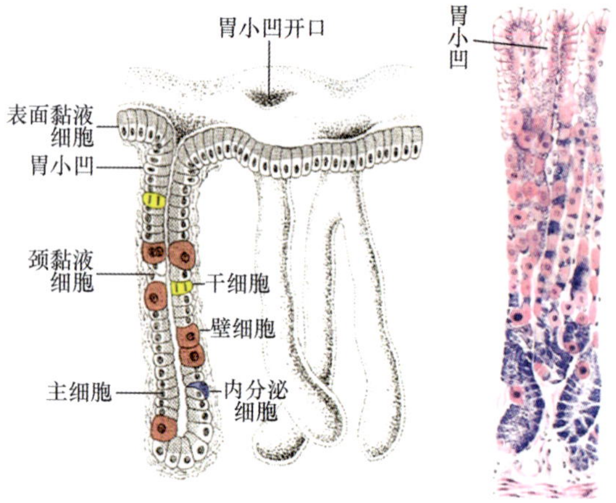

图 5-28　胃底腺的模式图及组织切片图

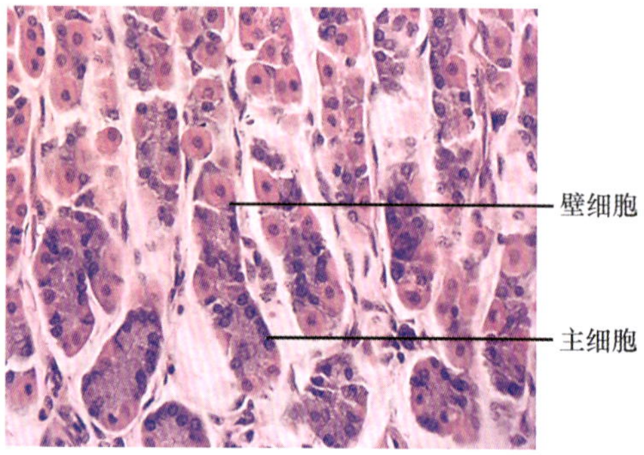

图 5-29　胃底腺（高倍）

2. 肌层　较厚，由内斜行、中环行和外纵行 3 层平滑肌组成。环行肌在幽门处增厚形成**幽门括约肌**，有延缓胃内容物排空、防止肠内容物逆流至胃的作用。在婴儿，如果幽门括约肌肥厚，可造成先天性幽门梗阻（图 5-23）。

考点：主细胞、壁细胞的功能

链接

胃管（鼻胃管，鼻饲管），由鼻孔插入，经咽、食管到达胃部，将胃肠道聚集的液体和气体吸出，以降低胃肠道内压力，或往胃里注入液体提供给患者必须的食物和营养。护理时应注意避免胃管污染，以及胃管脱出，导致误吸等发生。

案例 5-4

患者，男，68 岁。反复发作性上腹部隐痛伴泛酸十余年。今突发持续性上腹部剧痛，如刀割样，伴有恶心、呕吐，急诊入院。体检：痛苦面容，脉细数，血压下降，全腹压痛、反跳痛。经腹部 X 线平片确诊为十二指肠溃疡穿孔。

问题：

1. 溃疡穿孔多发生在十二指肠的哪一部分？
2. 穿孔穿过消化管壁的哪几层？

五、小　肠

小肠是消化管中最长的部分，成人全长 5 ～ 7m，盘曲在腹腔的中、下部，上接幽门，下续盲肠，包括**十二指肠**、**空肠**和**回肠** 3 部分。小肠是消化食物和吸收营养的主要器官。

（一）十二指肠

十二指肠为小肠的起始部，介于胃与空肠之间，长约 25cm。大部分紧贴腹后壁，位置较深，几乎无活动度。十二指肠呈“C”形从右侧包绕胰头，分为**上部**、**降部**、**水平部**和**升部** 4 部分（图 5-30）。

考点： 十二指肠的分部

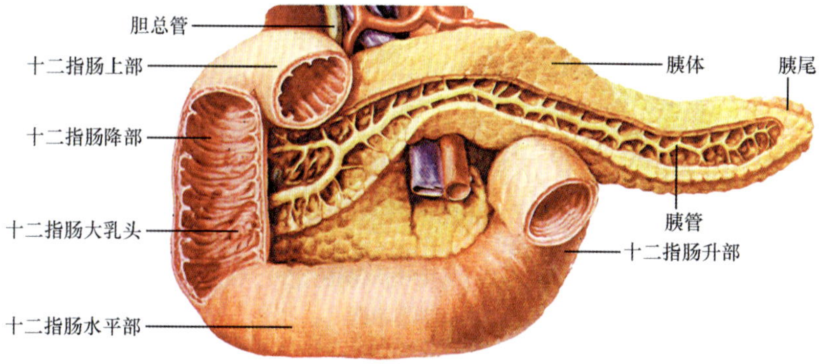

图 5-30　十二指肠及胰

1. 上部　长约 5cm，于第 1 腰椎的右侧起自胃的幽门，走向右后方，至胆囊颈的后下方，急转向下移行为降部。上部近幽门处肠管，管壁较薄，黏膜较光滑，无皱襞，称十二指肠球，是十二指肠溃疡及穿孔的好发部位。

2. 降部　长 7 ～ 8cm，沿着第 1 ～ 3 腰椎的右侧下降，至第 3 腰椎下缘水平，转向左侧移行为水平部。此部的黏膜有许多环状襞，在其后内侧壁上有 1 纵行隆起，称**十二指肠纵襞**。纵襞的下端为圆形隆起，称**十二指肠大乳头**，是胆总管和胰管的共同开口。

3. 水平部　长约 10cm，横行向左，越过下腔静脉，至腹主动脉前方移行为升部。

4. 升部　最短，长 2 ～ 3cm，自第 3 腰椎体斜向左上方，至第 2 腰椎左侧，再向前下方弯曲续于空场，此弯曲称**十二指肠空肠曲**。此曲由十二指肠悬肌固定于腹后壁。十二指肠悬肌和包绕其表面的腹膜共同构成**十二指肠悬韧带（Treitz 韧带）**，是手术时确认空肠起始的重要标志。

分析：1. 溃疡穿孔在多见于十二指肠的球部、前壁。

2. 穿孔要通过黏膜、黏膜下层、肌层和外膜 4 层。

（二）空肠和回肠

空肠始于十二指肠空肠曲，回肠在右髂窝续盲肠。空、回肠全长被腹膜包被，并由腹膜形成的小肠系膜固定于腹后壁，活动度较大。空、回肠盘曲在腹腔的中下部，形成迂曲的小肠袢，两者分界不明显。空、回肠主要特征比较如下（表 5-1，图 5-31）。

考点：空肠、回肠的结构特点

表 5-1　空肠和回肠的比较

项目	空肠	回肠
位置	腹腔的左上部	腹腔的右下部
长度	近端 2/5	远端 3/5
管径	较粗	较细
管壁	较厚	较薄
血管	丰富，颜色较红	较少，颜色较浅
环状皱襞	高而密	低而疏
淋巴滤泡	孤立淋巴滤泡	孤立 / 集合淋巴滤泡

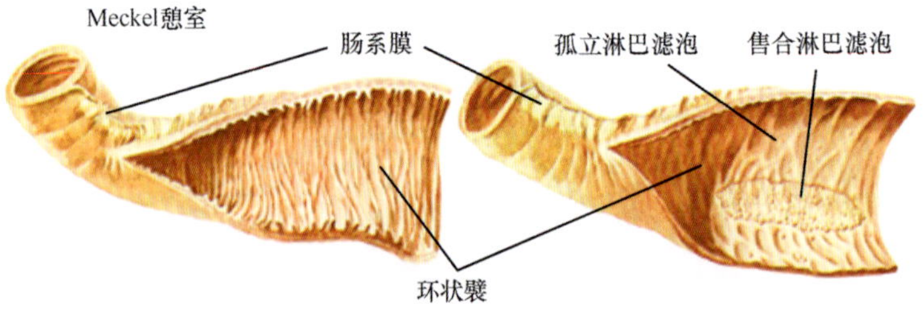

图 5-31　空肠与回肠的比较

（三）小肠黏膜的结构特点

小肠壁由内向外依次为黏膜、黏膜下层、肌层、外膜。其结构特点是肠腔面有环状襞，黏膜表面有许多细小的肠绒毛，上皮细胞游离面有大量的微绒毛，这 3 种结构扩大了小肠的吸收面积，利于营养物质的消化吸收（图 5-32）。

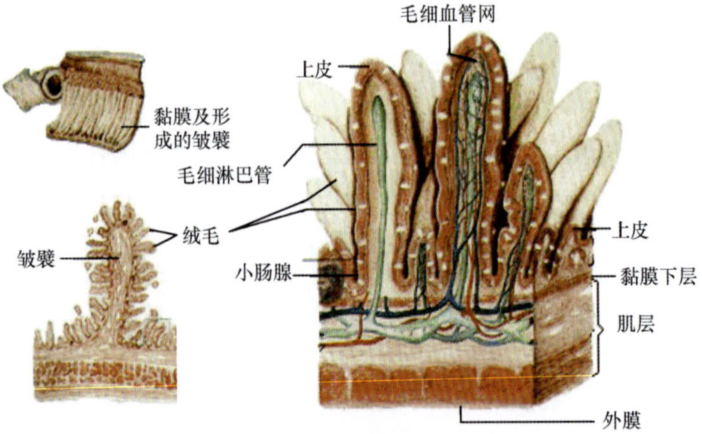

图 5-32　小肠壁结构模式

1. 环状襞 由黏膜和黏膜下层向肠腔突出而成，从空肠到回肠，环状襞由高而密逐渐过渡到低而疏（图 5-31）。

2. 肠绒毛 肠绒毛是小肠表面许多细小的指状突起，是小肠特有的结构，由黏膜的上皮和固有层向肠腔突出形成（图 5-33）。

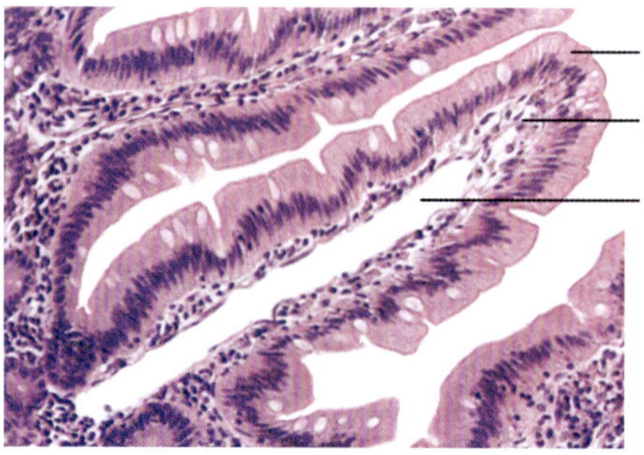

图 5-33 小肠绒毛

⑴ 上皮：单层柱状上皮，包括吸收细胞和杯状细胞。**吸收细胞**游离面有明显的微绒毛形成的纹状缘，使游离面面积扩大 30 倍。吸收细胞主要对糖类、蛋白质、脂类进行消化吸收，其中脂类物质被加工成乳糜颗粒。杯状细胞分泌黏液，起润滑保护作用。

⑵ 固有层：形成绒毛的中轴，由结缔组织构成，其中央有 1 ～ 2 条纵行毛细淋巴管，称**中央乳糜管**，可收集和转运脂类物质。中央乳糜管周围有丰富毛细血管，氨基酸、单糖经此入血；其周围还有少量平滑肌，收缩使绒毛变短，利于血液和淋巴运行。

环状皱襞、**绒毛**、**纹状缘**扩大了小肠表面积约 600 倍，使小肠黏膜表面积扩展为 200 ～ 400m^2。

考点： 小肠黏膜的结构特点

3. 肠腺 由小肠上皮下陷到固有层形成的**管状腺**（图 5-32）。腺体开口于相邻绒毛根部之间。肠腺主要由**吸收细胞**、**潘氏细胞**和**杯状细胞**构成。吸收细胞最多，分泌多种消化酶；潘氏细胞聚集在肠腺的底部，分泌溶菌酶；杯状细胞分泌黏液。

4. 淋巴组织 是小肠壁主要的防御结构。固有层内除了散在分布的淋巴细胞外，尚有**孤立淋巴滤泡**和**集合淋巴滤泡**。

案例 5-5

患儿为 3 周岁女孩，体型较胖，一天突然大哭不止，叫嚷肚子痛，大便时发现有血迹，立即送往医院检查，医生诊断为急性肠扭转。

问题： 最可能发生扭转的是哪段肠管？为什么？

分析： 最可能发生扭转的是小肠，因为小肠有系膜，活动度大。

六、大　肠

考点： 大肠的分部；盲结肠的外形结构特点

大肠起于回肠末端，终于肛门，长约 1.5m。大肠的主要功能是吸收水分、维生素、无机盐，分泌黏液，形成粪便。分为**盲肠**、**阑尾**、**结肠**、**直肠**和**肛管**（图 5-34）。

除阑尾、直肠、肛管外，盲肠和结肠外形有 3 种特征性结构：①**结肠带**，由肠壁纵行肌增厚形成，共 3 条；②**结肠袋**，由肠壁呈袋状向外膨出的部分；③**肠脂垂**，附于结肠带边缘，由大小不等的脂肪突起构成（图 5-35）。

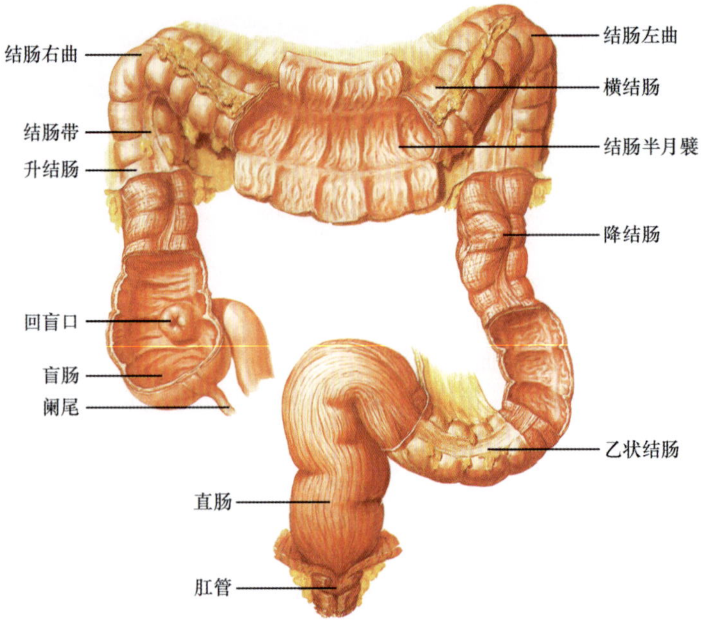

图 5-34　大肠的形态与分部

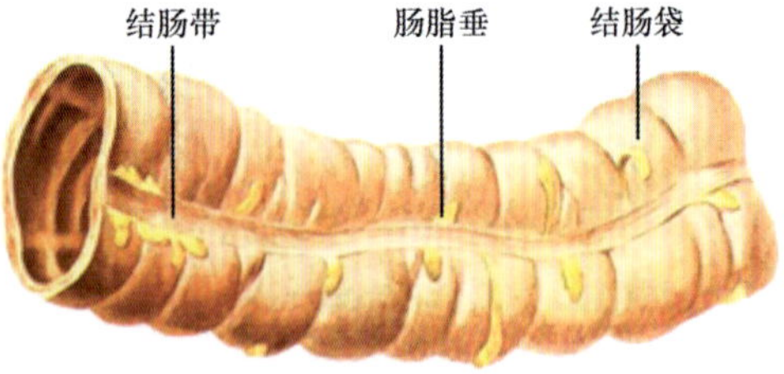

图 5-35　盲肠结肠外形结构特征

案例 5-6

患者，女，26 岁，转移性右下腹疼痛伴恶心、呕吐 1 天。体检：麦氏点明显压痛和反跳痛，白细胞及中性粒细胞均升高。初步诊断为急性单纯性阑尾炎。

问题：医生考虑阑尾切除术，切口应选择在何处？经过腹壁哪些层次？

（一）盲肠和阑尾

盲肠为大肠起始部的膨大盲端，长 6 ～ 8cm，位于右髂窝内，左接回肠，上续升结肠。回肠末端开口于盲肠内侧壁，开口处上下各有一唇状皱襞，称**回盲瓣**，此瓣既可控制回肠内容物进入盲肠的速度，又可防止大肠内容物逆流入小肠。回盲瓣下方有阑尾口（图 5-36）。

考点：阑尾的位置、体表投影及临床意义

阑尾为蚓状盲管，位于右髂窝内，长 6 ～ 8 cm，直径 0.6 ～ 0.8 cm。阑尾末端游离，位置变化很大，有回肠前位、后位、盆位、盲肠后位等。其根部位置较恒定，在 3 条结肠带的交汇处，是手术中寻找阑尾的依据。阑尾根部体表的投影，在脐和右髂前上棘连线的中、外 1/3 交点处，临

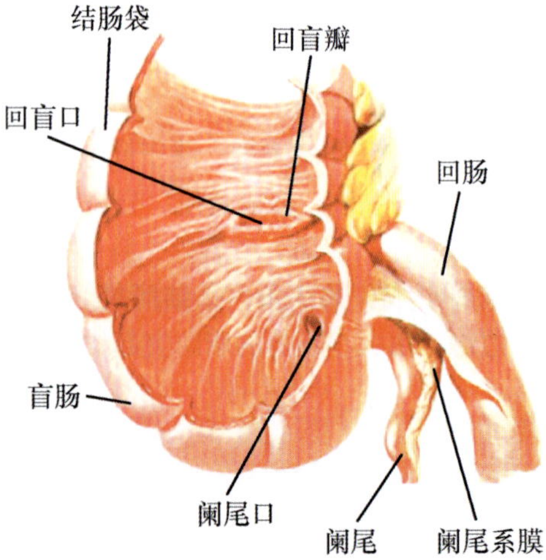

图 5-36　盲肠和阑尾

床上称**麦氏点**（**McBurney 点**）。急性阑尾炎时该处有压痛和反跳痛，阑尾手术切口常选择此处（图 5-37，图 5-38）。

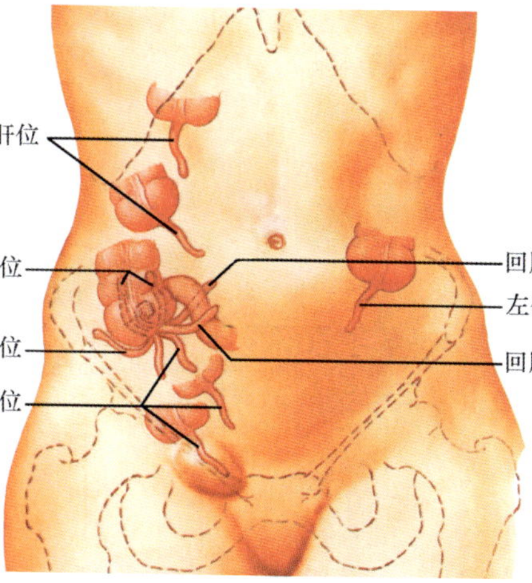

图 5-37　阑尾的位置

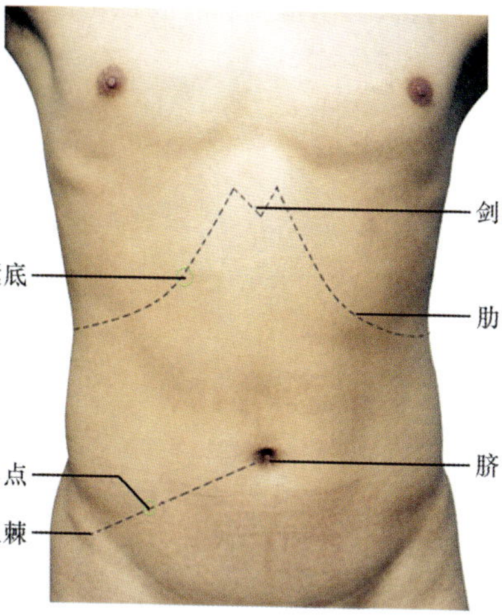

图 5-38　阑尾根部体表投影

分析：阑尾切除术时切口应选择在麦氏点。手术经过皮肤、浅筋膜、腹外、内斜肌、腹横肌、腹横筋膜和壁腹膜。

（二）结肠

结肠起于盲肠，续接直肠，呈方框状包绕在空回肠周围，分为**升结肠**、**横结肠**、**降结肠**和**乙状结肠** 4 部分（图 5-34）。

考点：结肠的分部

1. 升结肠　升结肠是盲肠向上延续部分，自右髂窝沿腹后壁的右侧上升，至肝右叶下方向左弯形成**结肠右曲**（肝曲），移行于横结肠。升结肠后面借结缔组织附于腹后壁，活动性较小。

2. 横结肠　横结肠起自结肠右曲，向左横行至脾处再向下弯形成**结肠左曲**（脾曲），移行于降结肠。横结肠全部被腹膜包被，并借横结肠系膜连于腹后壁，活动度较大。

3. 降结肠　降结肠起自结肠左曲，沿腹后壁的左侧下降，至左髂嵴处移行于乙状结肠。降结肠后面借结缔组织附着于腹后壁，活动度较小。

4. 乙状结肠　乙状结肠自左髂嵴处于续降结肠，呈“乙”字形弯曲，至第 3 骶椎前面移行为直肠。乙状结肠全部被腹膜包被，借乙状结肠系膜连于左髂窝和小骨盆后壁，其活动度较大，老年人易引起肠扭转。

案例 5-7

患者，男，60 岁，发现脓血便月余就诊。患者自述近半年来，大便习惯改变，便秘与腹泻交替发生，有时脓血便，体重减轻。医生怀疑为“直肠癌”。

问题：直肠指检、直肠镜和病理学检查可以确诊直肠癌吗？确诊后如何治疗？

（三）直肠

直肠长 10 ～ 14cm，位于盆腔内，在第 3 骶椎平面起自乙状结肠，沿骶尾骨的前面下行，穿**盆膈**移行于肛管。直肠不直，在矢状面上有两个弯曲：上段与骶骨前面的曲度一致，凸向后形成**骶曲**；下段绕过尾骨尖，形成凸向前的**会阴曲**。临床上进行乙状结肠镜检查时，顺应直肠两个弯曲的方向，以免损伤肠壁。直肠的下段膨大，称为**直肠壶腹**，其腔面上有2～3条半月状的**直肠横襞**，中间的直肠横襞最大，位置恒定，位于右前侧壁距肛门约7cm，可作为乙状肠镜检查和直肠指检的定位标志（图5-39，图5-40）。

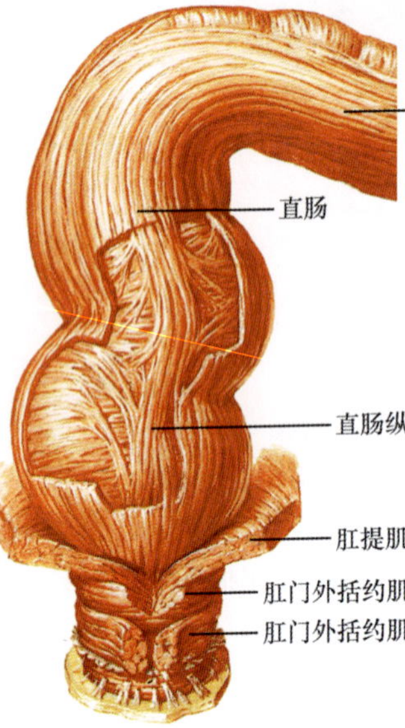

图5-39　直肠

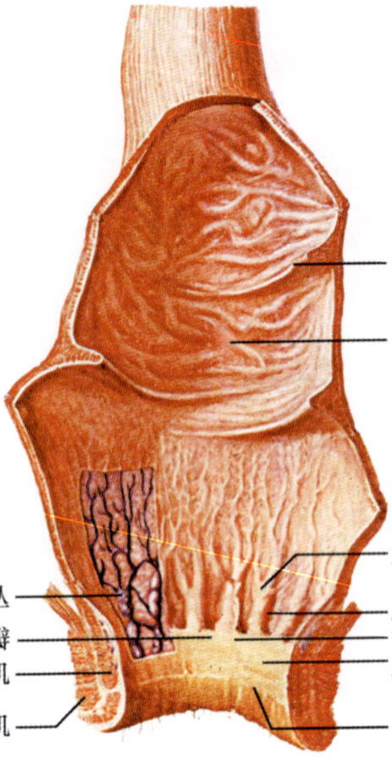

图5-40　直肠及肛管

直肠的毗邻男女不同，男性直肠前方有膀胱、前列腺、精囊；女性直肠的前方有子宫、阴道。直肠指诊可触及这些器官。

考点：直肠的位置、形态、构造和弯曲

分析：直肠癌确诊必须通过病理学检查。直肠癌确诊后应采取手术、放疗、化疗和中药治疗。

案例5-8

患者，男，57岁，发现大便后经常有鲜血数滴，或在粪便上粘有血迹，便后疼痛，并且肛门边缘有些赘生物，如豆粒大3个月。医生诊断“内、外痔”。

问题：如何鉴别内、外痔？手术时应注意避免损伤肛门周围哪些结构？损伤后有什么影响？

（四）肛管

肛管长3～4cm，上接直肠，末端终于肛门。肛管被肛门括约肌包绕，平时处于收缩状态，有控制排便的作用。

肛管内面黏膜形成6～10条纵行皱襞，称为**肛柱**。各肛柱的下端有半月形的皱襞相连，称为**肛瓣**。肛瓣与相邻肛柱下端围成的小隐窝，称**肛窦**，易积存粪块，感染引起肛窦炎，严重者发展为肛瘘。

考点：肛管齿状线的临床意义

各肛瓣与肛柱下端，连成锯齿状的环形线，称为**齿状线**（**肛皮线**），为皮肤和黏膜相互移行的分界线。齿状线以上的管腔面为黏膜，上皮为单层柱状上皮；齿状线以下为皮肤，是复层扁平上皮。齿状线上下部分的肠管在动脉来源、静脉回流、淋巴引流、神经分布等都不相同。

齿状线以下光滑而略有光泽的环形区域，称为**肛梳**（痔环）。肛梳下缘有环形浅沟，称为**白线**，为肛门内、外括约肌的分界（图 5-40），活体指诊可触及。肛管下口是肛门。

肛柱的黏膜下层和肛梳的皮下组织有丰富的静脉丛，此丛如淤血扩张而突起形成痔，齿状线以上者称为**内痔**，以下者称为外痔，上下均有者称为混合痔。因神经分布不同，内痔不痛，外痔常感疼痛。

直肠周围有肛门内、外括约肌围绕。肛门内括约肌由直肠壁环行平滑肌增厚而成，收缩时能协助排便，但无括约肛门作用；肛门外括约肌是位于肛门内括约肌周围的环行骨骼肌，受意识支配，有较强的控制排便功能。

分析：临床区别内、外痔依据齿状线，手术中应避免损伤肛门括约肌，损伤后会造成大便失禁。

第三节 消 化 腺

消化腺包括大消化腺（唾液腺、肝、胰腺）和小消化腺（胃腺、肠腺），其主要功能是分泌消化液，参与对食物的消化。唾液腺已于口腔讲述，本节只讲授肝和胰腺。

案例 5-9

小李因长期不吃早餐，饮食不规律且经常过度饮酒，而导致胆囊炎、胆结石。手术切除胆囊后，医生嘱咐小李以后要少食多餐，以避免消化不良。

问题：

1. 胆囊在哪里？
2. 其功能是什么？

一、肝

肝是人体最大的消化腺，血运丰富，色泽红褐，质地脆弱。主要功能是分泌胆汁，参与代谢、解毒、防御等，胚胎时期还有造血的功能。

（一）肝的位置

肝大部分位于右季肋区和腹上区，小部分位于左季肋区。肝上界与膈穹隆一致，其最高点在右侧相当于右锁骨中线与第 5 肋相交处，左侧相当于左锁骨中线与第 5 肋间隙相交处。肝下界即肝前缘，在右锁骨中线与右肋弓大体一致。在腹上区，肝前缘在剑突下约 3cm。7 岁以下儿童，由于腹腔的容积较小，肝的体积却相对较大，故肝下界常低于右肋弓下 1.5 ～ 2.0cm。平静呼吸时，肝的上、下移动范围为 2 ～ 3cm。

（二）肝的形态

肝呈不规则的楔形，分上、下两面，前、后两缘。

1. 上面　肝的上面隆凸，与膈相邻，又称膈面，以矢状位的镰状韧带为界分为左、右 2 叶（图 5-41）。

考点：肝的分叶，左右纵沟内容物，肝门的概念

2. 下面　肝的下面又称脏面，由“H”形的 3 条沟（即**左纵沟、右纵沟和横沟**）将其**分为左叶、右叶、方叶和尾状叶**（图 5-41）。

(1) **左纵沟：前有肝圆韧带，后有静脉韧带。**

(2) **右纵沟：**前为**胆囊窝**，后有下腔静脉通过。

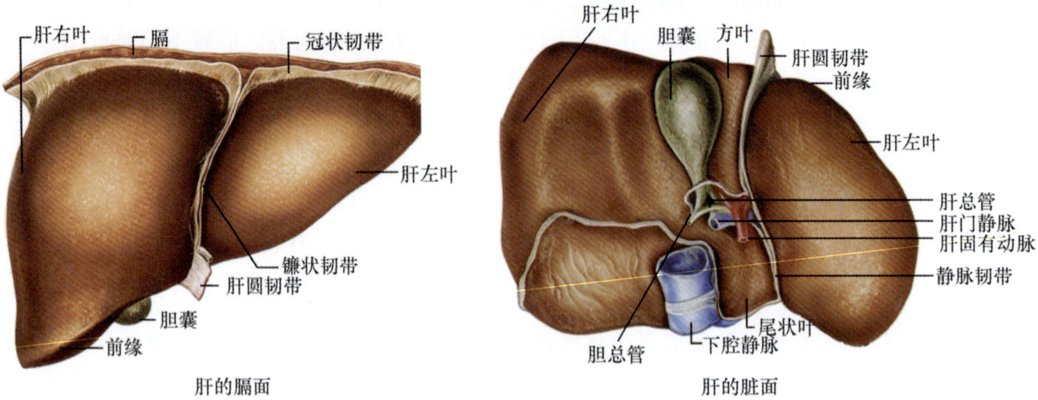

图 5-41　肝的形态

(3) **横沟**：又称**肝门**，是肝左 / 右管、肝固有动脉、肝门静脉、神经、淋巴管等出入的部位。

3. 前缘　较薄，右叶前缘与右锁骨中线交叉处附近即是胆囊底的位置所在。

4. 后缘　厚而圆钝，贴腔静脉处称“第二肝门”，肝静脉血由此注入下腔静脉。

（三）肝的微细结构

肝的表面被覆致密结缔组织被膜，被膜在肝门处随肝固有动脉、肝门静脉和肝管伸入肝内，将肝实质分隔成许多肝小叶。肝小叶间有肝门管区（图 5-42）。

1. 肝小叶　是肝的基本结构和功能单位，呈多面棱柱形（图 5-42），成人肝有 50 万～100 万个肝小叶。每个肝小叶中央有 1 条纵行的**中央静脉**，肝细胞以此为中心放射状排列形成**肝板**，肝板的横切面称为**肝索**。肝索由肝细胞构成，肝细胞体积较大，呈多边形。细胞核圆形，1 个或 2 个，位于细胞中央，核仁明显。肝索与肝索之间的空隙称**肝血窦**（图 5-43）。肝血窦内有肝巨噬细胞，体积较大，形态不规则，具有很强的吞噬功能。肝血窦的内皮细胞与肝细胞之间狭窄的间隙，称**窦周隙**，它是肝细胞与血液之间进行物质交换的场所。相邻的肝细胞之间形成**胆小管**。肝细胞分泌的胆汁直接流入胆小管，并循胆小管从肝小叶的中央流向周边，汇入**小叶间胆管**。

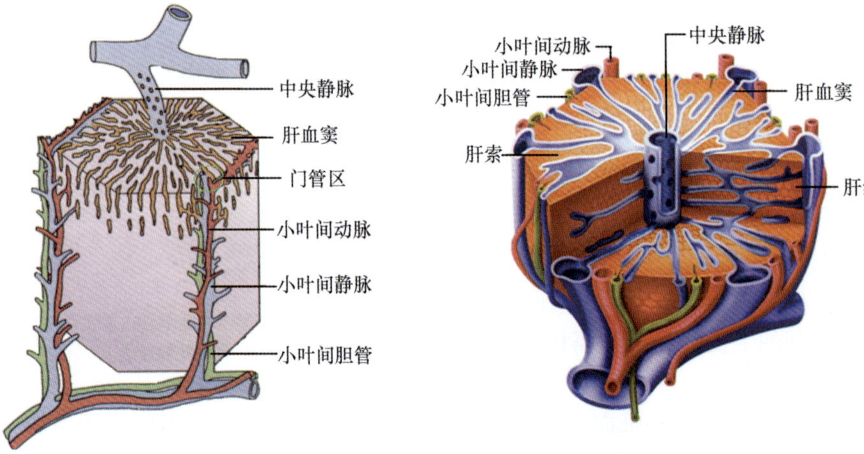

图 5-42　肝小叶立体结构模式图

2. 肝门管区　在相邻的几个肝小叶之间有较多的结缔组织，内有小叶间动脉、小叶间静脉和小叶间胆管，此区域称肝门管区。小叶间胆管的管腔小，管壁由单层立方上皮构成，细胞核圆形，染成紫蓝色。小叶间动脉管腔小而圆，管壁厚，有少量染成红色的环行平滑肌。小叶间静脉管腔大而不规则，管壁薄，着色较浅

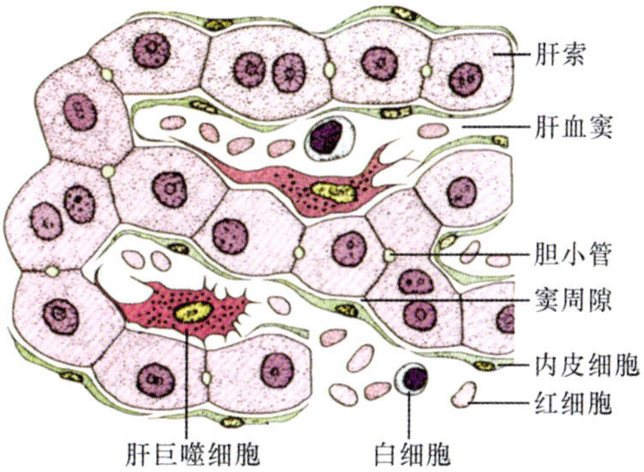

图 5-43 肝索、肝血窦和窦周隙关系模式图

考点：肝小叶

3. 肝内血液循环 肝的血液有两个来源：①肝固有动脉，属于肝的营养性血管；②肝门静脉，属于肝的功能性血管。两者入肝后反复分支，分别形成小叶间动脉和小叶间静脉，血液均进入肝血窦。故肝血窦内的血液为混合血，血液由肝小叶的周边流向中央汇入中央静脉，若干中央静脉离开肝小叶汇合成小叶下静脉。小叶下静脉独立走行于小叶间结缔组织内，最后汇合成肝静脉出肝。

（四）胆囊和输胆管道

1. 胆囊 位于右季肋区、肝下面的胆囊窝内，稍露于肝前缘下方。容积为 40 ～ 60ml。胆囊形似梨形，分为胆囊底、胆囊体、胆囊颈、胆囊管 4 部分。其功能为暂时储存和浓缩胆汁（图 5-44）。胆囊底的体表投影：在右锁骨中线与右肋弓交点处的稍下方。胆囊炎患者被触诊此处时有**墨菲征**（Murphy 征）阳性表现。

考点：胆囊的体表投影，分部；胆囊三角的概念

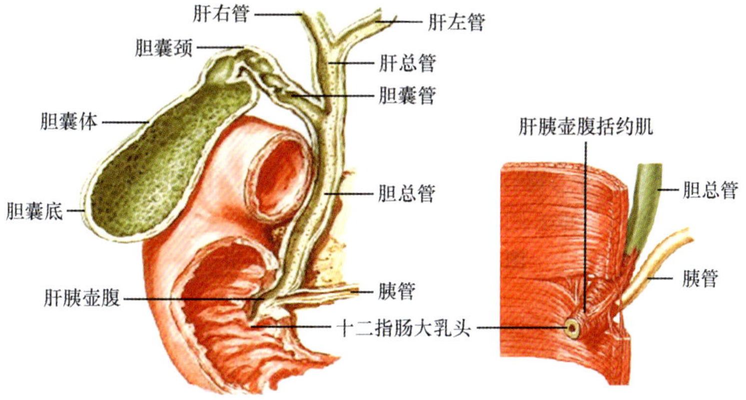

图 5-44 肝外胆道

2. 输胆管道 是将胆汁自肝细胞输送至十二指肠肠腔的一系列管道，分肝内和肝外两部分。肝内的胆小管汇入小叶间胆管，小叶间胆管逐渐汇合成肝左管、肝右管，两管出肝门后汇合成肝总管，肝总管与胆囊管汇合成胆总管。胆总管与胰管汇合成略膨大的肝胰壶腹，开口于十二指肠大乳头。肝胰壶腹周围环行增厚的平滑肌称肝胰壶腹括约肌，可控制胆汁和胰液的排出。胆汁的分泌和排出途径如图 5-45。

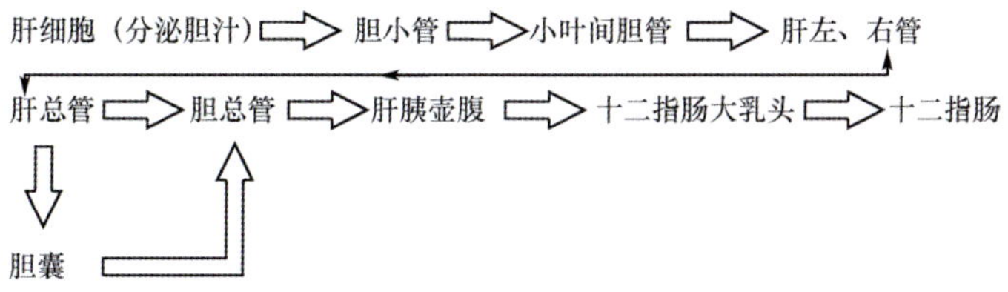

图 5-45 胆汁的分泌和排出

（二）腹膜间位器官

考点：腹膜与腹腔脏器的关系

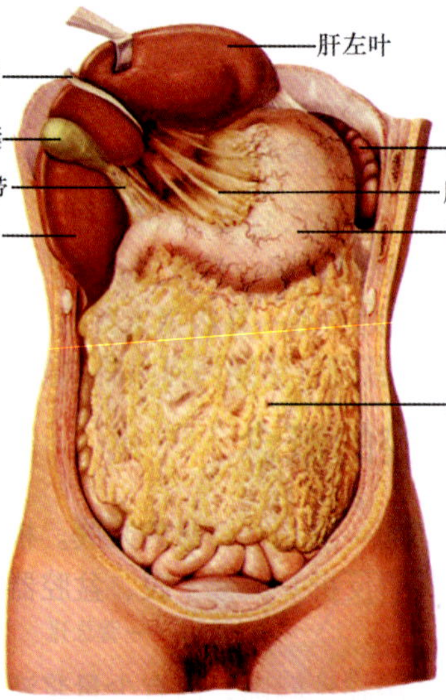

图 5-50　大网膜与小网膜

此类器官表面有三面被腹膜所包裹，活动度较小。主要有升结肠、降结肠、肝、胆囊、子宫、膀胱等（图 5-48，图 5-49）。

（三）腹膜外位器官

此类器官表面只有一面包被有腹膜，几乎不能活动。主要有胰、肾上腺、肾、输尿管、十二指肠降部和水平部、直肠中下部等（图 5-48，图 5-49）。

三、腹膜形成的结构

（一）网膜

网膜包括小网膜和大网膜（图 5-50）。

1. 小网膜　小网膜是连于肝门与胃小弯、十二指肠上部之间的双层腹膜。右侧部称**肝十二指肠韧带**，内有胆总管、肝固有动脉、门静脉等结构通过。左侧部称**肝胃韧带**。小网膜游离缘的后方为网膜孔（Winslow 孔），此孔通**网膜囊**。网膜囊是位于小网膜和胃后方的扁窄隙，为腹膜腔的一部分，又称**小腹膜腔**。

2. 大网膜　大网膜是连于胃大弯和横结肠之间的 4 层腹膜，呈“围裙”状悬挂于横结肠和小肠之前。大网膜内含脂肪、血管、淋巴管和巨噬细胞等，其中巨噬细胞有重要的防御功能。

（二）系膜

系膜是将肠管连于腹后壁的双层腹膜结构。内含血管、神经、淋巴管、淋巴结和脂肪等。主要有小肠系膜、横结肠系膜、乙状结肠系膜和阑尾系膜（图 5-51）。

（三）韧带

韧带是连于腹、盆壁与脏器或脏器与脏器之间的腹膜结构。对固定脏器有一定作用。主要有肝镰状韧带、肝圆韧带、肝冠状韧带、胃脾韧带等。

（四）腹膜陷凹

腹膜陷凹是腹膜在盆腔器官之间形成的凹陷。男性在直肠与膀胱之间有**直肠膀胱陷凹**。女性在直肠与子宫之间有**直肠子宫陷凹**；在膀胱与子宫之间有**膀胱子宫陷凹**（图 5-51）。

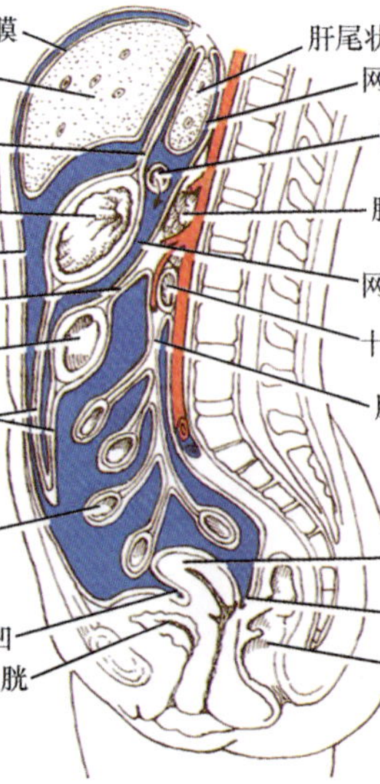

图 5-51　系膜与陷凹（女性）

小结

消化系统由一套连续的管道（消化管）和实质性腺体（消化腺）组成。消化管道两端与外环境相通，消化腺体开口于管道、将其分泌液（消化液）排入消化管道协助机体对食物的消化和吸收。消化道管壁由四层构成（有内向外依次为黏膜、黏膜下层、肌层、外膜层）。管道分为上消化道（口腔至十二指肠）和下消化道（空肠至肛门）。对各消化管道位置的学习是重点之一。消化腺主要讲的是大消化腺，即三对唾液腺、肝和胰。需明确各消化器官的毗邻关系、形态结构及其体表投影位置。

自测题

A1 型题

1. 腹部九分法中的下横线通过
   A. 左右肋弓最低点　B. 左右髂结节
   C. 左右腹股沟韧带中点　D. 左右髂前上棘
   E. 左右大转子
2. 腮腺导管在颊黏膜的开口平对
   A. 上颌第 1 前磨牙牙冠
   B. 上颌第 2 前磨牙牙冠
   C. 上颌第 1 磨牙牙冠
   D. 上颌第 2 磨牙牙冠
   E. 上颌第 3 磨牙牙冠
3. 腭扁桃体位于
   A. 咽隐窝　B. 梨状隐窝
   C. 舌根黏膜　D. 下颌窝
   E. 扁桃体窝
4. 牙露于口腔内的部分为
   A. 牙冠　B. 牙颈
   C. 牙根　D. 牙质
   E. 牙腔
5. 牙式|6 表示
   A. 左上颌第 1 磨牙　B. 左下颌第 1 磨牙
   C. 右上颌第 1 磨牙　D. 右下颌第 1 磨牙
   E. 右上颌第 3 磨牙
6. 与口咽部直接相通的为
   A. 鼻腔　B. 中耳鼓室
   C. 口腔　D. 喉腔
   E. 食管
7. 鼻咽癌的好发部位是
   A. 蝶筛隐窝　B. 咽隐窝
   C. 扁桃体窝　D. 梨状隐窝
   E. 蝶窦
8. 关于食管第二狭窄位置正确的是
   A. 食管起始处　B. 与主动脉弓交叉处
   C. 与左主支气管交叉处　D. 与右主支气管交叉处
   E. 穿膈处
9. 食管的上皮为
   A. 单层扁平上皮　B. 单层立方上皮
   C. 单层柱状上皮　D. 假复层纤毛柱状上皮
   E. 复层扁平上皮
10. 胃最高的部分为
    A. 贲门部　B. 胃底
    C. 胃体　D. 幽门窦
    E. 幽门管
11. 胃能分泌胃蛋白酶原的细胞为
    A. 单层柱状上皮细胞　B. 颈黏液细胞
    C. 主细胞　D. 壁细胞
    E. 平滑肌细胞
12. 十二指肠溃疡好发部位为
    A. 上部　B. 球部
    C. 降部　D. 水平部
    E. 升部
13. 十二指肠大乳头位于
    A. 上部　B. 球部
    C. 降部　D. 水平部

E. 升部

14. 确认空肠起始处的标志为

A. 食管裂孔　B. 角切迹

C. 中间沟　D. 十二指肠大乳头

E. 十二指肠悬韧带

15. 阑尾连接于

A. 盲肠　B. 升结肠

C. 横结肠　D. 降结肠

E. 乙状结肠

16. 具有肠脂垂的器官为

A. 回肠　B. 阑尾

C. 盲肠　D. 直肠

E. 肛管

17. 肛管内面的纵行皱襞为

A. 肛柱　B. 肛瓣

C. 肛窦　D. 肛梳

E. 直肠横襞

18. 关于齿状线，错误的是

A. 由肛柱下端与肛瓣连成

B. 黏膜和皮肤的分界

C. 线上、下血供，淋巴回流和神经支配均不相同

D. 又称白线

E. 内痔与外痔的分界

19. 具主要控制排便功能的结构为

A. 直肠横襞　B. 肛瓣

C. 肛门内括约肌　D. 肛门外括约肌

E. 肛提肌

20. 以下选项中不是消化腺的是

A. 肝脏　B. 胰腺

C. 腮腺　D. 胸腺

E. 肠腺

21. 肝脏分叶不正确的是

A. 肝右叶　B. 肝左叶

C. 后叶　D. 方叶

E. 尾状叶

22. 胰腺位于

A. 腹后壁第 1、2 胸椎水平

B. 腹后壁第 1、2 腰椎水平

C. 腹后壁第 2、3 胸椎水平

D. 胸后壁第 1、2 胸椎水平

E. 胸后壁第 2、3 胸椎水平

23. 肾上腺是

A. 腹膜内位器官　B. 腹膜间位器官

C. 腹膜外位器官　D. 消化腺

E. 外分泌腺（有管腺）

24. 腹膜陷凹是腹膜在盆腔器官之间形成的凹陷，男性有

A. 直肠子宫陷凹　B. 膀胱直肠陷凹

C. 膀胱子宫陷凹　D. 坐骨陷凹

E. 肛周陷凹

25. 以下对胆囊分部叙述不正确的是

A. 胆囊底　B. 胆囊体

C. 胆囊颈　D. 胆囊窝

E. 胆囊管

26. 胆汁产生部位主要是

A. 肝细胞　B. 胆小管

C. 小叶间胆管　D. 胆囊

E. 胰

A2 型题

A. 肝圆韧带裂　B. 静脉韧带裂

C. 胆囊窝　D. 腔静脉沟

E. 肝门静脉

27. 肝右侧纵沟后部是

28. 肝左侧纵沟前部是

29. 肝左侧纵沟后部是

30. 肝右侧纵沟前部是

（房　霞　魏成超）

6 第六章 呼吸系统

引言：人体在新陈代谢过程中不断地与外界环境进行气体交换，即从外界吸入氧气，又将机体代谢中产生的二氧化碳排出体外，此过程称为呼吸。呼吸过程中有哪些器官参与完成呢？本章将学习呼吸器官的位置、形态结构，内部微细构造，从而为防治呼吸系统的疾病奠定解剖学基础。

第一节 呼吸道

案例 6-1

患者，男，16 岁。1 年来，多次因感冒出现鼻塞，头痛，流黄脓鼻涕。4 天前又因感冒出现头痛，持续性鼻塞，并伴有黄脓鼻涕来院就诊。经检查：外鼻无畸形，鼻中隔略向左偏曲，双侧下鼻甲苍白肿胀，双侧下鼻道有大量黄脓样分泌物。临床诊断“慢性鼻窦炎”。

问题：

1. 鼻由哪几部分组成？
2. 鼻旁窦有哪几对？各开口于何处？

呼吸系统由**呼吸道**和**肺**两部分组成（图 6-1）。**呼吸道**是运送气体的管道，包括鼻、咽、喉、气管和各级支气管。临床上通常将鼻、咽、喉称为**上呼吸道**，把气管和各级支气管称**下呼吸道**。肺是进行气体交换的器官。

考点： 上呼吸道、下呼吸道的概念

护考链接

上、下呼吸道的分界器官是

A. 鼻　　B. 喉　　C. 咽

D. 气管　　E. 气管杈

分析： 呼吸道包括鼻、咽、喉、气管、左右主支气管和肺内各级支气管。临床上通常以喉为界，将呼吸道分为上、下呼吸道。故答案为 B。

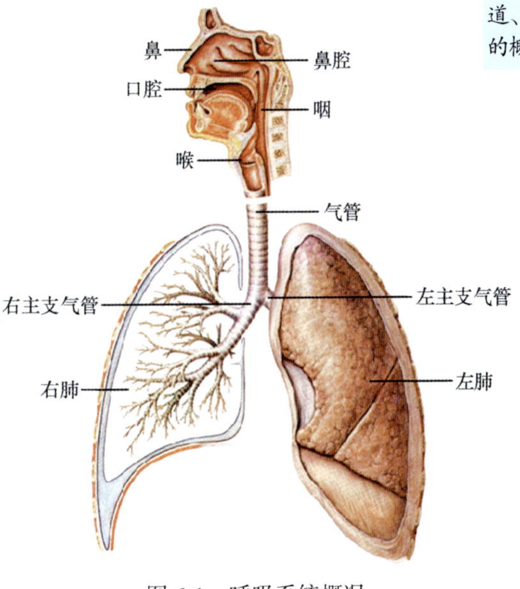

图 6-1　呼吸系统概况

呼吸系统的主要功能是进行气体交换，即吸入氧气，排出二氧化碳。此外还有嗅觉、发音、内分泌等功能。

一、鼻

考点：鼻腔黏膜的分区、特点和易出血部位

鼻是呼吸道的起始部分，能净化吸入的空气并调节其温度和湿度，又是嗅觉器官，还可辅助发音。鼻可分为**外鼻**、**鼻腔**和**鼻旁窦** 3 部分。

（一）外鼻

外鼻位于面部中央，呈锥体形，由骨和软骨作支架，外面覆皮肤和少量皮下组织，内衬黏膜。外鼻上端较窄，位于两眼之间为**鼻根**，向下延续的狭长部分为**鼻背**，下端向前突出的部分为**鼻尖**，鼻尖两侧向外方膨隆的部分为**鼻翼**，当患者呼吸困难时可见鼻翼扇动。由鼻翼向外下方至口角的浅沟称**鼻唇沟**，面瘫患者患侧鼻唇沟变浅或消失。外鼻下端有一对**鼻孔**，是气体出入呼吸道的门户（图 6-2）。

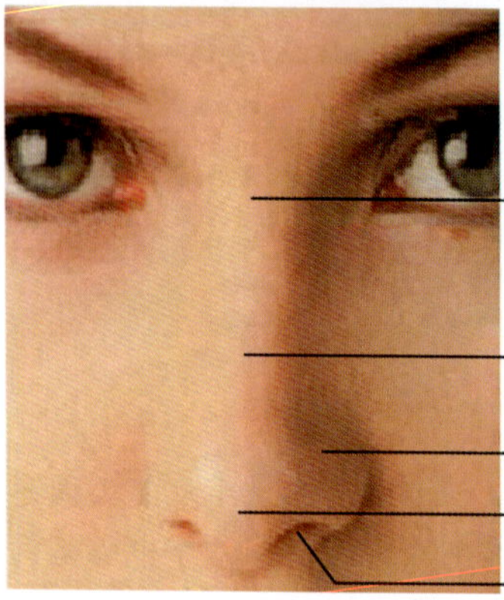

图 6-2　外鼻

（二）鼻腔

鼻腔由骨和软骨围成，其内面衬以黏膜和皮肤。鼻腔被**鼻中隔**分为左、右两腔。鼻腔向前下经鼻孔通外界，向后经鼻后孔通鼻咽部。每侧鼻腔分**鼻前庭**和**固有鼻腔**两部分。

1. 鼻前庭　为鼻翼所遮盖部分，内面衬以皮肤，长有鼻毛，有滤过灰尘和净化空气的作用，此处缺乏皮下组织，故发生疖肿时，疼痛甚剧。

2. 固有鼻腔　为鼻腔的主要部分，由骨性鼻腔内衬黏膜构成。鼻中隔为两侧鼻腔共同的内侧壁。在鼻中隔前下部的黏膜内血管丰富而表浅，受外伤或干燥空气刺激，血管易破裂而出血，故临床上称**易出血区或 Little 区**。

外侧壁有三个鼻甲突向鼻腔，由上而下依次为**上鼻甲**、**中鼻甲**和**下鼻甲**，各鼻甲下方的间隙分别叫**上鼻道**、**中鼻道**和**下鼻道**。在上鼻甲后上方与鼻腔顶部之间的凹陷称**蝶筛隐窝**。下鼻道的前端有**鼻泪管**的开口（图 6-3）。

固有鼻腔的黏膜按生理功能可分为**嗅区**和**呼吸区**。嗅区位于上鼻甲以上和与其相对的鼻中隔以上的黏膜。呼吸区即为嗅区以外的黏膜部分。

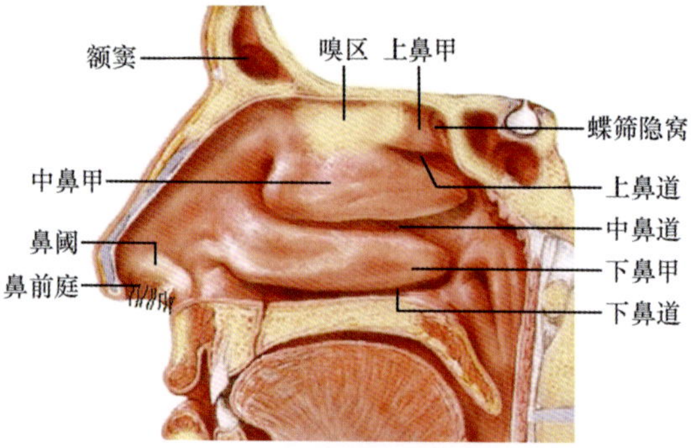

图 6-3　鼻腔外侧壁

护考链接

鼻出血的常见部位是

A. 下鼻甲　　B. 中鼻甲　　C. 鼻中隔前下部

D. 鼻中隔上部　　E. 鼻腔外侧壁

分析：鼻出血易发生在 Little 区，此区黏膜较薄，内有丰富的血管吻合丛，容易出血，Little 区位于鼻中隔的前下部。故答案为 C。

（三）鼻旁窦

鼻旁窦有四对，即**上颌窦**、**额窦**、**筛窦**和**蝶窦**，筛窦又分为**前**、**中**、**后** 3 组，4 对鼻旁窦分别位于同名颅骨内（表 6-1，图 6-4，图 6-5）。

表 6-1 鼻旁窦的位置和开口部位

名称	位置	开口部位
上颌窦	上颌骨	中鼻道
额窦	额骨	中鼻道
筛窦	筛骨	中鼻道、上鼻道
蝶窦	蝶骨	蝶筛隐窝

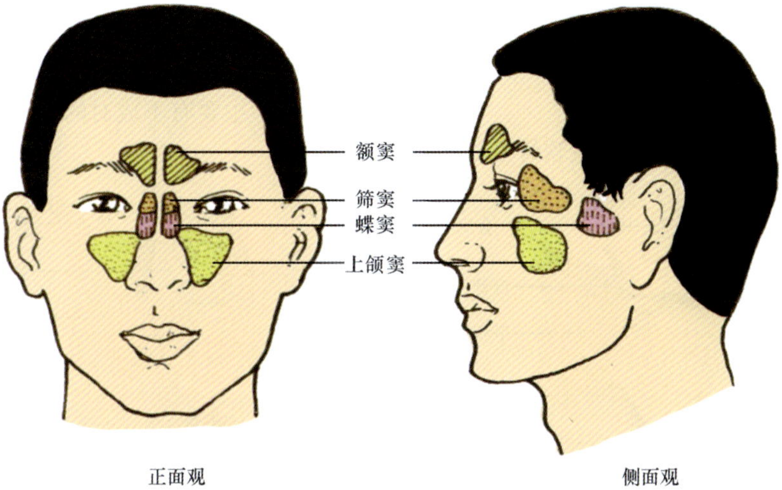

图 6-4 鼻旁窦的体表投影

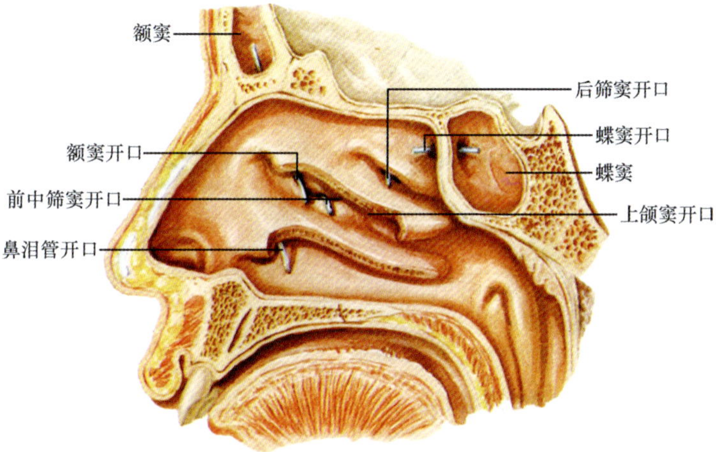

图 6-5 鼻旁窦及鼻泪管的开口

二、喉

（一）喉的位置和毗邻

喉既是气体的通道，又是发音器官。喉位于颈前部正中，前方被皮肤、筋膜和舌骨下肌群覆盖，后方是喉咽，两侧有颈部大血管、神经和甲状腺侧叶，向下与气管相续。成年

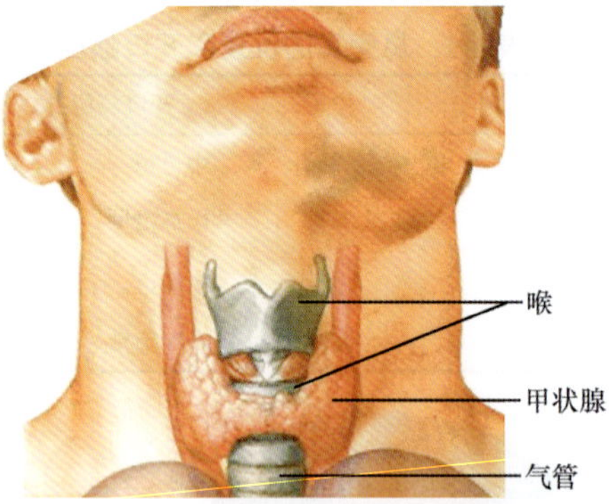

图 6-6　喉的位置与毗邻

人喉上界约平对第 3 颈椎体，下界平对第 6 颈椎体下缘。女性略高于男性、小儿略高于成人，老年人较低（图 6-6）。

喉上借甲状舌骨膜与舌骨相连，借喉口通喉咽，由于喉与舌骨和咽紧密连接，故当吞咽时可上、下移动。

（二）喉的组成

喉是复杂的中空性器官，以软骨为支架，借关节、韧带和肌肉连接而成，内衬黏膜。

1. 喉软骨　主要有不成对的**甲状软骨**、**环状软骨**、**会厌软骨**和成对的**杓状软骨**（图 6-7）。

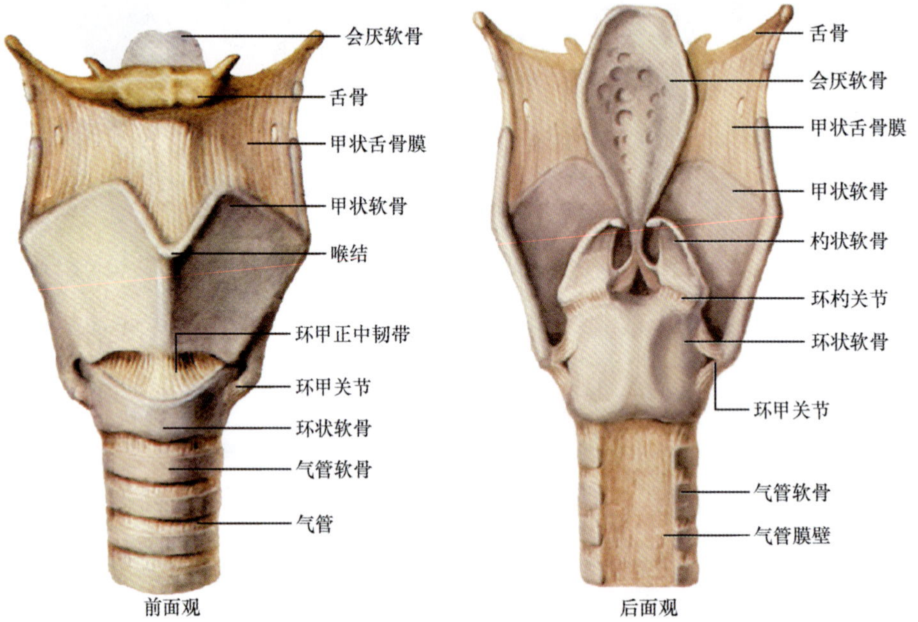

图 6-7　喉软骨及其连结

护考链接

喉结属于下列哪块软骨的结构

A. 甲状软骨　　B. 环状软骨　　C. 杓状软骨

D. 会厌软骨　　E. 舌骨

分析：喉结位于甲状软骨的前上部。故答案为 A。

(1) **甲状软骨**：是最大的一块喉软骨，位于舌骨和环状软骨之间，甲状软骨的前上部向前突出称喉结，在成年男性特别明显，是颈部的重要体表标志。

(2) **环状软骨**：位于甲状软骨的下方，下方借软组织与气管相连。环状软骨呈环状，形似指环，是颈部重要的体表标志。环状软骨是喉与气管中唯一完整的环形软骨，对维持呼吸道通畅有重要作用。

(3) **会厌软骨**：上端宽而游离，下端狭细而呈树叶状，借下端附于甲状软骨的内面。会厌软骨连同表面覆盖的黏膜构成会厌，为喉口的活瓣，吞咽运动时，喉随吞咽上提并向前移动，会厌封闭喉口，防止食团进入喉并引导食团进咽。

考点：喉的标志、喉软骨的组成

(4) **杓状软骨**：形似三棱椎体，左、右各一，位于环状软骨后部的上方，每侧的杓状软骨底与甲状软骨间都有一条声韧带相连，是声带的结构基础。

2. 喉肌 喉肌是附着于喉软骨上的细小骨骼肌。喉肌舒缩可调节声音的强弱和音调的高低。

3. 喉腔及喉黏膜 喉的内腔称**喉腔**，由喉软骨、韧带、喉肌和喉黏膜等共同围成，上起自喉口，与咽相通，向下通气管。

喉腔中部的侧壁上有上、下两对呈前、后方向走行的黏膜皱襞（图 6-8），上方的一对为**前庭襞**，左、右两侧前庭襞之间的裂隙称前庭裂；下方的一对为**声襞**，左、右两侧声襞之间的裂隙称**声门裂**，声门裂是喉腔最狭窄的部位。发音时，呼出的气流通过声门裂，可以引起声带振动，发出声音。

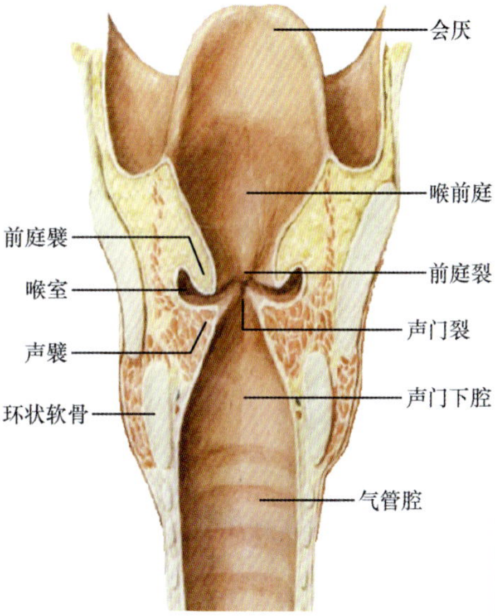

图 6-8 喉腔冠状切面（后面观）

喉腔借两对皱襞分为 3 部分：①从喉口至前庭裂之间的部分称**喉前庭**；②前庭裂至声门裂之间的部分称**喉中间腔**，前庭襞与声襞之间向两侧延伸的菱形隐窝称**喉室**；③声门裂至环状软骨下缘之间的部分称**声门下腔**，该处黏膜下组织较疏松，炎症时易引起水肿，尤其是婴幼儿喉腔较窄小，水肿时容易引起喉阻塞而导致呼吸困难（图 6-8）。

考点：喉腔的分部，声门裂的概念，声门下腔的结构特点及临床意义

三、气管与主支气管

（一）气管

气管位于喉与气管杈之间的通气管道。**气管**位于食管前方，自环状软骨下缘约平第 6 颈椎体下缘，向下至胸骨角约平第 4 胸椎体下缘处，分杈形成左、右主支气管，分杈处称为**气管杈**。在气管杈内面，有一矢状位向上凸并略偏向左侧的半月状嵴，称**气管隆嵴**（图 6-9），是气管镜检查定位的标志。

气管由 14 ～ 17 个“C”形缺口向后的气管软骨及连接各软骨之间的平滑肌和结缔组织构成，其缺口由平滑肌和结缔组织封闭，气管以颈静脉切迹为界分为颈部和胸部。颈部较短，位置表浅，在颈静脉切迹上方可以摸到。在第 2 ～ 4 气管软骨环的前方有甲状腺峡，两侧有甲状腺侧叶和颈部大血管，后方与食管相邻。胸部较长，位于胸腔后纵隔内。临床上抢救急性喉阻塞患者时，常选择在第 3 ～ 4 或第 4 ～ 5 气管软骨环处行气管切开术。

考点：气管切开的常选部位

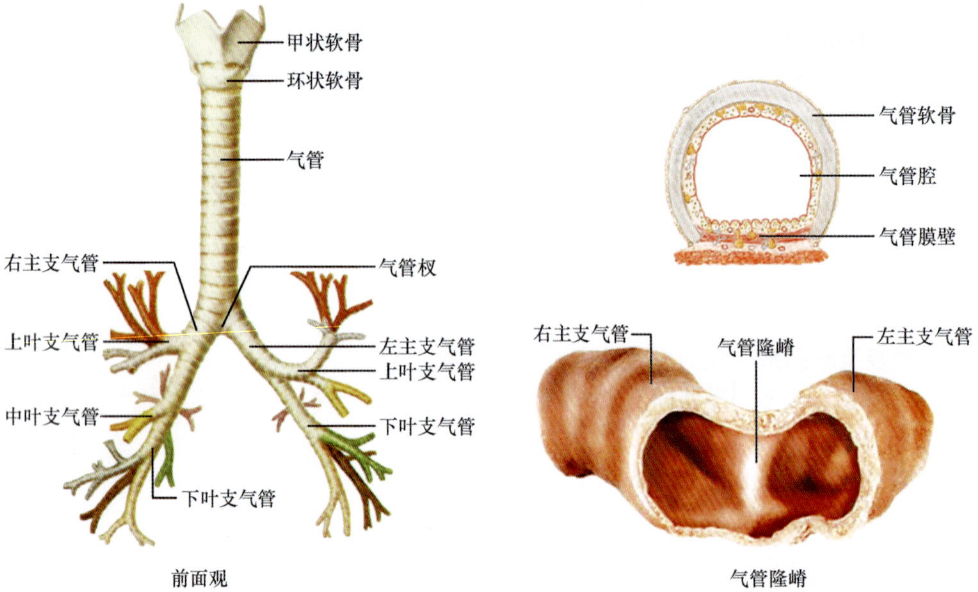

图 6-9　气管与主支气管

护考链接

气管切开常选部位

A. 第 1～3 气管软骨环处　B. 第 2～4 气管软骨环处　C. 第 3～5 气管软骨环处

D. 第 4～6 气管软骨环处　E. 第 5～7 气管软骨环处

分析：临床上抢救急性喉阻塞患者时，常选择在第 3～4 或第 4～5 气管软骨环处行气管切开术。故答案为 C。

（二）主支气管

考点：左、右支气管的区别及临床意义

支气管是气管分出的各级分支，其中一级分支为左、右主支气管，二级分支为分叶支气管，三级分支为肺段支气管，如此反复分支达 23～25 级直至肺泡管。主支气管是气管杈与肺门之间的通气管道，左主支气管细而长，走行方向较水平；右主支气管粗而短，走行方向较垂直。根据右主支气管的走行和形态特点，以及气管隆嵴常偏向左侧，故误入气管腔的异物多坠入右主支气管（图 6-9）。

（三）气管与主支气管的微细结构

气管与主支气管管壁由内向外依次分为**黏膜**、**黏膜下层**和**外膜** 3 层。黏膜由上皮和固有层构成。上皮为假复层纤毛柱状上皮，上皮内含有大量的杯状细胞；固有层为结缔组织，富含弹性纤维，也常见淋巴组织，具有免疫防御功能。黏膜下层有较多的气管腺。外膜由透明软骨、平滑肌和结缔组织构成。外膜主要有“C”形透明软骨环构成，弹性软骨环之间以弹性纤维组成的膜状韧带相连，软骨环缺口处为气管后壁，由结缔组织和平滑肌肌束构成（图 6-10，图 6-11）。

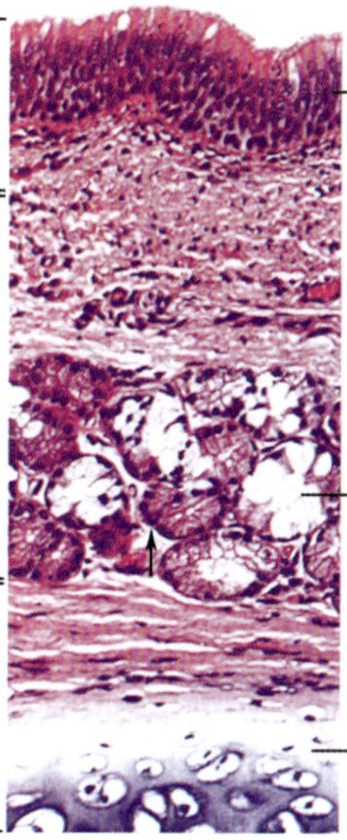

图 6-10　气管的微细结构

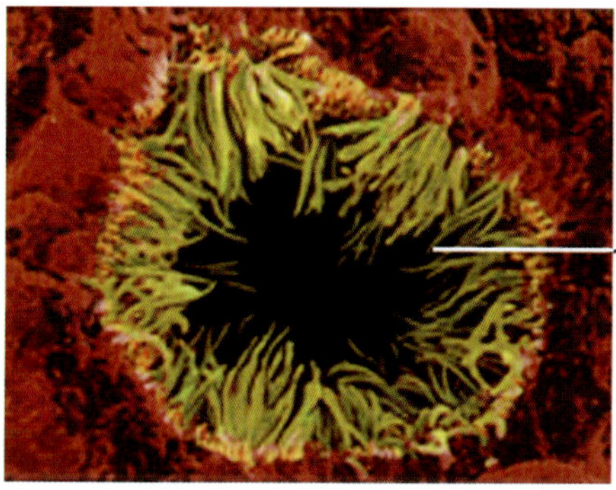

图 6-11　气管扫描电镜像

链接

气管异物是常见的凶险性意外事故，气管异物多发生于幼儿（据统计，7 岁以内儿童多见，尤其以刚学会走路到 2 岁间的小儿发病多，死亡率高）。急救时救护者取坐位，让小儿面向前坐于救护者的腿上，然后救护者用两手的中指和示指，用力向后上方挤压小儿的上腹部，压后随即放松，重 复进行。对年龄稍大一点的小儿，可让其趴在救护者的膝盖上，头朝下，捶其背部。

第二节　肺

案例 6-2

患者，男，26 岁。3 天前体检拍 X 线片时发现右下肺叶有阴影。CT 检查报告：右肺下叶背段占位性病变，右肺门淋巴结肿大。病理诊断为右肺下叶中分化腺癌。临床诊断：右肺下叶肺癌。

问题：

1. 肺位于人体何处？
2. 左、右肺各分几叶？

一、肺的位置与形态

肺位于胸腔内，纵隔的两侧，膈的上方，左、右各一。肺质软，呈海绵状，富有弹性。

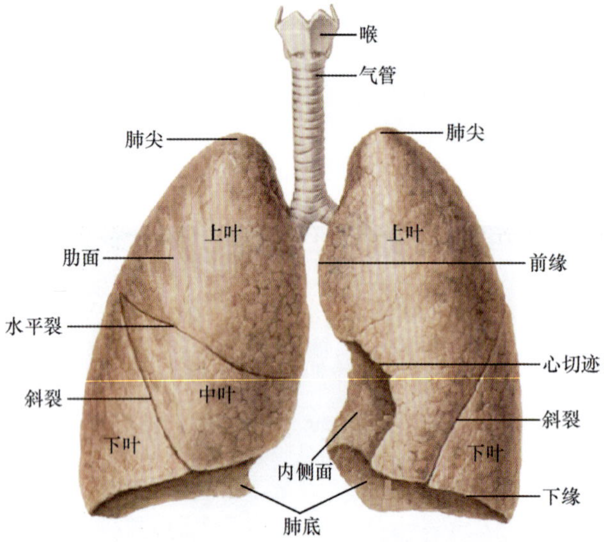

图 6-12　肺的形态（前面观）

婴幼儿的肺呈淡红色，随年龄的增长，因吸入空气中的尘埃沉积于肺内增多，肺的颜色逐渐变为灰蓝或蓝黑色，甚至部分呈棕黑色。

两肺外形略不同，左肺狭长，右肺宽短。每侧肺外形近似圆锥形，具有**一尖**、**一底**、**两面**、**三缘**（图 6-12，图 6-13）。**肺尖**钝圆，经胸廓上口突至颈根部，高出锁骨内侧 1/3 上方 2 ~ 3cm，因此，在锁骨上方进针时，要避免损伤肺尖造成气胸；**肺底**（又称膈面）贴于膈肌上面；**肋面**圆凸，外与肋和肋间隙相邻；**纵隔面**（又称内侧面）与纵隔相邻，其中央有一椭圆形的凹陷，称**肺门**，是主支气管、肺动脉、肺静脉、神经和淋巴管等出入肺的部位。这些出入肺门的结构被结缔组织包绕构成**肺根**。肺前缘锐利，左肺前缘下部有一弧形凹陷，称**心切迹**。肺后缘圆钝；肺下缘较薄。左肺有一条自后上斜向前下的斜裂，该裂将左肺分为上、下两叶；右肺除有斜裂外，还有一起自斜裂的水平裂，将右肺分为上、中、下 3 叶。

考点：肺的位置、形态特点和肺门、肺根、肺段的概念

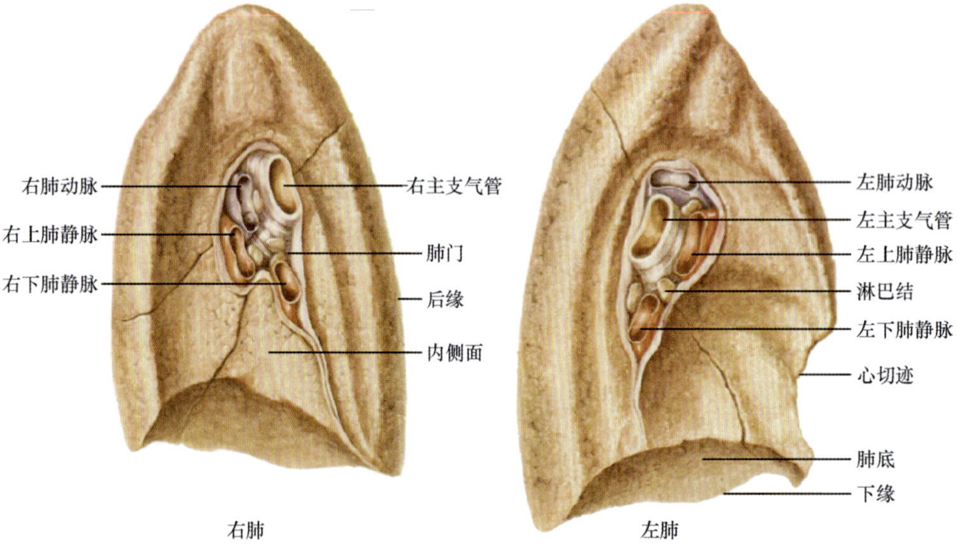

图 6-13　肺内侧面

二、肺段支气管和支气管肺段

（一）肺段支气管

左、右主支气管进入肺门后发出分支，左主支气管分上、下 2 支，右主支气管分上、中、

下3支，分别进入相应的肺叶，构成**肺叶支气管**。肺叶支气管再分支即为**肺段支气管**。全部各级支气管在肺叶内如此反复分支直达肺泡管，共分23～25级，形状如树，称为**支气管树**（图6-14）。

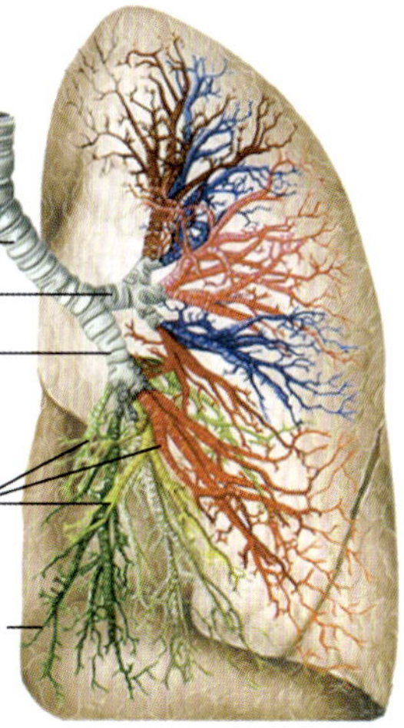

图6-14 支气管树

（二）支气管肺段

每一肺段支气管及其分布区域的肺组织在结构和功能上均为1个独立单位，称**支气管肺段**，简称**肺段**。肺段呈圆锥形，尖朝向肺门，底朝向肺的表面。每侧肺有10个肺段。每个支气管肺段有1个肺段支气管，相邻支气管肺段之间由薄层结缔组织相隔。由于支气管肺段结构和功能的相对独立性，临床上常以肺段为单位进行病变的定位诊断或肺段切除术（图6-15）。

三、肺的微细结构

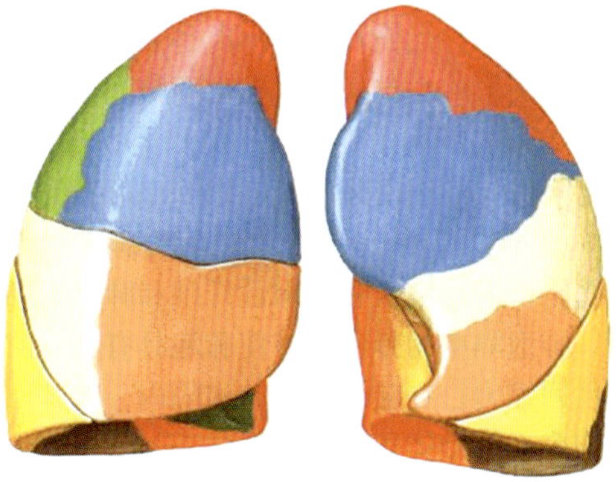
图6-15 肺段

肺的表面覆一层光滑的浆膜，即胸膜的脏层。肺组织分为实质和间质2部分，肺内结缔组织、血管、淋巴管和神经等为肺间质，肺内各级支气管及其末端的肺泡为肺实质。肺实质部分根据功能不同,可分为导气部和呼吸部。

（一）导气部

肺导气部只能传送气体，不能进行气体交换，包括**肺叶支气管**、**肺段支气管**、**小支气管**、**细支气管**和**终末支气管**。每条细支气管及其各级分支和其所属的肺泡构成一个**肺小叶**（图6-16）。临床上小叶性肺炎指肺小叶范围内的病变。

导气部的结构与主支气管基本相似，也分为黏膜、黏膜下层和外膜3层。但随分支的增多，管径渐小，管壁渐薄，管壁结构也逐渐变化。变化的规律如下：①上皮由假复层纤毛柱状上皮逐渐变为单层纤毛柱状上皮或单层柱状上皮，杯状细胞逐渐减少，最后消失；②黏膜下层内的气管腺逐渐减少，最后消失；③外膜中的“C”字形的软骨逐渐变小、减少，最后消失；④管壁内的平滑肌逐渐增多，从细支气管至终末细支气管，最终形成完整的环形肌层。因此，平滑肌的收缩与舒张，可直接控制管腔的大小，从而影响出入肺泡的气体量。若平滑肌痉挛收缩，可使管腔持续狭

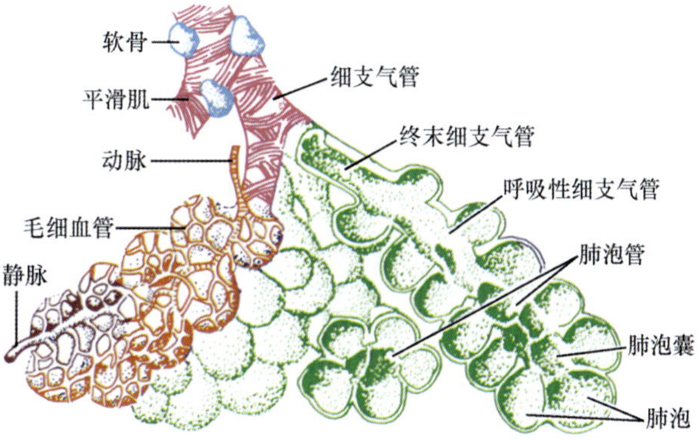

图6-16 肺小叶结构模式图

窄，造成呼吸困难。

（二）呼吸部

呼吸部是进行气体交换的部分，包括**呼吸性细支气管**、**肺泡管**、**肺泡囊**和**肺泡**。

1. 呼吸性细支气管 是终末细支气管的分支，管壁上有少量肺泡的开口，此部开始具有气体交换功能。

2. 肺泡管 是呼吸性细支气管的分支，管壁上有大量肺泡，自身结构很少，仅在相邻肺泡开口之间保留少许，在切片上呈现为一系列相邻肺泡开口之间的结节性膨大。

3. 肺泡囊 是若干肺泡共同开口的空间，相邻肺泡开口之间没有环行平滑肌束，仅有少量结缔组织，故切片中无结节状膨大。

4. 肺泡 为多面体形的囊泡，肺泡是由单层上皮细胞构成的半球状囊泡，成人每侧肺有3亿～4亿个肺泡，总面积近80m^2。肺泡壁极薄，由肺泡上皮和基膜构成。肺泡上皮为单层上皮，其细胞可分为两种类型：一类是**Ⅰ型肺泡细胞**，呈扁平形，覆盖肺泡表面的绝大部分，参与构成气-血屏障，构成气体交换的广大面积；另一类是**Ⅱ型肺泡细胞**，呈圆形或立方形，嵌在Ⅰ型肺泡细胞之间，能分泌表面活性物质（磷脂类物质），具有降低肺泡表面张力，稳定肺泡形态的作用（图6-17）。肺泡与肺泡之间为肺泡隔，内含丰富的毛细血管、弹性纤维和肺巨噬细胞。肺泡隔中的弹性纤维使肺泡具有良好的弹性回缩力。在肺泡腔或肺泡隔内，有肺巨噬细胞，细胞体积较大，吞噬灰尘后称**尘细胞**。相邻肺泡之间相通的小孔称**肺泡孔**，在肺感染时，肺泡孔是病菌扩散的通道。

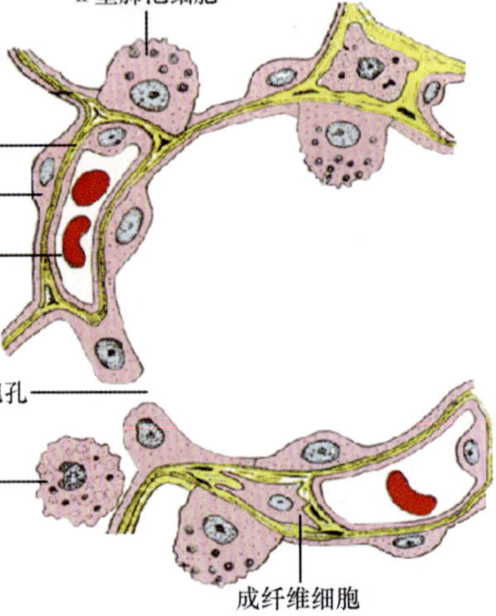

图6-17 肺泡结构模式图

考点：肺导气部、呼吸部的组成，肺小叶、气-血屏障的概念

肺泡与血液之间进行气体交换所通过的结构称为**气-血屏障**（又称呼吸膜），包括肺泡表面活性物质层、Ⅰ型肺泡细胞与基膜、薄层结缔组织、毛细血管基膜与内皮等6层结构（图6-18）。

护考链接

气体交换的场所在

A. 肺泡管　B. 呼吸性细支气管

C. 细支气管　D. 肺泡

E. 肺泡囊

分析：肺泡为多面行有开口的囊泡，是肺进行气体交换的场所。故答案为D。

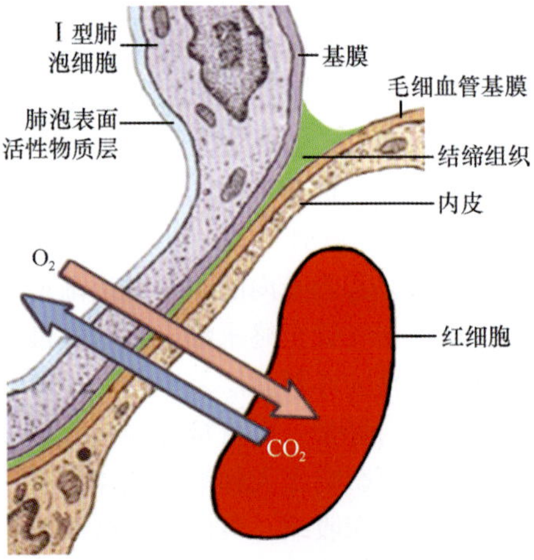

图6-18 气-血屏障模式图

四、肺的血管

肺有两套血管系统：一套是连接心和肺的肺动脉和肺静脉，属肺的功能性血管，进行气体交换。肺动脉从右心室发出伴支气管入肺，随支气管反复分支，最后在肺泡壁形成毛细血管网，之后逐渐汇集成肺静脉，流回左心房。另一套是营养肺和各级支气管的支气管动脉和支气管静脉，属肺的营养性血管。

链接

矽肺是一种严重危害人体健康的职业病，主要是由于工人在生产过程中长期吸入大量含游离二氧化硅的粉尘所引起的以肺纤维化改变为主的肺部疾病，主要表现为结节阴影、网状阴影和（或）大片融合病灶，故应加强预防。

第三节　胸膜与纵隔

案例 6-3

患者，男，23岁。1周前着凉后开始咳嗽，低热，左胸痛，近日来感觉活动后气促。查体：左下胸叩诊呈浊音，浊音上方可闻及气管呼吸音，其下方呼吸音减弱以至消失，诊断为渗出性胸膜炎（胸膜腔积液）。

问题：

1. 胸膜腔是如何围成的？如患者站位或坐位，积液在何处？
2. 如进行积液引流，穿刺点应选择在何处？

一、胸膜与胸膜腔

（一）胸腔与胸膜

胸腔由胸廓与膈围成，上界为胸廓上口，与颈部相连；下界以膈与腹腔分隔。胸腔内有中间的纵隔和左、右两侧的肺及胸膜腔。**胸膜**是一层光滑的浆膜，分别覆被于左、右肺表面，胸壁内面，膈上面和纵隔的两侧面。贴在肺表面的胸膜称脏胸膜；贴在胸壁内面、膈上面和纵隔两侧面的胸膜称壁胸膜。壁胸膜依其所贴附的部位不同可分为**膈胸膜**、**肋胸膜**、**纵膈胸膜**和**胸膜顶** 4 部分。

（二）胸膜腔

胸膜腔由脏胸膜与壁胸膜在肺根处相互移行而形成密闭的潜在性腔隙。左、右各一，互不相通，内含少量浆液，可减少呼吸时的摩擦。胸膜腔内的压力，不论吸气或呼气时，总是低于外界大气压，故称**负压**。因腔内为负压状态，所以脏、壁胸膜是贴在一起的，实际的胸膜腔是两个潜在性腔隙（图 6-19）。

肋胸膜与膈胸膜转折处形成的一个半环形间隙称**肋膈隐窝**，左、右各一。位于肺下缘的下方，是人体直立状态下胸膜腔的最低处，胸膜腔积液首先集聚于此处，临床上常在此处进行胸膜腔穿刺抽液。肋膈隐窝同时也是易发生粘连的部位。

二、肺和胸膜的体表投影

肺的前界几乎与胸膜前界相同。肺尖与胸膜顶的体表投影一致，高出锁骨内侧 1/3 上方 2 ～ 3cm。

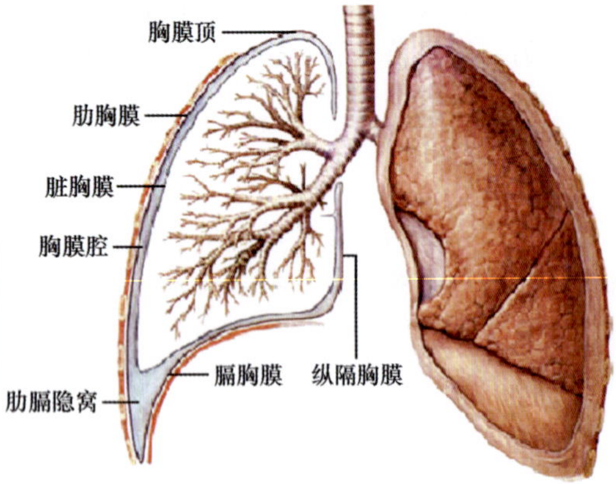

图 6-19 胸膜和胸膜腔示意图

考点：壁胸膜的分部，胸膜腔和肋膈隐窝的概念

两肺下缘的体表投影相同，在同一部位肺下界一般较胸膜下界高出两个肋的距离。平静呼吸时，两肺下缘如表 6-2。深呼吸时，两肺下缘都可向上、下方各移动 2 ～ 3cm。

胸膜的体表投影是指壁胸膜各部分互相移行形成的反折线在体表的投影位置。胸膜的前界为肋胸膜与纵隔胸膜前缘之间的返折线。胸膜的下界为肋胸膜与膈胸膜的反折线，两侧大致相同。胸膜下界的体表投影右侧自第 6 胸肋关节、左侧自第 6 肋软骨中点起始，两侧均转向外下方，在锁骨中线与第 8 肋相交，在腋中线与第 10 肋相交，并转向后内侧，在肩胛线处与第 11 肋相交，在后正中线处平第 12 胸椎棘突高度（图 6-20，图 6-21，表 6-2）。

表 6-2 肺下界和胸膜下界的体表投影

考点：比较胸膜下界与肺下界的体表投影

部位	锁骨中线	腋中线	肩胛线	后正中线
肺下界	第 6 肋	第 8 肋	第 10 肋	第 10 胸椎棘突
胸膜下界	第 8 肋	第 10 肋	第 11 肋	第 12 胸椎棘突

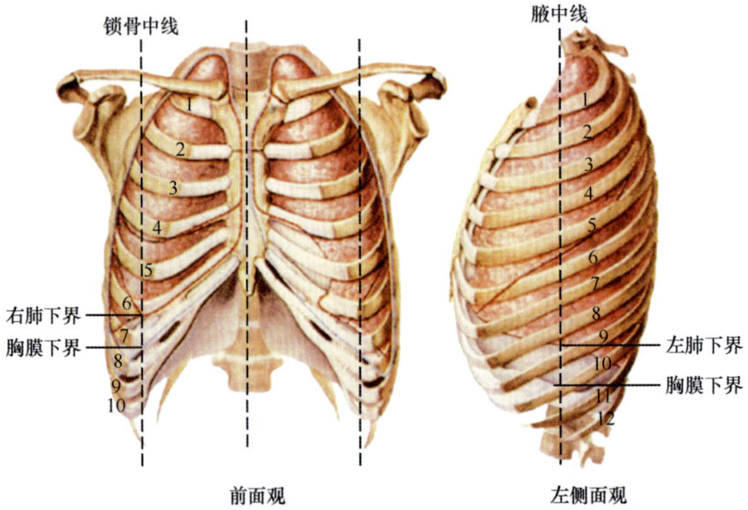

图 6-20 肺与胸膜的体表投影

三、纵　　隔

纵隔是左、右两侧纵隔胸膜之间所有器官、结构和结缔组织的总称。纵隔的前界为胸骨，后界为脊柱胸部，两侧为纵隔胸膜，上界为胸廓上口，下界为膈。正常情况下，纵隔

位置较固定。一侧发生气胸时，纵隔向对侧移位。

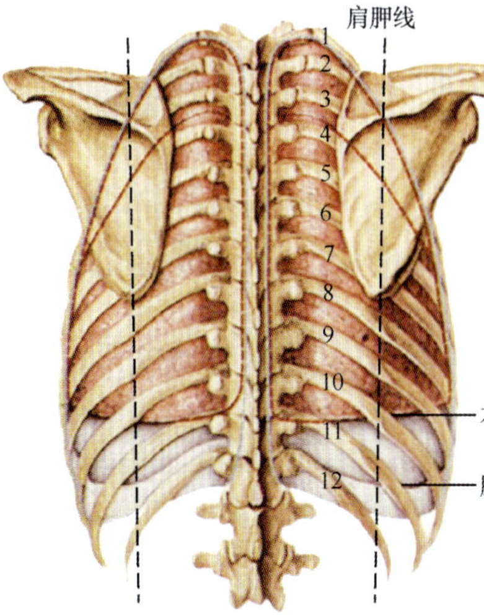

图 6-21 胸膜和肺的体表投影（后面观）

护考链接

平静呼吸时肺下界的体表投影在腋中线相交于

A. 第 5 肋　　B. 第 6 肋

C. 第 7 肋　　D. 第 8 肋

E. 第 9 肋

分析：平静呼吸时肺下界的体表投影在腋中线相交于第 8 肋。故答案为 D。

纵隔通常以胸骨角平面为界，分为**上纵隔**和**下纵隔**。下纵隔以心包为界分为三部分：前纵隔、中纵隔和后纵隔。**前纵隔**位于胸骨与心包前壁之间，内有胸腺和纵膈淋巴结。**中纵隔**位于前纵隔和后纵隔之间，内有心包、心及大血管根部、膈神经、奇静脉弓和淋巴结。**后纵隔**位于心包后壁与脊柱之间，内有主支气管、食管、胸主动脉、胸导管、奇静脉、半奇静脉、迷走神经、胸交感干和淋巴结等（图 6-22）。

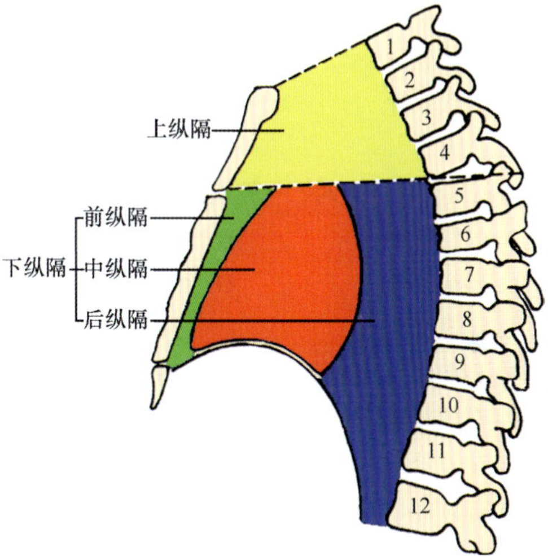

图 6-22 纵隔的分部

考点：纵隔的概念及分部

小结

呼吸系统由呼吸道和肺组成。临床上将鼻、咽、喉称上呼吸道；气管和各级支气管称下呼吸道。肺是进行气体交换的器官。肺位于胸腔内，膈的上方，纵隔的两侧，左、右各一，由实质和间质两部分组成。胸膜属于浆膜，分为脏胸膜和壁胸膜。脏胸膜与壁胸膜在肺根处相互移行而形成左、右两个密闭的潜在性腔隙称为胸膜腔。肋胸膜与膈胸膜相互转折形成肋膈隐窝，是胸膜腔的最低点。纵隔是左、右两侧纵隔胸膜之间所有器官、结构和结缔组织的总称。

自 测 题

A 型题

1. 上呼吸道包括

A. 气管和主支气管　　B. 咽和喉

C. 鼻、咽、喉　　D. 鼻和咽

E. 鼻、咽、喉和气管

2. 额窦开口于

A. 上鼻道的前部　　B. 上鼻道的后部
C. 下鼻道　　D. 中鼻道
E. 上鼻道的后上方

3. 喉腔最狭窄的部位
A. 前庭裂　　B. 声门裂
C. 喉口　　D. 喉中间腔
E. 与气管相续处

4. 喉炎时易引起水肿的部位在
A. 喉室　　B. 喉中间腔
C. 喉口　　D. 喉前庭
E. 声门下腔

5. 呼吸道完整的环形软骨是
A. 甲状软骨　　B. 会厌软骨
C. 环状软骨　　D. 杓状软骨
E. 气管软骨环

6. 在吞咽时遮盖喉口的结构是
A. 甲状软骨　　B. 环状软骨
C. 杓状软骨　　D. 舌根
E. 会厌

7. 进行气管镜检查时，气管杈的定位标志是
A. 气管隆嵴　　B. 气管壁
C. 环状软骨　　D. 第 4 胸椎体上缘
E. 气管软骨

8. 关于肺的外形，下列哪一项是错误的
A. 右肺较宽短　　B. 左肺较狭长
C. 左肺分为二叶　　D. 右肺分为三叶
E. 右肺有心切迹

9. 肺根不包括
A. 主支气管　　B. 肺静脉
C. 肺段支气管　　D. 淋巴管和神经
E. 肺动脉

10. 肺的呼吸部包括
A. 肺泡、肺泡囊、肺泡管、细支气管
B. 肺泡、肺泡囊、肺泡管、呼吸性细支气管
C. 肺泡、肺泡囊、呼吸性细支气管、终末细支气管
D. 肺泡、肺泡囊、呼吸性细支气管、细支气管
E. 肺泡、肺泡管、呼吸性细支气管、终末细支气管

11. 中纵隔内有
A. 胸腺　　B. 食管　　C. 气管
D. 迷走神经　　E. 心

12. 肋膈隐窝位于
A. 脏、壁胸膜移行处
B. 肋胸膜与膈胸膜移行处
C. 胸膜顶处
D. 膈胸膜与纵隔胸膜移行处
E. 肺裂深处

13. 喉结是下列那块软骨的结构
A. 会厌软骨　　B. 甲状软骨
C. 环状软骨　　D. 杓状软骨
E. 以上均不是

14. 右主支气管的特点是
A. 细而长　　B. 细而短
C. 粗而长　　D. 粗而短
E. 气管异物不易进入右侧

15. 鼻黏膜易出血部位是
A. 下鼻甲　　B. 中鼻甲　　C. Little 区
D. 上鼻甲　　E. 鼻中隔上部

16. 气管杈平对
A. 颈静脉切迹　　B. 胸骨柄
C. 胸骨角　　D. 剑突
E. 胸骨体与剑突结合处

17. 胸膜下界的体表投影在腋中线处与
A. 第 6 肋相交　　B. 第 8 肋相交
C. 第 9 肋相交　　D. 第 10 肋相交
E. 第 7 肋相交

18. 壁胸膜的分部不包括
A. 肋胸膜　　B. 膈胸膜　　C. 纵隔胸膜
D. 肺胸膜　　E. 胸膜顶

19. 气管切开常选部位是
A. 第 1 ～ 3 气管软骨环处
B. 第 2 ～ 4 气管软骨环处
C. 第 3 ～ 5 气管软骨环处
D. 第 4 ～ 6 气管软骨环处
E. 第 5 ～ 7 气管软骨环处

（牛玉英）

7

第七章　泌尿系统

引言：人体在正常的生理活动过程中会产生许多代谢废物。体内积聚过多的废物，会妨碍人体正常生理活动。为了维持人体内环境的稳定，必须及时排出废物、多余的水和无机盐等。人体是通过哪些途径排出的？通过泌尿系统的学习，你就会明白了。

泌尿系统由肾、输尿管、膀胱和尿道组成（图 7-1）。其主要功能是排出机体新陈代谢产生的废物及多余的水分，维持机体内环境的稳定。

机体在新陈代谢中所产生的废物，如尿素、尿酸、多余的的无机盐和水分等，经血液运送到肾，在肾内形成尿液，经输尿管输送到膀胱暂时储存，当尿液达到一定量后，引起排尿反射，再经尿道排出体外。此外，肾还有内分泌功能，男性尿道还有排精功能。

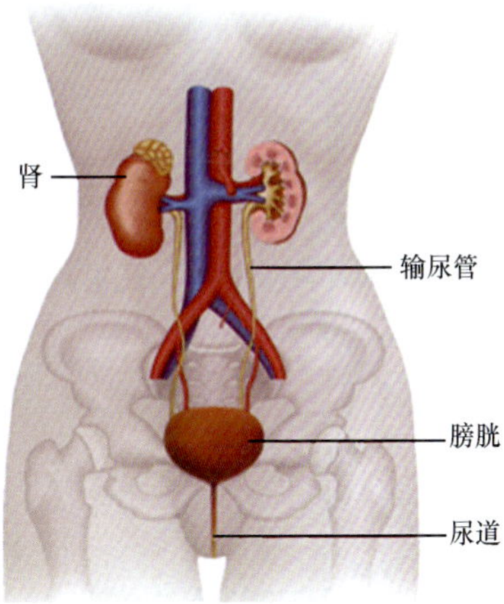

图 7-1　泌尿系统

考点： 泌尿系统的组成

第一节　肾

肾是人体重要的排泄器官，它通过生成尿液排出机体代谢产物，同时维持机体水盐代谢、渗透压及酸碱平衡。另外，肾还能分泌多种生物活性物质，如肾素、红细胞生成素及前列腺素等。

一、肾的形态

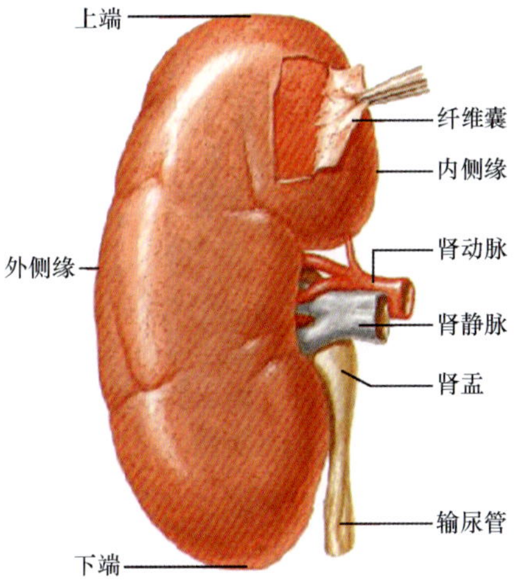

图 7-2　肾的形态

肾是成对的实质性器官，左右各一，形似蚕豆，位于腹后壁。成人肾表面光滑，新鲜时呈红褐色，质柔软。肾可分为上、下两端，前、后两面和内、外侧两缘（图 7-2）。肾的上、下端窄而钝圆；前面较隆凸，后面较平坦，紧贴腹后壁；外侧缘凸隆；内侧缘中部凹陷，是肾动脉、肾静脉、肾盂、神经及淋巴管等结构出入的部位，称为**肾门**。出入肾门的这些结构被结缔组织包裹形成肾蒂。右侧肾蒂稍短于左侧，故临床上右肾手术难度大于左肾。肾门向肾实质内凹陷形成的潜在性腔隙为肾窦，肾窦内容纳肾小盏、肾大盏、肾盂、血管、神经、淋巴管和脂肪组织等。

考点： 肾门和肾蒂的结构特点

二、肾的位置

考点：肾的位置，肾区的体表投影

肾位于脊柱两侧，腹后壁，为腹膜外位器官（图 7-3，图 7-4）。左肾上端平第 11 胸椎体下缘，下端平第 2 腰椎体下缘，第 12 肋斜过左肾后面的中部；右肾受肝影响，比左肾略低半个椎体，第 12 肋斜过右肾后面的上部。肾门约平第 1 腰椎体，体表投影为竖脊肌的外侧缘与第 12 肋之间的夹角处，称为**肾区**（图 7-4）。有些肾病患者叩击或触压该处可引起疼痛。肾的位置儿童略低于成人，女性略低于男性。

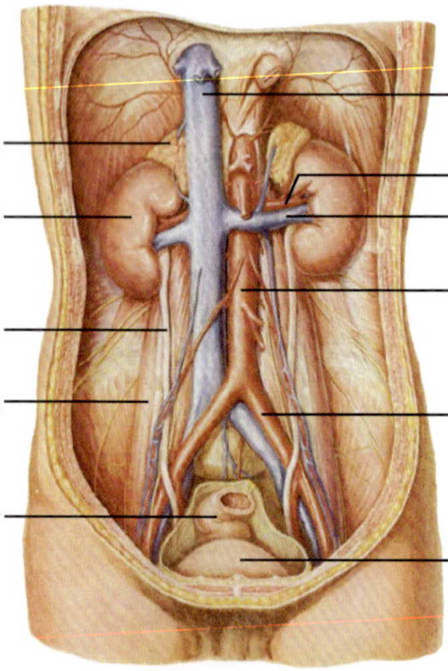

图 7-3　肾和输尿管

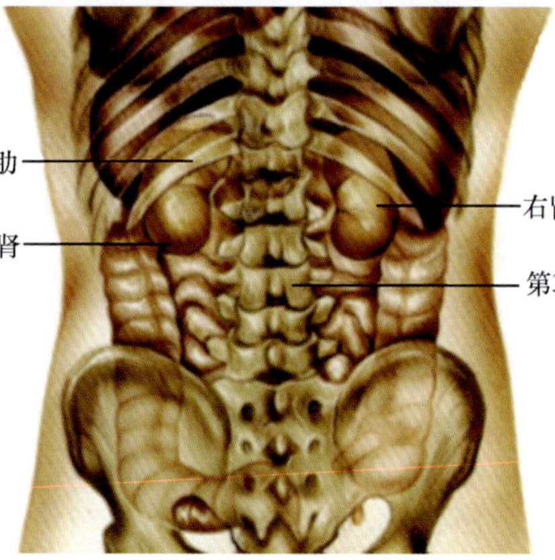

图 7-4　肾与肋骨、椎骨的位置关系（后面观）

三、肾的剖面结构

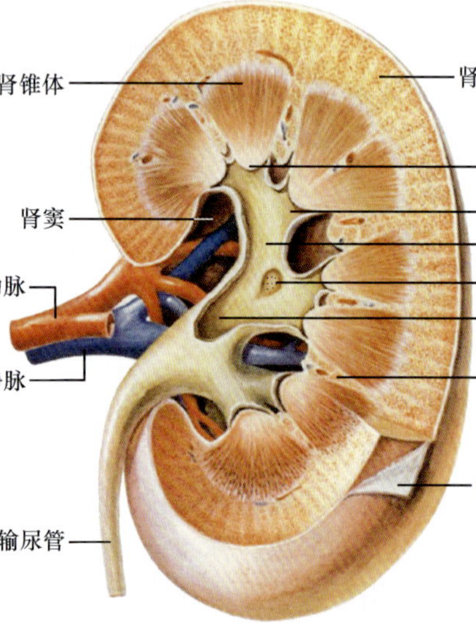

图 7-5　右肾冠状切面

考点：肾的剖面结构特点

在冠状切面上，肾可分为肾实质和肾窦两部分（图 7-5）。肾窦内容纳肾小盏、肾大盏、肾盂、血管、神经、淋巴管和脂肪组织等。肾实质又分为肾皮质和肾髓质两部分。

1. 肾皮质　肾皮质位于外周部，新鲜标本呈红褐色，富含血管并可见许多红色点状细小颗粒，由肾小体与肾小管组成，肾皮质伸向肾髓质的部分为肾柱。

2. 肾髓质　肾髓质位于肾皮质的深部，约占肾实质的 2/3，血管较少，呈淡红色条纹状，切面呈三角形，称**肾锥体**。肾锥体的底部朝向皮质，尖端钝圆突入肾窦，并突入肾小盏形成肾乳头。肾小盏为漏斗形膜性管道，包绕着肾乳头。2 ～ 3 个肾小盏合成肾大盏。2 ～ 3 个肾大盏再汇合成肾盂。肾盂出肾门后，向下弯行并逐渐变细，延续为输尿管。

四、肾的被膜

肾的表面由内向外有 3 层被膜，依次为纤维囊、脂肪囊和肾筋膜（图 7-6）。

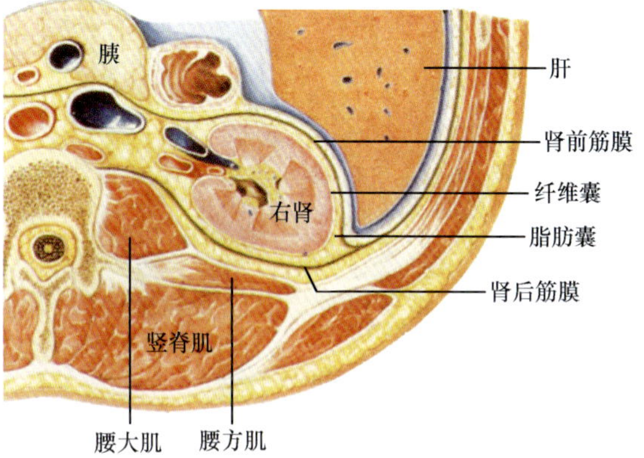

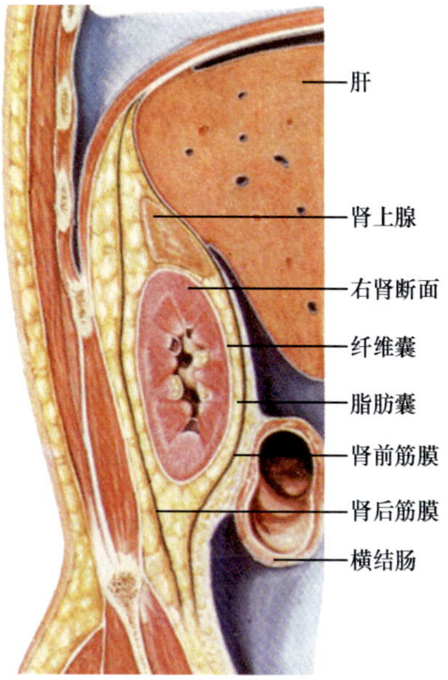

图 7-6 肾的被膜

1. 纤维囊 纤维囊为紧贴于肾实质表面薄而坚韧的致密结缔组织膜，内含少量的弹性纤维。正常情况下，纤维膜与肾实质连接疏松，易于剥离。肾结核或炎性时，则粘连不易剥离。肾破裂或肾部分切除时必须缝合此囊。

2. 脂肪囊 又名**肾床**，位于肾纤维囊的外周，包有囊状的脂肪层。临床肾囊封闭时，就是将药液注入肾的脂肪囊内。

3. 肾筋膜 位于脂肪囊的外面，由致密结缔组织构成，分前后两层包绕肾和肾上腺。肾前面的部分称**肾前筋膜**，肾后面者称**肾后筋膜**。在肾上腺的上方，肾前、后筋膜融合。在肾的下方，两层筋膜相互分离，中间有输尿管通过。因肾筋膜向下方开放，故临床上从骶前路径，可作腹膜后注气造影术。

肾的正常位置依赖于肾被膜和肾血管维持。此外，肾的邻近器官、腹压和腹膜对肾也起一定的固定作用。当肾的上述固定装置异常时，肾可向下移位，造成肾下垂或游走肾。如果发生肾积脓或有肾周围炎时，脓液可沿肾筋膜向下蔓延，到达髂窝或大腿根部。

考点：肾的被膜

案例 7-1

患者，女，36 岁，肥胖，用药物减肥，见效迅速，几天内体重明显下降，苗条起来。但医生告诫她，减肥不要太快，应注意防止肾下垂。

问题：你说这种告诫有必要吗？请根据肾被膜及肾固定装置来解释为什么会发生肾下垂？

分析：肾位置依赖肾被膜、肾血管及邻近器官、腹压和腹膜的维持。减肥过快导致肾脂肪囊变薄，引起肾向下移位，造成肾下垂或游走肾。

五、肾的微细结构

案例 7-2

患者，男，10 岁，发现晨起后双眼睑水肿 1 周。追溯病史，患者半个月前曾经患扁桃体炎。检查：尿常规见红细胞（＋＋），蛋白（＋＋＋），血沉为 50mm/h。医生诊断为急性肾小球肾炎。

问题：

1. 急性肾小球肾炎应该如何治疗？

2. 肾区位于何处？肾被膜有几层？

分析：

1. 治疗：休息、控制饮食、控制感染和对症处理。

2. 肾区位于竖脊肌的外侧缘与第 12 肋之间的夹角处。肾被膜有三层，由内向外依次为纤维囊、脂肪囊和肾筋膜。

肾实质由大量的泌尿小管组成，其间有少量结缔组织、血管、淋巴管和神经等肾间质构成。**泌尿小管**由肾单位和集合小管构成（图 7-7）。

- 泌尿小管
  - 肾单位
    - 肾小体
      - 血管球
      - 肾小囊
    - 肾小管
      - 近端小管
        - 曲部
        - 直部（髓襻）
      - 细段（髓襻）
      - 远端小管
        - 直部（髓襻）
        - 曲部
  - 集合小管

图 7-7　泌尿小管的组成

（一）肾单位

肾单位是肾结构和功能的基本单位，由**肾小体**和**肾小管**组成。每个肾有 100 万～200 万个肾单位（图 7-7，图 7-8，图 7-10，图 7-11）。

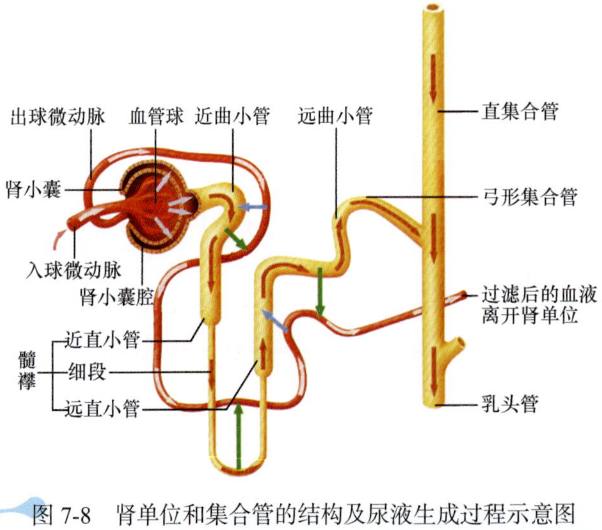

图 7-8　肾单位和集合管的结构及尿液生成过程示意图

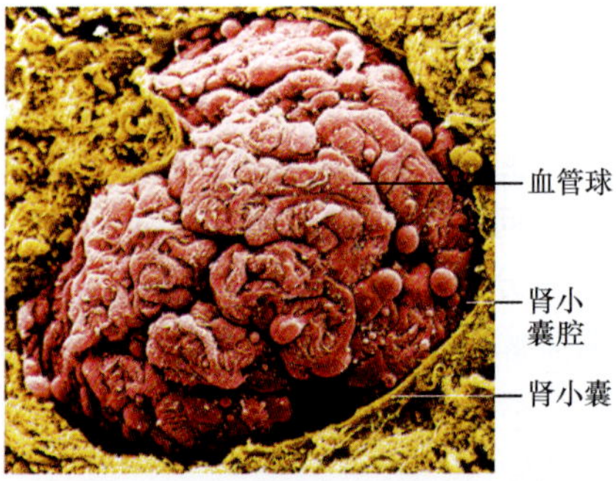

图 7-9　血管球扫描电镜图

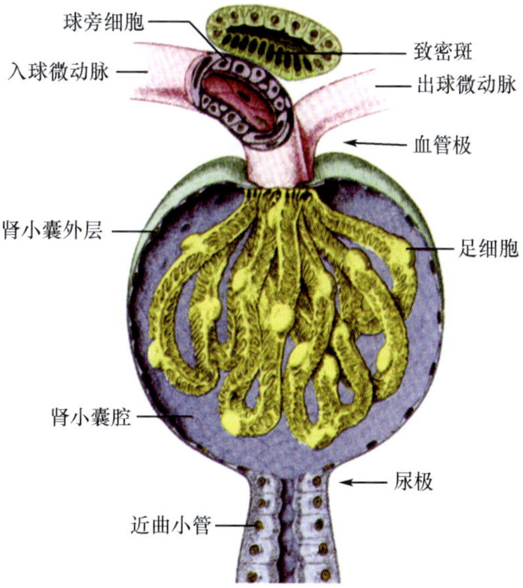

图 7-10 肾小体与球旁复合体模式图

1. 肾小体 位于肾皮质内，呈球形，直径约200μm，由血管球和肾小囊组成（图 7-8，图 7-11）。

（1）血管球：又称**肾小球**，是位于入球微动脉和出球微动脉之间的一团盘曲成球状的毛细血管，被肾小囊包裹（图 7-9，图 7-10，图 7-11）。血管球的毛细血管壁极薄，由一层有孔的内皮细胞和基膜构成。血液自入球微动脉流入血管球，由出球微动脉流出，经过血管球时过滤入肾小囊腔形成原尿。入球微动脉粗短，出球微动脉细长，故血管球的毛细血管内压力较高，有利于原尿的形成。

（2）肾小囊：是肾小管起始端膨大并凹陷形成的脏、壁双层囊，两层之间的不规则腔隙，为肾小囊腔。壁层由单层扁平上皮构成，脏层由紧贴毛细血管基膜外的足细胞构成。电镜下可见足细胞的体积较大，其胞体伸出几个较大的初级突起，每个初级突起又分出大量指状的次级突起，有的次级突起还可分出三级突起。相邻足细胞突起或细胞自身突起之间相互形成指状相嵌的交叉，呈栅栏状紧贴毛细血管基膜外面。突起之间有裂孔，裂孔上覆盖一层薄膜，称**裂孔膜**。毛细血管内血液中的代谢废物滤入肾小囊腔，必须经过有孔内皮细胞、基膜和裂孔膜，这三层结构称为**滤过膜**或**滤过屏障**（图 7-12）。滤入肾小囊腔的滤液称**原尿**。若滤过屏障受损，轻则大分子蛋白质滤出，重则红细胞滤出，形成蛋白尿或血尿。

考点：肾单位的组成；滤过屏障的概念

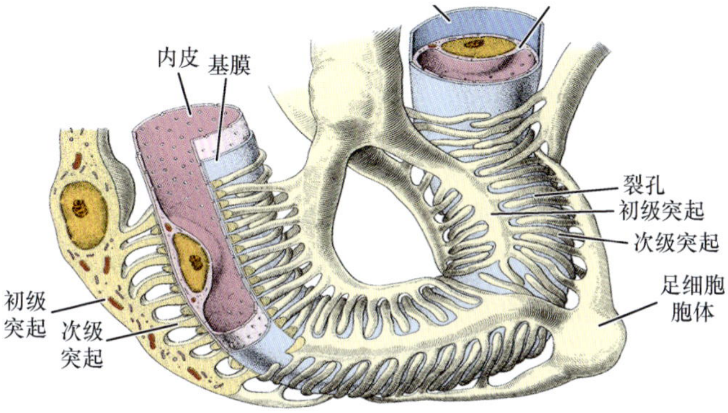

图 7-11 血管球毛细血管和足细胞结构模式图

2. 肾小管 肾小管是与肾小囊壁层相延续的一条迂曲的管道，由单层上皮构成，从近端至远端依次为近端小管、细段和远端小管（图 7-8）。

（1）近端小管：是肾小管中最长、管径最粗的一段，可分为曲部和直部。

1）近端小管曲部（近曲小管）：与肾小囊腔相连，是肾小管的起始部。光镜下，管壁由单层立方或锥体形上皮细胞构成，细胞的体积大，界限不清，游离面有刷状缘，胞质呈强嗜酸性（图 7-13）。电镜下，刷状缘就是密集排列的微绒毛，扩大了细胞的表面积，有利于近曲小管对水、营养物质和部分无机盐的重吸收。

2）近端小管直部（近直小管）：是近曲小管的延续，与曲部结构相似，仅微绒毛不如曲部发达。

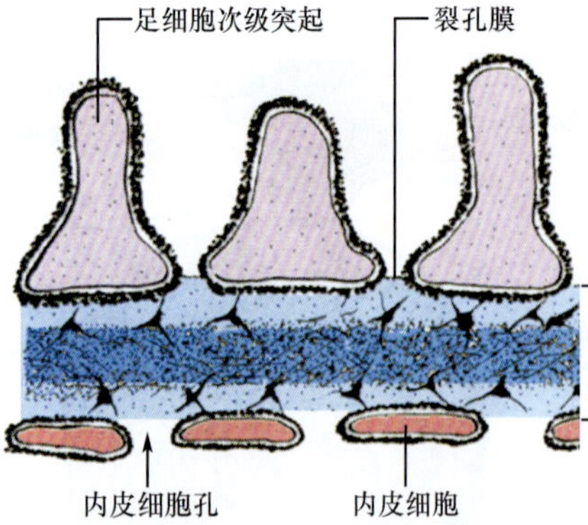

图 7-12 滤过屏障结构模式图

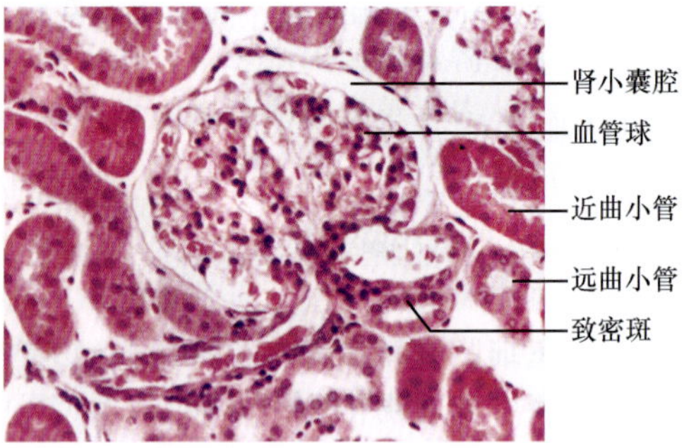

图 7-13 肾皮质光镜结构图

(2) 细段：是肾小管中管径最细的部分，由单层扁平上皮构成。细段上皮甚薄，有利于水和离子透过。

(3) 远端小管：分为直部和曲部，两者都由单层立方上皮构成。

1) 远端小管直部（远直小管）：管壁的结构与近直小管相似。近直小管、细段和远直小管共同构成的“U”字形襻状结构，称为**髓襻**（**肾单位襻**）。髓襻的主要功能是减缓原尿在肾小管中的流速，有利于肾小管对水和部分无机盐的重吸收。

2) 远端小管曲部（远曲小管）：盘曲于肾小体附近，管腔较大而规则，细胞界限清晰，游离面一般无刷状缘。远曲小管具有吸收水、Na^+ 和排出 K^+、H^+、NH_3 等作用，对维持机体的酸碱平衡起重要作用。

3. 集合管 续接远曲小管，由肾皮质直行向肾髓质，在近肾小盏处，与其他集合管汇合，形成较大的乳头管，开口于肾乳头。集合管的管径由细逐渐变粗，管壁上皮由单层立方上皮逐渐变为单层柱状上皮。集合管具有重吸收原尿中水和无机盐的功能。

（二）球旁复合体

球旁复合体又称为**肾小球旁器**，由球旁细胞和致密斑构成（图 7-10）。

1. 球旁细胞 入球微动脉近血管球处管壁的平滑肌细胞变性为上皮样细胞，具有分泌功能，称**球旁细胞**。细胞呈立方形或多边形，核大而圆，胞质呈弱嗜碱性。球旁细胞能分泌肾素和促红细胞生成素，肾素易释放入血，可促使血管收缩，血压升高。

2. 致密斑 致密斑为远曲小管靠近肾小体侧的上皮细胞形成的椭圆形斑。此处上皮呈柱状，排列紧密；胞质色浅，核椭圆形，位于近细胞顶部。致密斑是一种化学感受器，能敏锐地感受远端小管内滤液的 Na^+ 浓度变化，并将信息传递给球旁细胞，调节肾素的分泌，继而调节远端小管和集合管对 Na^+ 的重吸收。

链接

关于肾移植

肾移植俗称“换肾”，它不是用新肾置换原来的肾，而是将新肾植入患者的体内，如髂窝部，来代替原来的肾工作。美国医生 Murray1954 年为同卵双生兄弟成功进行肾移植，1962 年 Murray 开始进行尸体肾移植，使人类对器官移植有了新认识。Murray 因此获得 1990 年诺贝尔医学和生理学奖。

肾移植受者最佳年龄为 13 ～ 60 岁。截至今日，肾移植已经用于临床 40 余年，是治疗慢性肾衰竭和尿毒症的最佳方法。

第二节　输尿管道

案例 7-3

患者，女，45 岁。因腰痛 30 分钟，急诊入院。查体：左肾区叩击痛明显，尿常规红细胞（＋＋），B 超显示左输尿管起始处可见直径约 0.9mm 的高密度阴影。诊断为左输尿管结石。

问题：输尿管三处狭窄位于何处？结石好发于何处？

分析：输尿管的三处狭窄分别位于起始处、越过髂血管处、穿膀胱壁处。结石易滞留在此三处狭窄部位。

一、输　尿　管

输尿管是成对的，位于腹膜外位的肌性管道，长 25 ～ 30cm，管径 0.5 ～ 0.7cm。输尿管起自肾盂，在壁腹膜后方沿腰大肌表面下行入骨盆腔，至膀胱底的外上角，斜穿膀胱壁，开口于膀胱底内面的输尿管口。管壁有较厚的平滑肌层，可进行节律性的蠕动，使尿液流入膀胱。按其走行和位置，分为**腹部**、**盆部**和**壁内部**。输尿管全长有三处较明显的狭窄：①肾盂与输尿管移行处；②小骨盆上口越过髂血管处；③穿膀胱壁处。此三处狭窄是结石易滞留的部位。

考点：输尿管的三处狭窄

二、膀　　胱

膀胱为储存尿液的肌性囊状器官，其大小、形状、位置及壁的厚薄均随性别、年龄和尿液充盈程度的不同而变化。一般成人膀胱的容量为 300 ～ 500ml，最大可达 800ml，新生儿膀胱的容量约为 50ml。

（一）膀胱的形态和位置

1. 形态　膀胱充盈时，呈卵圆形；空虚时则呈三棱锥形，分为尖、体、底和颈四部分（图 7-14），各部分之间无明显界限。其尖朝向前上方，称**膀胱尖**；底近似三角形，朝向后下方，称**膀胱底**；尖和底之间的部分，称为**膀胱体**；膀胱的最下部变细称**膀胱颈**，颈的下端有尿道内口与尿道相接。

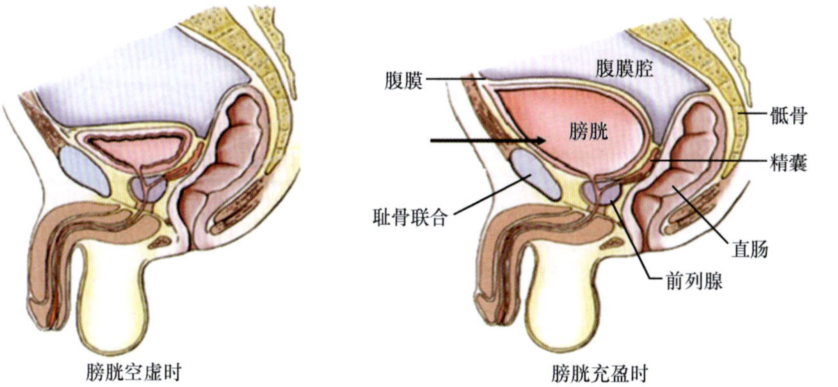

图 7-14　膀胱与腹膜关系示意图（男性骨盆正中矢状切面）

2. 位置 成人膀胱位于小骨盆腔内，耻骨联合的后方。空虚时，膀胱尖不超过耻骨联合上缘（图 7-14）；充盈时膀胱尖升高可超过耻骨联合上缘，此时，因腹前壁折向膀胱的腹膜也随之上移，使膀胱的前下壁直接与腹前壁相贴。所以当膀胱充盈时，沿耻骨联合上缘进行膀胱穿刺，穿刺针不经腹膜腔而直接进入膀胱，可避免腹膜腔的感染和损伤腹膜。新生儿膀胱大部分位于腹腔内，随着年龄增长和骨盆腔的发育，膀胱逐渐下降，约至青春期才达成人位置。老年人因盆底肌松弛，膀胱位置较低。

考点： 膀胱的形态、分部、位置

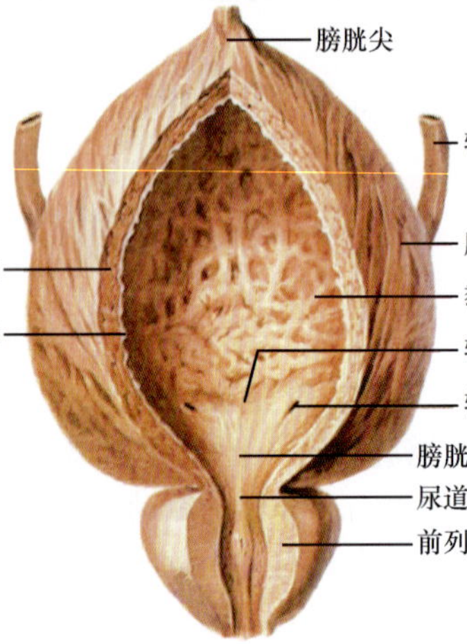

图 7-15 膀胱三角

考点： 膀胱三角的概念

（二）膀胱壁的结构

膀胱壁由内向外由黏膜、肌层和外膜构成（图 7-14）。

1. 黏膜 由变移上皮和固有层构成。膀胱空虚时黏膜形成许多皱襞，充盈时皱襞减少或消失（图 7-15）。在膀胱底的内面两侧输尿管口和尿道内口之间，有一个三角形区域，此处缺少黏膜下组织，无论膀胱在膨胀或收缩时，都保持平滑状态，称为膀胱三角（图 7-15），是肿瘤和结核的好发部位。

2. 肌层 由内纵、中环和外纵行三层平滑肌组成，各层肌纤维相互交织，形成膀胱逼尿肌，对排尿起重要作用。在尿道内口处环形肌增厚形成尿道内括约肌。

3. 外膜 除膀胱体为浆膜外，其余均为纤维膜。

案例 7-4

患者，男，62 岁，发现血尿 1 周。患者自述 1 周来经常发现无痛性间歇性血尿，量少，伴有尿频、尿急、尿痛等症状，医生考虑“膀胱癌”，行膀胱镜＋病理检查，确诊为膀胱癌。

问题： 膀胱癌常用治疗方法有哪些？

分析： 膀胱癌常用治疗方法有手术、化学治疗、放射治疗、免疫治疗、激光及光动力学治疗、加热治疗和生物学治疗等。

（三）毗邻

膀胱前方与耻骨联合相毗邻，后方在男性与精囊腺、输精管壶腹和直肠相毗邻（图 7-16），在女性与子宫颈和阴道上部相毗邻（图 7-16）。男性的膀胱颈与前列腺紧密邻接，女性的则贴附在尿生殖膈上。

护考链接

膀胱穿刺术：①消毒皮肤，于耻骨联合上缘正中 1 横指处行局麻。②选择穿刺点，使穿刺针向后下方倾斜刺入膀胱腔内。拔出针芯，即有尿液溢出，将尿液抽尽并送检。③过度膨胀的膀胱，抽吸尿液宜缓慢，以免膀胱内压骤降而出血或诱发休克。

分析： 护考要求学生要熟练掌握膀胱穿刺术，因此，学生要掌握膀胱的位置随着充盈程度不同发生变化的规律和膀胱穿刺经过的层次结构。

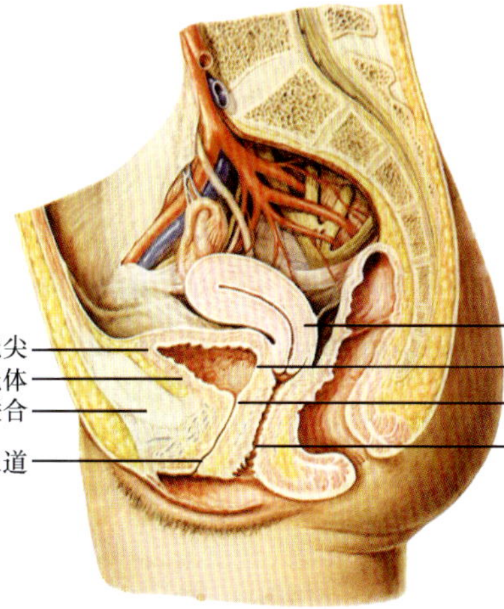

图 7-16　女性盆腔（正中矢状切面）

三、尿　　道

尿道是从膀胱通向体外的管道，起自膀胱的尿道口，止于尿道外口。

男性尿道具有排尿和排精功能，在男性生殖系统中叙述。

女性尿道短、宽、直，易于扩张，长 3 ～ 5cm，仅有排尿功能。女性尿道起于尿道内口，于阴道前方向前下行，穿过尿生殖膈时，周围有骨骼肌形成的尿道阴道括约肌围绕，最终开口于阴道前庭的尿道外口。

考点：女性尿道的结构特点

护考链接

女性留置导尿：①清洗消毒外阴；②插导尿管后，夹持尾端，撤洞巾后固定；③将导尿管尾端连接集尿袋，开放导尿管，用橡皮筋等固定于床上。

点评：插女性导尿管是护考内容，掌握女性尿道的起始、开口部位及特点是正确插管的前提。

小结

泌尿系统由肾、输尿管、膀胱和尿道组成。肾通过尿液的生成，排出体内多余的水分和代谢产物，维持机体水和电解质的动态平衡；输尿管输送尿液到膀胱；膀胱具有暂时储存尿液的功能，当膀胱内尿液储存到一定量时，经尿道排出体外。

自 测 题

A 型题

1. 关于肾的叙述，错误的是
   A. 腹膜外位器官
   B. 左肾略低于右肾
   C. 有 3 层被膜
   D. 成人肾门约平第 1 腰椎体
   E. 具有 2 端 2 面 2 缘
2. 下列哪一种结构承接经肾乳头排出的尿液

A. 肾盂　　B. 肾窦
C. 肾小盏　　D. 肾大盏
E. 输尿管

3. 泌尿小管的组成是
A. 肾单位　　B. 肾单位和肾小管
C. 肾单位和集合管　　D. 肾小管和集合管
E. 肾小体和肾小管

4. 关于血管球的描述，错误的是
A. 一团盘曲成球状的毛细血管
B. 出球微动脉比入球微动脉粗短
C. 内皮细胞有孔
D. 毛细血管外贴有足细胞
E. 其内的血压较高

5. 分泌肾素的结构是
A. 足细胞　　B. 球旁细胞
C. 致密斑　　D. 有孔的内皮细胞
E. 基膜

6. 关于输尿管的叙述，错误的是
A. 属于腹膜外位器官
B. 沿腰大肌前面下降
C. 开口于膀胱颈
D. 跨越小骨盆上口处较狭窄
E. 始于肾盂

7. 男性膀胱底的毗邻中没有
A. 前列腺　　B. 直肠
C. 输精管壶腹　　D. 精囊
E. 直肠膀胱凹陷

8. 女性尿道开口于
A. 阴道口后方　　B. 阴道口前方
C. 肛门前方　　D. 阴道前庭后部
E. 阴道口与肛门之间

9. 滤过膜的组成结构为
A. 内皮、基膜
B. 有孔内皮、基膜、血管系膜
C. 足细胞裂孔膜、有孔内皮、血管系膜
D. 有孔内皮、基膜、裂孔膜
E. 血管系膜、有孔内皮、基膜、足细胞裂孔膜

10. 有关女性尿道，下列错误的是
A. 较男性尿道短、宽、直
B. 长约 5cm
C. 仅有排尿功能
D. 开口于阴道后方
E. 穿过尿生殖膈时，有尿道阴道括约肌环绕

11. 肾的被膜由内向外依次为
A. 肾筋膜、纤维囊、脂肪囊
B. 纤维囊、脂肪囊、肾筋膜
C. 脂肪囊、纤维囊、肾筋膜
D. 肾筋膜、脂肪囊、纤维囊
E. 脂肪囊、肾筋膜、纤维囊

12. 关于肾，下列错误的是
A. 肾分为皮质和髓质两部分
B. 右肾比左肾低半个椎体
C. 右肾蒂较左肾蒂长
D. 内侧缘中部有肾门
E. 肾属腹膜外位器官

13. 膀胱与直肠之间的器官哪一项是错的
A. 精囊腺　　B. 前列腺
C. 输精管壶腹　　D. 子宫
E. 阴道上部

14. 肾的正确叙述是
A. 右肾较左肾略高
B. 从腹前壁可触及肾外形
C. 肾表面包裹一层纤维膜
D. 肾髓质主要由肾柱构成
E. 以上均不对

15. 输尿管全长有几处狭窄
A. 1　　B. 2
C. 3　　D. 4
E. 5

（聂新星）

8

第八章　生殖系统

引言：众所周知，人类的生命的起点是由男性的精子和女性的卵子结合形成受精卵，然后在母体的子宫内孕育至出生。那么精子和卵子产生于何处？是怎么产生和运输的？通过本章的学习，你就可以了解人类生殖的奥秘了。

人类的生殖系统分为男性生殖系统和女性生殖系统。其主要功能是繁殖后代和形成并保持第二性征。按器官所在位置的不同，分为内生殖器和外生殖器两部分。内生殖器由生殖腺、生殖管道和附属腺组成，外生殖器则以两性交接的器官为主。

第一节　男性生殖系统

案例 8-1

患者，男，66 岁。因尿潴留 1 天入院。患者尿频，尿急，排尿困难多年，昨晚饮酒后，发生尿潴留。体格检查：体温 36.5℃，脉搏 90 次 / 分，下腹膨隆、胀痛，全腹柔软。叩诊膀胱区呈浊音，外生殖器外观无明显异常。导尿后直肠指诊发现前列腺增大，底部能触及，前列腺沟消失，表面光滑，质地中度硬而有弹性。B 超检查：前列腺增大，膀胱内未见结石。

问题：

1. 患者为何会出现排尿困难及尿潴留？

2. 结合解剖学知识说明给患者导尿时应注意什么？

分析：护考要求掌握男性尿道的分部及弯曲。本案例患者前列腺增大，导致男性尿道前列腺部狭窄，因此出现排尿困难及尿潴留。导尿时要注意男性尿道的两个弯曲，通过耻骨前弯时可以把阴茎抬起，让耻骨前弯变直。

男性生殖系统包括内生殖器和外生殖器。**内生殖器**由睾丸、输精管道（附睾、输精管、射精管、男性尿道）和附属腺（精囊、前列腺、尿道球腺）组成。睾丸也称**男性生殖腺**，可产生精子和雄性激素，睾丸产生的精子先储存于附睾内，当射精时，经输精管、射精管和尿道排出体外。附属腺分泌物参与精液的组成。**外生殖器**包括阴囊和阴茎（图 8-1，图 8-2）。

考点：男性内生殖系统的组成

男性生殖系统
- 内生殖器
  - 生殖腺：睾丸
  - 生殖管道：附睾、输精管、射精管、男性尿道
  - 附属腺：精囊、前列腺和尿道球腺
- 外生殖器：阴囊和阴茎

图 8-1　男性生殖系统的组成

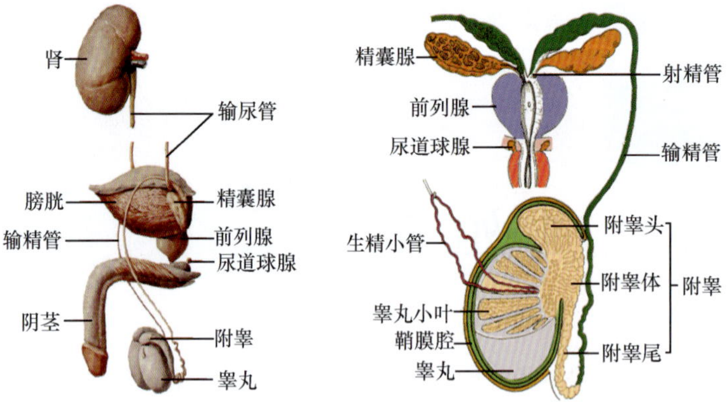

图 8-2　男性生殖系统

一、男性内生殖器

（一）睾丸

睾丸为男性生殖腺，其功能是产生精子和分泌雄激素。

1. 睾丸位置和形态　睾丸位于阴囊内，左右各一，呈扁椭圆形，分前、后两缘，上、下两端和内、外侧面。睾丸前缘和下端游离，后缘与附睾和输精管睾丸部相接触，上端被附睾头遮盖（图 8-3），睾丸除后缘外都被覆有鞘膜，鞘膜分脏、壁两层，脏层紧贴睾丸和附睾表面，壁层贴附于阴囊内面。脏、壁两层在睾丸的后缘处相互移行形成一个潜在性的密闭腔隙，称为**鞘膜腔**。腔内有少量浆液，有润滑作用。病理情况下，腔内液体增多而形成睾丸鞘膜积液。新生儿的睾丸相对较大，性成熟期以前发育较慢，随着性成熟迅速生长，老年人的睾丸则萎缩变小。

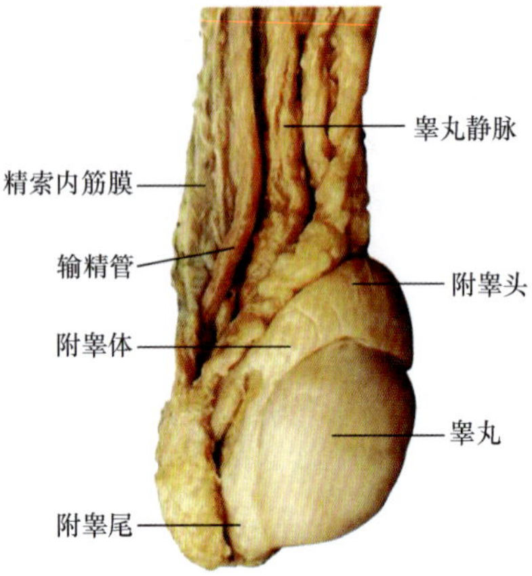

图 8-3　睾丸与附睾

2. 睾丸的结构　睾丸表面有一层坚韧厚实的纤维膜，称为**白膜**。白膜在睾丸后缘增厚并凸入睾丸内形成睾丸纵隔。睾丸纵隔发出睾丸小隔伸入睾丸实质，将睾丸实质分成 100 ～ 200 个睾丸小叶（图 8-4）。每个小叶内含有 1 ～ 4 条盘曲的精曲小管。精曲小管在近睾丸纵隔处变为短而直的精直小管，精直小管进入睾丸纵隔内相互吻合形成睾丸网。由睾丸网发出 10 ～ 15 条睾丸输出小管，经睾丸后缘上部进入附睾头。位于精曲小管之间的疏松结缔组织，称为**睾丸间质**。

考点：睾丸的位置与结构

(1) 精曲小管：是产生精子的部位，其管壁由生精上皮构成。生精上皮由生精细胞和支持细胞组成。

1) 生精细胞：为一系列发育分化程度不同的细胞，包括精原细胞、初级精母细胞、次级精母细胞，精子细胞和精子（图 8-5，图 8-6）。

精原细胞较小，紧贴基膜，核圆，染色较深。自青春期开始，在垂体促性腺激素的作用下，精原细胞不断分裂增殖，其中部分精原细胞经历初级精母细胞、次级精母细胞等发育阶段，体积较大，并逐渐移向管腔，形成精子细胞。精子细胞体积小，靠近管腔面。精子细胞不再进行分裂，经过复杂的形态变化发育成精子。精子形似蝌蚪，分为头部和尾部。

头部主要由精子的细胞核浓缩而成，核的前2/3有顶体覆盖，顶体内含多种水解酶。受精时，精子释放水解酶，溶解卵细胞外周的结构，尾部细长，可以运动。

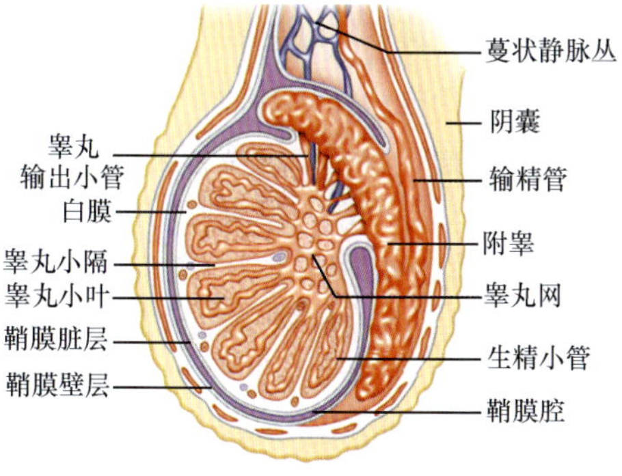

图 8-4 睾丸和附睾结构

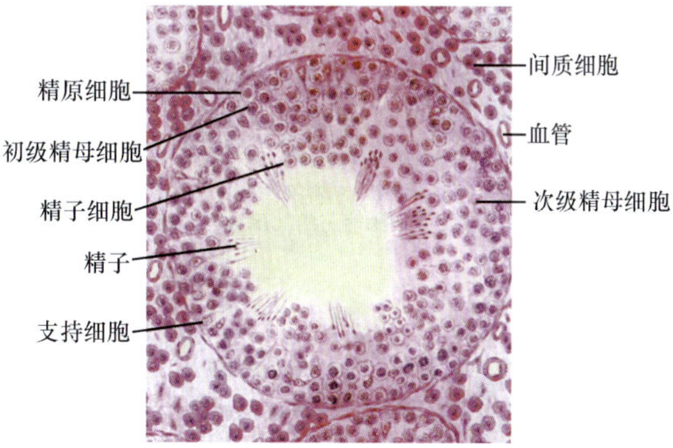

图 8-5 生精小管与睾丸间质光镜结构图

1个初级精母细胞经过2次成熟分裂，生成4个精子，其染色体数目减少一半，分别为23，X或23，Y。

分裂旺盛的生精细胞，对体内外多种因素的影响较敏感，易受乙醇、放射线和阴囊的温度增高等理化因素的影响，导致精子畸形或功能障碍。

2）支持细胞：支持细胞对生精细胞具有营养、支持和保护作用。

⑵ 睾丸间质：睾丸间质是精曲小管之间的疏松结缔组织，含有丰富的血管，淋巴管及间质细胞。间质细胞呈圆形或多边形，单个或成群分布，其主要功能是分泌雄激素（睾酮）。雄激素能促进精子发生、男性生殖器官的发育和激发男性第二性征的形成（图8-5，图8-6）

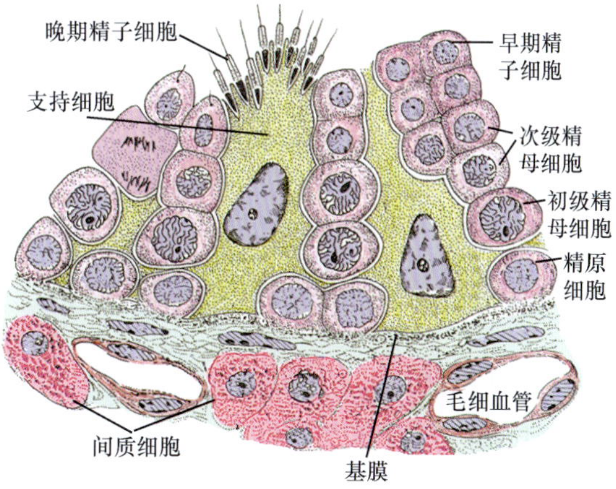

图 8-6 生精小管管壁结构模式图

链接

隐 睾 症

男婴出生后，睾丸仍未降至阴囊内，而停留于腹腔、腹股沟管内或阴囊上部，称隐睾症。由于腹部温度高于阴囊，不适宜精子发育，造成男性不育，还容易发生恶变。对于隐睾症患儿宜在儿童期手术，将睾丸纳入阴囊。

（二）附睾

附睾紧贴睾丸的上端及后缘，可分为头、体、尾三部分（图8-2和图8-3）。睾丸输出小管进入附睾后，弯曲盘绕形成膨大的附睾头，末端汇合成一条附睾管。附睾管迂曲盘回而成附睾体和尾，附睾尾返折弯向上移行为输精管。

附睾除储存精子外，还分泌液体供其营养，促其成熟。附睾是结核病的好发部位。

（三）输精管和射精管

1. 输精管 输精管是附睾管的直接延续，长约50cm，管壁厚腔小，活体触摸呈圆索状。

考点：输精管的分部及结扎部位

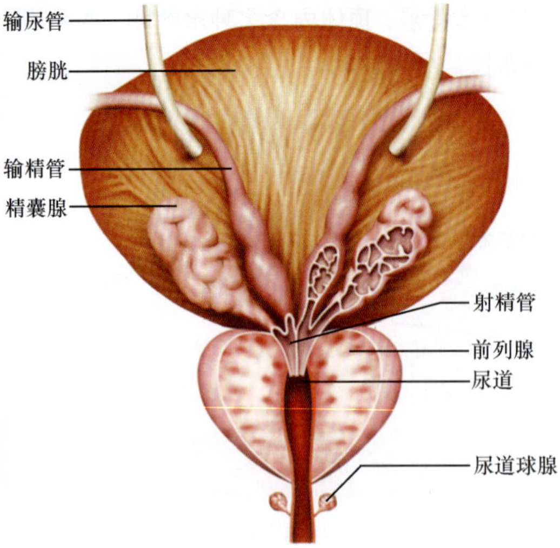

图 8-7 前列腺、精囊腺和尿道球腺

输精管行程较长，全程可分为四部。①睾丸部：位于睾丸后缘及附睾内侧；②精索部：此段输精管位置表浅，活体皮下易摸到，是临床上行输精管结扎术常选部位；③腹股沟部：位于腹股沟管内；④盆部：沿盆侧壁向后下至膀胱后面。输精管末端膨大成输精管壶腹，壶腹的下端变细与精囊腺的排泄管汇合成射精管（图 8-2 和图 8-7）。

2. 射精管 由输精管末端和精囊腺的排泄管汇合而成，长约 2cm，向下斜穿前列腺实质，开口于尿道的前列腺部。

考点：精索的概念

精索是从睾丸上端延伸至腹股沟管深环处 1 对柔软的圆索状结构。它由输精管、睾丸动脉、蔓状静脉丛、神经、淋巴管及外面包裹的3层被膜等共同组成。3层被膜，从内向外依次为精索内筋膜、提睾肌和精索外筋膜。精索内的蔓状静脉丛发生迂曲、扩张，临床上称为精索静脉曲张。

（四）精囊腺

精囊腺为一对梭形囊状腺体，表面凹凸不平，位于膀胱底后面及输精管壶腹的外侧。精囊腺的排泄管与输精管末端合成射精管。精囊腺分泌黄色黏稠的液体，为组成精液的主要成分（图 8-7）。

（五）前列腺

前列腺为一个实质性器官，位于膀胱颈与尿生殖膈之间，中央有尿道穿过。前列腺呈前后略扁的栗子形，上端宽大为前列腺底，邻接膀胱颈；下端尖细为前列腺尖，紧贴尿生殖膈，两者之间的部分为前列腺体。体后面的正中线上有一纵形浅沟，称为**前列腺沟**。直肠指诊时，可摸到前列腺及其后面的前列腺沟（图 8-7）。前列腺分泌乳白色碱性液体，参与组成精液。

前列腺由腺组织、平滑肌和结缔组织构成，表面包有坚韧的前列腺囊。小儿前列腺较小，腺组织不发育，自青春期起腺组织迅速生长。老年时，雄激素分泌减少，腺组织逐渐萎缩。但也有些老年人的腺组织增生，常形成前列腺肥大，可压迫尿道，引起排尿困难。

（六）尿道球腺

尿道球腺是一对豌豆大的球形腺体，位于会阴深横肌内。腺的排泄管细长，开口于尿道球部。其分泌物可润滑尿道，也参与形成精液，有利于精子的活动（图 8-7）。

精液主要由精子与输精管道及附属腺体的分泌物混合而成，呈乳白色，弱碱性。正常成年男性一次射精 2 ～ 5ml，含精子 3 亿～ 5 亿个。输精管结扎后，精子排出的通路被阻断，各附属腺的分泌和排出则不受影响，但射出的精液中不含精子，可以达到绝育目的。

链接

精液与精子库

精液由精子和精浆组成。它除了含有水、果糖、蛋白质和脂肪外，还含有多种酶类和无机盐。每毫升精液中的精子数一般在 6 千万至 2 亿个。

精子库是用冷冻的方法储存人和动物精子的地方。将精子冷冻储存在添加蛋黄、甘油、柠檬酸钠等冷冻保护剂的液氮罐内，使它们在 -196℃的低温下冷冻保存。这些精子一旦复温后，可恢复生命功能。

二、男性外生殖器

（一）阴囊

阴囊位于阴茎的后下方，为皮肤囊袋状结构。阴囊壁主要由皮肤和肉膜组成。皮肤薄而柔软，颜色深暗，有少量阴毛。其深面的肉膜由平滑肌纤维与结缔组织构成，故阴囊可以松弛或收缩，调节阴囊内的温度约低于体温 2℃，有利于精子的发育。肉膜在正中线向深部发出阴囊中隔，将阴囊分为左右互不相通的两个腔，分别容纳一侧的睾丸、附睾及输精管起始部等（图 8-8）。

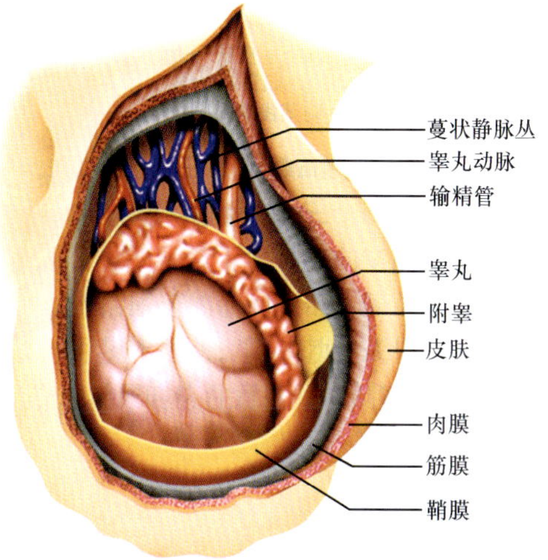

图 8-8 阴囊的结构

（二）阴茎

1. 阴茎的形态 阴茎可分头、体和根 3 部分。后端为阴茎根，藏于阴囊和会阴部皮肤的深面。中部为阴茎体，呈圆柱状，以韧带悬垂于耻骨联合的前下方。前端膨大为阴茎头，末端有矢状位的尿道内口（图 8-9）。

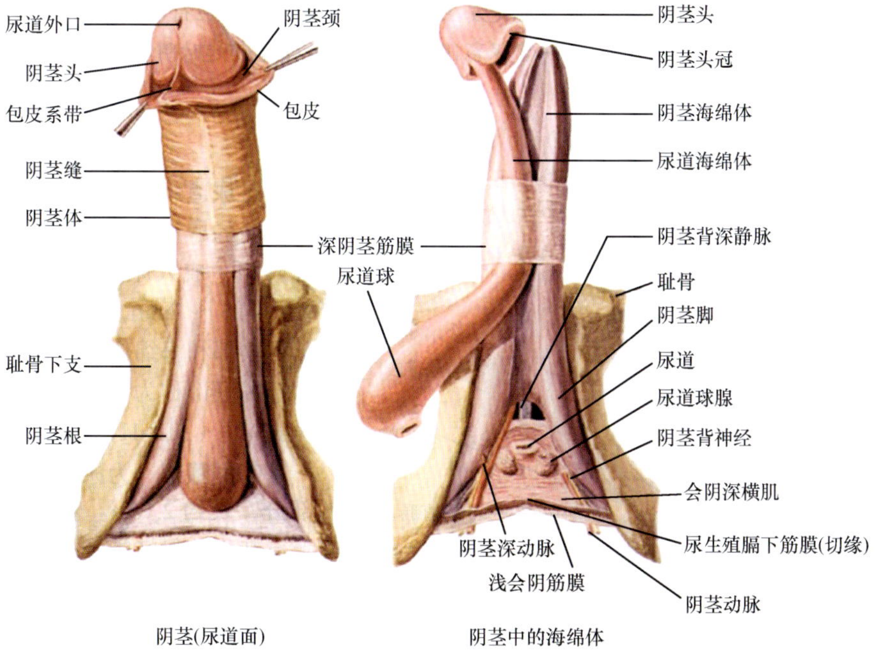

阴茎(尿道面)　　阴茎中的海绵体

图 8-9 阴茎

2. 阴茎的构造 阴茎由海绵体、阴茎筋膜和皮肤等构成（图 8-9）。海绵体包括 2 条阴

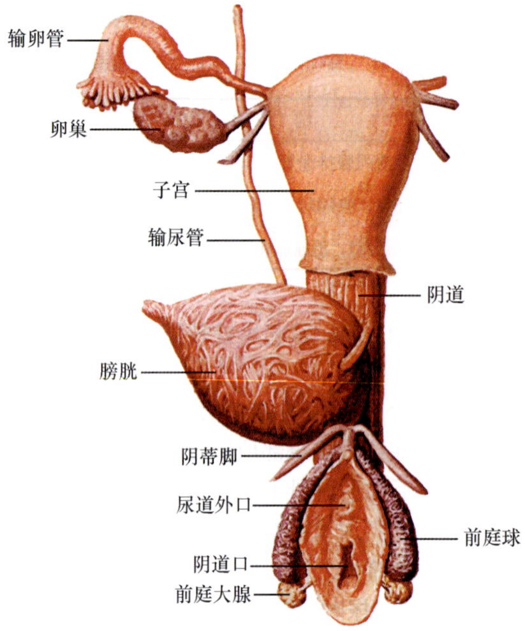

图 8-13　女性生殖器

一、女性内生殖器

（一）卵巢

卵巢为女性生殖腺，具有产生卵细胞、分泌雌激素和孕激素的功能。

1. 卵巢的位置和形态　卵巢是实质性器官，左右各一，位于盆腔侧壁、髂总动脉分叉处的稍下方。卵巢呈扁卵圆形，略呈灰红色，可分为内、外侧两面，前、后两缘和上、下两端。外侧面与卵巢窝相依；内侧面朝向盆腔，与小肠相邻。后缘游离，称独立缘；前缘借卵巢系膜连于于宫阔韧带，称系膜缘，其中部有血管、神经等出入，称卵巢门；上端与输卵管伞相接触，又称输卵管端，并借卵巢悬韧带附于小骨盆上口；下端借卵巢固有韧带连于子宫。成年女子的卵巢约 4cm×3cm×1cm 大小，重 5 ～ 6g（图 8-14）。

卵巢的大小和形状随年龄而有差异：幼女的卵巢较小，表面光滑；性成熟期卵巢最大，以后由于多次排卵，卵巢表面出现瘢痕，显得凹凸不平；35 ～ 40 岁卵巢开始缩小；50 岁左右随月经停止而逐渐萎缩。

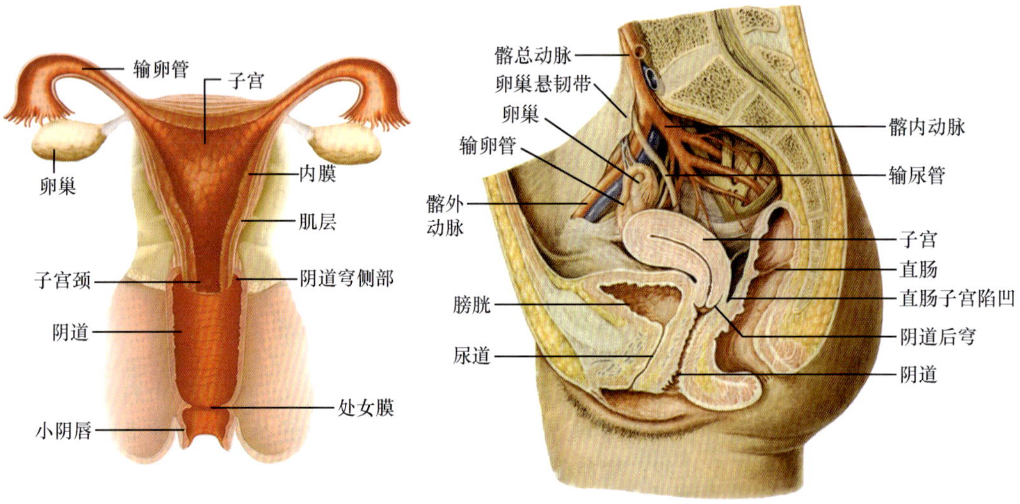

前面观　　女骨盆腔正中矢状切面

图 8-14　女性内生殖器

2. 卵巢的微细结构　卵巢表面覆盖有 1 层浆膜，浆膜深面为 1 层由致密结缔组织构成白膜。卵巢实质分为皮质与髓质。皮质较厚，位于卵巢周边，含有不同发育阶段的卵泡；髓质位于卵巢中央，主要由疏松结缔组织构成（图 8-15）。

(1) 卵泡的发育与成熟：卵泡的发育是一个连续变化的过程，一般分为原始卵泡、生长卵泡和成熟卵泡3个阶段。女婴出生时双侧卵巢有原始卵泡100万～200万个，青春期开始时尚有30万～40万个。青春期后，在垂体分泌的促性腺激素的作用下，卵泡陆续开始发育。在1个月经周期一般只有1个卵泡成熟并排卵。女性一生排400～500个卵，其余均退化。退化后的卵泡，称为**闭锁卵泡**。

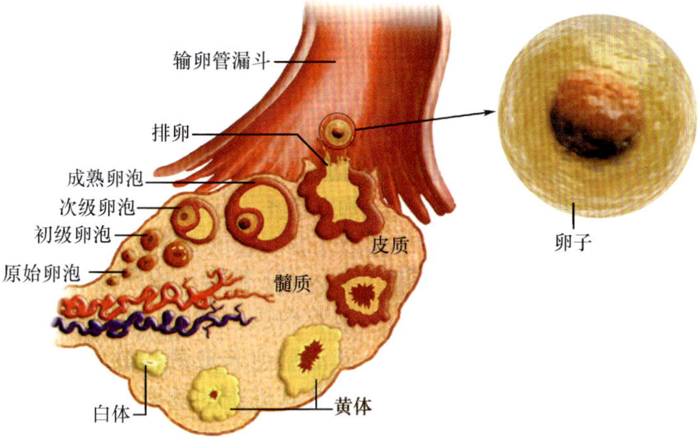

图8-15 卵巢结构模式图

1）原始卵泡：位于皮质的浅层，由中央的1个初级卵母细胞和周围的1层扁平卵泡细胞构成。数量多，体积小，呈球形，处于相对静止状态的卵泡。

2）生长卵泡：生长卵泡包括初级卵泡和次级卵泡。

①**初级卵泡**：是指原始卵泡开始生长到出现卵泡腔之前。这时卵泡细胞不断分裂增殖，由单层变成多层，由扁平细胞变为立方细胞，卵泡中的**初级卵母细胞**增大，在其周围出现1层均匀的嗜酸性膜状物，称为**透明带**。卵泡周围的结缔组织也逐渐增多，发育成**卵泡膜**，但与周围结缔组织无明显分界。②**次级卵泡**：是指初级卵泡继续发育，生长到卵泡细胞之间出现**卵泡腔**。卵泡体积增大，卵泡细胞增多至10余层时，细胞间开始出现一些腔隙，继而融合成1个较大的卵泡腔，腔内充满卵泡液。随着卵泡腔的扩大，初级卵母细胞及周围的卵泡细胞形成突向卵泡腔的**卵丘**。紧贴透明带的卵泡细胞增大变为高柱状细胞，呈放射状排列，称为**放射冠**；沿卵泡膜排列的卵泡细胞，称为**粒层**。卵泡膜增厚分为内层和外层。内层有较多的细胞和丰富的毛细血管；外层纤维多，细胞和血管少（图8-16，图8-17）。

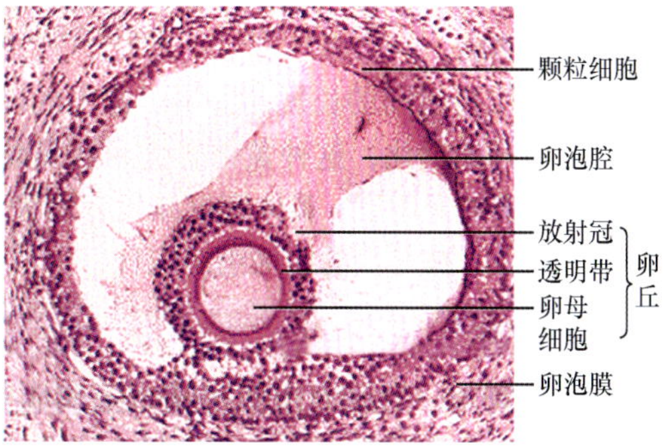

图8-16 次级卵泡

卵泡细胞与卵泡膜的内层细胞，能分泌雌激素。雌激素有刺激和维持女性第二性征、促进女性生殖器官的发育和促使子宫内膜增生的功能。

3）成熟卵泡：为卵泡发育的最后阶段，体积很大，直径2cm左右，并向卵巢表面突出。由于卵泡液急剧增多，卵泡腔不断扩大。而卵泡细胞的数目不再增多，因此卵泡壁越来越薄，仅有2～3层多边形细胞。在排卵前36～48小时，初级卵母细胞完成第1次减数分裂，产生1个**次级卵母细胞**和1个体积很小的第1极体。次级卵母细胞随即进行第2次减数分裂，但停止在分裂中期。

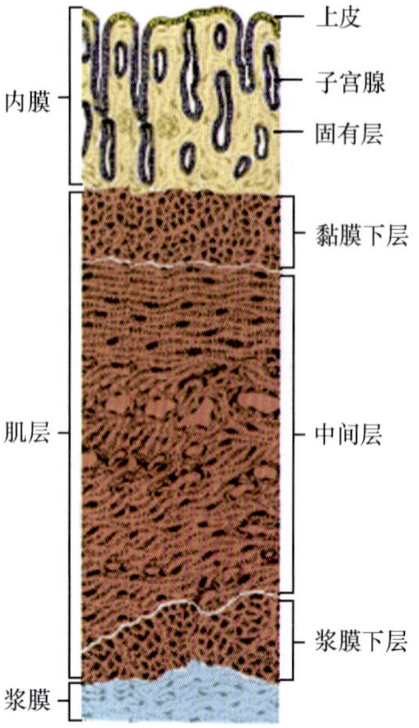

图 8-20　子宫壁的微细结构模式图

宫下垂。

(4) 骶子宫韧带：由平滑肌和结缔组织构成。起于子宫颈后面，向后绕过直肠两侧，止于骶骨前面。该韧带是维持子宫呈前屈位。

3. 子宫壁的微细结构　子宫壁很厚，由内向外可分为内膜、肌层和外膜（图 8-20，图 8-21）。

(1) 内膜：即子宫黏膜，由单层柱状上皮和固有层构成。固有层较厚，内有管状的子宫腺、螺旋动脉及大量分化程度低而增殖能力较强的基质细胞。青春期后，子宫内膜可分为浅、深两层。浅层为功能层，在卵巢分泌的雌激素、孕激素的作用下，发生周期性剥脱与出血形成月经；深层为基底层，不发生周期性脱落，具有增殖修复功能层的作用。

(2) 肌层：很厚，由许多交织平滑肌束和结缔组织构成。

(3) 外膜：在子宫体和子宫底部为浆膜，其余部分为纤维膜。

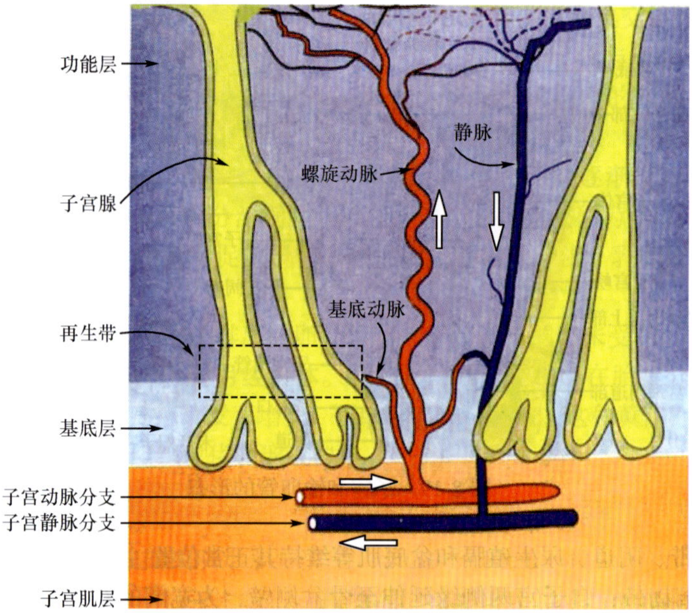

图 8-21　子宫腺与血管模式图

4. 子宫内膜的周期性变化　自青春期开始，在卵巢分泌的激素的作用下，子宫内膜功能层发生周期性的变化，约 28 天完成 1 次剥脱、出血、修复增生等过程，这种周期性变化，称为**月经周期**。每一月经周期中，子宫内膜的结构变化一般分为增生期、分泌期和月经期（图 8-22）。

(1) 增生期：为月经周期的第 5 ～ 14 天。此时卵巢内的部分卵泡正处于生长发育阶段，分泌雌激素逐渐增多，故又称为卵泡期。在雌激素的作用下，子宫内膜由基底层增生，修补缺损，并继续增厚，子宫腺及螺旋动脉亦增长且弯曲。

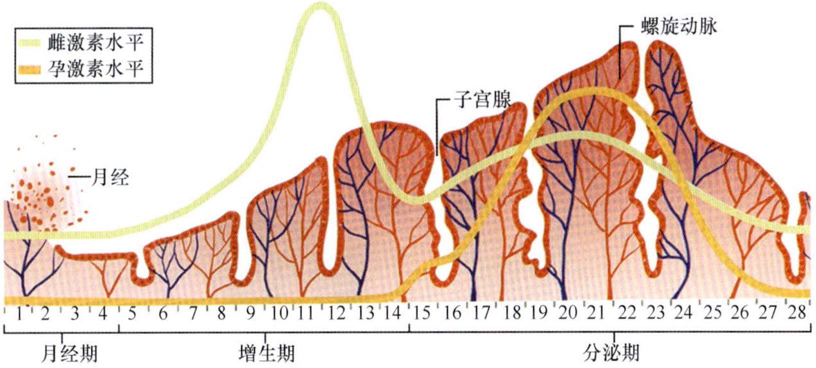

图 8-22　子宫内膜周期性变化

(2) 分泌期：为月经周期的第 15 ～ 28 天。此时卵巢已排卵，黄体逐渐形成并分泌雌激素和孕激素，因此又称为黄体期。在雌激素和孕激素的共同作用下，子宫内膜在增生期的基础上进一步增厚，子宫腺更长且弯曲，分泌含糖物质，螺旋动脉高度弯曲，整个内膜功能层呈生理性水肿状态。子宫内膜的这种变化有利于胚泡的植入和发育。

(3) 月经期：为月经周期的第 1 ～ 4 天。由于排出的卵未受精，卵巢内黄体退化，雌激素和孕激素的分泌量迅速减少，导致子宫内膜进入月经期。先是内膜的螺旋动脉持续收缩，导致功能层缺血、缺氧，组织变性坏死；而后螺旋动脉又突然充血扩张以致破裂，血液与坏死脱落的内膜组织一起经阴道排出体外，形成月经。月经期末，卵巢内新的卵泡又开始生长发育，分泌的雌激素渐增多，内膜重新修复增生，进入下 1 个月经周期。

（四）阴道

阴道为富于延展性的肌性管道，是女性的性交器官，也是排出月经和娩出胎儿的管道（图 8-14）。

1. 阴道的位置和形态　阴道连接子宫与外生殖器之间，位于盆腔的中央，前邻膀胱底和尿道，后邻直肠。阴道分前后两壁和上下两端。前壁较短，后壁较长，前后两壁呈塌陷状态。阴道的上端较宽阔，包绕子宫颈阴道部，在子宫颈周围形成环状的阴道穹。阴道穹可分为前部、后部和侧部，以后部为最深。后部与直肠子宫陷凹仅隔以阴道后壁和腹膜，当该陷凹有积液时，可经阴道穹后部进行穿刺或引流，以助诊断或治疗。阴道的下端较窄，以阴道口开口于阴道前庭。在处女阴道口周围有处女膜附着，处女膜上有孔，月经经此孔排出。处女膜破裂后，阴道口周围留有处女膜痕。

2. 阴道黏膜的结构特点　阴道由黏膜、肌层和外膜构成。黏膜由上皮和固有层构成，黏膜突起形成许多环行皱襞。上皮为非角化的复层扁平上皮。上皮受卵巢激素的影响而发生周期性更新和脱落。阴道黏膜的上皮在雌激素的作用下产生大量糖原，这些糖原在阴道内乳酸杆菌的作用下被分解为乳酸，以维持阴道的酸性环境，抑制其他微生物的生长。

临床上可通过对阴道的涂片观察，了解卵巢的内分泌功能。此外，阴道脱落细胞检查，也是诊断子宫颈和阴道肿瘤的一种方法。

（五）前庭大腺

前庭大腺，形如豌豆，位于前庭球后端的深面，其导管向内侧开口于阴道口两侧的阴道前庭内。其分泌物有润滑阴道口的作用。如因炎症导致导管阻塞，可形成前庭大腺囊肿（图 8-23）。

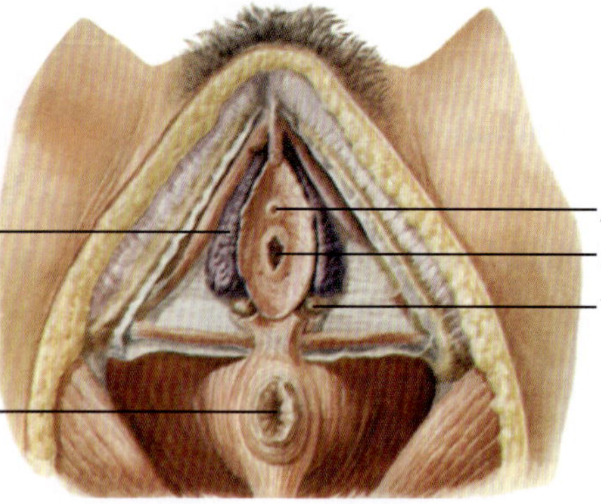

图 8-23　前庭球和前庭大腺

二、女性外生殖器

女性外生殖器又称**女阴**，包括**阴阜**、**大阴唇**、**小阴唇**、**阴道前庭**、**阴蒂**和**前庭球**（图 8-24）。

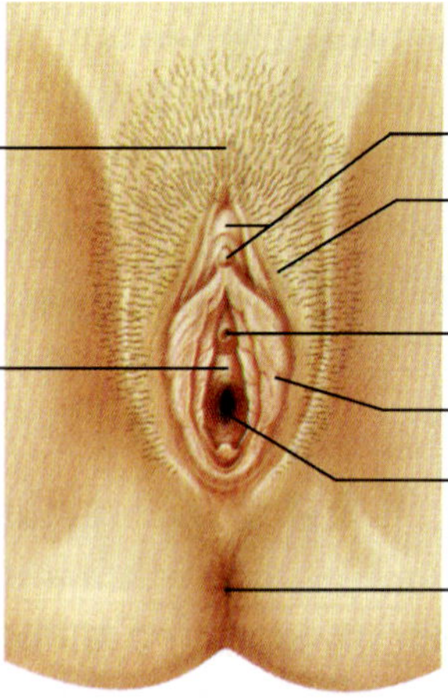

图 8-24　女性外生殖器

阴阜为耻骨联合前方的皮肤隆起，皮下富含脂肪，青春期后长有阴毛。大阴唇为一对纵行的皮肤皱襞，含色素。大阴唇的前端和后端左，右互相连合，分别称为唇前连合和唇后连合；小阴唇位于大阴唇内侧的 1 对较薄的皮肤皱襞。光滑无阴毛。两侧阴唇在前、后端分别会合，前端会合形成阴蒂包皮，后端会合形成阴唇系带。阴道前庭是位于两侧小阴唇之间的裂隙。裂隙内有两个开口：其前部较小的开口为尿道外口，后部较大的为阴道口。阴道口两侧各有一个前庭大腺导管的开口；阴蒂由两个阴蒂海绵体组成，相当于男性的阴茎海绵体，可分为阴蒂脚、阴蒂体和阴蒂头 3 部分。阴蒂头富有感觉神经末梢；前庭球相当于男性的尿道海绵体，呈蹄铁形，分为较细小的中间部和较大的外侧部。中间部位于尿道外口与阴蒂体之间的皮下，外侧部位于大阴唇的皮下（图 8-23）。

链接

会阴侧切术

会阴侧切术是指在会阴部做一斜形切口，可以防止产妇会阴撕裂、保护盆底肌肉。且会阴侧切术切口容易修补和愈合得更好。

第三节　乳房和会阴

一、乳　　房

女性乳房于青春期后开始发育生长，妊娠末期和哺乳期有分泌活动。男性乳房不发育。

（一）乳房位置和形态

乳房位于胸前区的胸大肌表面，第 3 ～ 6 肋之间的浅筋膜内。成年女子未经哺乳的乳房多呈半球形，紧张而富有弹性。乳房的中央有乳头，其顶端有许多输乳管的开口；乳头周围有色素沉着的环形区域，称为**乳晕**。乳头和乳晕的皮肤较嫩薄，易受损伤，哺乳期应注意保护（图 8-25）。

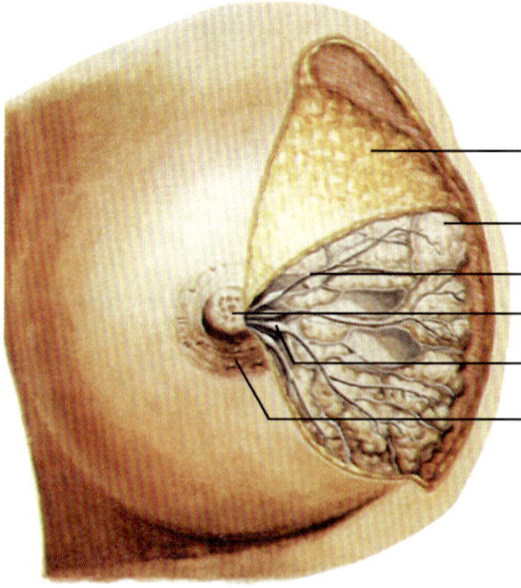

图 8-25　女性乳房的形态和结构

（二）乳房的构造

乳房由皮肤、乳腺和脂肪组织等构成。乳腺被脂肪组织分隔成 15 ～ 20 个乳腺叶，每个乳腺叶有 1 条输乳管开口于乳头。乳腺叶和输乳管均以乳头为中心呈放射状排列。故乳房手术时应尽量做放射状切口，以减少对输乳管及乳腺组织的损伤。乳房皮肤与乳腺深部的胸筋膜之间有许多结缔组织小束，称为乳房悬韧带（Cooper 韧带），这些韧带有支持乳腺的作用。乳腺癌侵犯到这些韧带时，可使其缩短，牵拉皮肤，使皮肤产生许多小凹陷，呈“橘皮样”改变，是乳腺癌的一种早期体征（图 8-26）。

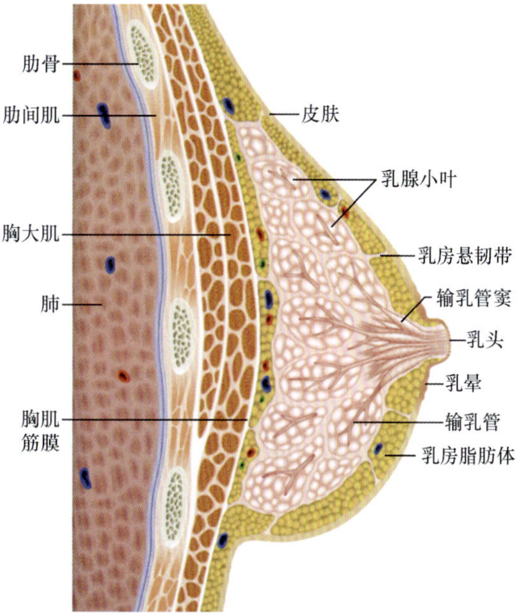

图 8-26　女性乳房矢状切面

考点：会阴和乳房悬韧带的概念

二、会　阴

会阴有狭义和广义之分。**狭义的会阴**即**产科会阴**，指外生殖器与肛门之间的狭窄区域。分娩时此区承受的压力较大，易于撕裂，应注意保护。**广义的会阴**则指盆膈以下封闭骨盆下口的全部软组织结构。其境界呈菱形与骨盆下口一致：前为耻骨联合下缘，后为尾骨尖，两侧为耻骨下支、坐骨支、坐骨结节和骶结节韧带。在两侧坐骨结节之间作一横线，可将会阴分为前、后两个三角区，前方为**尿生殖区**（尿

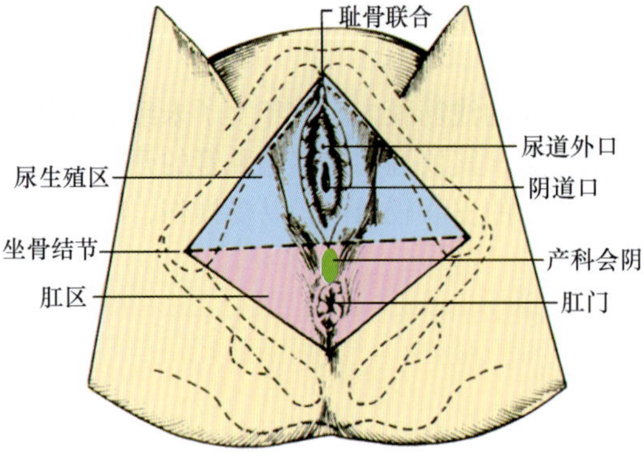

图 8-27　女性会阴

生殖三角），此三角内的肌肉有会阴浅、深横肌及尿道括约肌。由会阴深横肌、尿道括约肌及其上、下面的筋膜共同构成尿生殖膈。男性有尿道通过，女性有尿道和阴道通过。后方为**肛区**（肛门三角），此三角的肌肉为肛提肌，呈漏斗形，封闭骨盆下口大部分，并承托盆腔脏器。由肛提肌及其上、下面的筋膜共同组成的结构称盆膈。有肛管通过。会阴的皮下组织内富含脂肪组织，具有弹性垫的作用（图 8-27）。

小结

男性内生殖器由睾丸、附睾、输精管、射精管、男性尿道及精囊、前列腺、尿道球腺等构成；外生殖器包括阴囊和阴茎。其中睾丸是男性生殖腺，它能产生精子并分泌雄性激素。附睾储存精子并发育成熟，然后经输精管、射精管及男性尿道排出体外。精囊、前列腺及尿道球腺的分泌物参与精液的组成。男性尿道有排尿、排精功能。女性内生殖器由卵巢、输卵管、子宫、阴道及前庭大腺等构成；外生殖器即女阴。卵巢是女性的生殖腺，能产生卵子并分泌女性激素。子宫位于盆腔中央，膀胱与直肠之间，正常呈前倾前曲位，其形态为前后略扁的倒置梨形，可分为底、体、颈 3 部分。子宫内膜的周期性变化可分为增生期、分泌期和月经期。阴道是排出月经、娩出胎儿的管道。

自测题

A 型题

1. 男性内生殖器不包括
   A. 附睾　B. 阴囊
   C. 精囊　D. 射精管
   E. 睾丸
2. 输精管结扎常选的部位是
   A. 睾丸部　B. 精索部
   C. 盆部　D. 腹股沟部
   E. 附睾部
3. 射精管由
   A. 输精管和尿道球腺排泄管合成
   B. 输精管和前列腺排泄管合成
   C. 前列腺和精囊腺管合成
   D. 输精管和精囊腺排泄管合成
   E. 以上答案均不正确
4. 男性尿道
   A. 分为前列腺部、尿道膜部和海绵体部
   B. 耻骨下弯凹面向下，耻骨前弯凹面向上
   C. 尿道前列腺部管腔最粗且长
   D. 后尿道包括前列腺部和尿道球部
   E. 以上答案均不正确
5. 射精管开口于
   A. 尿道膜部　B. 尿道球部
   C. 尿道海绵体部　D. 尿道前列腺部
   E. 尿道外口
6. 精囊
   A. 位于前列腺下方
   B. 可储存精子
   C. 开口于膀胱
   D. 可分泌弱碱性黏液，组成精液的一部分
   E. 分泌物营养精子
7. 有关前列腺的描述，错误的是
   A. 是成对的实质性器官
   B. 位于膀胱与尿生殖膈之间

C. 上端宽大，下端尖细
D. 体的后面正中有前列腺沟
E. 有男性尿道穿行
8. 男性尿道最窄的一段在
A. 尿道外口　B. 尿道内口
C. 尿道膜部　D. 尿道海绵体部
E. 尿道前列腺部
9. 有关男性尿道的描述，错误的是
A. 有 3 个狭窄
B. 有 2 个弯曲
C. 有 3 个扩大
D. 可分为尿道前列腺部、膜部和球部
E. 有排精排尿的功能
10. 男性尿道最宽的部位
A. 尿道膜部　B. 尿道海绵体部
C. 尿道头　D. 尿道前列腺部
E. 尿道根
11. 男性尿道第 2 个狭窄位于
A. 尿道前列腺部　B. 尿道球部
C. 尿道膜部　D. 尿道海绵体部
E. 尿道外口
12. 前列腺的形态为
A. 栗子形　B. 蝌蚪形
C. 圆形　D. 蚕豆形
E. 肾形
13. 卵巢
A. 是腹膜间位器官
B. 后缘有血管出入
C. 卵巢动脉来自髂内动脉
D. 紧贴小骨盆侧壁
E. 血管淋巴管神经卵巢门出入
14. 维持子宫前屈的主要韧带是
A. 子宫阔韧带　B. 子宫圆韧带
C. 子宫主韧带　D. 骶子宫韧带
E. 子宫悬韧带
15. 输卵管结扎通常在
A. 子宫部　B. 峡部
C. 漏斗部　D. 壶腹部
E. 伞部
16. 受精的场所在
A. 输卵管伞部　B. 输卵管峡部
C. 输卵管壶腹部　D. 子宫腔
E. 子宫颈管
17. 有关子宫的描述，正确的是
A. 腹膜外位器官
B. 位于膀胱和直肠之间
C. 其长轴呈垂直位
D. 子宫底连有骶子宫韧带
E . 子宫颈下端完全伸入阴道内
18. 维持子宫前倾的主要韧带是
A. 子宫阔韧带　B. 子宫圆韧带
C. 子宫主韧带　D. 骶子宫韧带
E. 卵巢子宫韧带
19. 产科剖宫取胎常需切开
A. 子宫底　B. 子宫体
C. 子宫颈　D. 子宫峡部
E. 子宫口
20. 女性外生殖器即
A. 会阴　B. 外阴
C. 前庭　D. 女阴
E. 阴阜
21. 关于睾丸说法，不正确的描述是
A. 为成对的生殖腺
B. 能产生精液
C. 呈扁椭圆形
D. 后缘是血管、神经和淋巴管出入部
E. 后缘与附睾相邻
22. 储存精子的器官是
A. 睾丸　B. 附睾
C. 精囊　D. 膀胱
E. 射精管
23. 关于卵巢，错误的说法是
A. 位于盆腔侧壁
B. 是腹膜内位器官
C. 上端与输卵管伞相接触
D. 下端借韧带连于子宫
E. 后缘为卵巢系膜，有血管、神经和淋巴管出入
24. 临床上识别输卵管的标志是
A. 输卵管子宫部　B. 输卵管壶腹
C. 输卵管峡　D. 输卵管伞
E. 以上都不是
25. 结扎输卵管的女性
A. 不排卵，无月经

B. 不排卵，有月经

C. 排卵，有月经

D. 第二性征存在，性器官萎缩

E. 第二性征消失，性器官萎缩

B 型题

A. 睾丸　　B. 附睾

C. 精索　　D. 精囊

E. 卵巢　　F. 子宫

26. 男性生殖腺是

27. 男性附属腺体是

28. 暂时储存精子的器官是

29. 产生卵细胞并分泌雌、孕激素的是

30. 孕育胎儿的肌性器官是

（姚　红）

9 第九章 脉管系统

引言：人体要维持生命，就要不断地通过食物来汲取营养，通过排泄器官排出代谢废物。同样，在人体中的各个细胞、组织和器官，也需要不断获取营养物质和排出代谢产物，那么，这些运输工作由谁来完成呢？承担这个任务的就是脉管系统，它就相当于我们日常生活中需要的交通运输网络，它由一系列封闭的管道组成，包括心血管系统和淋巴系统，其包含的管道遍布我们的全身各部。下面就让我们来认识一下脉管系统的组成、形态结构、分布情况及其各自的职能。

脉管系统是人体内执行运输功能的连续管道系统，包括心血管系统和淋巴系统两部分。**心血管系统**由心、动脉、毛细血管和静脉组成，其内有血液流动；**淋巴系统**由淋巴管道、淋巴器官和淋巴组织组成，淋巴管道内有淋巴液流动。淋巴液沿淋巴管道向心流动，并最终汇入静脉。

脉管系统的主要功能是物质运输，即将由消化系统吸收的营养物质和呼吸系统吸收的氧气运送到全身的器官、组织和细胞，同时将组织和细胞代谢产生的二氧化碳、尿酸、尿素等产物运送到肺、肾和皮肤，排出体外，以保证新陈代谢。内分泌系统产生的激素及生物活性物质也由脉管系统输送至相应的靶器官或靶细胞，以实现机体的体液调节。此外，脉管系统对维持机体内环境相对稳定和参与机体防御功能等许多方面均有重要作用。

第一节　心血管系统概述

心血管系统由心、动脉、静脉和毛细血管组成。

1. 心　心是中空的肌性器官，心腔被房间隔和室间隔分为左、右互不相通的两半，每半又分为心房和心室，即心有左心房、左心室、右心房、右心室 4 个腔。同侧的心房与心室之间借房室口相交通。

2. 动脉　动脉是引导心室血液离心的管道，管壁厚，管腔小，弹性好，逐渐分支，最后移行为毛细血管。

3. 静脉　静脉是引导血液回流心房的管道，弹性差，管壁薄，管腔大，由毛细血管静脉端逐渐汇合，最后注入心房。

4. 毛细血管　毛细血管是连于动脉与静脉之间管径极细、管壁极薄的网状血管，数量多，管壁薄，血流缓慢，是血液与组织细胞进行物质交换的部位。

血液由心室射出，依次流经动脉、毛细血管、静脉，最后反流回心房，这种周而复始、循环不止的流动，称为**血液循环**。根据血液循环的途径不同，可分为**体循环**和**肺循环**（表 9-1，图 9-1）。两个循环同时进行，彼此相通。

（1）**体循环（大循环）**：当心室收缩时，血液由左心室射入主动脉，经主动脉及其各

表 9-1　血液循环途径

体循环	主动脉→	全身动脉各级分支→	全身毛细血管→	全身各级静脉→	上、下腔静脉
	↑	营养物、氧↓↑二氧化碳、代谢产物			↓
	左心室	组织			右心房
	↑				↓
肺循环	左心房	肺泡			右心室
	↑	氧↑↓二氧化碳			↓
	肺静脉	←肺内各级静脉	←肺泡毛细血管	←肺动脉及其分支	←肺动脉干

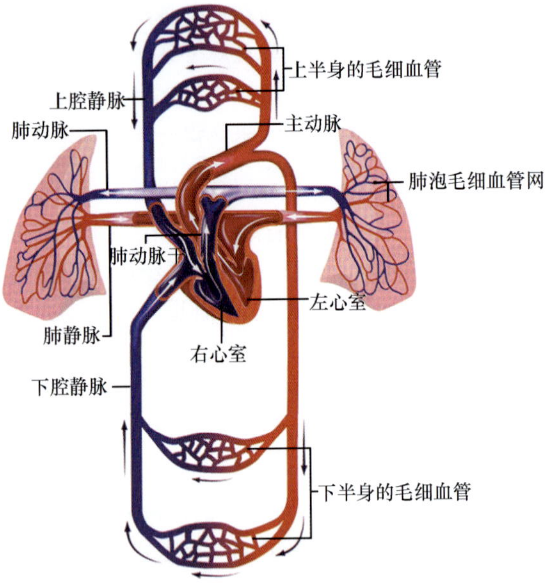

图 9-1　大、小循环示意图

考点：心血管系统的组成，大、小循环途径

级动脉分支流向毛细血管，在此与周围的组织、细胞进行物质交换，再经各级静脉回流，最后经上、下腔静脉和冠状窦返回右心房。体循环的特点是流程长，血液由含 O_2 和营养物质丰富的鲜红色的动脉血转变为 CO_2 含量较高的暗红色的静脉血。

(2) **肺循环（小循环）**：血液由右心室射出，经肺动脉干及其分支到达肺泡毛细血管，进行气体交换，再经肺静脉返回左心房。肺循环的特点是流程短，血液由静脉血转变为动脉血。

(3) 人体的血管除经动脉→毛细血管→静脉相通连外，动脉与动脉之间，静脉与静脉之间甚至动脉与静脉之间，可借血管支（吻合支或交通支）彼此连结，形成血管吻合。

第二节　心　　脏

一、心脏的位置和外形

（一）心脏的位置及毗邻

心脏位于胸腔的中纵隔内，约 2/3 位于正中线的左侧，1/3 位于正中线的右侧。

心脏上方连有出入心脏的大血管；下方与膈的中心腱邻贴；两侧与纵隔胸膜相依；前面平对第 2 ～ 6 肋软骨，大部分被肺和胸膜遮盖，只有小部分与胸骨体下部及左侧第 4、5 肋软骨相邻贴，故在左侧第 4 肋间隙靠近胸骨左侧缘 1 ～ 2cm 处进行心内注射，一般不会伤及胸膜和肺；心脏后方平对第 5 ～ 8 胸椎，与食管及胸主动脉相邻（图 9-2）。

（二）心脏的外形

心脏似前后略扁的、倒置圆锥形，大小约与本人拳头相当。可分为一尖、一底、两面、三缘，表面有三条沟（图 9-3，图 9-4）。

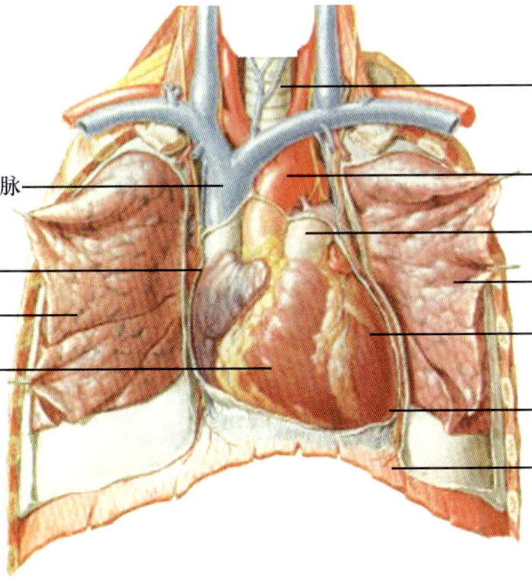

图 9-2　心脏的位置和毗邻

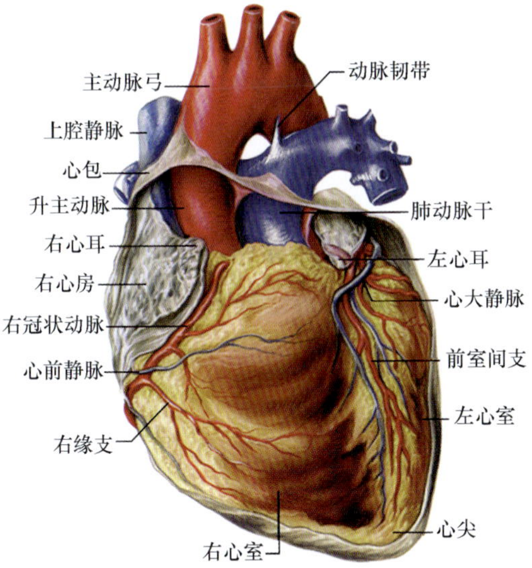

图 9-3　心脏前面观

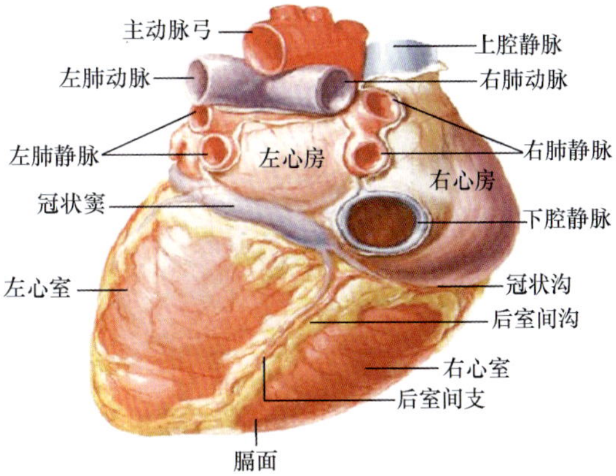

图 9-4　心脏后面观

1. 心尖　钝圆，朝向左前下方，由左心室构成，与左胸前壁接近，位于左锁骨中线与第 5 肋间隙交点内侧 1 ～ 2cm 处，此处可扪及其搏动，故称为**心尖搏动点**。

2. 心底　朝向右后上方，主要由左心房和小部分的右心房构成。上、下方分别有上、下腔静脉注入右心房；左、右肺静脉则分别从两侧注入左心房。

3. 两面　为**胸肋面**和**膈面**。胸肋面又称前面，朝向前上方，与胸骨及肋软骨临近。大部分由右心房和右心室构成，小部分由左心耳和左心室构成。膈面又称下面，与膈的中心腱相邻，近乎水平位。大部分由左心室构成，小部分由右心室构成。

4. 三缘　心脏的**下缘**介于膈面与胸肋面之间，接近水平位，由右心室和心尖构成。左缘绝大部分由左心室构成，仅上方一小部分由左心耳参与。**右缘**由右心房构成。

考点：心的形态特点及表面分界

5. 三条沟　**冠状沟**（房室沟）几乎呈冠状位近似环形，前方被肺动脉干所中断，是心房和心室在心脏表面的分界标志。**前室间沟**和**后室间沟**分别在心室的胸肋面和膈面，是左、右心室在心脏表面的分界标志。前、后室间沟在心尖右侧会合处的凹陷，称**心尖切迹**。这 3 条沟内都走行有血管并被脂肪组织填充。

二、心腔的结构

1. 右心房 位于心脏的右上部，向左前方的突出的部分，称**右心耳**，内面有平行隆起的**梳状肌**。壁薄而腔大，有3个入口和1个出口。其上壁有**上腔静脉口**，下壁有**下腔静脉口**，**冠状窦口**位于下腔静脉口与右房室口之间，它们分别引导人体上、下半身和心壁的静脉血汇入右心房。出口为**右房室口**，位于右心房的前下部，右心房的血液由此流入右心室。右心房后内侧壁的房间隔下部有一卵圆形的浅窝，称**卵圆窝**，为胎儿时期卵圆孔闭锁后的遗迹。此处为房间隔缺损好发部位（图9-5）。

2. 右心室 位于右心房的左前下方，有1个入口和1个出口。入口为右房室口，其周缘有3片三角形瓣膜，称**三尖瓣**。瓣膜的游离缘和右心室内的**乳头肌**借**腱索**相连。腱索由结缔组织构成，乳头肌是心室壁的心肌突向心室腔的乳头状隆起。当右心室收缩时，由于三尖瓣环缩小及血流推动，使三尖瓣相互对合，右房室口关闭，因乳头肌收缩和腱索牵拉，使瓣膜不致翻向心房，从而防止血液由右心室倒流回右心房。右心室的出口为**肺动脉口**，周缘有3个彼此相连的半月形袋口向上的**肺动脉瓣**。右心室收缩时，血液冲开肺动脉瓣进入肺动脉干；当心室舒张时，肺动脉瓣被倒流的血液充满，使3个瓣膜相互靠拢，肺动脉口关闭，阻止血液返流入右心室（图9-5）。

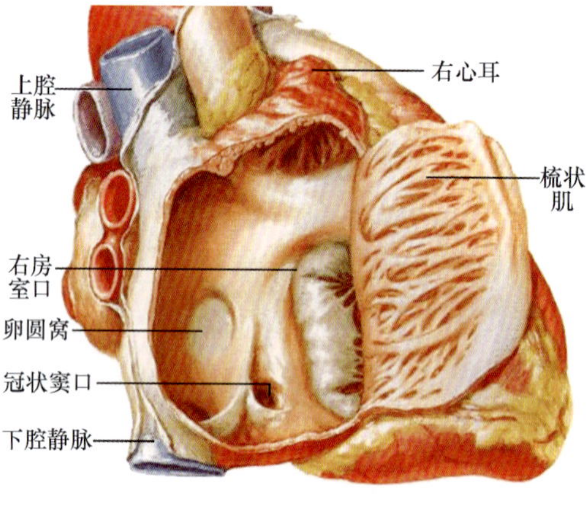

右心房内腔

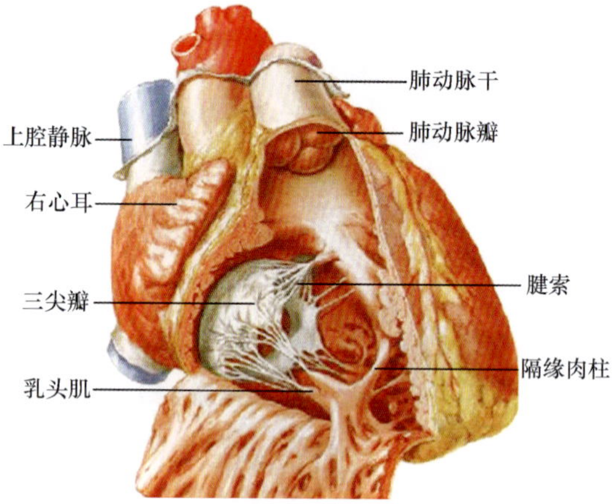

右心室内腔

图9-5　右心房和右心室内腔

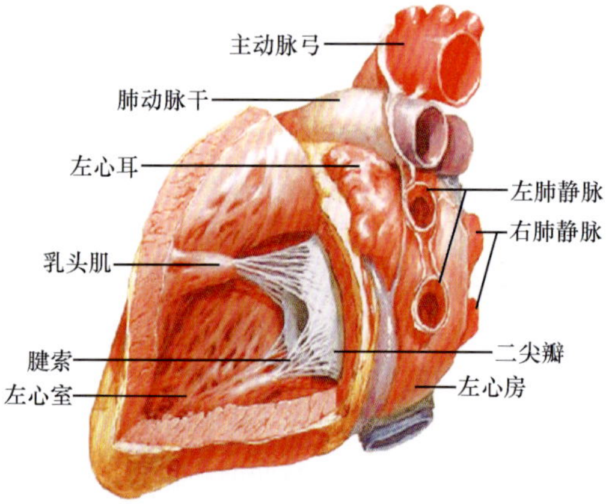

图9-6　左心房和左心室内腔

考点：各心腔的主要结构及血流方向

3. 左心房 位于右心房的左后方，向右前突出的部分称为**左心耳**。有4个入口和1个出口。入口为**肺静脉口**，位于左心房后壁两侧，左、右各一对。出口为左房室口，通向左心室（图9-6）。

4. 左心室 位于右心室的左后方，构成心脏的左缘和心尖，有1个入口和1个出口。入口为**左房室口**，该口周缘有2片三角形的瓣膜，称**二尖瓣**，瓣膜的游离缘和左心室内的乳头肌借腱索相连。出口为**主动脉口**，其周围的纤维环上附有3个彼此相连的半月形袋口向上的**主动脉瓣**（图9-6）。

心脏瓣膜总结见表 9-2。

表 9-2 心脏瓣膜的位置及作用

瓣膜	位置	作用
二尖瓣	左房室口	防止血液由左心室返回左心房
三尖瓣	右房室口	防止血液由右心室返回右心房
主动脉瓣	主动脉口	防止血液由主动脉返回左心室
肺动脉瓣	肺动脉口	防止血液由肺动脉返回右心室

案例 9-1

患者李某，男，50 岁。因间歇性头痛、头晕 8 年余，加重 2 个月来院就诊。查体：身高 172cm，体重 85kg，血压 180/140mmHg，心脏超声检查示左心室肥大。临床诊断：高血压，左心室肥厚。

问题：

1. 心脏位于人体何处？
2. 左心室与动脉及其他心腔有何关系？

三、心脏的构造

1. 心壁的结构 心壁由内向外依次由心内膜、心肌层和心外膜构成。它们分别与血管的 3 层膜相对应。心肌层是构成心壁的主要部分。

(1) 心内膜：是由内皮及其深面的结缔组织构成的表面光滑的薄膜，与血管内膜相延续。心的瓣膜就是由心内膜折叠而成的。

(2) 心肌层：是构成心壁的主体，由心肌纤维构成，为心壁 3 层结构中最厚的一层。心室肌较心房肌厚，左心室肌最厚。在房室口和动脉口处都有由致密结缔组织构成的纤维环，心房肌和心室肌分别附着于互不相连的纤维环上，因此兴奋不能由心房肌直接传给心室肌，即房、室不能同时收缩。心瓣膜也附着于纤维环，所以纤维环又称为心的“骨骼”，对心起支架的作用。

(3) 心外膜：为心壁外面的一层浆膜，即浆膜性心包的脏层。深面有少量结缔组织，内含有血管、淋巴管和神经等。

2. 房间隔与室间隔

(1) 房间隔：位于左、右心房之间，由两层心内膜中间夹结缔组织和少量心肌细胞构成。卵圆窝是房间隔的最薄弱处。

(2) 室间隔：位于左、右心室之间，室间隔的大部分由心肌构成，称**肌部**；在室间隔近心房处，有一缺乏心肌的卵圆形区域，称**膜部**，为室间隔缺损的好发部位。

四、心脏的传导系统

心脏的传导系统由特殊分化的心肌细胞构成，其功能是产生并传导冲动，维持心脏的正常节律性搏动。心脏的传导系统包括窦房结，房室结，房室束，左、右束支和浦肯野纤维网（图 9-7）。

考点：心传导系统的组成

1. 窦房结 位于上腔静脉与右心房交界处前方的心外膜深面，呈长椭圆形。窦房结内主要有起搏细胞，为心脏的正常起搏点。它发出分支至心房肌和房室结。

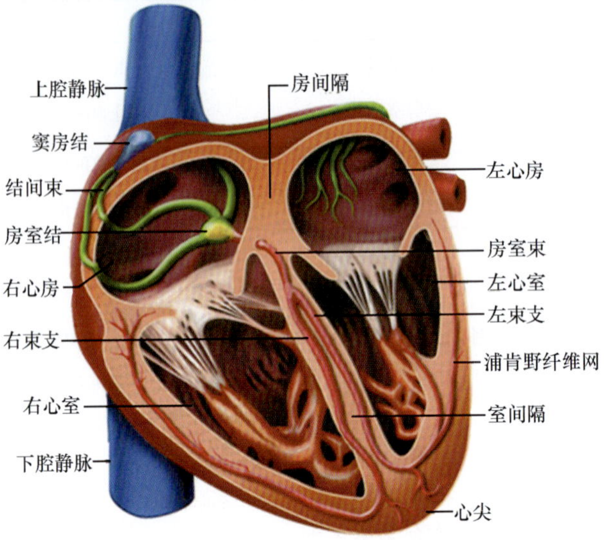

图 9-7 心脏传导系统

2. 房室结 呈扁椭圆形，位于冠状窦口前上方的心内膜深面。它主要将窦房结的兴奋传向心室，是冲动从心房传向心室的必经之路。其本身也有产生兴奋的作用，为最重要的次级起搏点。由于其频率较窦房结低，所以正常情况下不起作用。

3. 房室束及左、右束支 房室束又称 His 束，起自房室结，沿室间隔至肌部上缘分为左束支和右束支，分别沿室间隔两侧的心内膜深面下行，最后形成**浦肯野（Purkinje）纤维网**与心室肌纤维接触，将冲动传递给心室肌。

链接

人工心脏起搏

人工心脏起搏是用人造的脉冲电流刺激心脏，以带动心脏的疗法，是缓慢性心律失常治疗学的重要进展之一。大家知道，正常人心跳的发源地位于心脏的窦房结。如果窦房结发生病变，起搏频率减少，或者根本就发不出冲动，心跳停止工作，患者就可能死亡。如果窦房结能正常发放冲动，但二级起搏点房室结发生病变，则从窦房结发出的冲动也不能传到心脏，产生房室传导阻滞，心室自主性节律又很慢，这时患者也会有生命危险。人工心脏起搏器的出现，给这些患者带来了福音。

五、心脏的血管

心脏的血液供应来自左、右冠状动脉；回流的静脉血，绝大部分经冠状窦汇入右心房。心脏本身的循环称为冠状循环。尽管心脏仅占体重的约 0.5%，而总的冠脉血流量占心排血量的 4% ～ 5%。因此，冠状循环具有十分重要的地位。

（一）动脉

营养心壁的动脉为左、右冠状动脉，均起自升主动脉根部。

1. 右冠状动脉 经右心耳与肺动脉干根部间入冠状沟右行，至房室交点附近形成倒“U”形弯曲分为后室间支和左室后支。右冠状动脉主要分布于右心房、右心室、左心室后壁的一部分和室间隔后 1/3，包括左束支的后半及窦房结（约 60%）和房室结（约 93%）（图 9-8）。

2. 左冠状动脉 经左心耳与肺动脉干之间沿冠状沟左行，随即分为前室间支和旋支。前室间支，沿前室间沟下行与右冠状动脉的后室间支吻合，主要分布于左心室前壁、右心室前壁的小部分和室间隔前 2/3；旋支，沿冠状沟向左行至膈面，主要分布于左房、左室的侧壁和后壁及窦房结（约 40%）等处（图 9-9）。

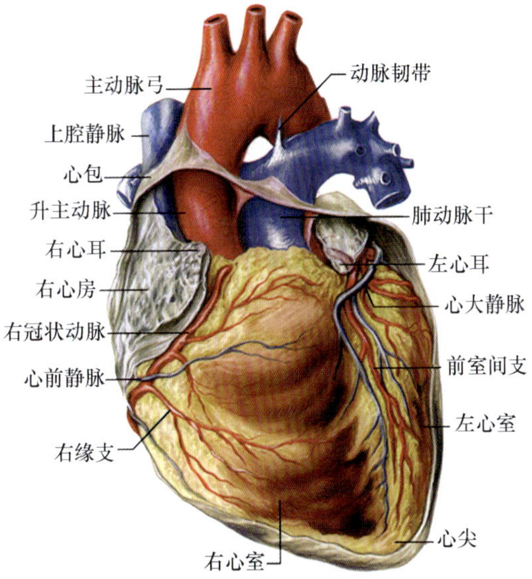

图 9-8 心脏的血管（胸肋面）

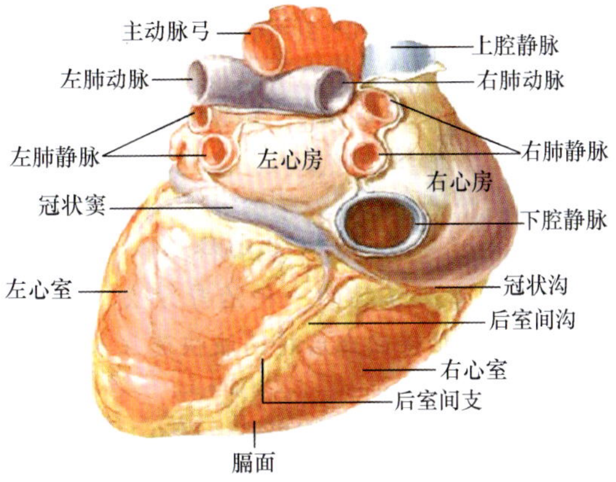

图 9-9 心脏的血管（膈面）

（二）静脉

心的静脉多与动脉伴行，最后于冠状沟后部汇合成**冠状窦**（图 9-9），经冠状窦口汇入右心房。主要属支有心大静脉、心中静脉和心小静脉。

六、心　包

心包是包裹心脏及出入心脏的大血管根部的锥体形纤维浆膜囊。可分为外层的纤维心包和内层的浆膜心包。

纤维心包 由坚韧的纤维性结缔组织构成，其上方与出入心脏的大血管外膜延续，下方附着于膈的中心腱。

浆膜心包 分脏、壁两层。脏层即心外膜，壁层紧贴纤维心包的内面。脏层和壁层在大血管根部相互移行，围成心包腔，内含少量浆液起润滑作用，可减少心脏搏动时的摩擦。心包具有保护作用，可防止心脏过度扩大。由于纤维心包伸缩性很小，当心包腔大量积液时，可限制心脏的舒张，影响血液的回流（图 9-10）。

链接

心包穿刺是借助穿刺针直接刺入心包腔的诊疗技术。其目的是引流心包腔内积液，

为**弹性动脉**。中动脉和小动脉的中膜以平滑肌为主，故又称为**肌性动脉**。小动脉管壁平滑肌的舒缩，不但可改变其口径，影响器官组织的血流量；还可改变血流的外周阻力，影响血压。

(3) 外膜：较薄，由疏松结缔组织构成，含有小血管、淋巴管和神经等。动脉的管壁较厚，弹性较大，管壁可随心跳而有较明显的搏动，管腔横断面呈圆形。

2. 静脉 静脉管壁较薄，也分为内膜、中膜和外膜，但 3 层之间的界限不明显。与同名的伴行动脉相比，静脉管壁较薄，弹性较小，管腔较大，横断面不规则，腔内多有静脉瓣（图 9-13）。

3. 毛细血管 毛细血管的管径一般为 6 ～ 8μm，管壁仅由一层内皮和基膜构成。毛细血管分连续毛细血管、有孔毛细血管和窦性毛细血管 3 类（图 9-14）。

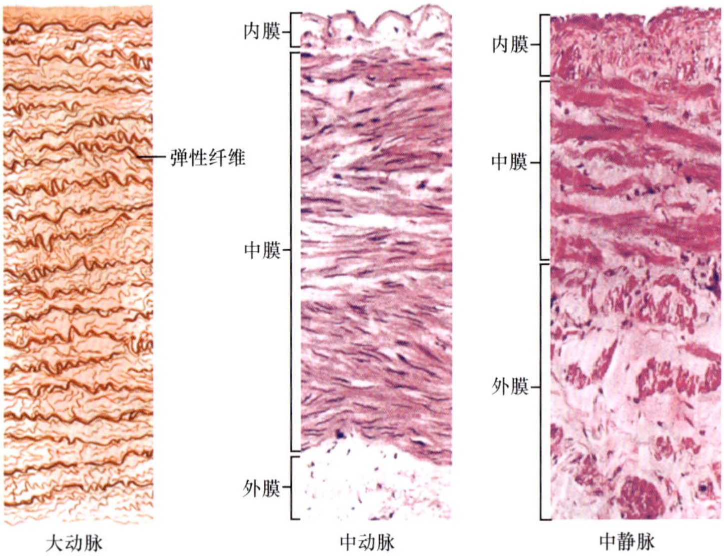

图 9-13 大动脉、中动脉和中静脉的微细结构

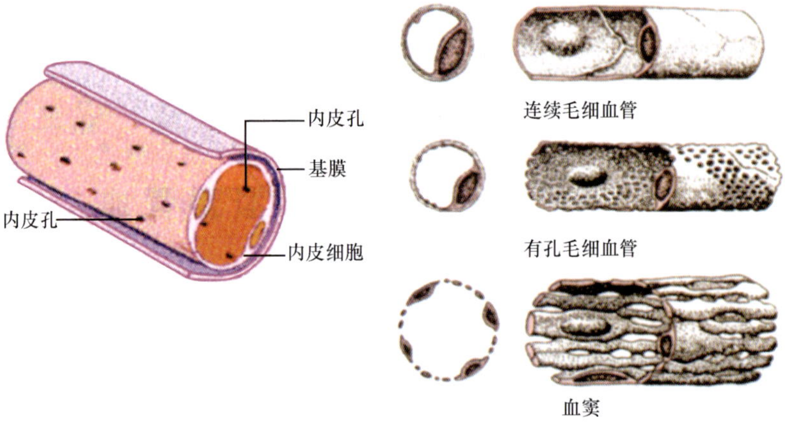

图 9-14 毛细血管结构与分类

(1) 连续毛细血管：内皮细胞相互连续，细胞间连接紧密，基膜完整，主要分布于结缔组织、肌组织、肺和中枢神经系统等处。

(2) 有孔毛细血管：与连续毛细血管的结构基本相同，但内皮细胞核以外的部分极薄且有孔，主要分布于肾血管球等处。

(3) 窦性毛细血管：简称为**血窦**，管腔大且不规则，内皮细胞之间有较大的间隙，细胞有孔，基膜不完整或无基膜，主要分布于肝、脾、骨髓等处。

4. 微循环　微循环是指微动脉和微静脉之间的血液循环。它具有调节局部血流的功能，对组织和细胞的新陈代谢有很大影响。微循环一般包括微动脉、毛细血管前微动脉和中间微动脉、真毛细血管、直捷通路、动静脉吻合和微静脉 6 个部分（图 9-15）。

(1) 微动脉：是小动脉的终末支。管壁内平滑肌的舒缩可调节进入微循环的血流量，是控制微循环的总闸门。

(2) 毛细血管前微动脉和中间微动脉：微动脉的分支称毛细血管前微动脉。后者再分支为中间微动脉。

考点：血管的分类和血管壁的特点；微循环的概念

(3) 真毛细血管：是中间微动脉分支形成相互吻合的毛细血管网。在真毛细血管起始处有少量环形的平滑肌，称**毛细血管前括约肌**，它的舒缩可调节真毛细血管内的血流量，是调节微循环的分闸门。

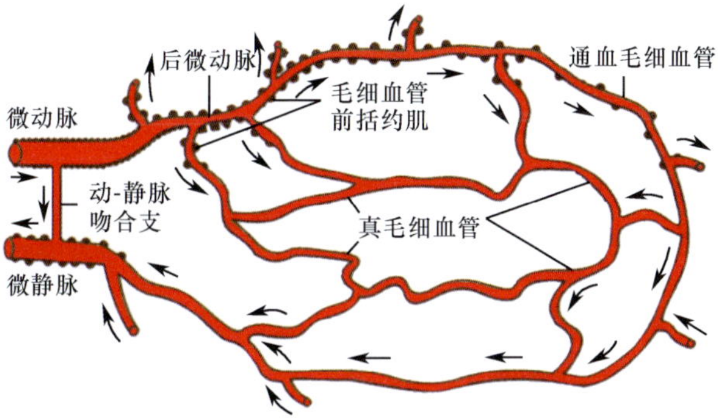

图 9-15　微循环模式图

(4) 直捷通路：是中间微动脉的延伸部分直接和微静脉相通，结构似毛细血管，只是管径略粗。

(5) 动 - 静脉吻合：是微动脉和微静脉之间直接连通的血管。

(6) 微静脉：是小静脉的起始部分。

二、肺循环的血管

（一）肺循环的动脉

肺动脉干短而粗，起于右心室，在升主动脉的前方向左后上方斜行，至主动脉弓的下方分为左、右肺动脉。左、右肺动脉分别经左、右肺门入肺，入肺后与支气管伴行，经多次分支后形成肺泡表面毛细血管并吻合成网。在肺动脉干分叉处稍左侧与主动脉弓下缘之间有一条结缔组织索，称动脉韧带，是胎儿时期动脉导管闭锁后的遗迹。若动脉导管在出生后 6 个月尚未闭锁，则称**动脉导管未闭**，是常见的先天性心脏病之一。

（二）肺循环的静脉

肺静脉起自肺泡表面的毛细血管网，在肺内逐级汇合，至两侧肺门处，各自形成两条肺静脉出肺，注入左心房（图 9-6）。

三、体循环的动脉

器官外动脉的分布表现出一些基本规律：①大多数动脉的分布左、右对称；②动脉常与静脉、神经伴行；③分布于胸部、腹部和盆部的动脉分脏支和壁支，其中壁支仍保留着原始分节状态，如肋间后动脉、腰动脉；④动脉在行程中多居于身体的屈侧、深部或安全隐蔽的部位，如由骨、肌和筋膜所形成的沟或管内，不易遭受损伤；⑤动脉分布的形式与器官的形态、功能相关；⑥动脉常以最短距离到达它所分布的器官，但也有例外，如睾丸动脉，此种特殊情况可以从胚胎发生中得到解释；⑦动脉的管径有时不完全决定于它所供血器官的大小，而与该器官的功能有关，例如，肾动脉的管径就大于营养全部小肠和部分结肠的肠系膜上动脉，这与肾的泌尿功能有关。

考点：主动脉的分支和分布

体循环的动脉主干是主动脉。主动脉由左心室发出，向右前上方斜行，再弯向左后，沿脊柱左前方下行，穿膈的主动脉裂孔入腹腔，至第 4 腰椎椎体下缘处分为左、右髂总动脉。以胸骨角平面为界将主动脉分为升主动脉、主动脉弓和降主动脉 3 部分（图 9-16，图 9-17）。

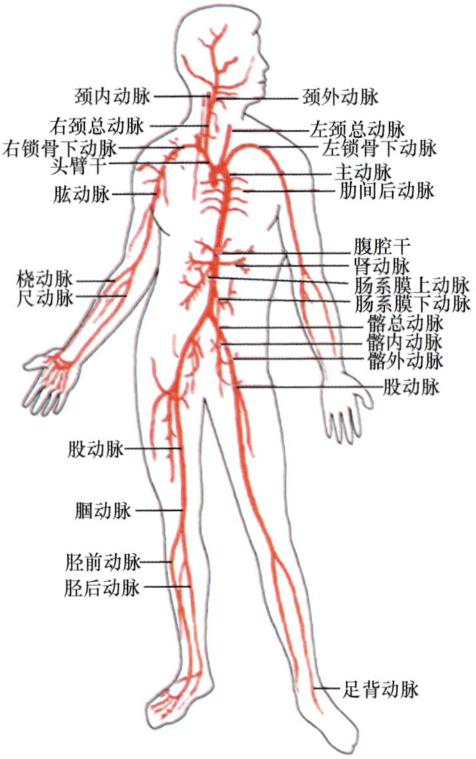

图 9-16　全身的动脉

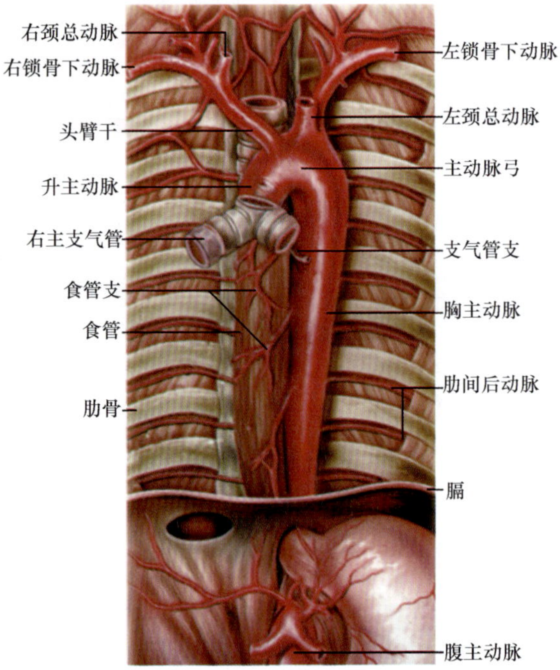

图 9-17　主动脉的分部及其分支

升主动脉　在其起始处有左、右冠状动脉发出。

主动脉弓　在主动脉弓的凸侧，自右前向左后依次发出**头臂干**、**左颈总动脉**和**左锁骨下动脉** 3 个分支。头臂干向右上方行至右胸锁关节后方，分为右颈总动脉和右锁骨下动脉。主动脉弓壁内有压力感受器，具有调节血压的作用。主动脉弓下方靠近动脉韧带处有 2 ～ 3 个粟粒状小体，称**主动脉小球**，是化学感受器，参与呼吸调节。

降主动脉 以膈为界，又将其分为胸主动脉和腹主动脉。

（一）头颈部的动脉

头颈部的动脉主干是颈总动脉（图9-18）。两侧颈总动脉均在胸锁关节的后方沿气管、喉和食管的外侧上行，至甲状软骨上缘分为颈内动脉和颈外动脉。

在颈总动脉分叉处有颈动脉窦和颈动脉小球。颈动脉窦是颈总动脉末端和颈内动脉起始部的膨大部分，壁内有压力感受器，具有调节血压的作用。颈动脉小球是位于颈内、外动脉分叉处后方的扁椭圆形小体，属化学感受器参与调节呼吸。

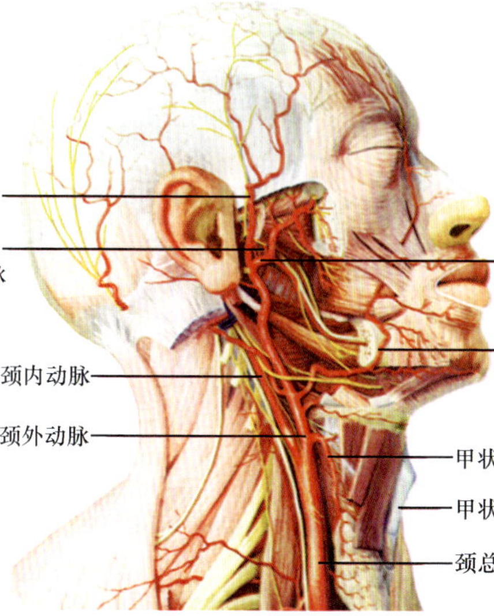

图 9-18 颈外动脉及其分支

链接

颈总动脉在胸锁乳突肌前缘中份，位置表浅，可触及搏动（图9-19），头颈部外伤出血时，可在此向后内方压至第6颈椎横突以达止血目的。注意不能同时压迫两侧的颈总动脉，以免造成大脑缺血；压迫时间也不宜太长，以免引起颈部化学感受器和压力感受器反射而危及生命。

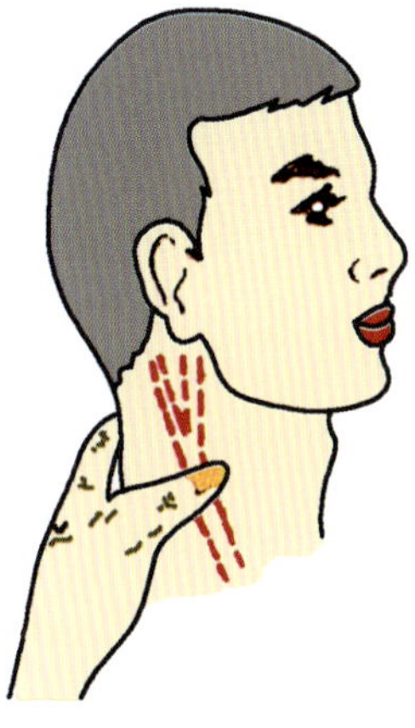
图 9-19 颈总动脉压迫止血点

1. 颈外动脉 沿胸锁乳突肌的深面上行，在腮腺实质内分为上颌动脉和颞浅动脉两个终支。其主要分支有：①**面动脉**：在平下颌角处自颈外动脉发出，向前经下颌下腺深面，至咬肌前缘绕过下颌骨下缘到达面部，再经口角的外侧和鼻翼的外侧上行至眼的内侧，改称为**内眦动脉**。面动脉沿途分布于面部、下颌下腺和腭扁桃体等处。②**颞浅动脉**：经外耳门前方上行，越过颧弓根上行至颅顶。分布于腮腺、颞部和颅顶；③**上颌动脉**：在腮腺内发出后，经下颌支的深面行向前内，分布于鼻腔、口腔和硬脑膜等处。其中分布于硬脑膜的分支，称**脑膜中动脉**，自上颌动脉发出后穿棘孔入颅腔，紧贴翼点内面走行。当颞部（翼点）骨折时，易损伤该血管，引起硬膜外血肿。

考点：颈外动脉的主要分支和分布；颈动脉小球的概念

链接

面动脉在咬肌前缘与下颌骨下缘交界处（下颌角前方约3cm处）位置表浅可触及搏动，当面部出血时，此处可作压迫止血点（图9-20）；颞浅动脉穿腮腺上行于外耳门前方及颧弓根部浅面，耳屏前方可触及该动脉搏动，当颞部和颅顶部出血时，此处可作压迫止血点（图9-21）。

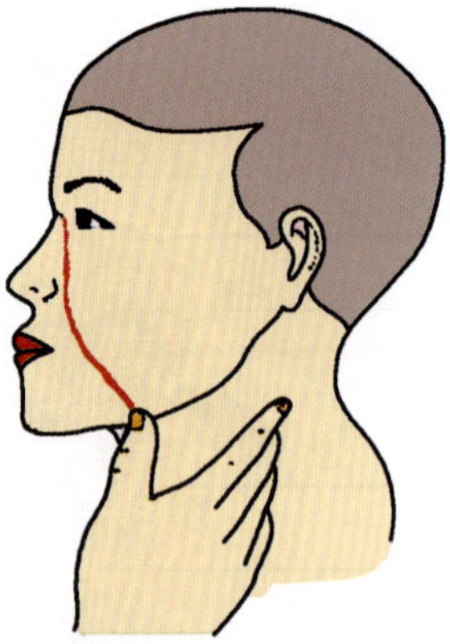

图 9-20　面动脉压迫止血点

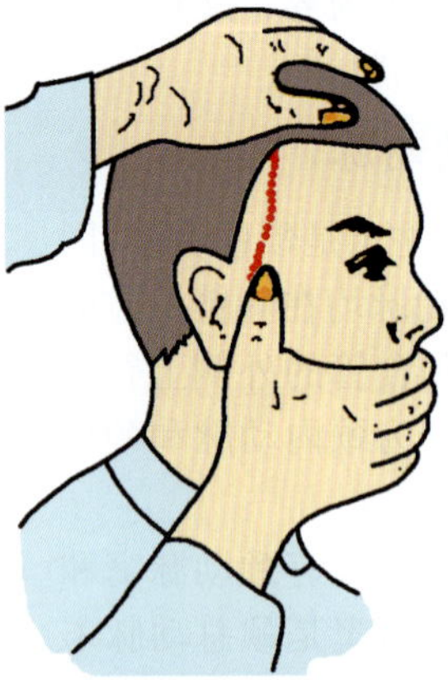

图 9-21　颞浅动脉压迫止血点

2. 颈内动脉　由颈总动脉发出后，在咽的外侧垂直上升穿颈动脉管进入颅腔，分布于脑和视器（图 9-22）。

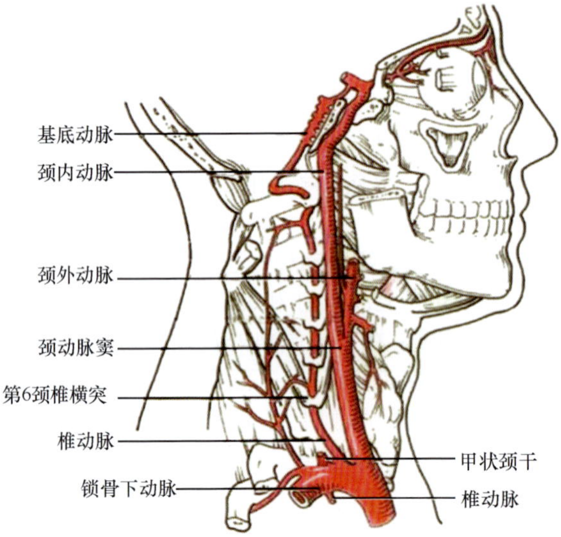

图 9-22　颈内动脉和椎动脉

（二）锁骨下动脉和上肢的动脉

1. 锁骨下动脉　左侧起自主动脉弓，右侧起自头臂干，经胸廓上口到颈根部继而行向外侧，至第 1 肋的外侧缘移行为腋动脉。锁骨下动脉的主要分支（图 9-23）：①**椎动脉**：由锁骨下动脉上壁发出，向上穿第 1 ～ 6 颈椎横突孔，经枕骨大孔入颅腔，分布于脑和脊髓；②**胸廓内动脉**：由锁骨下动脉向下发出进入胸腔，沿肋软骨的后面下行，最后进入腹直肌鞘内，移行为腹壁上动脉。胸廓内动脉分布于胸前壁、乳房、心包、腹直肌和膈；③**甲状颈干**：为一短干，其主要分支为甲状腺下动脉，分布于甲状腺下部和喉等处。

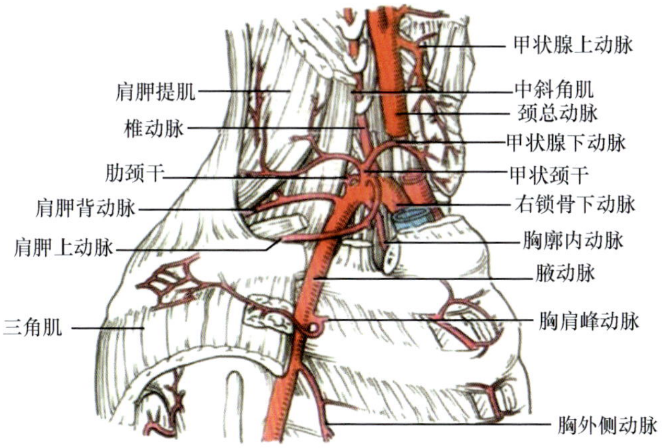

图 9-23 锁骨下动脉及其分支

链接

锁骨下动脉压迫止血点

当上肢外伤出血时，可于锁骨中点上方向后下方将锁骨下动脉压向第 1 肋进行止血（图 9-24）。

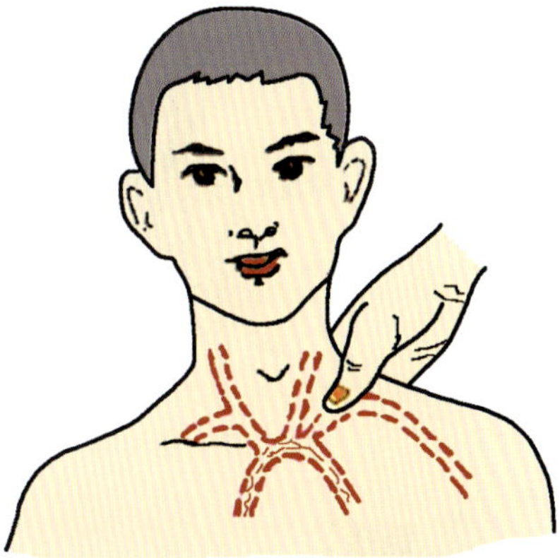
图 9-24 锁骨下动脉压迫止血点

2. 上肢的动脉

（1）腋动脉（图 9-25）：为上肢的动脉主干，由锁骨下动脉延续而成，在腋窝内行向外下，至臂部移行为肱动脉。腋动脉的分支主要分布于肩部、胸前外侧壁和乳房等处。

（2）肱动脉（图 9-26）：为腋动脉的直接延续，沿肱二头肌内侧缘下行至肘窝深部，分为桡动脉和尺动脉。肱动脉沿途分支分布于臂部及肘关节。在肘窝稍上方肱二头肌肌腱的内侧可触到肱动脉的搏动，此处是测量血压时的听诊部位。

（3）桡动脉：由肱动脉分出后，沿前臂前群肌的桡侧下行，经腕部到达手掌。

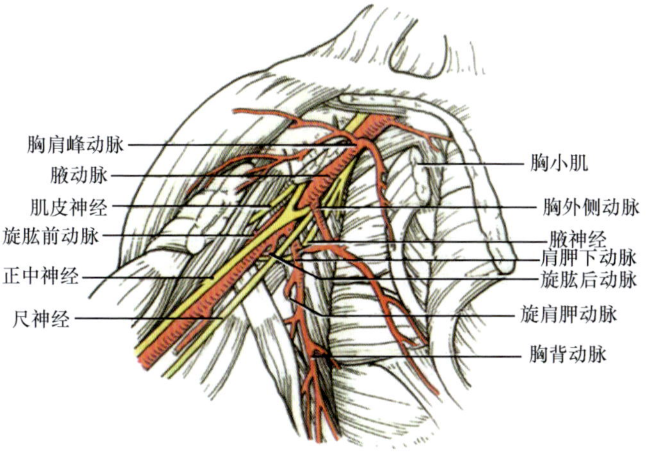

图 9-25 腋动脉及其分支

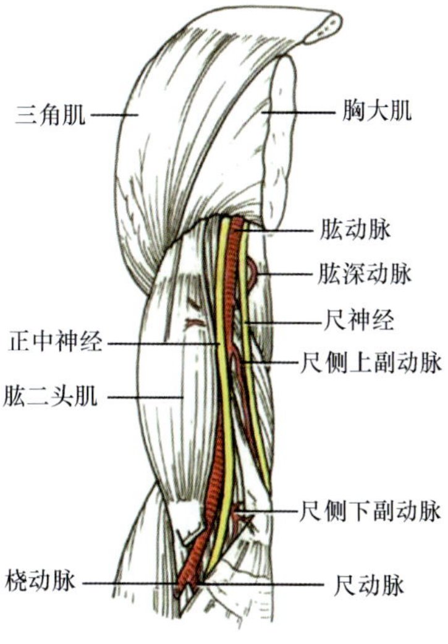

图 9-26 肱动脉及其分支

(4) 尺动脉（图 9-27）：由肱动脉分出后，在前臂前群肌的尺侧下行，经腕部到达手掌。桡动脉与尺动脉沿途分布于前臂和手。

(5) 掌浅弓和掌深弓（图 9-28）：由尺动脉与桡动脉在手掌的终末支相互吻合而成。掌浅弓和掌深弓除分支分布于手掌外，还发出指掌侧固有动脉，沿手指掌面的两侧缘行向指尖。

考点：上肢动脉的主干

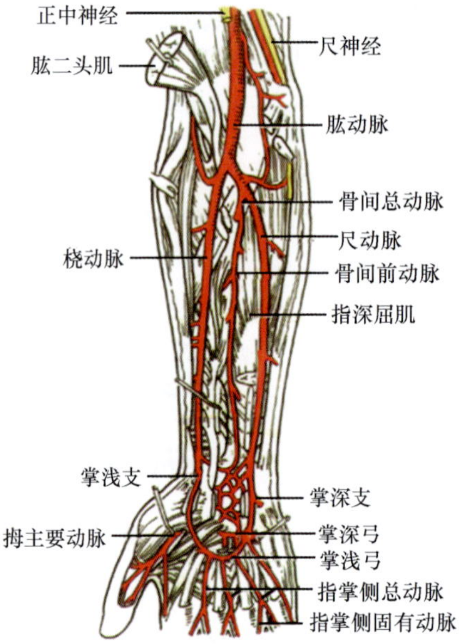

图 9-27　桡动脉和尺动脉

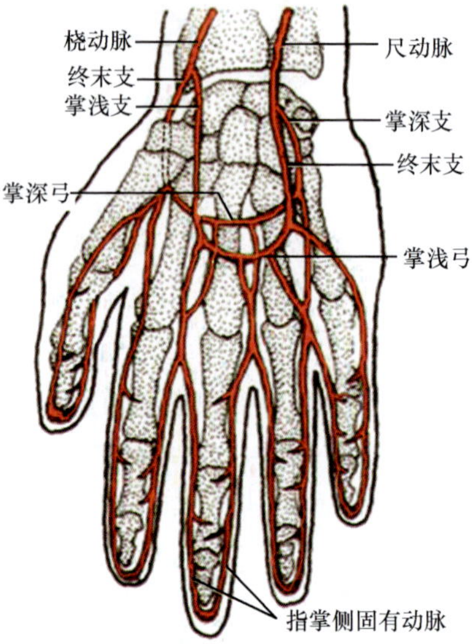

图 9-28　手的动脉（右侧）

链接

肱动脉走行位置表浅易触及搏动，当前臂、手外伤出血时，可在臂中部将该动脉压向肱骨止血（图 9-29）；手外伤出血时，可在腕掌侧面的上方压迫桡动脉和尺动脉进行止血（图 9-30）；手指的动脉行于手指的两侧缘，手指出血时可在手指两侧压迫止血。桡动脉在桡骨茎突掌侧位置表浅，为常用摸脉点。

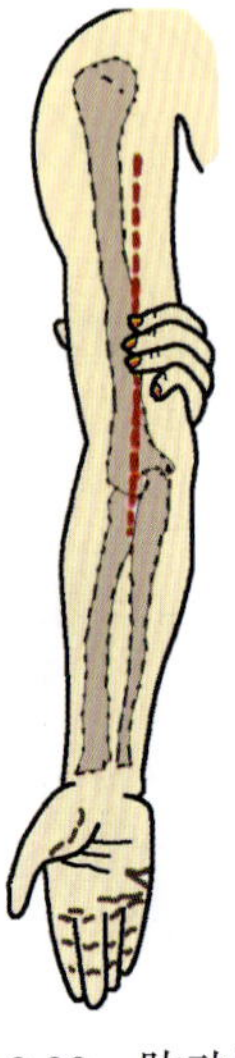

图 9-29　肱动脉压迫止血点

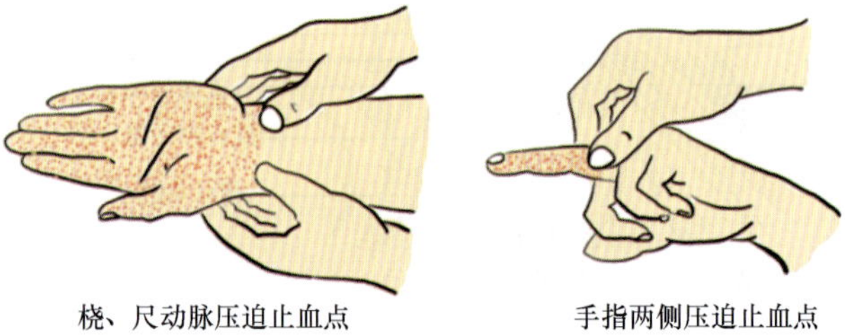

图 9-30　手的动脉压迫止血点

（三）胸部的动脉

主干是胸主动脉，其分支有壁支和脏支（图 9-31，图 9-32）。

壁支包括肋间后动脉和肋下动脉，沿肋沟走行，分布于胸壁、腹壁上部和脊髓等处。脏支细小，主要有支气管支、食管支和心包支，分布于各级支气管、食管和心包等处。

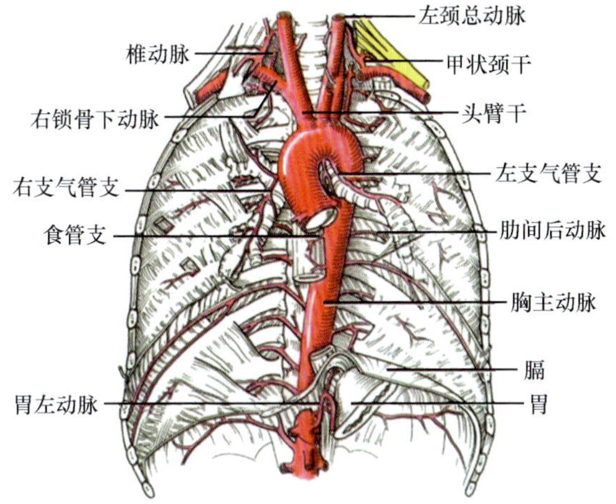

图 9-31　胸主动脉及其分支

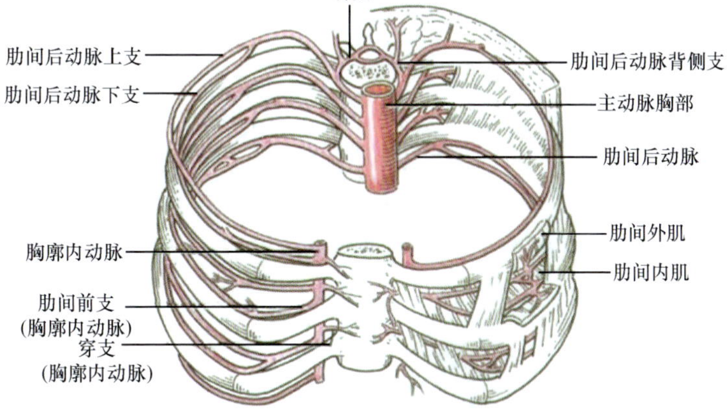

图 9-32　胸壁的动脉

（四）腹部的动脉

主干是腹主动脉，其分支也分壁支和脏支（图 9-33）。

壁支较细小，主要是 4 对腰动脉，分布于脊髓、腹后壁等处。

脏支数量多且粗大，分成对脏支和不成对脏支 2 种。

1. 成对的脏支　主要有：①**肾上腺中动脉**：在平对第 1 腰椎平面处发出，横行向外，分布于肾上腺；②**肾动脉**：较粗，约在平对第 2 腰椎体平面处发出，横行向外经肾门入肾；③**睾丸动脉**：细长，在肾

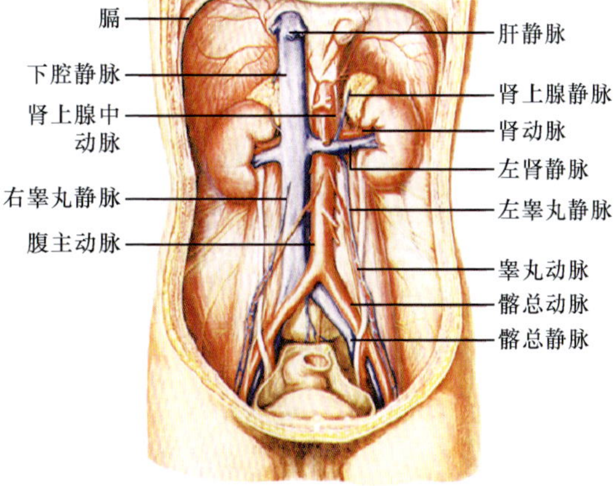

图 9-33　腹部的动脉

动脉的稍下方发出，沿腹后壁斜向外下，继而经腹股沟管进入阴囊分布于睾丸。在女性则称**卵巢动脉**，分布于卵巢。

2. 不成对的脏支 主要有：①**腹腔干**（图 9-34）：粗而短，在主动脉裂孔稍下方由腹主动脉前壁发出，立即分为**胃左动脉、肝总动脉和脾动脉**。胃左动脉分支分布于胃小弯侧的胃壁和食管的腹段。肝总动脉行向右前方，于十二指肠上部的上方，分为**肝固有动脉**和**胃十二指肠动脉**。肝固有动脉在起始处发出胃右动脉，本干在肝十二指肠韧带内上行达肝门处分左、右支入肝，右支入肝前发出胆囊动脉。胃、十二指肠动脉在十二指肠上部的后方下行，分为数支，其中主要的是胃网膜右动脉。脾动脉沿胰的上缘左行至脾门入脾，沿途发出胰支分布于胰，在脾门附近还发出胃短动脉和胃网膜左动脉。②**肠系膜上动脉**（图 9-35）：在腹腔干稍下方由腹主动脉前壁发出，在胰头后方下行进入肠系膜，分支分布于空肠、回肠、盲肠、阑尾、升结肠、横结肠。③**肠系膜下动脉**（图 9-35）：约平第 3 腰椎高度，发自腹主动脉分支，分布于降结肠、乙状结肠和直肠上部。

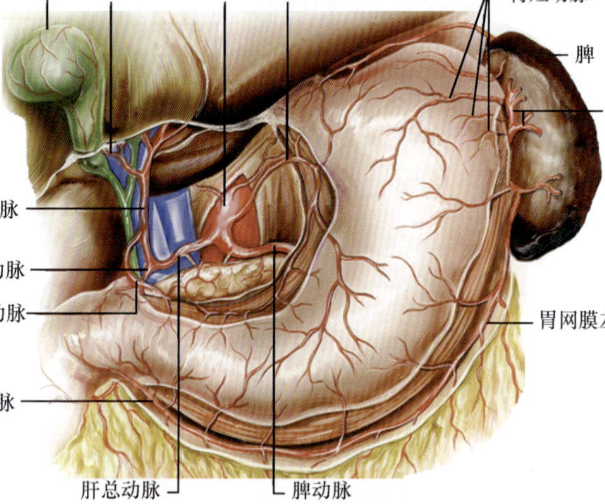

图 9-34　腹腔干及其分支

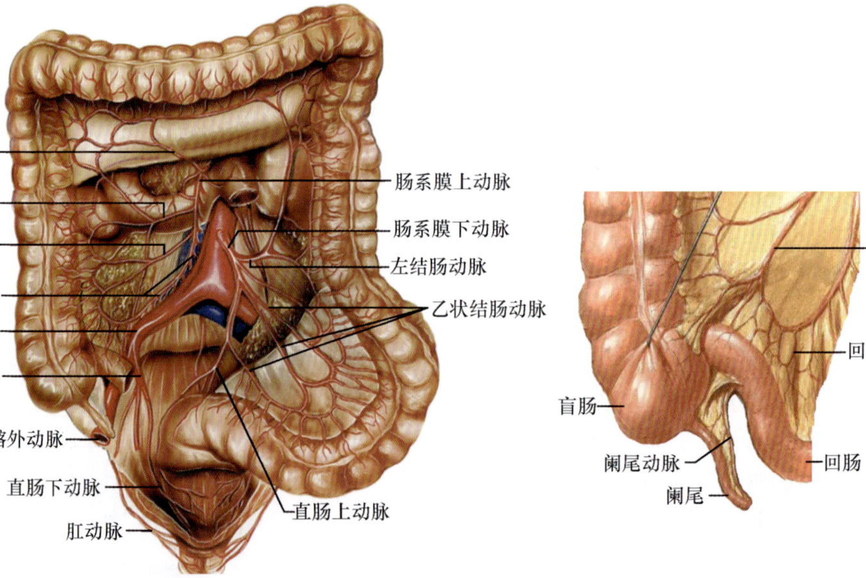

图 9-35　肠系膜上、下动脉及其分支

（五）盆部的动脉

主干是**髂总动脉**，髂总动脉在第4腰椎椎体下缘由腹主动脉发出斜向外下方走行，至骶髂关节前方分为**髂内动脉**和**髂外动脉**（图9-36）。

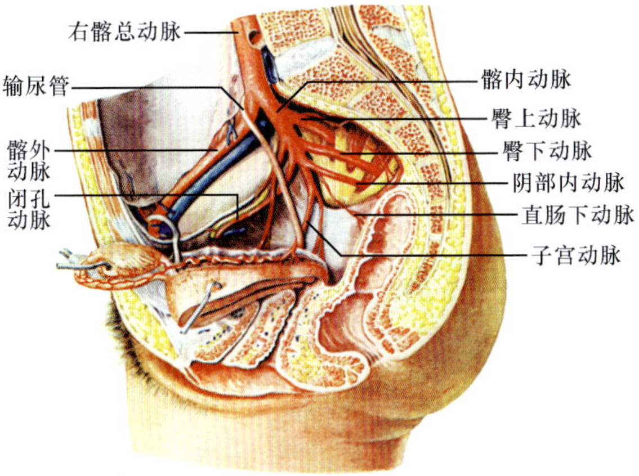

图9-36 女性盆部的动脉

1. 髂内动脉 为一短干，沿盆腔侧壁下行，分壁支和脏支。

(1) 壁支：主要有**闭孔动脉**、**臀上动脉**和**臀下动脉**。闭孔动脉经闭孔出盆腔，分布于大腿内侧部及髋关节。臀上动脉和臀下动脉分别经梨状肌上、下孔穿出骨盆腔，分布于臀肌。

(2) 脏支：主要有子宫动脉、阴部内动脉。**子宫动脉**（图9-37）走行于子宫阔韧带内，在子宫颈外侧2cm处越过输尿管的前上方，沿子宫颈上行，分布于阴道、子宫、输卵管和卵巢等处。阴部内动脉自梨状肌下孔出盆腔，进入会阴深部，分布于肛区和外生殖器。

2. 髂外动脉 沿腰大肌内侧缘下行，经腹股沟韧带中点深面至股前部移行为股动脉，主要分支为腹壁下动脉。

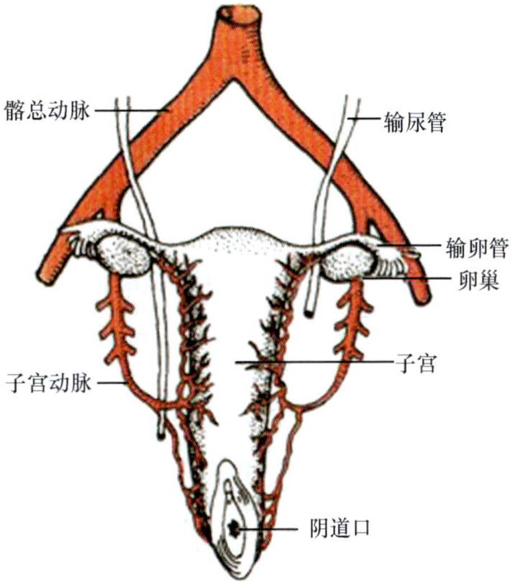

图9-37 子宫动脉

（六）下肢的动脉

1. 股动脉（图9-38） 为髂外动脉的延续。在股三角内下行，并逐渐转向背侧进入腘窝，移行为腘动脉。分支分布于大腿肌和髋关节。在腹股沟韧带中点下方可触及股动脉的搏动，此处是临床上抽取动脉血和介入插管常选用的部位。

2. 腘动脉（图9-39） 行于腘窝深部，至腘窝下缘处分为胫前动脉和胫后动脉。

3. 胫前动脉（图9-40） 自腘动脉发出后，向前穿小腿骨间膜至小腿前面，在小腿前群肌之间下行至踝关节前方，移行为足背动脉。胫前动脉分支分布于小腿前群肌。

4. 胫后动脉（图9-41） 沿小腿后面的浅、深层肌之间下行，分布于小腿肌后群和外侧群。胫后动脉经内踝的后方进入足底，分为足底内侧动脉和足底外侧动脉。

考点：下肢动脉的主干

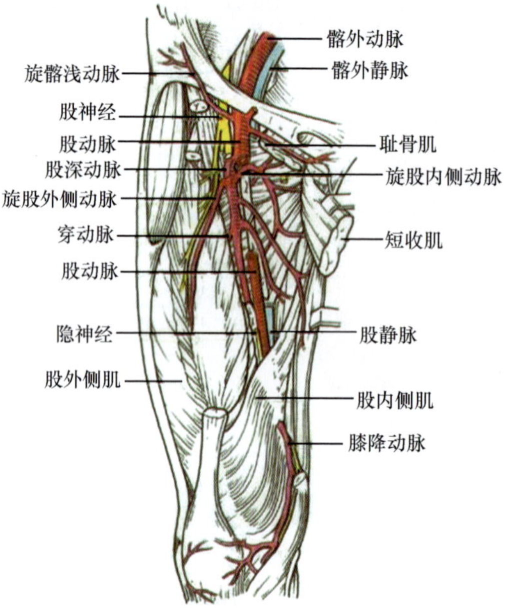

图 9-38　股动脉及其分支

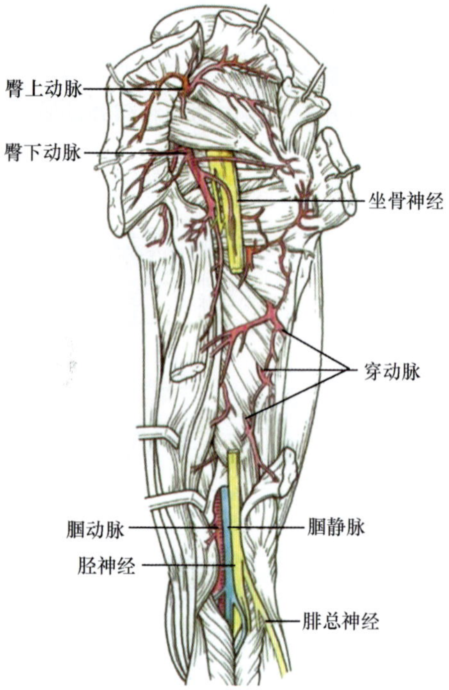

图 9-39　臀部及股后动脉分支（腘动脉）

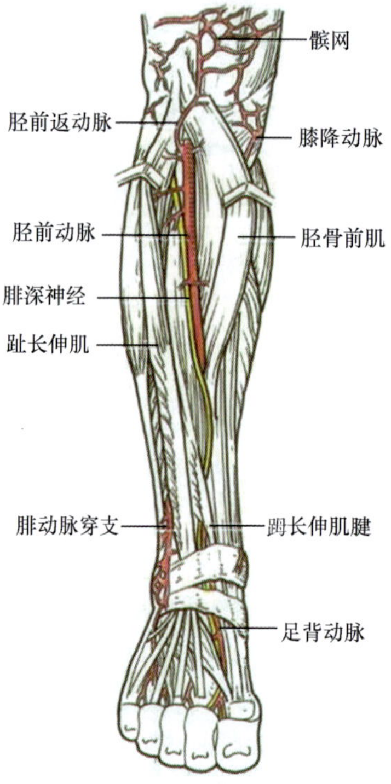

图 9-40　小腿的动脉（右侧前面观）

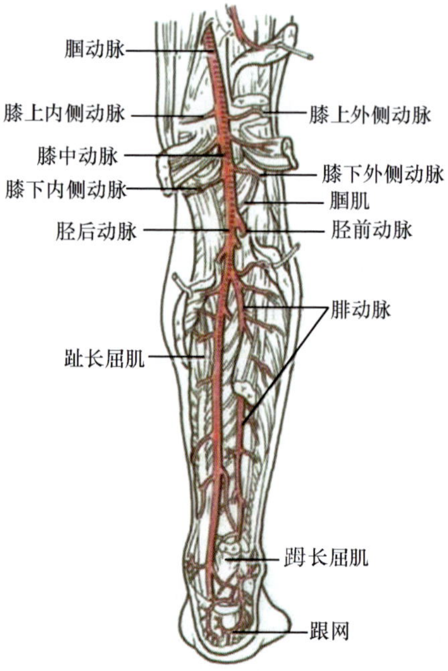

图 9-41　小腿的动脉（右侧后面观）

链接

股动脉：在腹股沟韧带中点稍下方可触及股动脉的搏动，当下肢外伤出血时，可于此处将股动脉压向耻骨进行止血（图 9-42）。股动脉的内侧为股静脉，亦可作为静脉穿刺的标志；足背动脉在内、外踝连线中点稍下方位置表浅，可触及搏动，足背部出血时可在此处压迫止血。胫后动脉经内踝后方进入足底，足底肌和足趾出血时可同时在内踝后下方压迫止血（图 9-43）。

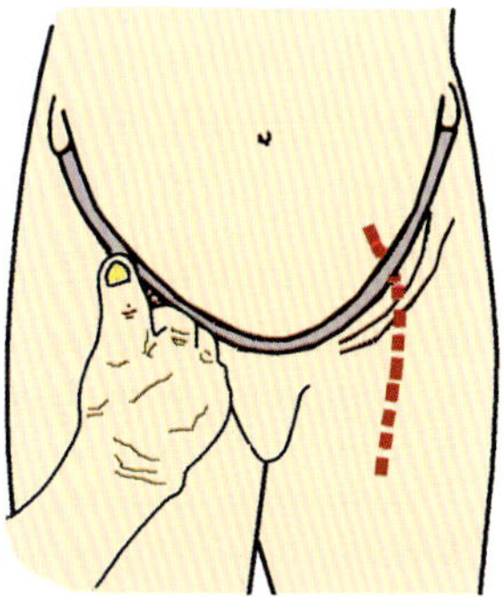

图 9-42 股动脉压迫止血点

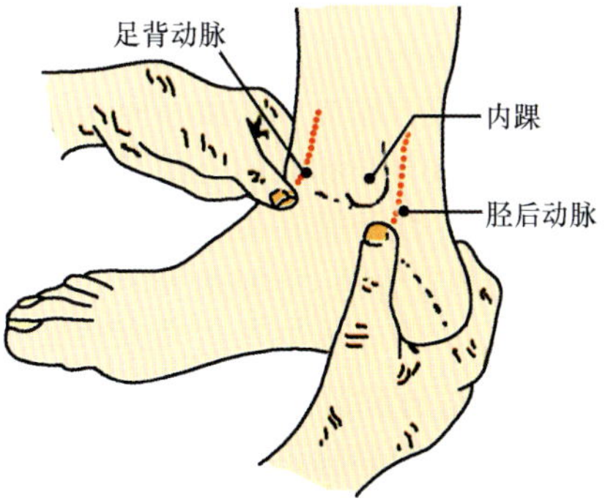

图 9-43 足背动脉压迫止血点

体循环动脉的主要分支可归纳如图 9-44。

- 升主动脉→左、右冠状动脉
- 主动脉弓
  - 头臂干
    - 右颈总动脉
      - 颈外动脉
        - 甲状腺上动脉
        - 面动脉
        - 颞浅动脉
        - 上颌动脉→脑膜中动脉
      - 颈内动脉
    - 右锁骨下动脉→腋动脉→肱动脉
      - 尺动脉、桡动脉 → 掌浅弓、掌深弓
  - 左颈总动脉
  - 左锁骨下动脉
  - （右锁骨下动脉、左锁骨下动脉）→
    - 椎动脉
    - 胸廓内动脉→腹壁上动脉
    - 甲状颈干→甲状腺下动脉
- 胸主动脉
  - 壁支：肋间后动脉、肋下动脉
  - 脏支：支气管支、食管支、心包支
- 腹主动脉
  - 壁支：腰动脉(4对)
  - 脏支
    - 成对：肾动脉、睾丸动脉[卵巢动脉(女)]、肾上腺动脉
    - 不成对
      - 腹腔干
        - 胃左动脉
        - 肝总动脉
          - 肝固有动脉
            - 左支
            - 右支→胆囊动脉
            - 胃右动脉
          - 胃十二指肠动脉→胃网膜右动脉
        - 脾动脉
          - 胃短动脉
          - 胃网膜左动脉
      - 肠系膜上动脉
        - 空肠、回肠动脉
        - 回结肠动脉→阑尾动脉
        - 右结肠动脉
        - 中结肠动脉
      - 肠系膜下动脉
        - 左结肠动脉
        - 乙状结肠动脉
        - 直肠上动脉
- 髂总动脉
  - 髂内动脉
    - 脏支
      - 膀胱下动脉
      - 直肠下动脉
      - 子宫动脉(女)
      - 阴部内动脉
    - 壁支
      - 闭孔动脉
      - 臀上、下动脉
  - 髂外动脉→股动脉→腘动脉
    - 胫后动脉→足底内、外侧动脉
    - 胫前动脉→足背动脉
    - （髂外动脉）→腹壁下动脉

图 9-44 体循环动脉的主要分支

四、体循环的静脉

体循环的静脉与动脉相比较，在结构和配布上有以下特点：①静脉的数量多，管径粗，管腔大。与伴行动脉相比，管壁薄，弹性小，血流缓慢，压力较低。②静脉有浅、深之分，浅静脉（又称皮下静脉）位于皮下浅筋膜内，位置表浅，透过皮肤可看到，临床上常通过浅静脉进行注射、输液、输血、采血和插入导管等。深静脉位于深筋膜的深面或体腔内，与同名动脉伴行，其收集静脉血的范围与伴行动脉供血范围大体一致，故称为伴行静脉。③静脉之间吻合丰富，浅静脉在手和足等部位吻合成静脉网，深静脉环绕容积经常变动的脏器（如膀胱、子宫和直肠等）形成静脉丛。④静脉内面一般都有半月形向心开放的静脉瓣，是保证血液向心流动和阻止血液逆流的重要装置。受重力影响较大的四肢的静脉瓣较多，下肢更多，但头面部静脉和肝门静脉缺乏静脉瓣（图 9-45）。

体循环静脉包括上腔静脉系、下腔静脉系和心静脉系。

（一）上腔静脉系

上腔静脉系由上腔静脉及其属支组成。其主干是上腔静脉，由左、右头臂静脉在右侧第 1 胸肋软骨结合处的后方汇合而成，沿升主动脉右侧垂直下行注入右心房（图 9-46），在注入前还有奇静脉注入。上腔静脉主要收集头颈部、胸部（心脏除外）和上肢的静脉血。

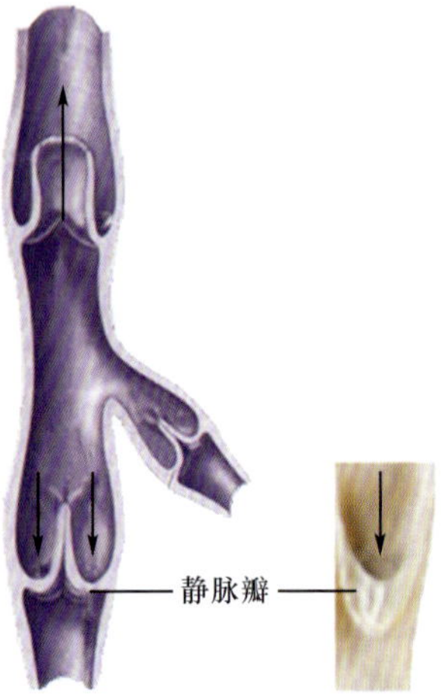

图 9-45　静脉瓣示意图

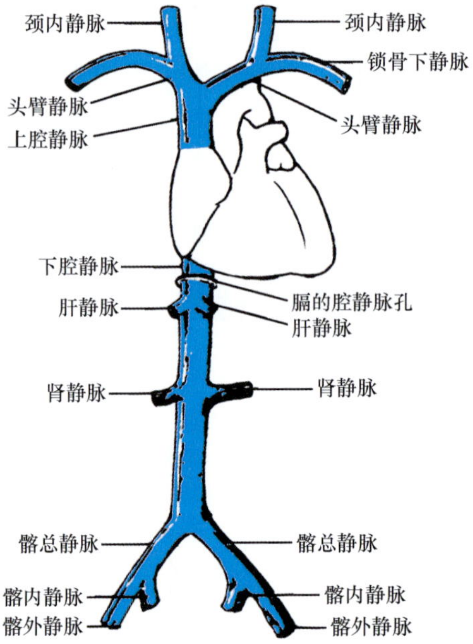

图 9-46　体循环的静脉主干

头臂静脉左、右各一，由同侧的颈内静脉和锁骨下静脉在胸锁关节后方汇合而成。汇合处的夹角称**静脉角**，是淋巴导管注入的部位。

1. 头颈部的静脉　主要有颈内静脉、颈外静脉和锁骨下静脉（图 9-47）。

(1) 颈内静脉：为头颈部静脉回流的主干。上端在颅底颈静脉孔处续于乙状窦，伴颈内动脉、颈总动脉下降，至胸锁关节后方与同侧的锁骨下静脉汇合成头臂静脉。属支分为颅内支和颅外支。

颅内属支通过硬脑膜窦收集颅骨、脑膜、脑、视器、前庭蜗器等处的静脉血。

颅外属支主要有面静脉和下颌后静脉。

1）面静脉：位置表浅。起自内眦静脉，与面动脉伴行，下行至舌骨大角高度注入颈内静脉。面静脉通过内眦静脉、眼上静脉、眼下静脉与颅内的海绵窦相交通，并通过面深静脉与翼静脉丛交通，继而与海绵窦交通。面静脉收集面前部软组织的静脉血。

由于面静脉在口角平面以上缺乏静脉瓣，故面部尤其是鼻根至两侧口角之间的三角区域内发生感染或疖肿，若处理不当（如挤压等），病菌可随上述途径的血液向颅内蔓延，故临床上称此区为**危险三角区**。

2）下颌后静脉：由颞浅静脉和上颌静脉在下颌颈深面汇合而成。下行至腮腺下端处分为前、后两支，前支汇入面静脉，后支与耳后静脉和枕静脉汇合成颈外静脉。下颌后静脉收集面侧区和颞区的静脉血。

（2）颈外静脉：是颈部最大的浅静脉，由下颌后静脉的后支、耳后静脉和枕静脉在下颌角处汇合而成，沿胸锁乳突肌表面下行，在锁骨中点上方约 2cm 处，穿深筋膜注入锁骨下静脉。颈外静脉位置表浅且恒定，管径较大，常用于静脉穿刺和插管。

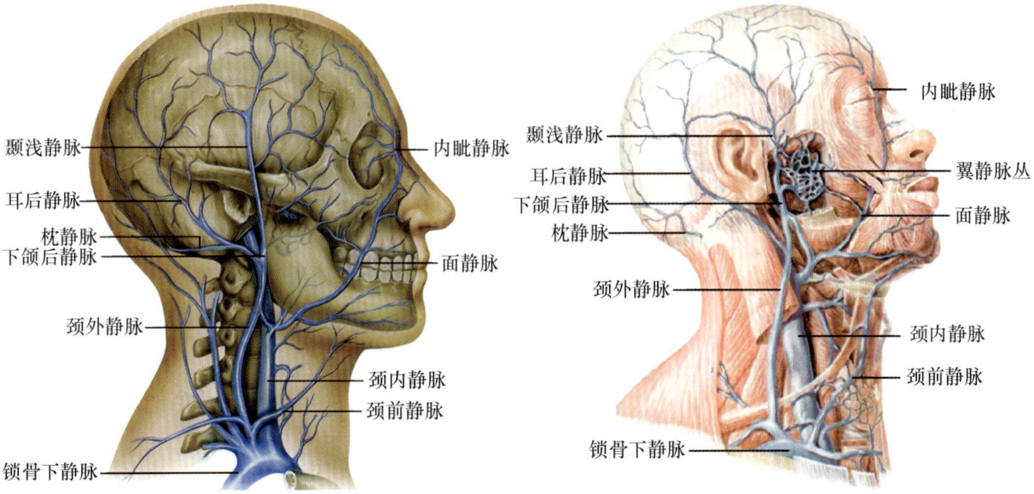

图 9-47 头颈部的静脉

（3）锁骨下静脉：在第 1 肋外侧缘续于腋静脉，弓形向内，经锁骨下动脉及前斜角肌前面，在胸锁关节的后方与颈内静脉汇合成头臂静脉。锁骨下静脉与附近筋膜紧密相连，位置固定，管腔较大，是临床静脉穿刺置管术常选用的血管。锁骨下静脉除收集腋静脉的血液外，还有颈外静脉注入。

2. 上肢的静脉 上肢的静脉富有瓣膜，分深静脉和浅静脉，最终都汇入腋静脉。

（1）上肢的深静脉：与同名动脉伴行，收集同名动脉分布区域的静脉血。两条肱静脉在胸大肌下缘汇合成 1 条腋静脉，在第 1 肋的外缘续为锁骨下静脉。

（2）上肢的浅静脉（图 9-48）

1）手背静脉网：手背上的静脉丰富，吻合成网状，位置表浅，为临床输液常选用的静脉。

2）头静脉：起自手背静脉网的桡侧，至肘窝处借肘正中静脉与贵要静脉交连。再经肱二头肌外侧沟上行，至三角肌和胸大肌间沟，穿深筋膜注入腋静脉或锁骨下静脉。头静脉收集手和前臂桡侧浅层结构的静脉血。

3）贵要静脉：起自手背静脉网的尺侧，至肘窝处接受肘正中静脉，继续沿肱二头肌内侧沟上行至臂部中点稍下方，穿深筋膜注入肱静脉或上行注入腋静脉。贵要静脉位置表浅恒定，临床上常经贵要静脉进行插管。贵要静脉收集手和前臂尺侧浅层结构的静脉血。

考点：上肢主要浅静脉的起始、形成及注入

4）肘正中静脉：位于肘窝的浅面，连于头静脉及贵要静脉之间，变异较大。临床上由于肘正中静脉是粗短的静脉干，是临床取血和静脉穿刺的常选部位。

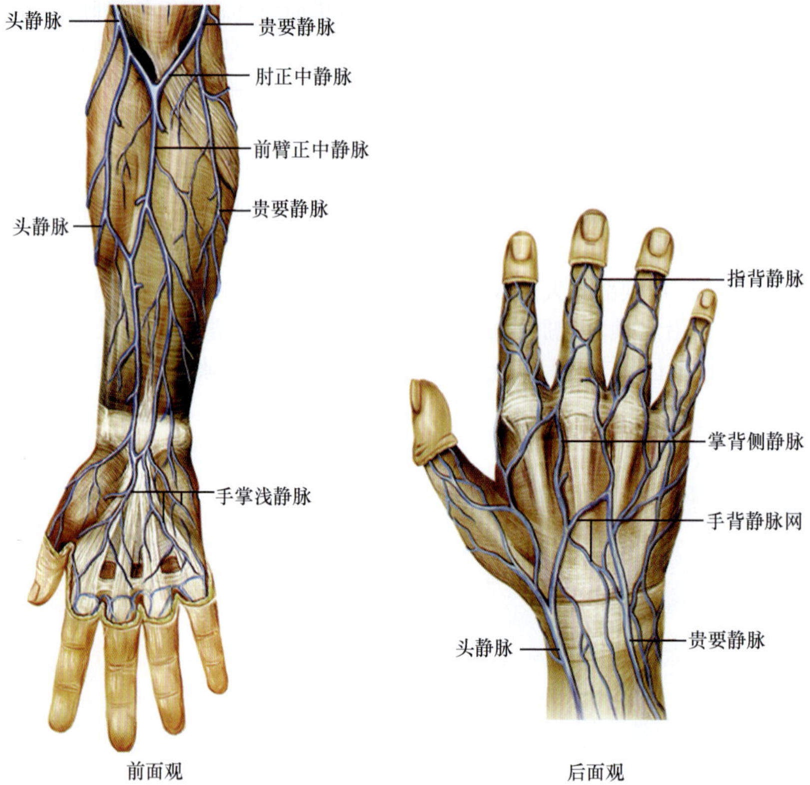

图 9-48　上肢浅静脉

3. 胸部的静脉　胸部的静脉主干是奇静脉，起自右腰升静脉，沿脊柱右前方上行至第4胸椎高度，向前勾绕右肺根上方，形成奇静脉弓，于第2肋软骨平面注入上腔静脉。主要收集胸壁、食管、气管及支气管等处的静脉血（图 9-49）。

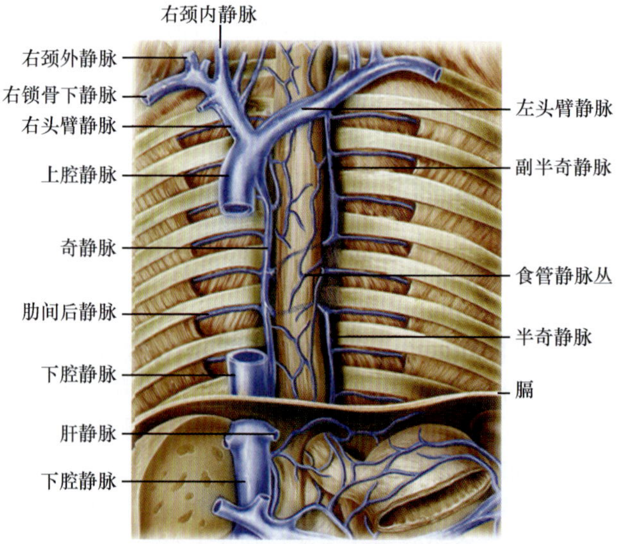

图 9-49　上、下腔静脉及其属支

奇静脉是上腔静脉的属支，但奇静脉下端借腰升静脉、腰静脉与下腔静脉连通，因而奇静脉是沟通上、下腔静脉的重要通道之一。

（二）下腔静脉系

由下腔静脉及其属支组成。其主干是下腔静脉，是人体最粗大的静脉主干，由左、右髂总静脉在第 4、5 腰椎体的右侧汇合而成，沿脊柱右前方、腹主动脉右侧上行，经肝的腔静脉沟，穿膈的腔静脉孔入胸腔后，注入右心房（图 9-50）。下腔静脉主要收集下肢、盆部和腹部的静脉血。

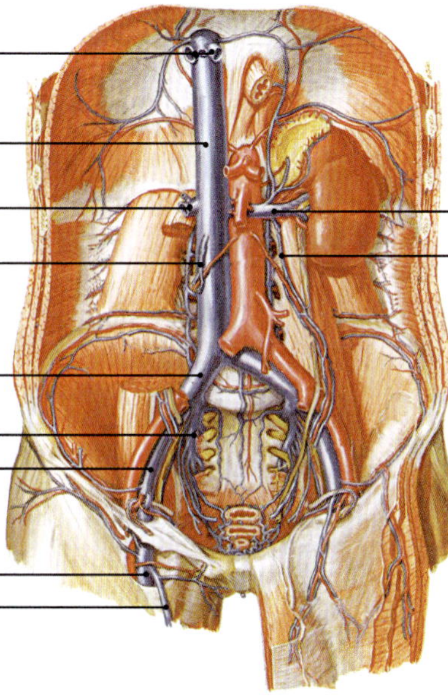

图 9-50 下腔静脉概况观

1. 下肢的静脉 与上肢一样，也分为深静脉和浅静脉两种。由于重力作用，下肢血液回流比较困难，因此下肢静脉的静脉瓣较多。

（1）下肢的深静脉：与同名动脉伴行，收集同名动脉分布区域的静脉血。胫前静脉、胫后静脉合成一条腘静脉，移行为股静脉，上行续于髂外静脉。

（2）下肢的浅静脉（图 9-51）

1）足背静脉弓：由足背的浅静脉吻合成，向上注入大隐静脉和小隐静脉。

2）大隐静脉：是全身最长的浅静脉。起自足背静脉弓的内侧端，经内踝前方，沿小腿和大腿的内侧上行，并逐渐转至前面，至耻骨结节外下方 3cm 处穿隐静脉裂孔注入股静脉。在注入股静脉前收纳腹壁浅静脉、旋髂浅静脉、阴部外静脉、股内侧浅静脉和股外侧浅静脉 5 条属支。大隐静脉在内踝前方位置较表浅且恒定，是静脉切开和输液的常选部位。

3）小隐静脉：起自足背静脉弓的外侧端，经外踝后方、沿小腿后面上行至腘窝，穿深筋膜注入腘静脉。

考点：下肢主要浅静脉的起始、形成及注入

链接

下肢静脉曲张是指下肢浅表静脉发生扩张、延长，弯曲成团状，晚期可并发慢性溃疡的病变。本病多见中年男性或长时间负重或站立工作者。本病未破溃前属中医学“筋瘤”范畴，

破溃后属“臁疮”范畴。下肢静脉曲张是静脉系统最重要的疾病，也是四肢血管疾患中最常见的疾病之一。通常在四肢血管疾病的大多数病例中，常因静脉曲张及其合并症（尤其是溃疡）就医。

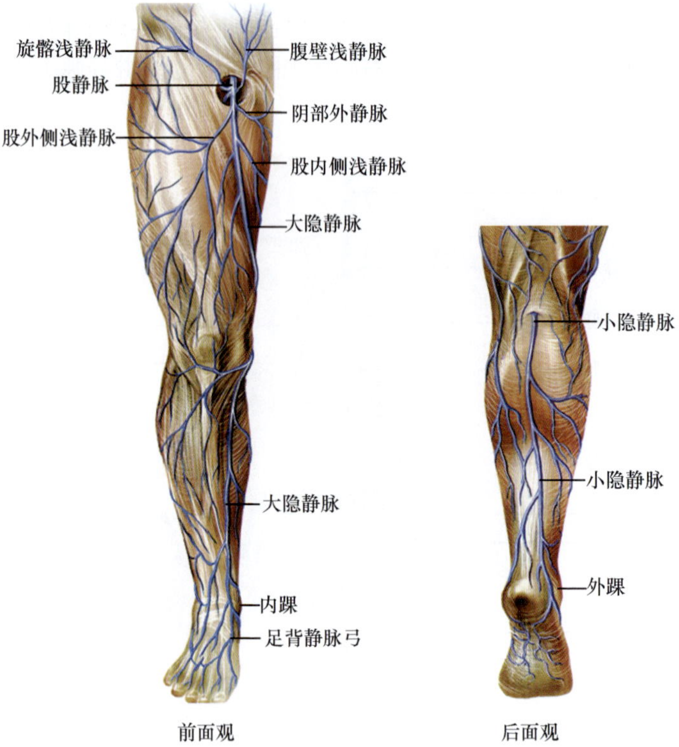

图 9-51　下肢浅静脉

2. 盆部的静脉　盆部静脉主干为髂内静脉，与同侧髂外静脉汇合成髂总静脉（图 9-49）。

(1) 髂内静脉：髂内静脉与髂内动脉伴行，分为壁支和脏支。壁支包括臀上静脉、臀下静脉、闭孔静脉和骶外侧静脉，收集同名动脉分布范围的静脉血；脏支起自盆腔静脉丛，男性有膀胱静脉丛和直肠静脉丛，女性除有这些静脉丛外，还有子宫静脉丛和阴道静脉丛。这些静脉丛在盆腔器官扩张或受压迫时有助于血液回流。

(2) 髂外静脉：是股静脉的直接延续，伴同名动脉，收集同名动脉分布范围的静脉血。

(3) 髂总静脉：由同侧髂内静脉与髂外静脉在骶髂关节前方汇合成。

3. 腹部的静脉　腹部的静脉可分为壁支和脏支两种，均直接或间接地注入下腔静脉。

(1) 壁支：包括 1 对膈下静脉和 4 对腰静脉。同侧各腰静脉之间有纵支串联，称为腰升静脉。左、右腰升静脉向上分别移行为半奇静脉和奇静脉，向下连与同侧的髂总静脉。

(2) 脏支：主要有肾静脉、肾上腺静脉、睾丸（卵巢）静脉、肝静脉和肝门静脉。其中肾静脉、肝静脉、右睾丸（卵巢）静脉和右肾上腺静脉直接注入下腔静脉，而左睾丸（卵巢）静脉、左肾上腺静脉先注入左肾静脉，肝门静脉则从肝门进入肝。

4. 肝门静脉系 由肝门静脉及其属支组成。主要功能是将消化道吸收的营养物质运送至肝，在肝内进行合成、分解、转化、储存等，是肝的功能性血管。

(1) 收集范围：收集腹腔内不成对脏器（除肝外）的静脉血。

(2) 组成：由脾静脉与肠系膜上静脉在胰颈后方汇合而成。该静脉在肝、十二指肠韧带内上行，经肝门入肝。在肝内反复分支，终于肝血窦。

(3) 主要属支：有脾静脉、肠系膜上静脉、肠系膜下静脉、胃左静脉、胃右静脉、胆囊静脉和附脐静脉等。

(4) 结构特点：肝门静脉为入肝的静脉；起止端均为毛细血管；缺乏瓣膜；是肝的功能性血管。

(5) 肝门静脉系与上、下腔静脉系之间吻合：①胃左静脉与上腔静脉系的奇静脉在食管下段相吻合，形成**食管静脉丛**；②肠系膜下静脉的直肠上静脉与下腔静脉系的直肠下静脉及肛静脉在直肠下段相吻合，形成**直肠静脉丛**；③附脐静脉与上腔静脉系的腹壁上静脉、胸腹壁静脉及下腔静脉系的腹壁下静脉、腹壁浅静脉在脐周相吻合，形成**脐周静脉网**（图 9-52）。

考点：门静脉的属支及吻合

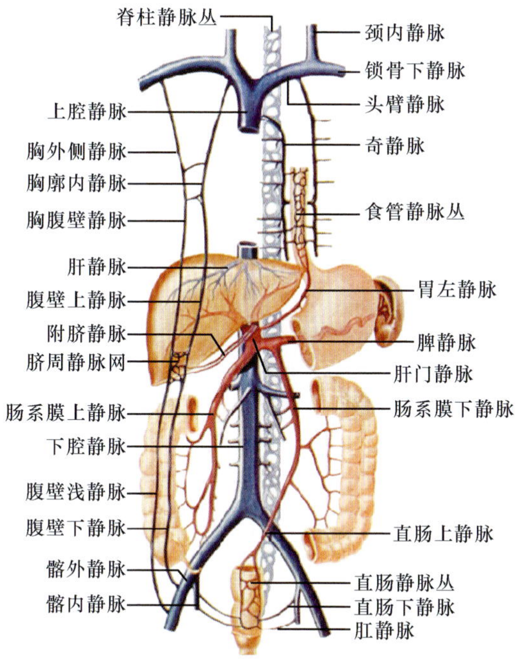

图 9-52 门静脉及其吻合示意图

在正常情况下，肝门静脉与腔静脉系之间的吻合支细小，血流量少，均按正常方向分别回流入所属静脉系。当肝门静脉发生阻塞（如肝硬化）时，血液不能流入肝，则可经上述吻合建立侧支循环，由上、下腔静脉回流入右心房。随着血流量增多，吻合支变得粗大而弯曲，出现食管静脉丛、直肠静脉丛和脐周静脉网曲张，如果静脉破裂，则出现呕血、便血等症状，亦可导致脾和胃肠静脉淤血，出现脾大和腹水等。

体循环的静脉主要分支见图 9-53。

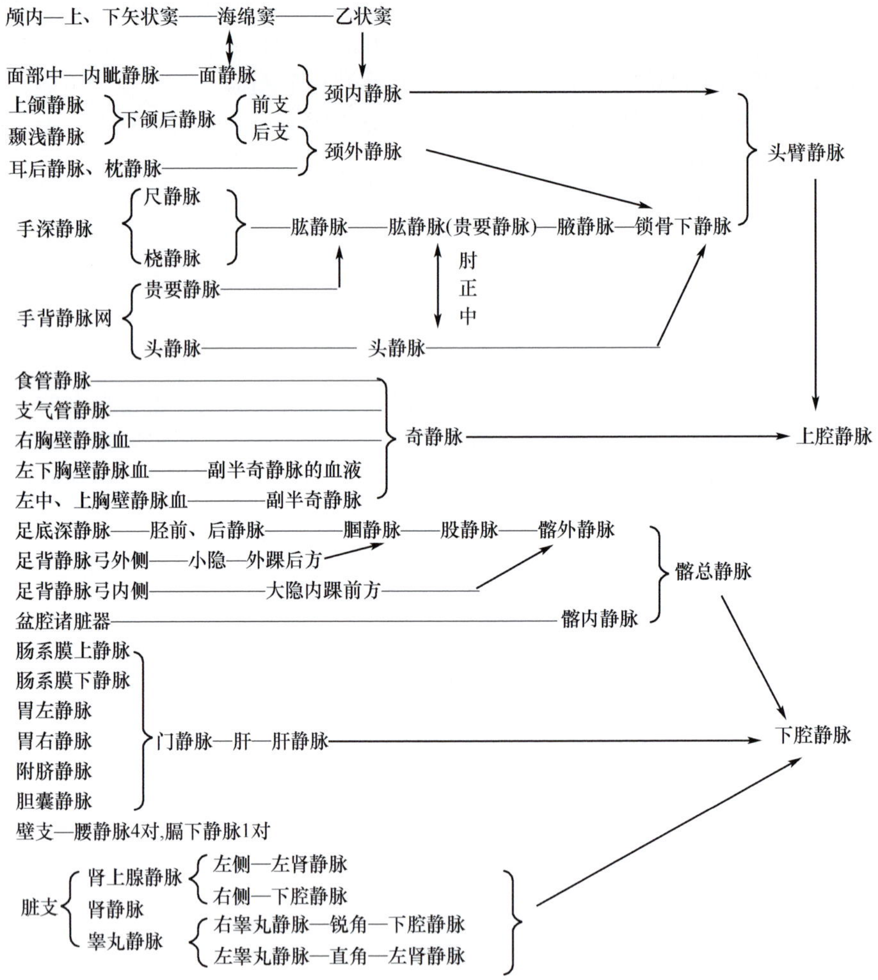

图 9-53　体循环静脉主要分支

第四节　淋 巴 系 统

考点：淋巴系统的组成

淋巴系统由各级淋巴管道、淋巴器官和淋巴组织组成（图 9-54）。

当血液流经毛细血管动脉端时，部分液体经毛细血管壁渗入到组织间隙，形成组织液。组织液与细胞进行物质交换后，大部分组织液经毛细血管静脉端吸收入静脉，小部分经位于组织间隙内的毛细淋巴管吸收成为淋巴。淋巴系统内流动着无色透明的液体，称为**淋巴液**。全身的淋巴最终汇入静脉内，故淋巴系统可视为静脉的辅助结构（图 9-55）。

淋巴组织主要分布在消化道和呼吸道的黏膜内。淋巴器官是以淋巴组织为主要成分构成的器官，包括淋巴结、脾、胸腺及扁桃体等。淋巴系统不仅参与体液循环，淋巴组织、淋巴器官还具有产生淋巴细胞、过滤淋巴和参与机体免疫应答的功能，是人体重要的防御装置。

考点：淋巴管道的组成

一、淋 巴 管 道

由于结构和功能的不同，将淋巴管道分为 4 种：毛细淋巴管、淋巴管、淋巴干和淋巴导管。

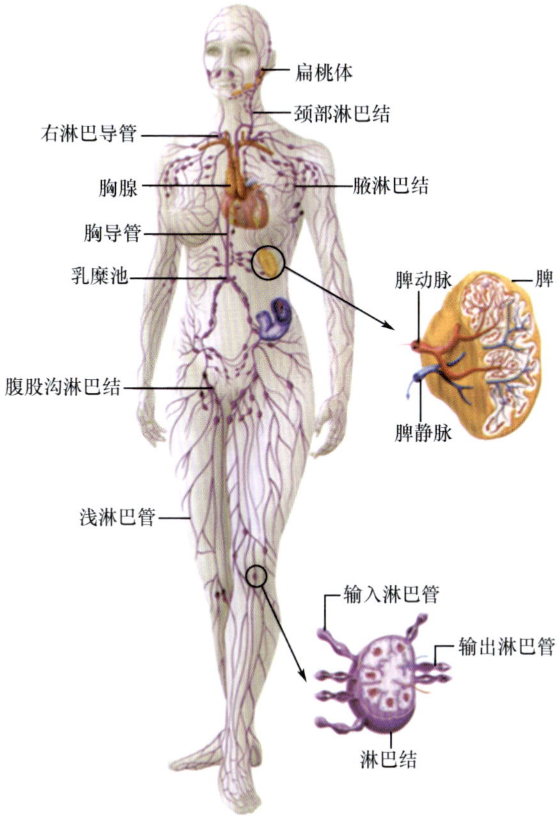

图 9-54 淋巴系统概观 1

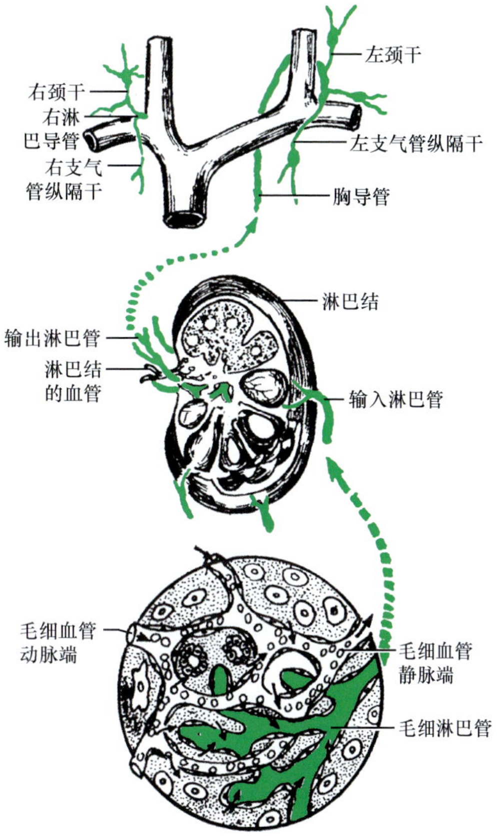

图 9-55 淋巴系统概观 2

（一）毛细淋巴管

毛细淋巴管是淋巴管道的起始部，以膨大的盲端起于组织间隙，彼此吻合成网，管径粗细不一，管腔内无瓣膜，一般比毛细血管略粗。毛细淋巴管分布甚广，除上皮、牙、角膜、晶状体、巩膜、玻璃体、软骨及脑、脊髓、脾等处外，遍布全身。其管壁由单层内皮细胞构成，无基膜，内皮细胞呈叠瓦状邻接，内皮细胞之间有较大间隙，故毛细淋巴管的通透性较大，一些不易透过毛细血管管壁的大分子物质，如蛋白质、细菌、异物和癌细胞等较易进入毛细淋巴管。因此，肿瘤或炎症常经淋巴管道转移。

（二）淋巴管

淋巴管由毛细淋巴管汇合而成，其管壁结构与小静脉类似。主要特点：管颈较细，管壁较薄，瓣膜较多，呈半月形，成对排列，使充盈的淋巴管外观呈串珠状，瓣膜的出现是毛细淋巴管过渡到淋巴管的主要标志；淋巴管在向心行程中，通常要经过 1 个或多个淋巴结的过滤；以深筋膜为界，淋巴管可分为浅、深两种。浅淋巴管位于皮下，与浅静脉伴行，收纳皮肤和皮下组织的淋巴；深淋巴管多与深部血管、神经束伴行，收纳肌和脏器的淋巴。浅、深淋巴管之间有广泛交通。

（三）淋巴干

全身各部的浅、深淋巴管在向心行程中经过一系列的淋巴结群后，其最后一群淋巴结的输出淋巴管汇合成较大的淋巴管，称为**淋巴干**（图 9-56）。全身共有 9 条淋巴干：头颈部

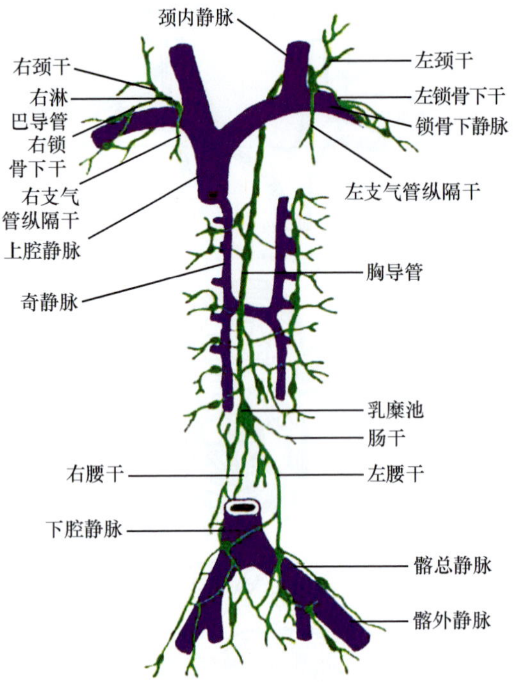

图 9-56　淋巴干与淋巴导管

的淋巴管汇合成**左、右颈干**；上肢及部分胸腹壁的淋巴管汇合成左、右锁骨下干；胸腔器官及部分胸、腹壁的淋巴管汇合成**左、右支气管纵隔干**；下肢、盆部和腹腔成对脏器的淋巴管汇合成**左、右腰干**；腹腔内不成对脏器的淋巴管汇合成一条**肠干**。

（四）淋巴导管

9 条淋巴干最后汇合成 2 条淋巴导管，即**胸导管**和**右淋巴导管**，分别注入左、右静脉角。

考点：胸导管的起始、行程、注入及收集范围

1. 胸导管　又称左淋巴导管，是全身最粗大的淋巴导管，长 30 ～ 40cm。在第 1 腰椎体前方起自乳糜池，乳糜池为胸导管起始部的膨大部分，由左、右腰干和肠干汇合而成。胸导管经主动脉裂孔入胸腔，在食管后方沿脊柱右前方上行达到第 5 胸椎高度向左侧斜行，向上出胸廓上口至左颈根部，呈弓状弯向前下注入左静脉角。在左静脉角附近接纳左颈干、左锁骨下干和左支气管纵隔干的淋巴。胸导管收集头颈部左半、左上肢、左半胸壁、左半心、左肺、腹部、盆部和双下肢的淋巴，即人体 3/4 区域的淋巴。

考点：右淋巴导管的组成及收集范围

2. 右淋巴导管　位于右颈根部，为一短干，长约 1.5cm，由右颈干、右锁骨下干和右支气管纵隔干汇合而成，注入右静脉角。右淋巴导管收集头颈部右半侧、右上肢和右侧半胸部的淋巴，即人体 1/4 区域的淋巴。

二、淋 巴 组 织

淋巴组织又称免疫组织，是以网状组织为基础，网孔中充满大量的淋巴细胞、巨噬细胞和浆细胞等。一般将淋巴组织分为弥散淋巴组织和淋巴小结两种。

1. 弥散淋巴组织　多见于消化道和呼吸道的固有层内，与周围结缔组织无明显分界，大多以 T 淋巴细胞为主。

2. 淋巴小结　又称**淋巴滤泡**，是以 B 淋巴细胞为主的圆形或椭圆形小体，边界清楚。

三、淋 巴 器 官

淋巴器官主要由淋巴组织构成，包括淋巴结、脾、胸腺和扁桃体等。

（一）淋巴结

1. 淋巴结的形态　淋巴结是介于淋巴管向心行程中的淋巴器官，为灰红色的圆形或椭圆形小体，质软。一侧隆凸，有数条输入淋巴管分散进入；另一侧凹陷，称为**淋巴结门**，由 2 ～ 3 条输出淋巴管穿出，并有血管、神经出入（图 9-57）。淋巴在向心流动过程中必须经过一系列淋巴结，故远心侧淋巴结的输出淋巴管可称为**近心侧淋巴结的输入淋巴管**。淋巴结数目较多，常聚集成群，分为浅、深两种，浅淋巴结常在皮下可触及。淋巴结多沿血管分布，位于身体较隐蔽的位置，四肢的淋巴结多位于关节的屈侧，内脏的淋巴结多位于器官的门

附近或血管的周围。淋巴结常以其所在的部位或附近的血管命名。

2. 淋巴结微细结构 淋巴结表面有结缔组织构成的被膜。实质可分为浅层的皮质和深层的髓质两部分。

(1) 皮质：由浅层皮质、副皮质区和皮质淋巴窦三部分构成。**浅层皮质**：为许多淋巴小结，主要由B淋巴细胞构成，在病菌等抗原刺激下，中央的B细胞能分裂、分化，形成生化中心，产生新的B细胞；**副皮质区**：为弥漫淋巴组织，主要由胸腺迁移来的T淋巴细胞聚集而成，故称**胸腺依赖区**；**皮质淋巴窦**包括被膜下淋巴窦和小梁周窦，窦腔内有许多巨噬细胞。

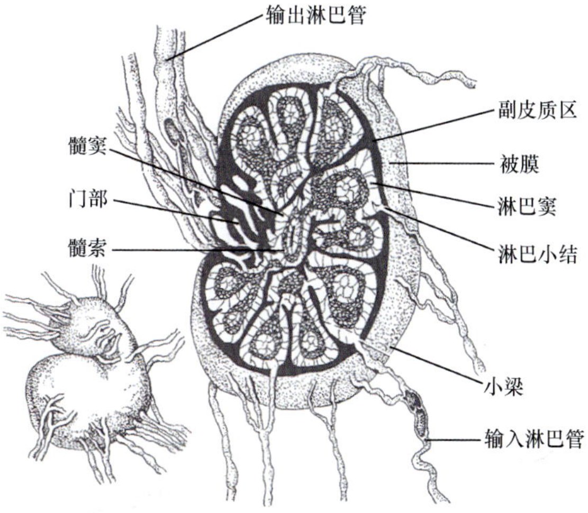

图 9-57 淋巴结结构模式图

(2) 髓质：位于淋巴结深部，由髓索和髓窦构成。**髓索**呈条索状，主要含B淋巴细胞、浆细胞和巨噬细胞等；髓窦位于髓索之间，腔内有较多的巨噬细胞。

3. 淋巴结的功能 淋巴结是重要的免疫器官，具有过滤淋巴、产生淋巴细胞和浆细胞，参与机体的免疫应答等功能。

考点：淋巴结的结构与功能

4. 人体各部重要的淋巴结群和淋巴引流 在某些情况下，癌细胞、细菌、毒素等可经淋巴管侵入相应的局部淋巴结，引起淋巴结肿大或疼痛，故了解局部淋巴结的位置、收纳范围及引流去向，对诊断和治疗某些疾病有重要的临床意义。主要包括头颈部的淋巴结群、上肢淋巴结群、胸部淋巴结群、腹部淋巴结群、盆部淋巴结群及下肢淋巴结群。

（二）脾

案例 9-3

患者，男，33岁，车祸，左侧第10肋骨骨折，脸色苍白，脉搏细弱，烦躁并出虚汗，血压低。

问题：你认为患者腹部什么器官最可能受伤？为什么？

1. 脾的位置和形态 脾是人体最大的淋巴器官，位于左季肋区，与第9～11肋相对，其长轴与第10肋一致（图9-58），正常情况下在左肋弓下不能触及。活体脾为暗红色，扁椭圆形，质软而脆，故在遭受暴力打击时易导致脾破裂出血。

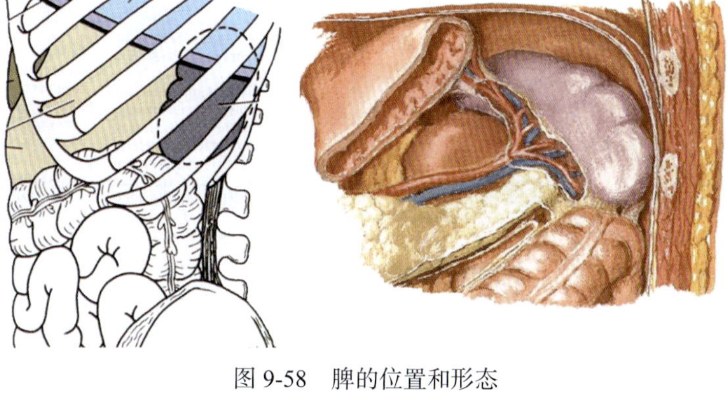
图 9-58 脾的位置和形态

脾可分膈、脏两面，上、下两缘和前、后两端。脏面凹陷，与胃底、左肾、左肾上腺和胰尾等相邻。近中央处有血管、神经出入，称为**脾门**。上缘锐利，有2～3个脾切迹，是临床上触诊脾的重要标志。

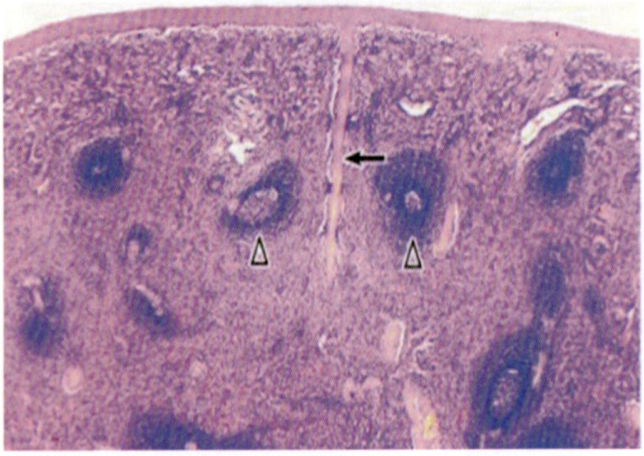

图9-59　脾微细结构模式图

2. 脾的微细结构　脾的表面有致密结缔组织构成的被膜，表面覆以间皮，结缔组织伸入脾实质内形成小梁，构成脾的支架。脾实质分为白髓、红髓和边缘区（图9-59）。在脾的新鲜切面上，可见大部分组织为深红色，称为**红髓**；其间有散在分布的灰白色点状区域，称为白髓。红髓与白髓交界处，称为**边缘区**。

（1）白髓：主要是密集的淋巴细胞，包括动脉周围淋巴鞘和淋巴小结两部分。①动脉周围淋巴鞘：是围绕在中央动脉周围的弥散淋巴组织，主要由T细胞构成，相当于脾的胸腺依赖区；②淋巴小结又称**脾小结**，位于动脉周围淋巴鞘的一侧，主要由大量B细胞组成。

考点：脾的形态、位置、结构和功能

（2）红髓：由脾索和脾血窦构成。①脾索：是富含血细胞的淋巴组织构成的条索状结构，相互交织成网，主要由B细胞、浆细胞、巨噬细胞和T细胞构成；②脾血窦：位于脾索之间，腔大而不规则，窦内充满血液，其外侧有较多巨噬细胞。

（3）边缘区：位于白髓与红髓交界处，含有T细胞、B细胞及较多的巨噬细胞，是血液内抗原及淋巴细胞进入白髓的通道。

3. 脾的功能　脾的主要功能是产生淋巴细胞、过滤和储存血液、参与机体的免疫应答等。

（三）胸腺

1. 胸腺的位置和形态　胸腺位于胸骨柄后方、上纵隔的前上部，呈锥体形，分为大小不对称的左、右两叶，质软（图9-60）。胸腺有明显的年龄变化，新生儿和幼儿的胸腺相对较大，性成熟后最大。至青春期后逐渐萎缩退化，成人胸腺组织常被脂肪组织所代替。

2. 胸腺的微细结构　胸腺表面有由薄层结缔组织构成的被膜，被膜深入胸腺实质内，将胸腺分隔为许多大小不等的胸腺小叶，每个小叶又分为皮质和髓质两部分。①皮质：位于胸腺小叶周边部，主要由胸腺上皮细胞、淋巴细胞和巨噬细胞构成；②髓质：位于胸腺小叶中央部，含有较多的胸腺上皮细胞（也称上皮性网状细胞），淋巴细胞较少。

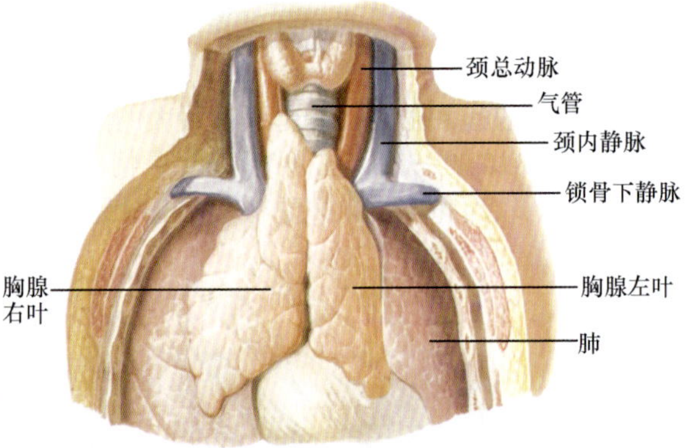

图9-60　胸腺的位置和形态

考点：胸腺的位置、结构特点和功能

3. 胸腺的功能　胸腺既是淋巴器官，又有内分泌功能，主要产生和培育T淋巴细胞及分泌胸腺素。胸腺素对T淋巴细胞的增殖、发育、成熟起重要作用。

小结

脉管系统包括心血管系统和淋巴系统。心血管系统由心、动脉、毛细血管和静脉组成，血液在心血管系统中周而复始的流动过程称为血液循环，包括体循环和肺循环，其主要功能是不断地把消化器官吸收的营养物质和肺吸收的氧气及内分泌器官分泌的激素等运送至全身各器官、组织，以作新陈代谢之用；同时，又将各器官、组织的代谢产物，如二氧化碳和尿素等运送至肺、肾和皮肤等器官排出体外，以保证人体生理活动的正常进行。淋巴系统由淋巴管道、淋巴器官和淋巴组织组成，淋巴液沿淋巴管道向心流动，最后汇入静脉，同时淋巴器官和淋巴组织有重要的免疫防御作用。脉管系统不仅是体内的运输管道系统，而且具有重要的内分泌功能。

自测题

A 型题

1. 肺循环起于
   A. 右心房　B. 右心室
   C. 左心房　D. 左心室
   E. 主动脉
2. 体循环止于
   A. 右心房　B. 右心室
   C. 左心房　D. 左心室
   E. 上腔静脉
3. 关于心脏的正确描述是
   A. 约 2/3 在身体正中线右侧
   B. 位于胸膜腔外、胸腔纵隔内
   C. 1/3 在正中线左侧
   D. 前方对向胸骨体和第 3 ～ 5 肋软骨
   E. 后方平对第 6 ～ 9 胸椎
4. 关于心尖的正确描述是
   A. 朝向左前下方
   B. 由右心室和左心室构成
   C. 平对第 7 肋
   D. 由右心室构成
   E. 平第 4 肋间隙
5. 防止左心室的血逆流到左心房的瓣膜是
   A. 二尖瓣　B. 三尖瓣
   C. 主动脉瓣　D. 肺动脉瓣
   E. 上腔静脉瓣
6. 右心房有
   A. 肺静脉口　B. 肺动脉口
   C. 下腔静脉口　D. 三尖瓣
   E. 二尖瓣
7. 左心室的入口是
   A. 左肺静脉口　B. 左房室口
   C. 主动脉口　D. 冠状窦口
   E. 右肺静脉口
8. 心脏的正常起搏点是
   A. 房室结　B. 房室束
   C. 房室结和房室束　D. 窦房结
   E. 窦房结和房室结
9. 冠状动脉
   A. 只是营养心的血管
   B. 起自肺动脉起始部
   C. 前室间支来自右冠状动脉
   D. 左冠状动脉发出后室间支
   E. 旋支来自右冠状动脉
10. 毛细血管分布于
    A. 软骨　B. 角膜
    C. 牙髓　D. 牙釉质
    E. 毛发和指甲
11. 主动脉弓上三大分支从右向左排列依次是
    A. 右颈总动脉、右锁骨下动脉、头臂干
    B. 左锁骨下动脉、头臂干、左颈总动脉
    C. 头臂干、左颈总动脉、左锁骨下动脉
    D. 右锁骨下动脉、右颈总动脉、头臂干
    E. 头臂干、左锁骨下动脉、左颈总动脉
12. 常用于压迫止血的动脉不包括
    A. 面动脉　B. 颞浅动脉
    C. 腋动脉　D. 股动脉
    E. 指掌侧固有动脉
13. 子宫动脉在子宫颈外侧经过输尿管的
    A. 上方与其平行走行　B. 下方与其平行走行
    C. 前方与其交叉走行　D. 后方与其交叉走行

E. 外侧与其平行走行

14. 下列动脉中含静脉血的是

A. 肝动脉　B. 肺动脉　C. 股动脉　D. 支气管动脉　E. 肱动脉

15. 脑膜中动脉起于

A. 锁骨下动脉　B. 颈内动脉　C. 上颌动脉　D. 大脑前动脉　E. 颞浅动脉

16. 在上肢最易触及到搏动的动脉是

A. 腋动脉　B. 肱动脉　C. 桡动脉　D. 尺动脉　E. 掌深弓

17. 关于椎动脉的正确描述是

A. 向上穿第 1 ～ 6 颈椎横突孔

B. 直接起于颈总动脉

C. 直接参加大脑动脉环

D. 向上穿第 1 ～ 7 颈椎横突孔

E. 发出大脑后动脉

18. 腹腔干的直接分支是

A. 胃右动脉　B. 胃左动脉　C. 胆囊动脉　D. 睾丸动脉　E. 肝固有动脉

19. 肝的营养性血管是

A. 肝固有动脉　B. 肝门静脉　C. 肝静脉　D. 肝血窦　E. 胆囊动脉

20. 静脉角位于

A. 颈外静脉与锁骨下静脉汇合处

B. 颈内静脉与锁骨下静脉汇合处

C. 左、右头臂静脉汇合处

D. 颈内静脉与面静脉汇合处

E. 颈内静脉与头臂静脉汇合处

21. 大隐静脉

A. 起自足背静脉网的外侧

B. 经外踝前方上行

C. 与胫前动脉伴行

D. 最后通过隐静脉裂孔注入股静脉

E. 是深静脉

22. 临床上常供穿刺的静脉应除外

A. 颈外静脉　B. 大隐静脉　C. 头静脉　D. 肘正中静脉　E. 肱静脉

23. 下面哪条不是肝门静脉的属支

A. 胃左静脉　B. 胆囊静脉　C. 肝静脉　D. 附脐静脉　E. 胃右静脉

24. 不属于淋巴器官的是

A. 淋巴结　B. 淋巴小结　C. 脾　D. 胸腺　E. 扁桃体

25. 下列哪条不是下腔静脉的直接属支

A. 肝静脉

B. 肝门静脉

C. 肾静脉

D. 右睾丸（卵巢）静脉

E. 右肾上腺静脉

26. 胸导管不收集

A. 左上半身的淋巴　B. 左下半身的淋巴　C. 右下半身的淋巴　D. 右上半身的淋巴　E. 左下肢的淋巴

27. 人体的淋巴干

A. 有 8 条　B. 有 9 条　C. 不成对的有 2 条　D. 都注入胸导管　E. 注入静脉角

28. 胸导管常注入

A. 左静脉角　B. 右静脉角　C. 右锁骨下静脉　D. 右头臂静脉　E. 左锁骨下静脉

29. 脾

A. 为扁圆形中空性器官

B. 位于右季肋区

C. 与左侧第 9 ～ 11 肋相对

D. 后缘有 2 ～ 3 个脾切迹

E. 位于腹上区

30. 既是淋巴器官，又有内分泌功能的是

A. 淋巴结　B. 扁桃体　C. 胸腺　D. 胰腺　E. 脾

（闫卫民　刘　斌　崔志英）

10 第十章 感 觉 器

引言：春回大地万物复苏，百花齐放，百鸟争鸣。人之所以能够闻到花草的芬芳，尝到饭菜的清香，看到缤纷的世界，听到悦耳的声音，感知季节的变换，是因为机体内有许多能够感受各种刺激的感受器和感觉器官。那么，感受器有哪些？感觉器官的结构和功能如何？让我们带着这些有趣的问题一起来学习感觉器。

感觉器是指能够感受特定刺激的器官，由感受器和附属器共同构成。感受器是指机体内能够接受内、外环境的各种刺激，并将刺激转化为神经冲动的结构。神经冲动再经感觉神经传入中枢，在大脑皮质的特定部位产生相应的感觉。人体的感觉器有视器、前庭蜗器、嗅器、味器和皮肤。本章主要介绍视器、前庭蜗器和皮肤。

第一节 视 器

视器又称眼，由眼球和眼副器两部分构成。眼球接受光线的刺激，并将其转化为神经冲动，经视觉传导通路传至视觉中枢而产生视觉；眼副器对眼球起保护、运动和支持作用。

一、眼 球

眼球近似球形，位于眶的前部，其后端借视神经连于间脑。眼球由眼球壁和眼球内容物两部分组成（图 10-1）。

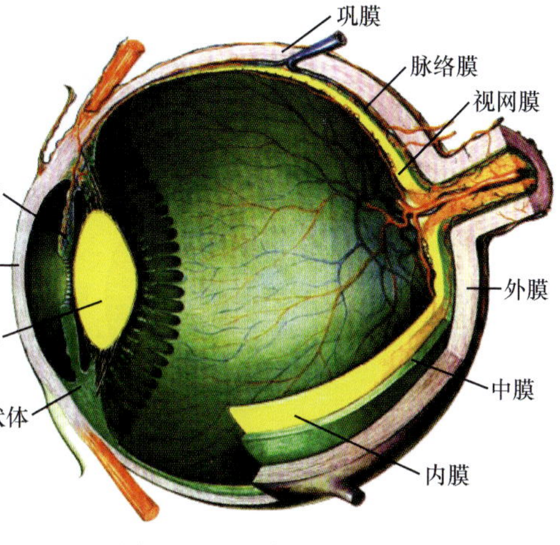

图 10-1 眼球的概观

（一）眼球壁

眼球壁由外向内依次分为纤维膜、血管膜和视网膜。

1. 纤维膜 位于眼球的最外面，由致密结缔组织构成，具有维持眼球外形和保护眼球内容物的作用。分为角膜和巩膜两部分（图 10-1）。

(1) 角膜：占外膜的前 1/6，无色透明，有折光作用。角膜内无血管，但有丰富的感觉神经末梢，故感觉敏锐。临床上常利用此点做角膜反射试验。

(2) 巩膜：占外膜的后 5/6，乳白色不透明，厚而坚韧，具有支持和保护眼球的作用。在巩膜与角膜交界处的深部有一环形小管，称为**巩膜静脉窦**，是房水回流的通道。

考点：眼球壁的层次和结构特点，瞳孔的概念

2. 血管膜 含有丰富的血管和色素细胞，呈棕黑色，具有营养眼球壁、调节进入眼球光线和产生房水的作用。血管膜由前向后分为虹膜、睫状体和脉络膜 3 部分。

(1) 虹膜：位于角膜的后方，呈圆盘状（图 10-2），中央有一圆孔称为**瞳孔**，直径为 2.5 ～ 4mm，为光线进入眼的通路。在活体，透过角膜可以看到虹膜和瞳孔。虹膜的颜色有种族的差异，中国人多呈棕黑色。虹膜内有两种不同排列方向的平滑肌，呈放射状排列的称为**瞳孔开大肌**；围绕瞳孔呈环状排列的称为**瞳孔括约肌**。它们分别开大和缩小瞳孔，从而调节进入眼球内的光线。在弱光下或看远物时，瞳孔开大；在强光下或看近物时，瞳孔缩小（图 10-3）。

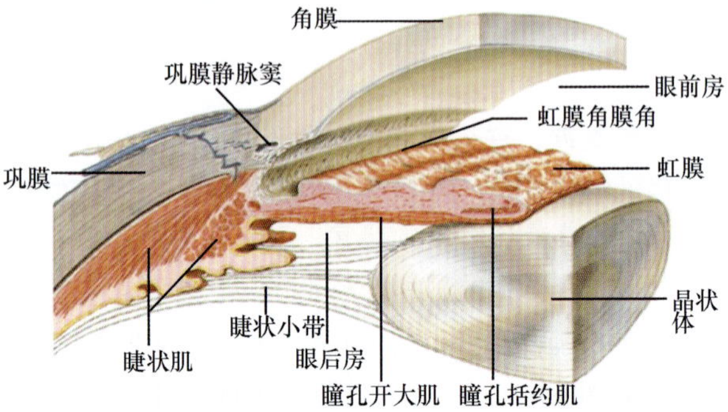

图 10-2　眼球前半部后面观及虹膜角膜角

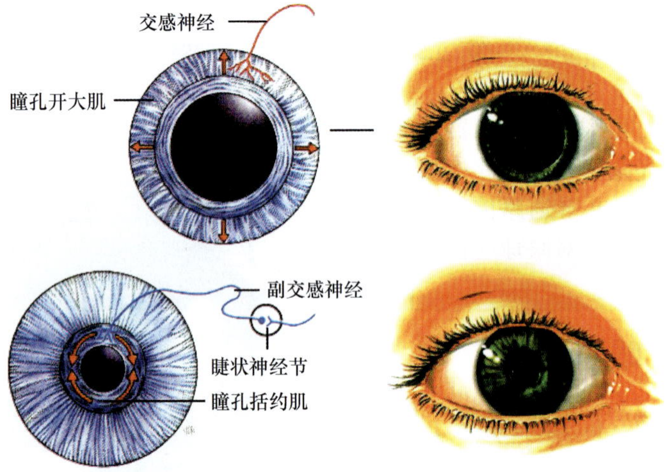

图 10-3　虹膜与瞳孔

(2) 睫状体：是中膜最肥厚的部分（图 10-2），位于虹膜与脉络膜之间，其前部有许多放射状突起，称为睫状突。由睫状突发出的细丝状睫状小带与晶状体相连。睫状体内的平滑肌，称为**睫状肌**。该肌的收缩和舒张能调节晶状体的曲度。

(3) 脉络膜：占中膜的后 2/3，衬于巩膜和视网膜之间，含有丰富的血管和大量的色素细胞，具有营养眼球壁和吸收眼内分散光线的作用。

考点：视神经盘、黄斑的概念，视网膜感光细胞的功能

3. 视网膜　位于中膜的内面，由前向后分为视网膜虹膜部、睫状体部和视部。前两部无感光作用称为盲部。视部紧贴在脉络膜内面，有感光作用。在视网膜后部中央偏鼻侧处，有一白色圆盘状隆起，称为**视神经盘**，又称**视神经乳头**（图 10-4），此处无感光作用，故称为生理性盲点。在视神经盘颞侧约 3.5mm 处的稍下方，有一黄色小区，称为**黄斑**，其中央凹陷称为**中央凹**，是感光和辨色最敏锐的部位。

视网膜视部分两层（图 10-5）。外层为色素上皮层，紧贴脉络膜，由单层色素上皮细

胞构成；内层为神经层，由 3 层神经细胞组成。外层为**感光细胞**，包括视锥细胞和视杆细胞，视锥细胞分布于视网膜中央部，能感受强光和辨别颜色；视杆细胞分布于视网膜周边部，只能感受弱光而无辨色能力。中层为**双极细胞**，将来自视锥细胞和视杆细胞的神经冲动传导至内层的**节细胞**，节细胞的轴突向视神经盘处汇集形成视神经。

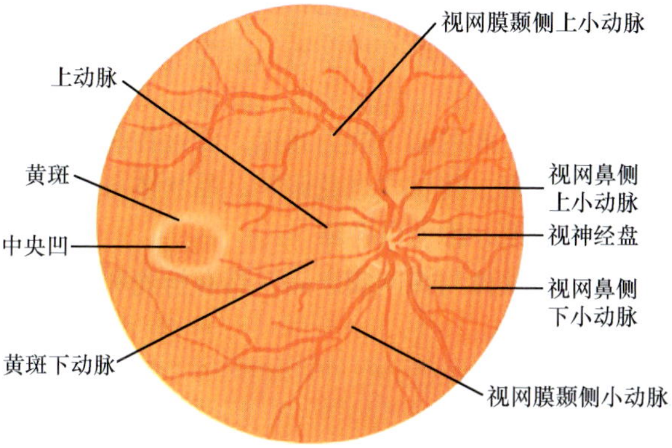

图 10-4 眼底（右侧）

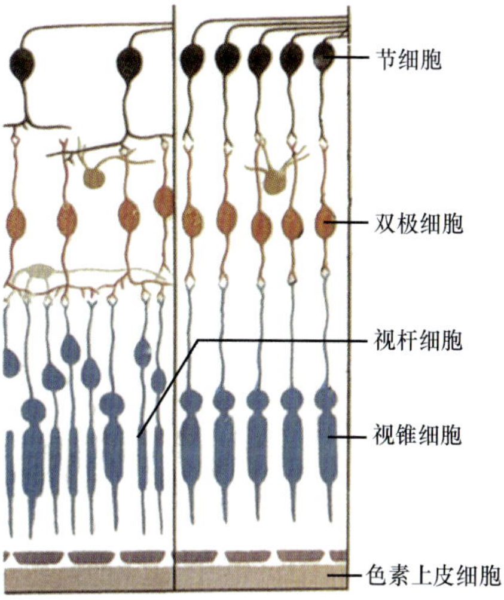

图 10-5 视网膜的微细结构示意图

（二）眼球的内容物

眼球的内容物包括房水、晶状体和玻璃体（图 10-6）。均具有折光作用，与角膜合称为眼的折光系统。

1. 房水 房水为充满在眼房内的无色透明的液体，除有折光作用外，还有营养角膜和晶状体及维持眼压的作用。**眼房**是位于角膜和晶状体之间的腔隙，被虹膜分为眼前房和眼后房，两者借瞳孔相通。在眼前房的周边，虹膜与角膜形成的夹角，称为**虹膜角膜角**，又称**前房角**（图 10-2）。

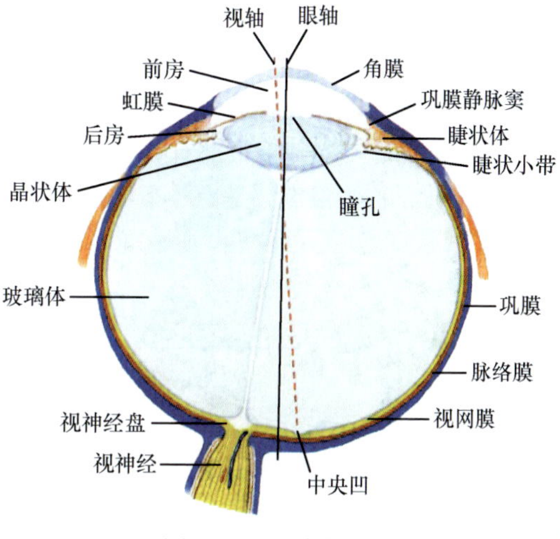

图 10-6 眼球内容物

房水由睫状体产生后，经眼后房、瞳孔到达眼前房，然后经虹膜角膜角进入巩膜静脉窦，最后汇入眼静脉。当房水回流受阻时，可引起眼压增高，导致视力减退，临床称为**青光眼**。

考点：房水的产生部位及其循环途径

案例 10-1

患者，女性，54 岁。因右眼视力下降、眼痛 2 小时，伴同侧头痛就诊。眼科检查：右眼视力 0.1，睫状体充血，角膜水肿呈雾状浑浊，前房浅，瞳孔散大，对光反射消失。左眼未见异常。测眼压：右眼 56mmHg，左眼 19mmHg。（正常眼压的范围为 10 ～ 21mmHg）

问题：

1. 根据所学内容，初步判定该患者可能患有何种眼病？

2. 简述房水的产生部位、循环途径及其作用。

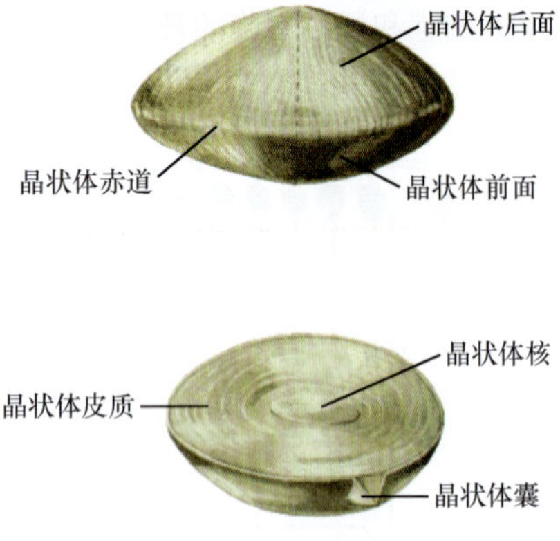

图 10-7　晶状体

考点：眼球内容物的组成及其作用，眼折光系统的组成

2. 晶状体　位于虹膜与玻璃体之间，为富有弹性的双凸透镜，无色透明，无血管分布（图 10-7）。晶状体周缘借睫状小带与睫状体相连，故晶状体的曲度可随睫状肌的舒缩而发生改变。看近物时，睫状肌收缩，睫状小带松弛，晶状体借本身的弹力回缩变厚，折光力增强。看远物时，与此相反。通过晶状体曲度的变化，从不同距离的物体反射出来的光线进入眼球后，均聚焦于视网膜，形成清晰的物像。老年人因晶状体弹性减弱，眼的调节能力减退，看近物时模糊，看远物时较清晰，俗称“老花眼”。晶状体可因疾病或创伤而变浑浊，称为**白内障**。

3. 玻璃体　为无色透明的胶状物质，充填于晶状体与视网膜之间，具有折光和支撑视网膜的作用。

二、眼　副　器

考点：眼副器的组成

眼副器包括眼睑、结膜、泪器、眼球外肌等，对眼球有保护、运动和支持作用。

（一）眼睑

眼睑俗称**眼皮**，位于眼球的前方，有保护眼球的作用。眼睑分为上睑和下睑（图 10-8），上、下眼睑之间的裂隙称为睑裂，睑裂的内、外侧角分别称为**内眦**和**外眦**。睑的游离缘称睑缘，长有向前弯曲睫毛。睫毛根部有睫毛腺，此腺的急性炎症称为**睑腺炎**。上、下睑缘近内眦处各有一小孔，称为**泪点**，是上、下泪小管的入口。

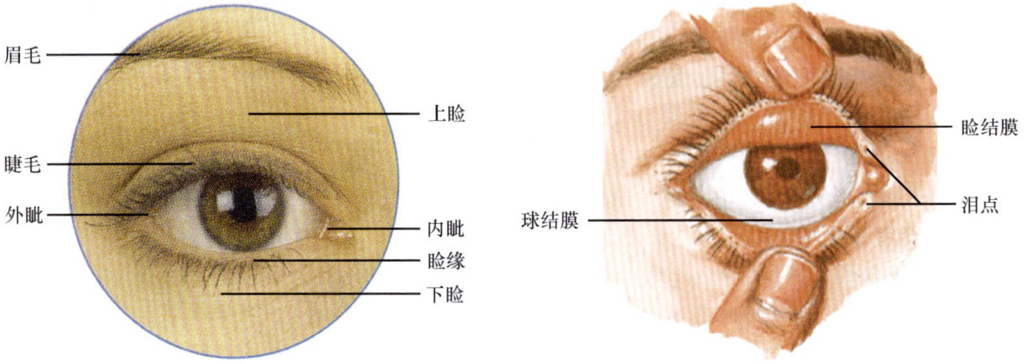

图 10-8　眼睑和结膜的结构

眼睑由浅入深由皮肤、皮下组织、肌层、睑板和睑结膜构成。眼睑皮肤薄，皮下组织疏松，易发生水肿。睑板中有睑板腺，其分泌物有滋润睑缘和防止泪液外溢的作用。睑板腺阻塞时，形成睑板腺囊肿（亦称**霰粒肿**）。

（二）结膜

结膜是一层富含血管的透明薄膜（图 10-8）。按其所在部位分为 3 部分。①睑结膜：衬贴于眼睑内面者。②球结膜：覆盖于巩膜前面者。③结膜穹隆：睑结膜与球结膜互相移行，反折处分别形成结膜上穹和结膜下穹。闭眼时，各部结膜围成一囊状腔隙，称为**结膜囊**。

（三）泪器

泪器由泪腺和泪道组成（图 10-9）。

1. 泪腺 位于眼眶外上方的泪腺窝内，排泄管开口于结膜上穹的外侧部。分泌的泪液有湿润角膜、冲洗微尘和杀菌作用。

2. 泪道 包括泪点、泪小管、泪囊和鼻泪管。泪点是泪道的起始部，泪小管上下各一，分别起始于上、下泪点，开口于泪囊。泪囊是一膜性囊，位于泪囊窝内，上部为盲端，下端移行为鼻泪管，鼻泪管下端开口于下鼻道。

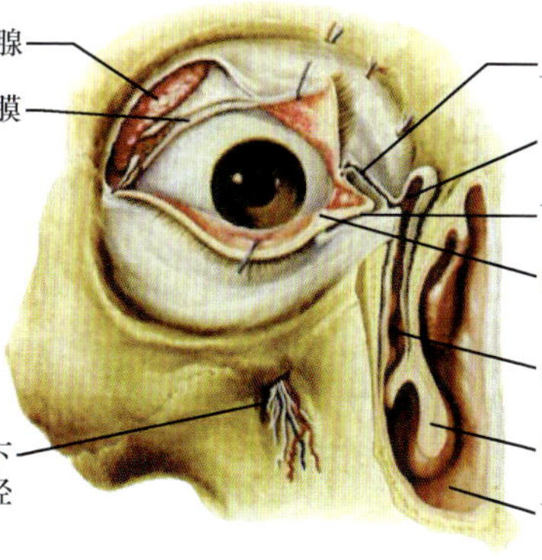

图 10-9 泪器（右侧）

考点：泪液的产生部位及其排除途径

（四）眼球外肌

眼球外肌（图 10-10）配布于眼球周围，共有 7 块，均为骨骼肌。除 1 块上睑提肌外，其余 6 块均为运动眼球的肌，分别称为上直肌、下直肌、内直肌、外直肌、上斜肌和下斜肌。上直肌使眼球转向上内，下直肌使眼球转向下内，内直肌使眼球转向内侧，外直肌使眼球转向外侧，下斜肌使眼球转向上外，上斜肌使眼球转向下外。眼球外肌运动的互相配合和协调，使双眼能同时集中注视一个目标，当某一肌力减退或瘫痪时，即出现复视和斜视。

考点：眼球外肌的作用

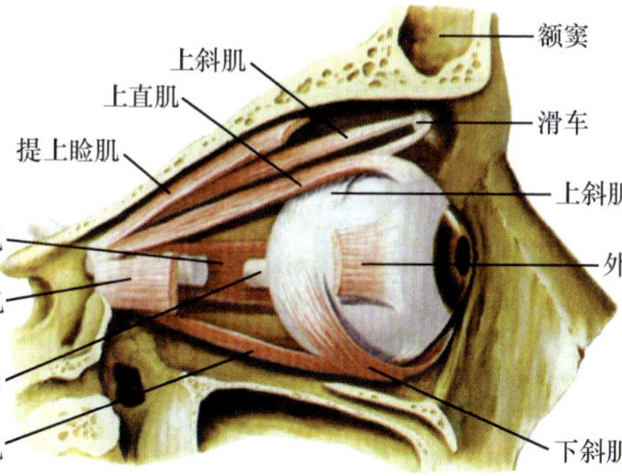

图 10-10 眼球外肌

三、眼的血管

眼的血液供应来自眼动脉。眼动脉发自颈内动脉，其中最重要的分支是视网膜中央动脉（图 10-4），该动脉自眼球后方入视神经，至视神经盘处分为视网膜颞侧上、下小动脉和鼻侧上、下小动脉，营养视网膜。临床上常用眼底镜观察此动脉，以帮助诊断动脉硬化及某些颅内疾病。眼静脉无静脉瓣，向前与面静脉吻合，向后注入海绵窦，故面部感染可经此途径侵入颅内。

第二节 前庭蜗器

前庭蜗器又称**耳**，包括感受头部位置变化的位觉器和感受声波刺激的听觉器。两者在功能上虽然不尽相同，但在结构上则关系密切。耳按部位可分为外耳、中耳和内耳 3 部分（图 10-11）。外耳和中耳是收集和传导声波的装置，内耳接受声波和位觉的刺激，是听觉感受器和位觉感受器所在的部位。

考点：耳的分部

一、外 耳

外耳包括耳郭、外耳道和鼓膜 3 部分，具有收集和传导声波的功能。

（一）耳郭

耳郭位于头部的两侧（图 10-11），与外耳道共同组成收集声波的漏斗状结构。耳郭大部分以弹性软骨为支架，外面覆以皮肤而构成，皮下组织少，但血管神经丰富。耳郭下部为耳垂，内无软骨，仅含结缔组织和脂肪，是临床上常用的采血部位。耳郭外侧面的中部有外耳门。

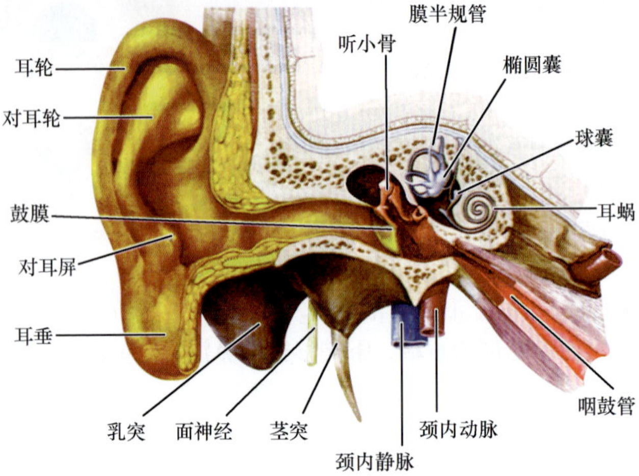

图 10-11　耳全貌模式图

（二）外耳道

外耳道是外耳门至鼓膜之间的弯曲管道（图 10-11），长 2.0 ～ 2.5cm。临床检查成人鼓膜时，须将耳郭向后上方牵拉，使外耳道变直方能观察到鼓膜。婴儿外耳道短而直，鼓膜近似水平位，故检查鼓膜时需将外耳道向后下方牵拉。

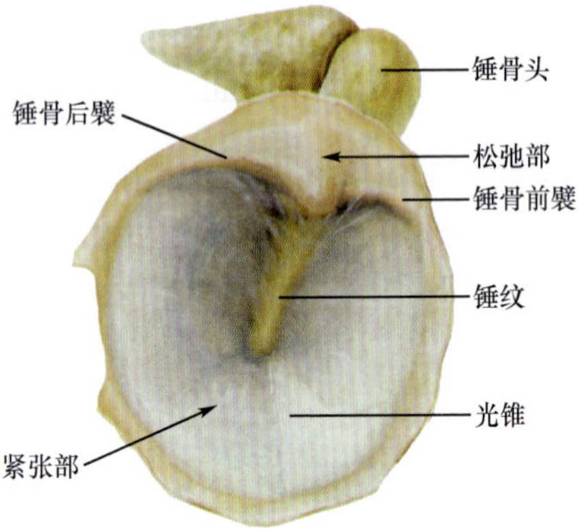

图 10-12　鼓膜

外耳道皮肤与软骨膜和骨膜结合紧密，故发生疖肿时疼痛剧烈。外耳道皮肤除含有毛囊、皮脂腺外，还含有丰富的耵聍腺，其分泌的淡黄色黏稠液体称为**耵聍**，具有保护作用。

（三）鼓膜

鼓膜是位于外耳道与鼓室之间的椭圆形半透明薄膜（图 10-11，图 10-12），与外耳道下壁约成 45° 角。鼓膜中央向内凹陷称为**鼓膜脐**。鼓膜的上 1/4 薄而松弛，称为**松弛部**；下 3/4 坚实而紧张，称为**紧张部**。在活体检查鼓膜时，鼓膜脐的前下方有一个三角形反光区，称为**光锥**。光锥消失是鼓膜内陷的重要标志。

二、中　耳

考点：中耳的组成，听小骨的名称

中耳位于外耳和内耳之间，是传导声波的主要结构，包括鼓室、咽鼓管、乳突窦和乳突小房。

（一）鼓室

鼓室是颞骨岩部内不规则的含气小腔（图 10-11），内衬黏膜，由 6 个壁围成，内有 3 块听小骨。鼓室的外侧壁为鼓膜；内侧壁为内耳的外侧壁，该壁上有两孔，位于后上方呈卵圆形的孔，称**前庭窗**；位于后下方呈圆形的孔，称**蜗窗**；前壁借咽鼓管与咽相通；后壁有乳突窦通乳突小房；听小骨由外侧向内侧依次为锤骨、砧骨和镫骨（图 10-13），是人体内最小的骨。锤骨附着在鼓膜脐的内面，镫骨底与前庭窗相接，它们与砧骨之间以小关节组成一条听骨链。当声波振动鼓膜时，通过听骨链的杠杆运动将声波传导至内耳。

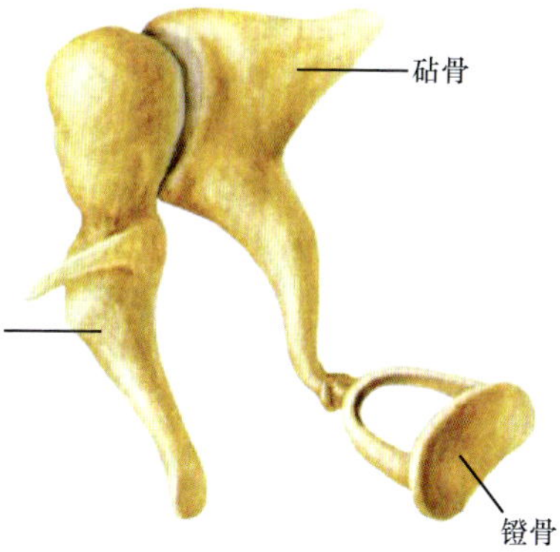

图 10-13 听小骨

（二）咽鼓管

咽鼓管为连通鼓室与鼻咽部的通道，可使鼓室内、外气压保持平衡，有利于鼓膜的振动。幼儿的咽鼓管较成人短而平直，管腔较大，故咽部感染易沿此管侵入鼓室，引起中耳炎。

考点：小儿咽鼓管的结构特点

案例 10-2

患儿，女，4 岁。1 周前患感冒，在家断续服用感冒药治疗，病情略有缓解。今天突然抓着右耳喊疼，并见耳内有黄色液体流出，故来医院就诊。体格检查：体温：38.5℃，咽部充血，右侧外耳道有液体流出，鼓膜松弛部可见绿豆大穿孔，检测听力有下降，乳突部无明显压痛。

问题：

1. 你根据所学内容，初步判定该小儿患有何病?
2. 为什么感冒会引起该病的发生?

（三）乳突窦和乳突小房

乳突窦是鼓室与乳突小房之间的小腔，向前开口于鼓室后壁，向后下与乳突小房相通。**乳突小房**为颞骨乳突内的许多含气小腔，大小不等，相互连通（图 10-14）。

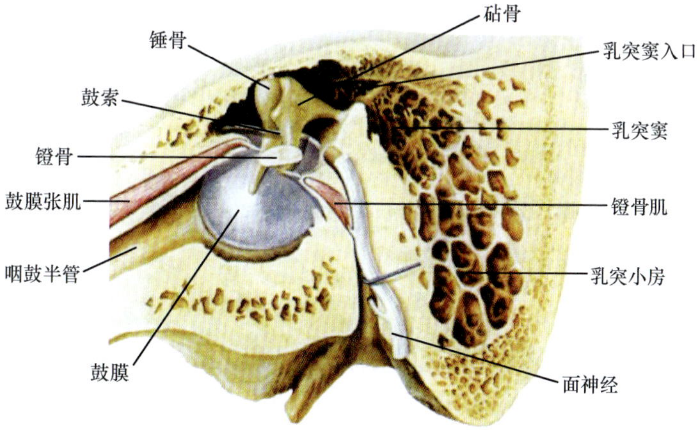

图 10-14 乳突小房

三、内 耳

内耳位于颞骨岩部内，介于鼓室与内耳道底之间，由两套构造复杂的弯曲管道组合而成，故又称为**迷路**。迷路分为骨迷路和膜迷路两部分（图 10-15）。**骨迷路**是颞骨岩部内的骨性管道，**膜迷路**是套在骨迷路内的膜性管和囊。骨迷路与膜迷路之间的腔隙内充满外淋巴，膜迷路内充满内淋巴，内、外淋巴之间互不相通。听觉和位觉感受器位于膜迷路内。

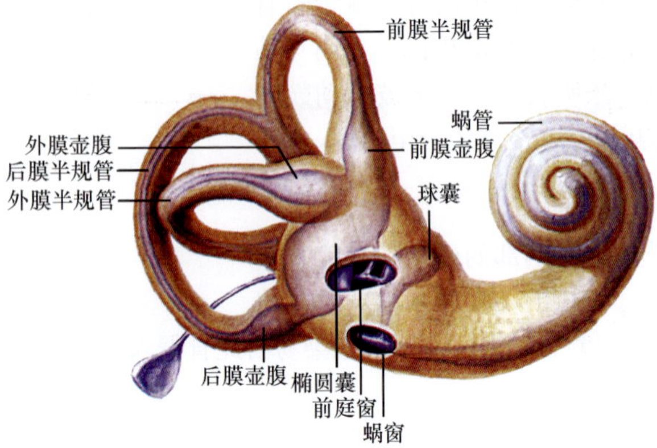

图 10-15　骨迷路和膜迷路

（一）骨迷路

骨迷路由后外向前内依次分为骨半规管、前庭和耳蜗 3 部分。

1. 骨半规管　为 3 个“C”形的互成直角排列的小管，按其位置分别称为前、后、外骨半规管。每个骨半规管均有 2 个骨脚与前庭相连，其中一个骨脚膨大称为**壶腹骨脚**，膨大部称**骨壶腹**；另一骨脚细小称为**单骨脚**，它们均开口于前庭。

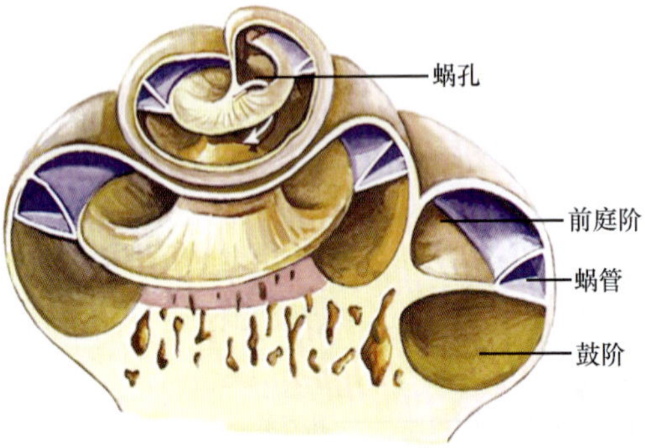

图 10-16　耳蜗

2. 前庭　位于骨迷路中部，呈椭圆形，其外侧壁即鼓室的内侧壁，上有前庭窗和蜗窗，内侧壁为内耳道底。前庭向前通耳蜗，向后通骨半规管。

3. 耳蜗　位于前庭的前方，形似蜗牛壳。蜗底朝向内耳道底，蜗顶朝向前外方。耳蜗由蜗螺旋管环绕蜗轴约两圈半构成。蜗螺旋管被蜗轴发出的骨螺旋板和膜迷路分隔成 3 条管道，即上方的**前庭阶**、下方的**鼓阶**、中间的**蜗管**（图 10-16）。前庭阶和鼓阶内充满外淋巴，两者在蜗顶处借蜗孔彼此相通。前庭阶一端与前庭窗相接，鼓阶一端与蜗窗相接。前庭窗被镫骨底封闭，蜗窗被第 2 鼓膜封闭。

（二）膜迷路

膜迷路由膜半规管、椭圆囊和球囊、蜗管组成（图 10-15）。

1. 膜半规管　位于同名骨半规管内，形态与骨半规管相似。在骨壶腹内的膨大部分为膜壶腹，壁上有隆起的**壶腹嵴**，为位觉感受器，能感受旋转变速运动的刺激。

2. 椭圆囊和球囊　位于前庭内，为相互连通的两个囊。椭圆囊位于后上方，与膜半规管相通；球囊位于前下方，较小，与蜗管相通。椭圆囊和球囊的内壁分别有**椭圆囊斑**和**球囊斑**，也是位觉感受器，能感受直线变速运动的刺激。

3. 蜗管　套在蜗螺旋管内，连于骨螺旋板的游离缘（图 10-16），断面呈三角形，上壁为前庭膜，下壁为基膜。基膜上有**螺旋器**（又称 Corti 器，图 10-17），是听觉感受器。

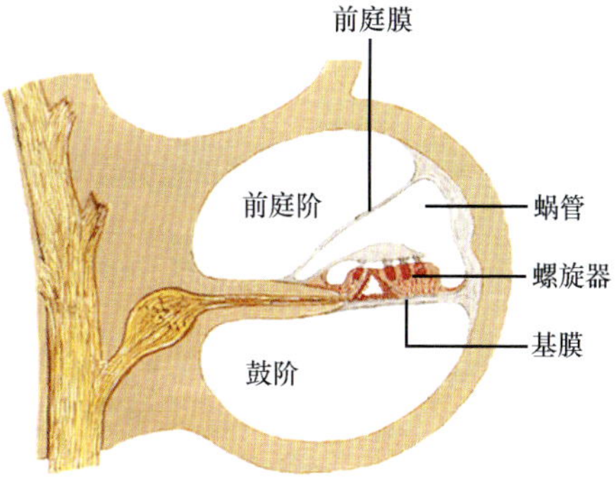

图 10-17 蜗管与螺旋器

考点：内耳的组成；位觉、听觉感受器

声波的传导途径有两种：空气传导和骨传导。主要的传导途径是空气传导。声波经耳郭和外耳道传至鼓膜，使鼓膜振动，再经听骨链传至前庭窗，使前庭阶和鼓阶的外淋巴振动，继而引起蜗管内的内淋巴振动，刺激基膜上的螺旋器，产生神经冲动，由蜗神经传到大脑听觉中枢，产生听觉（图 10-18）。

考点：声波的传导途径

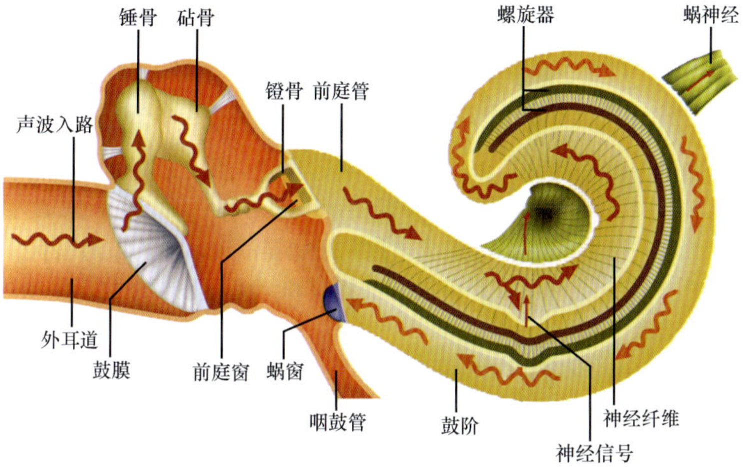

图 10-18 声波的传导途径

第三节 皮 肤

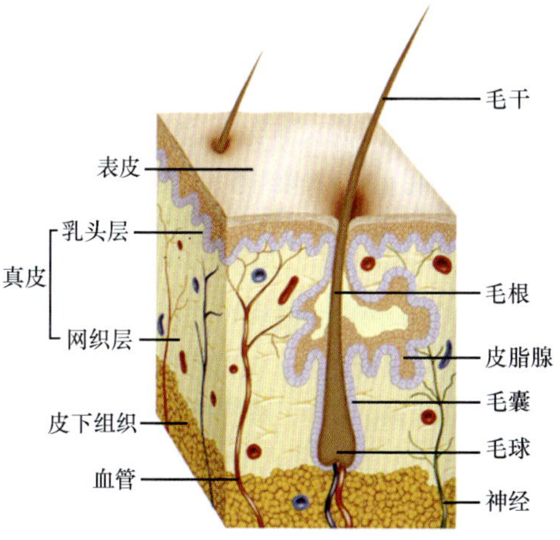

图 10-19 皮肤结构模式图

皮肤覆盖于身体表面，是人体面积最大、最重的器官，总面积达 1.2 ～ 2.0m^2。皮肤由表皮和真皮构成，借皮下组织与深部组织相连（图 10-19）。皮肤中有表皮衍生的毛、皮脂腺、汗腺和指（趾）甲等皮肤附属器。皮肤具有保护、吸收、排泄、感受刺激、调节体温等功能。

一、皮肤的结构

（一）表皮

表皮是皮肤的浅层，由角化的复层扁平上皮构成。人体各部的表皮厚薄不等，可分为厚皮和薄皮两种。厚皮仅位于手掌和足底，其他部位均为薄皮。表皮由浅入深可分为**角质层**、**透明层**、**颗粒层**、**棘层**和**基底层**（图 10-20）。

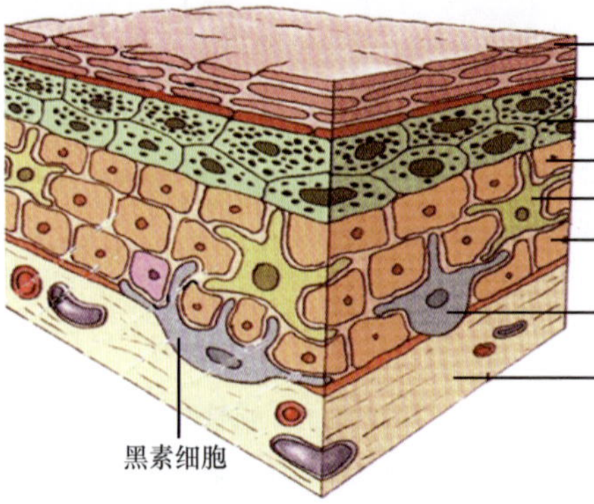

表皮结构模式图

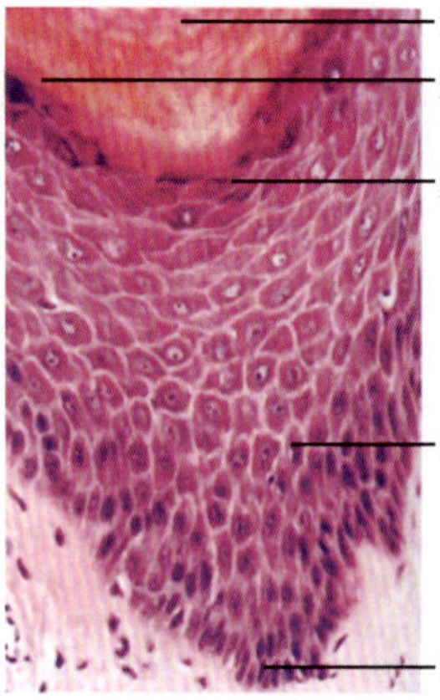

手指皮肤光镜结构图

图 10-20　表皮结构图

1. 角质层　由数层扁平的角质细胞组成。细胞已完全角化，轮廓不清，无细胞核和细胞器，胞质内充满均质状的角质。角质形成细胞不断脱落和更新，更新周期为 3 ～ 4 周。

2. 透明层　由 2 ～ 3 层扁平细胞组成。核和细胞器消失，呈均质透明状。

3. 颗粒层　由 3 ～ 5 层梭形细胞组成。细胞核和细胞器逐渐退化，胞质内含有许多透明角质颗粒。

4. 棘层　由 5 ～ 10 层体积较大的多边形细胞组成，具有旺盛的合成功能。

5. 基底层　附着于基膜上，由一层矮柱状或立方形的基底细胞组成。基底细胞有活跃的增殖和分化能力，新生的细胞向浅层推移，逐渐分化成表皮的其余各层细胞。基底细胞之间有少量黑色素细胞，具有合成黑色素、形成黑素分泌颗粒的功能，它的数量和颜色决定了皮肤的颜色。

（二）真皮

真皮位于表皮与皮下组织之间，分为乳头层和网织层，两者间无明确分界。身体各部的真皮厚薄不一，一般为 1 ～ 2mm。

1. 乳头层　为紧邻表皮的薄层疏松结缔组织，向表皮突起形成真皮乳头，扩大了表皮和真皮的接触面积，增加了牢固性。乳头层含有丰富的毛细血管、游离神经末梢和触觉小体。

2. 网织层　为乳头层深面较厚的致密结缔组织，内有粗大的胶原纤维，并有许多弹性纤维，赋予皮肤较大的弹性和韧性。网织层内还有较多的血管、淋巴管、神经等，深部常见环层小体。

考点：皮下注射术和皮内注射术的注入部位

真皮的下方是皮下组织，即解剖学所称的浅筋膜（图 10-19），由疏松结缔组织和脂肪组织构成，将皮肤与深部组织相连，使皮肤具有一定的活动性。皮下组织的厚度因个体、年龄、性别和部位而异，以腹部、臀部最厚，眼睑、阴茎、阴囊等处最薄。皮下组织内有较大的血管、淋巴管、神经等。皮下注射就是将药物注入此层，而皮内注射则是将药物注入表皮与真皮之间。皮下组织具有连接、缓冲、保温和储存能量等作用。

二、皮肤的附属器

1. 毛　人体皮肤除手掌、足底等处外，均有毛分布。毛分为毛干、毛根和毛球三部分（图 10-19）。露出皮肤的部分为毛干，埋在皮肤内的部分为毛根。毛根周围包有毛囊，毛根和毛囊下端形成膨大的毛球。毛球底面凹陷，结缔组织突入其中形成毛乳头。**毛球**是毛和毛囊的生长点，**毛乳头**对毛的生长起诱导和营养作用。在毛与皮肤表面钝角的一侧，有一束平滑肌连接毛囊和真皮，收缩时使毛竖立，故称为**竖毛肌**。

2. 皮脂腺 皮脂腺多位于毛囊与竖毛肌之间（图 10-19），导管开口于毛囊或直接开口于皮肤表面。皮脂腺排出的皮脂有润滑皮肤和保护毛发的作用。

链接

青 春 痘

“青春痘”在医学上称为痤疮，是青春期常发生的因皮脂腺分泌过多，导致慢性炎症的皮肤病。发病率较高。它的形成与性激素的分泌有关。青春期体内性激素分泌增多，使皮脂腺的分泌异常旺盛，产生大量皮脂，同时毛囊皮脂腺导管上皮细胞异常角化，导致毛孔堵塞，皮脂排出不畅而堆积，积聚的皮脂在皮脂腺内继发细菌感染加上炎症物质的刺激，就形成痤疮。

3. 汗腺 汗腺是盘曲的管状腺，分泌部位于真皮深层或皮下组织内，导管从真皮深部上行，开口于皮肤表面。人的皮肤有两种汗腺，小汗腺遍布于全身各处，以手掌和足底最多；大汗腺主要分布在腋窝、乳晕、会阴部等处。汗腺分泌是机体散热的主要方式，具有调节体温、湿润皮肤和排泄废物等作用。

4. 指（趾）甲 指（趾）甲位于手指和足趾的背面，主要由甲体和甲根构成。露出体表的部分为甲体，埋入皮肤内的部分为甲根，甲根附着处的上皮为甲母质，是甲体的生长区。甲体的两侧与皮肤之间的沟，称甲沟。指（趾）甲受损或拔除后，如甲母质仍保留，则甲仍能再生。

小结

眼是视觉器官，由眼球和眼副器构成。眼球又分为眼球壁和球内容物 2 部分。光线从眼外到达视网膜要经过角膜、房水、晶状体和玻璃体构成的折光装置；瞳孔可以控制入眼的光线量，晶状体曲度的改变可调节折光度，加上眼副器的辅助作用，可使视网膜得到最适合的刺激。

耳是位听器官，分外耳、中耳和内耳 3 部分。中耳鼓室内的 3 块听小骨构成听骨链，连接了外耳和内耳；咽鼓管是沟通鼻咽和鼓室的通道。内耳分骨迷路和膜迷路两部分，膜迷路中有位置觉感受器壶腹嵴、椭圆囊斑、球囊斑和听觉感受器螺旋器，分别感受头部位置变化和声波的刺激。声波的传导方式有气传导和骨传导两种。

自 测 题

A 型题

1. 组成视器的结构是
   A. 眼球壁和眼副器　B. 眼球壁和内容物
   C. 眼球和和眼副器　D. 眼球和眼球内容物
   E. 以上均不是
2. 角膜
   A. 占眼球纤维膜的前 5/6
   B. 有丰富的感觉神经末梢
   C. 有丰富的血管
   D. 有丰富的色素
   E. 以上均不是
3. 属于眼球血管膜的结构是

A. 角膜　B. 巩膜
C. 视网膜　D. 脉络膜
E. 结膜

4. 瞳孔位于
A. 角膜　B. 虹膜
C. 脉络膜　D. 视网膜
E. 巩膜

5. 视网膜感光和辨色最敏锐的部位在
A. 视神经盘　B. 黄斑
C. 中央凹　D. 视网膜视部
E. 视网膜盲部

6. 组成视神经的是
A. 视杆细胞的轴突　B. 视锥细胞的轴突
C. 双极细胞的轴突　D. 节细胞的轴突
E. 节细胞的树突

7. 调节晶状体曲度的肌
A. 上睑提肌　B. 眼轮匝肌
C. 瞳孔括约肌　D. 睫状肌
E. 瞳孔开大肌

8. 与入射光线最先接触的结构是
A. 角膜　B. 虹膜
C. 瞳孔　D. 房水
E. 球结膜

9. 白内障发生在
A. 角膜　B. 虹膜
C. 玻璃体　D. 房水
E. 晶状体

10. 使瞳孔转向外下方的是
A. 下直肌　B. 上斜肌
C. 外直肌　D. 下斜肌
E. 上直肌

11. 临床检查成人鼓膜时须将耳郭拉向
A. 后下方　B. 下方
C. 后上方　D. 上方
E. 前方

12. 咽鼓管开口于鼓室的
A. 前壁　B. 内侧壁
C. 外侧壁　D. 后壁
E. 上壁

13. 鼓室位于
A. 颧骨　B. 枕骨
C. 颞骨　D. 蝶骨
E. 以上均不是

14. 分隔外耳道与鼓室的结构是
A. 基膜　B. 鼓膜
C. 前庭膜　D. 皮肤
E. 第二鼓膜

15. 听觉感受器是
A. 椭圆囊斑　B. 球囊斑
C. 前庭膜　D. 螺旋器
E. 膜壶腹

16. 感染从腭扁桃体扩散至中耳，可能性最大的途径是
A. 外耳道　B. 内耳道
C. 咽鼓管　D. 卵圆孔
E. 面神经管

17. 婴幼儿上呼吸道感染易并发中耳炎的主要原因是
A. 咽鼓管与鼓室相交通
B. 咽鼓管易充血水肿
C. 咽鼓管周围血管丰富
D. 咽鼓管较窄、长、斜
E. 咽鼓管宽、短呈水平位

18. 表皮细胞不断死亡和脱落，由下列哪层细胞增殖向表层推移
A. 基底层　B. 角质层
C. 棘层　D. 乳头层
E. 透明层

19. 临床上的皮内注射是将药物注入
A. 真皮内　B. 皮下组织内
C. 网织层内　D. 表皮和真皮之间
E. 乳头层内

20. 对毛的生长起诱导和营养作用的是
A. 毛乳头　B. 毛囊
C. 毛根　D. 毛球
E. 毛干

（杨爱连）

11
第十一章 神经系统

引言：为什么婴幼儿和儿童吸收新知识的能力非常强，而成年人相对较差？初生婴儿脑内有大量沉默突触，只要施加电位刺激，即能快速转变为有功能的活动突触。婴儿所听到、看到、闻到、触到的每一件新事物，都会通过其身上的各种感受器转变成相关的动作电位，送往其中枢神经系统中，从而刺激大量沉默突触，并使之能够快速地转化为功能突触。成年人脑部没有沉默突触，在学习新知识时，是在两个没有任何连接的神经元之间新建起突触，形成连接。这种连接形成的速度较慢。因此，成年人知识的吸收能力相对较差。神经系统的组成和结构如何？它们是如何联系和工作的？让我们带着这些问题一起来探究神经系统的奥秘。

第一节 概 述

一、神经系统的区分和功能

（一）神经系统的区分

神经系统包括中枢部和周围部。中枢部包括脑和脊髓，也称**中枢神经系统**；周围部包括与脑相连的12对脑神经和与脊髓相连的31对脊神经，也称周围神经系统（图11-1）。周围部又可根据分布对象不同，分为**躯体神经**和**内脏神经**。躯体神经分布于体表、骨、关节和骨骼肌。内脏神经分布于内脏、心血管和腺体。躯体神经和内脏神经均含有感觉和运动两种纤维成分，而内脏运动神经又分为交感神经和副交感神经。

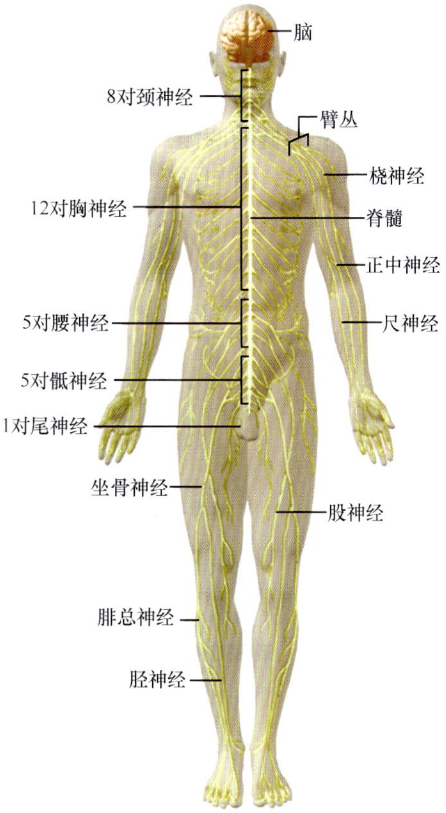

图11-1 神经系统的区分

（二）神经系统的功能

神经系统不但能控制和调节机体内各系统的功能活动，保证生命活动的正常进行，而且能维持机体与外环境的统一，使机体适应内、外环境的变化。

二、神经系统的常用术语

1. 灰质 位于中枢部，是神经元胞体和树突聚集的部位，在新鲜标本上色泽灰暗，称灰质。大脑、小脑的灰质称皮质。

2. 白质 在中枢部，是神经纤维聚集的部位，在新鲜标本上色泽白亮，称白质。大脑、小脑的

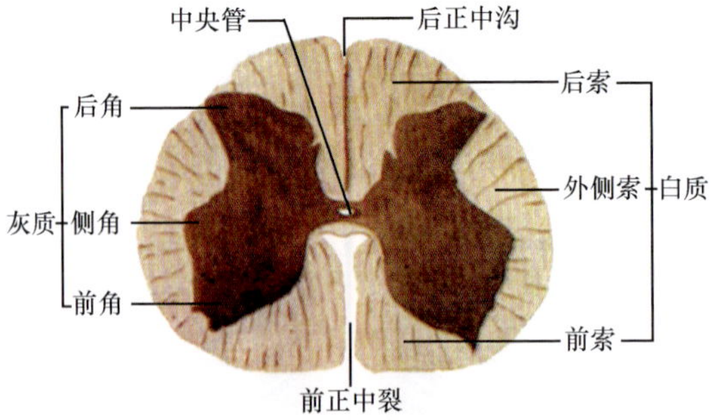

图 11-6 脊髓胸段横切面（新生儿）

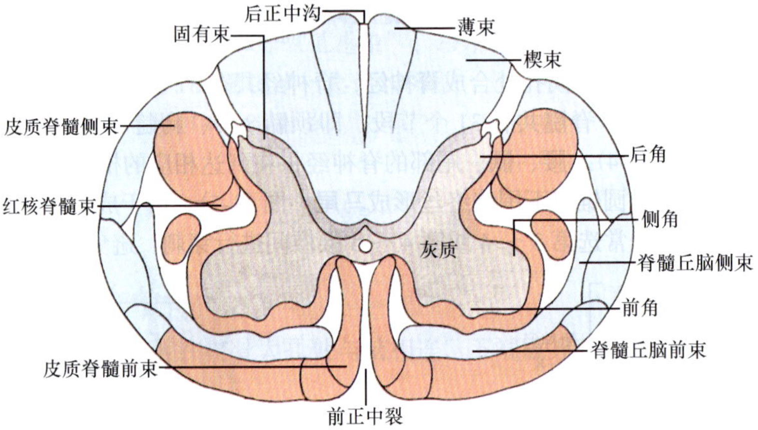

图 11-7 脊髓白质各传导束分布示意图

1. 灰质 在脊髓横断面上，灰质围绕中央管呈蝶形或“H”形。灰质两侧向前突出的部分称**前角**，由运动神经元组成。前角运动神经元是支配躯干、四肢骨骼肌运动，因此，当前角运动神经元损伤时，它所支配的骨骼肌会出现肌张力降低、代谢障碍，以致引起肌肉萎缩，此称为**弛缓性瘫痪**。后部狭长处为**后角**，内含联络神经元，接受脊神经后根的传入纤维。脊髓胸 1 到腰 3 节段的前、后角之间为**侧角**，内含交感神经元；脊髓骶 2 ～ 4 节段，相当于侧角的部位，含副交感神经元称**骶副交感核**。

2. 白质 位于灰质的周围，借脊髓表面的沟裂分为 3 个索，前正中裂与前外侧沟之间称**前索**；前、后外侧沟之间称**外侧索**；后正中沟与后外侧沟之间称**后索**。各索由密集的纵横神经纤维束组成。纤维束主要分为两类。

(1) 上行（感觉）纤维束

1) 薄束和楔束：位于后索，薄束在内侧，纵贯脊髓全长；楔束仅见于脊髓胸 4 节段以上，位于薄束的外侧。传导同侧躯干和四肢深（本体）感觉（肌、腱、关节的位置觉、运动觉和震动觉）和精细触觉（如通过触摸辨别两点间的距离和物体纹理粗细等）的冲动。

2) 脊髓丘脑束：位于脊髓的外侧索和前索内，传导对侧躯干和四肢浅感觉（痛温觉、粗触觉和压觉）的冲动。

(2) 下行（运动）纤维束：**皮质脊髓束**位于脊髓的前索和外侧索，将大脑皮质的神经冲动传至脊髓前角运动神经元，管理骨骼肌的随意运动。

（三）脊髓的功能

1. 传导功能 包括感觉和运动传导功能。脊髓内上、下行纤维束是联系脑与躯干、四肢感受器和效应器的重要结构。脊髓能将脊神经分布区的各种感觉冲动通过上行纤维束传导至脑，又能将脑产生的神经冲动通过下行纤维束和脊神经传导至效应器。

2. 反射功能 脊髓灰质内有许多躯体反射、内脏反射的低级中枢，如膝反射、排尿反射等。

考点： 脊髓的位置和外形；脊髓灰质各部的神经元

链接

急性脊髓炎

急性起病，常先有脊背部疼痛、胸腹部束带感及下肢麻木感，后迅速出现脊髓受损平面以下运动、感觉及大小便功能障碍，多在数小时至数天内达高峰，70% ~ 75% 见于胸髓，其次为颈髓、腰髓，骶髓最少见。由于病因不同，脊髓损害的水平、范围及严重程度各异。

二、脑

脑位于颅腔内，成人平均重量约为1400g，包括延髓、脑桥、中脑、小脑、间脑和端脑6部分，习惯将延髓、脑桥、中脑合称为脑干（图11-8）。

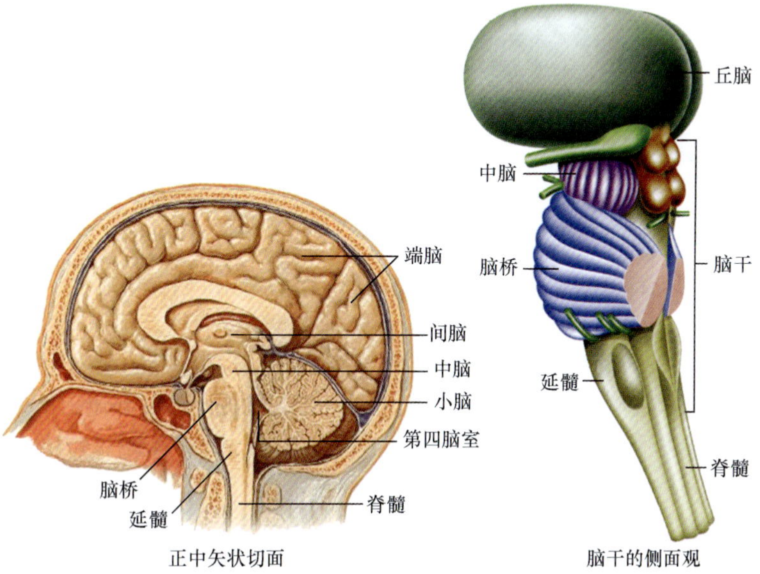

图 11-8 脑的位置和分部

（一）脑干

脑干自下而上由**延髓**、**脑桥**和**中脑**3部分组成。上接间脑，下连脊髓，后有小脑。

1. 脑干的外形

(1) 腹侧面：延髓腹侧面有与脊髓相续的前正中裂，裂上部两侧的纵行隆起，称**锥体**，内有皮质脊髓束通过。其大部分纤维在锥体的下部左右交叉，构成**锥体交叉**。延髓腹侧面连有舌下神经、舌咽神经、迷走神经、副神经（图11-9）。

脑桥下缘借延**髓脑桥沟**与延髓分界。沟中由内侧向外侧依次连有展神经、面神经和前庭蜗神经。脑桥腹侧面正中有一纵行的浅沟，称**基底沟**，有基底动脉通过。基底部外侧变细称小脑中脚，上连三叉神经根。脑桥上缘与中脑的大脑脚相接。

中脑腹侧面有两个粗大的柱状结构称**大脑脚**,其间的凹陷称**脚间窝**,动眼神经由此出脑。

(2) 背侧面：延髓下部后正中沟两侧各有两个纵行隆起，分别是**薄束结节**和**楔束结节**。其深面分别含有**薄束核**、**楔束核**。延髓背侧面上部与脑桥共同形成菱形窝，构成第四脑室底（图 11-10）。

中脑的背侧面有上、下两对隆起，分别称**上丘**和**下丘**，是视觉反射和听觉反射中枢。下丘的下方连有滑车神经。

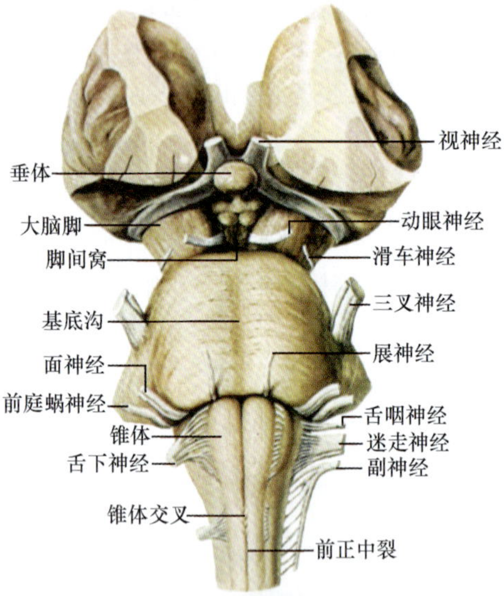

图 11-9　脑干腹侧面

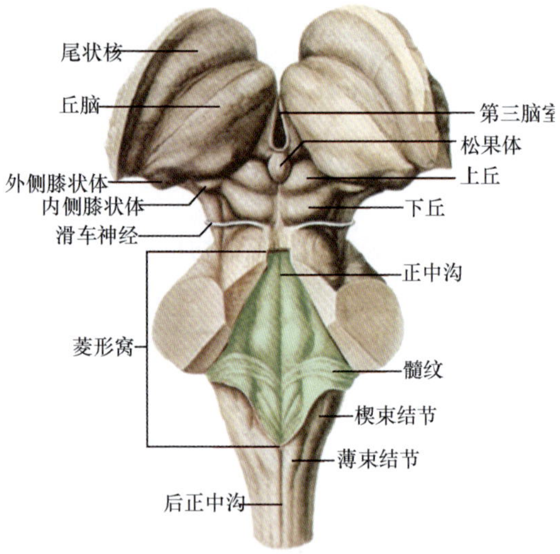

图 11-10　脑干背侧面

2. 脑干的内部结构　脑干的内部结构包括灰质、白质和网状结构。

(1) 灰质：脑干灰质的核团分为脑神经核和非脑神经核两类。

1) 脑神经核：分为脑神经运动核和脑神经感觉核。脑神经核的名称和位置多与其相连的脑神经的名称和连脑部位大致对应，是脑神经纤维起始或终止的部位。

2) 非脑神经核：不与脑神经相连，如延髓中的薄束核、楔束核，中脑内的黑质和红核等，是传导神经冲动的结构。

(2) 白质：由上、下行纤维束组成。

1) 上行纤维束：①**内侧丘系**传导对侧躯干和四肢深感觉和精细触觉的冲动。②**脊髓丘脑束**传导对侧躯干和四肢浅感觉（痛温觉、粗触觉和压觉）的冲动。③**三叉丘系**传导对侧头面部浅感觉（痛温觉、触觉和压觉）的冲动。

2) 下行纤维束：①**皮质脊髓束**管理躯干及对侧肢体骨骼肌的随意运动。②**皮质核束**管理双侧头面部骨骼肌，但睑裂以下的表情肌和舌肌只接受对侧的皮质核束管理。

(3) 网状结构：散布于各核团和纤维之间。网状结构构成了上、下行网状激动系统。

考点： 脑干的组成及其相连的脑神经名称；内侧丘系、脊髓丘系的功能

3. 脑干的功能

(1) 传导功能：大脑皮质联系小脑、脊髓的上、下行纤维束必须经过脑干。

(2) 反射功能：延髓内有呼吸中枢和心血管活动中枢，合称“生命中枢”；脑桥内有角膜反射中枢；中脑内有瞳孔对光反射中枢等。

(3) 网状结构的功能：参与控制睡眠 - 觉醒活动，调节骨骼肌张力和内脏活动等。

（二）小脑

1. 小脑的位置和外形 小脑位于颅后窝内，脑桥和延髓的后上方。小脑中间较狭窄称**小脑蚓**，两侧膨大称**小脑半球**。小脑半球下面靠近枕骨大孔的部分较膨隆，称**小脑扁桃体**（图 11-11）。其前方邻近延髓，下方靠近枕骨大孔。颅脑外伤导致颅内压过高时，小脑扁桃体常被挤而嵌入枕骨大孔形成小脑扁桃体疝，压迫延髓的生命中枢危及生命。

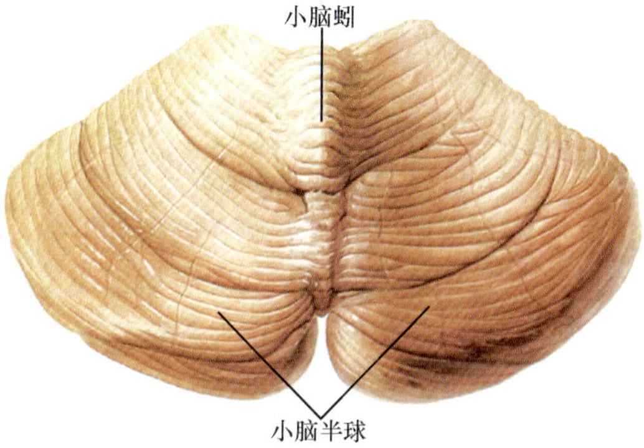

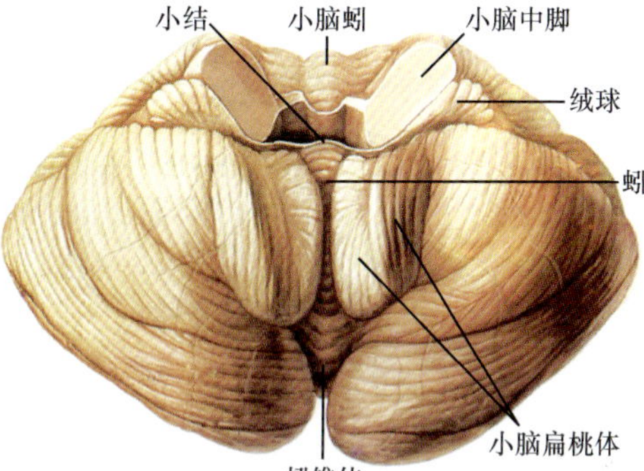

图 11-11 小脑外形

2. 小脑的内部结构 小脑内部灰质、白质的配布与脊髓不同。小脑表面被覆一层灰质，称为**小脑皮质**。白质在深部，也称**小脑髓质**。髓质内有四对灰质团块，称**小脑核**（图 11-12）。

3. 小脑的功能 ①小脑蚓可维持躯体平衡；②小脑半球能调节肌张力；③协调肌群运动。

4. 第四脑室 为延髓、脑桥和小脑之间的腔隙。底为菱形窝，顶朝向小脑，向下通脊髓中央管，上借中脑水管与第三脑室相通，借一个正中孔和两个外侧孔与蛛网膜下隙相通。

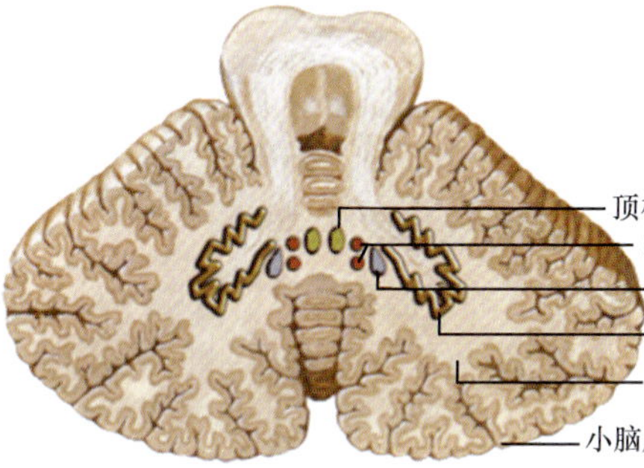

图 11-12 小脑的内部结构

考点：小脑的位置；小脑扁桃体的位置与临床意义

（三）间脑

间脑位于中脑和端脑之间。间脑主要由背侧丘脑和下丘脑组成。

1. 背侧丘脑 又称**丘脑**，是间脑背侧的一对卵圆形灰质团块。背侧丘脑被“Y”形的白质内髓板分成前核群、内侧核群和外侧核群 3 部分（图 11-13）。外侧核群又分为背侧部和腹侧部，腹侧部由前向后可分为腹前核、腹中间核和腹后核。其中外侧核群的**腹后核**，是感觉传导的中继核，躯体感觉传导都经腹后核传到大脑皮质的感觉中枢。背侧丘脑后端外下方有一对隆起，分别称**内侧膝状体**和**外侧膝状体**，与听觉冲动、视觉冲动传导有关。

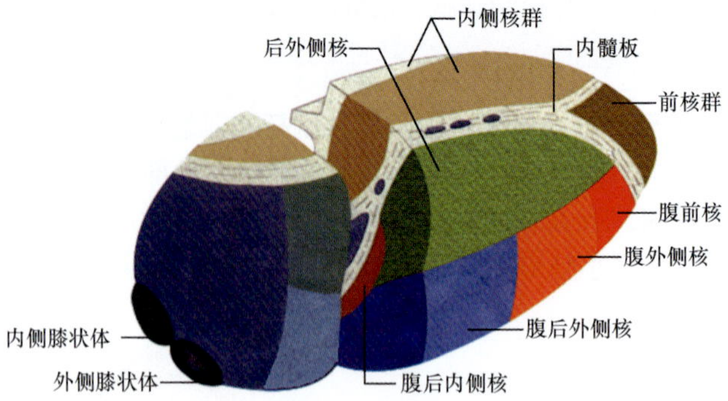

图 11-13　右侧丘脑核团的立体结构示意图

考点：下丘脑的组成

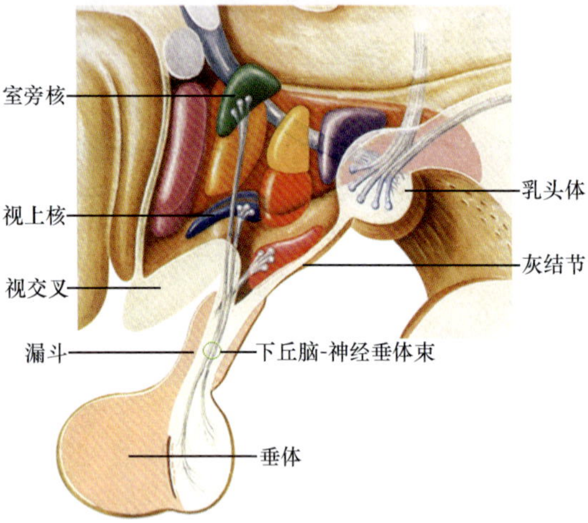

图 11-14　下丘脑的结构

2. 下丘脑　位于背侧丘脑的前下方，主要由**视交叉**、**灰结节**和**乳头体**组成（图 11-14）。灰结节向下移行为**漏斗**，其末端连有**垂体**。下丘脑具有调节体温、摄食、生殖、水盐平衡和内分泌活动等功能。

3. 第三脑室　间脑内矢状位的裂隙，称第三脑室。是两侧背侧丘脑和下丘脑之间的狭窄腔隙。前借室间孔与侧脑室相连，后借中脑水管与第四脑室相通。

（四）端脑

端脑通常又称**大脑**，被大脑纵裂分为左、右大脑半球，并借胼胝体相连。大脑半球与小脑之间有大脑横裂。

1. 大脑半球的外形和分叶　大脑半球表面布满大脑沟和大脑回。每侧大脑半球分内侧面、上外侧面和下面，并借 3 条叶间沟分为 5 个叶（图 11-15）。

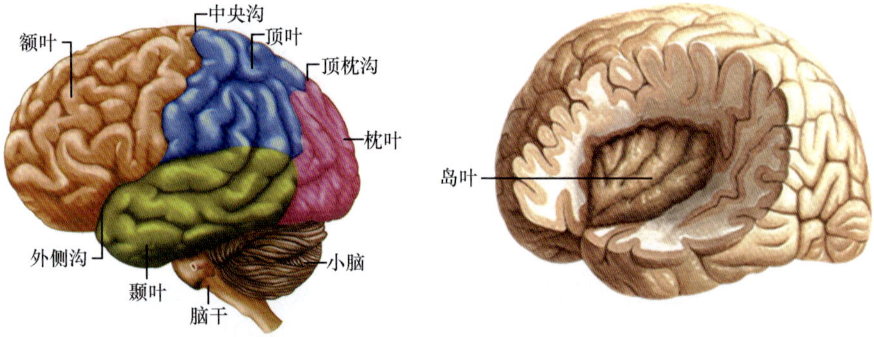

图 11-15　大脑半球的外形和分叶

(1) 大脑半球的叶间沟和分叶

1) 叶间沟：①**外侧沟**位于半球的上外侧面，自前下斜行向后上方；②**中央沟**起自半球上缘中点的稍后方，沿上外侧面斜向前下方；③**顶枕沟**位于半球内侧面后部，并转至上外侧面。

2）分叶：①**额叶**为外侧沟之上，中央沟之前的部分；②**顶叶**为中央沟以后，顶枕沟以前的部分；③**颞叶**为外侧沟以下的部分；④**枕叶**位于顶枕沟后方；⑤**岛叶**位于外侧沟的深部。

（2）大脑半球重要的沟、回

1）上外侧面（图 11-16）：①额叶，中央沟前方有与之平行的**中央前沟**，两沟之间为**中央前回**。自中央前沟向前发出上、下两条沟，分别称**额上沟**和**额下沟**。额上、下沟将中央前回以前的部分，分为**额上回**、**额中回**、**额下回**。②顶叶，中央沟后方有与之平行的**中央后沟**，两沟之间为**中央后回**。围绕颞上沟末端的为**角回**。包绕外侧沟后端的为**缘上回**。③颞叶，外侧沟下方有与之平行的**颞上沟**，两沟之间为**颞上回**。在外侧沟的下壁上有 2～3 条短的**颞横回**。

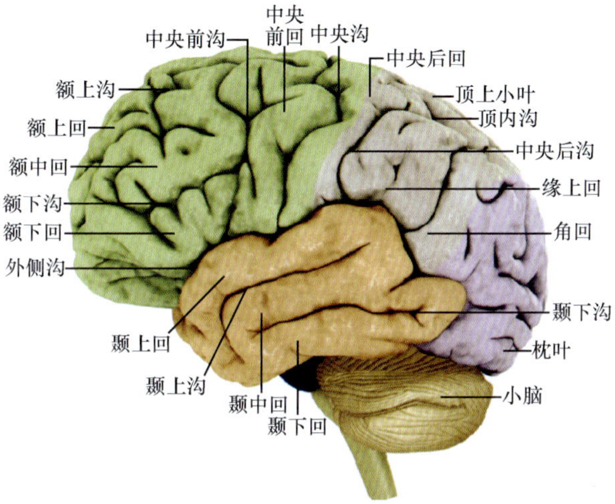

图 11-16 大脑半球的上外侧面（左侧）

2）内侧面（图 11-17）：胼胝体背侧和头端的脑回为扣带回；扣带回中部的上方为**中央旁小叶**，是中央前、后回在半球内侧面的延续部分；在胼胝体后下方，有自顶枕沟行向前下至枕叶的**距状沟**。距状沟的前下方，自枕叶向前伸向颞叶的沟为侧副沟。侧副沟前部上方有**海马旁回**，其前端向后弯曲的部分称**钩**。

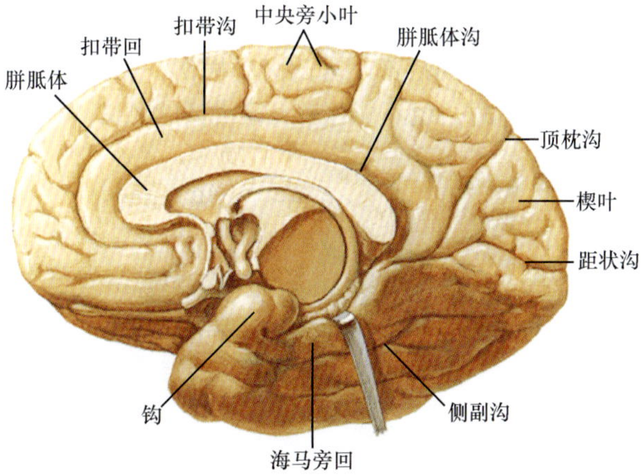

图 11-17 大脑半球（内侧面）

扣带回、海马旁回及钩等合称**边缘叶**。边缘叶与下丘脑、杏仁体、丘脑前核群等皮质下结构密切联系，共同构成**边缘系统**，与内脏调节、学习和记忆、情绪反映、性活动等功能有关。

3）下面（图 11-18）：额叶下面有纵行的**嗅束**，其前端膨大称**嗅球**。嗅球和嗅束参与嗅觉冲动的传导。

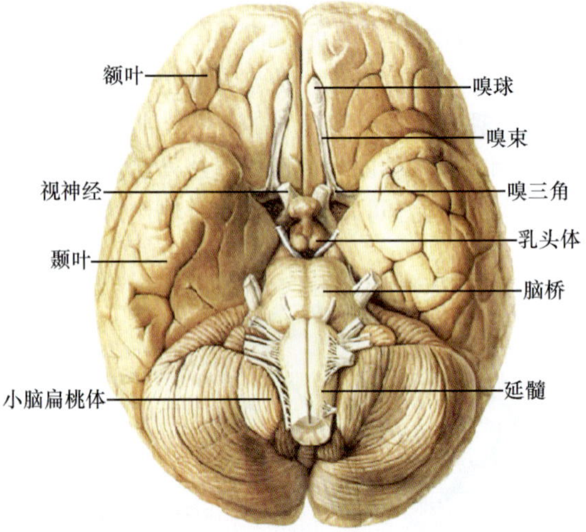

图 11-18　端脑下面

2. 大脑的内部结构　大脑半球表层为**大脑皮质**，深部为**髓质**。在大脑半球的基底部，包埋于白质中的灰质团块称**基底核**。

（1）大脑皮质的功能定位（图 11-19，图 11-20）：大脑皮质是人体活动的最高中枢，其不同部位，有完成某些反射活动的相对集中区，称**大脑皮质的功能定位**，这些具有特定功能的脑区，称为**中枢**。。大脑皮质的重要中枢有以下几种。

1）躯体运动中枢：位于中央前回和中央旁小叶的前部，管理对侧半身的骨骼肌运动。

2）躯体感觉中枢：位于中央后回和中央旁小叶的后部，接受对侧半身感觉传导纤维。

3）视觉中枢：位于距状沟两侧的皮质。

4）听觉中枢：位于颞横回，每侧听区接受双侧的听觉冲动传入。

考点：大脑半球的分叶及重要沟回；大脑皮质的功能定位

5）语言中枢：是人类大脑皮质特有的功能区，其功能是能够理解他人说话和写印出来的文字，并能用口语和文字表达自己的思维活动。语言中枢包括听话、说话、阅读和书写4个中枢。①听话中枢：位于颞上回后部。若此区受损伤，患者虽听觉正常，能听到别人的讲话，但听不懂别人讲话的意思，也不能理解自己讲话的意义，即所答非所问，称为

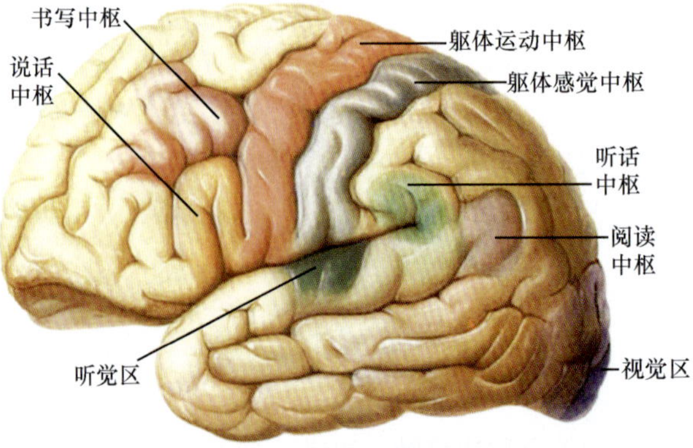

图 11-19　大脑皮质的功能定位（上外侧面）

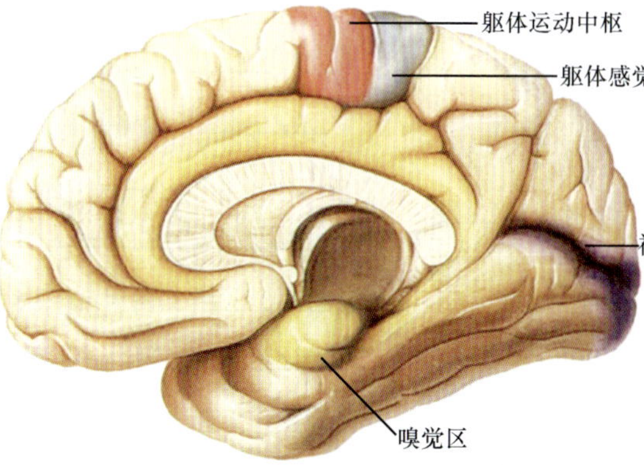

图 11-20 大脑皮质的功能定位（内侧面）

感觉性失语症。②说话中枢：位于额下回后部。若此区受损伤，患者虽能发音，但丧失了说话的能力，称为**运动性失语症**。③阅读中枢：位于角回，若此区受损伤，患者视觉虽无障碍，但不能理解文字符号的含意，称为**失读症**。④书写中枢：位于额中回后部。若此区受损伤，患者的手虽运动正常，但不能写出原来会写的文字符号，称为**失写症**。

(2) 基底核：是大脑半球髓质内灰质团块的总称，主要包括**豆状核**、**尾状核**、**杏仁体**等（图 11-21）。豆状核分为壳和苍白球。豆状核和尾状核合称**纹状体**，纹状体具有调节肌张力和协调肌群运动等作用。

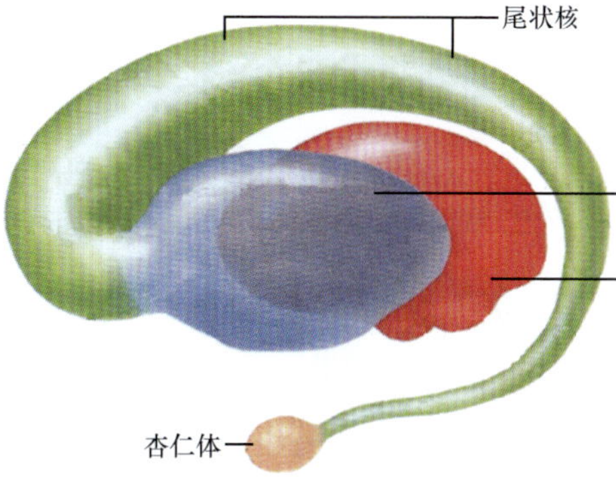

图 11-21 大脑基底核模式图（左侧）

(3) 大脑髓质：位于皮质的深面，由大量的神经纤维组成。

1) 内囊（图 11-22）：位于背侧丘脑、尾状核与豆状核之间的白质纤维板称内囊。在大脑水平切面上，内囊呈向外开放的“V”形，分 3 部分：豆状核与尾状核头部之间的部分称内囊前肢；豆状核与背侧丘脑之间的部分称内囊后肢，内有皮质脊髓束、丘脑中央辐射和视辐射等通过；前、后肢的结合部称内囊膝，有皮质核束通过。

内囊是投射纤维高度集中的区域，所以此处病灶即使不大，也可导致严重的后果。例如营养一侧内囊的小动脉破裂（通称脑出血）或栓塞时，内囊膝和后肢受损，导致对侧半身深、浅感觉障碍、对侧半身随意运动障碍，双眼对侧半视野偏盲，即临床所谓的“三偏”综合征。

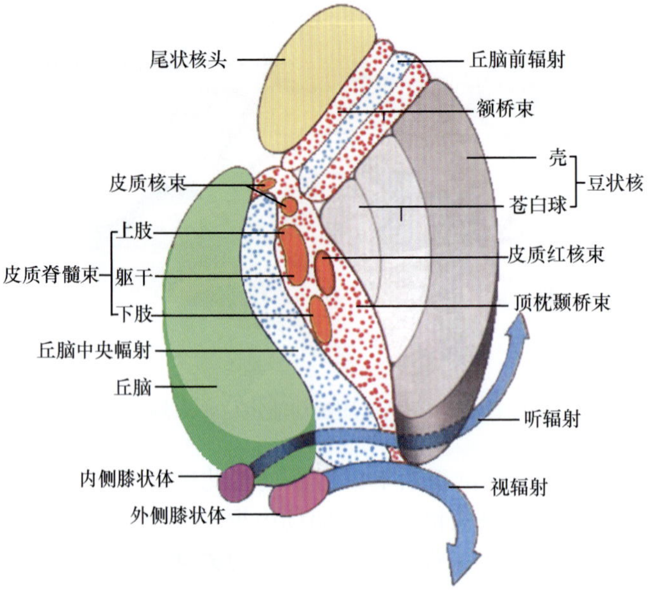

图 11-22　内囊结构模式图

2）胼胝体：位于大脑纵裂底部，为连接两侧大脑半球的白质纤维。

(4) 侧脑室：位于大脑半球内，左右各一，借室间孔与第三脑室相交通（图 11-23）。

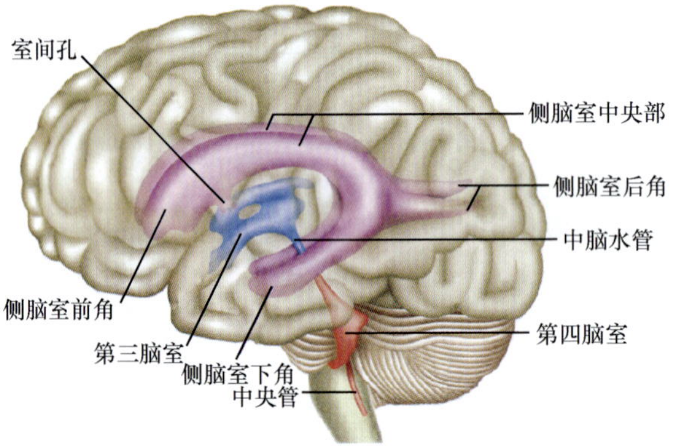

图 11-23　脑室投影图

考点： 内囊的位置、分部及各部通过的纤维束

三、脊髓和脑的被膜、血管及脑脊液的循环

（一）脊髓和脑的被膜

脊髓和脑表面自外向内有硬膜、蛛网膜和软膜 3 层被膜，有保护、支持脊髓和脑的作用。

1. 硬膜

(1) 硬脊膜：为厚而坚韧的结缔组织膜，包裹脊髓，上端在枕骨大孔边缘与硬脑膜延续，下部在第 2 骶椎水平逐渐变细包裹马尾，末端附于尾骨。硬脊膜与椎管内面骨膜之间的狭窄腔隙称**硬膜外隙**，容纳脊神经根、脂肪、淋巴管、静脉丛和疏松结缔组织，并略呈负压（图 11-24）。临床上进行硬膜外麻醉术，就是将麻醉药物注入此间隙，以阻滞脊神经根的传导。

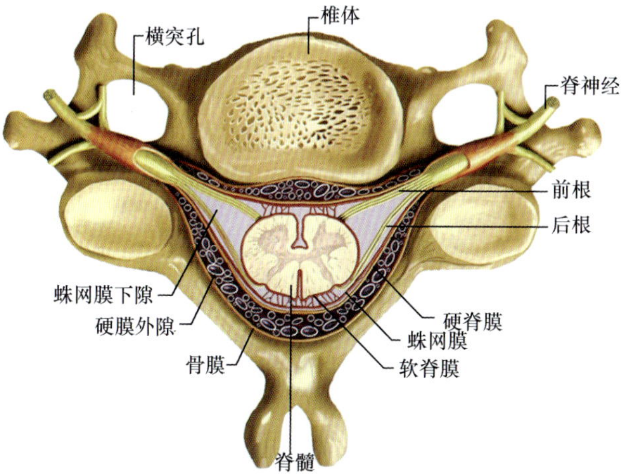

图 11-24 脊髓的被膜

(2) 硬脑膜（图 11-25）：由两层构成，外层为衬于颅骨内面的骨膜，内层折叠，深入脑各部之间起固定和承托作用。硬脑膜与颅盖骨连接疏松，易于分离，而与颅底骨结合紧密。硬脑膜形成的结构如下。

1）大脑镰：呈镰刀形伸入大脑纵裂，分隔两个大脑半球。

2）小脑幕：呈半月形伸入大脑横裂，分隔大脑和小脑。前缘游离称小脑幕切迹，其前方与中脑相邻。

3）硬脑膜窦（图 11-25，图 11-26）：硬脑膜在某些部位两层分开，构成含静脉血的腔隙，称**硬脑膜窦**。主要有**上矢状窦**、**下矢状窦**、**直窦**、**窦汇**、**横窦**、**乙状窦**和**海绵窦**。

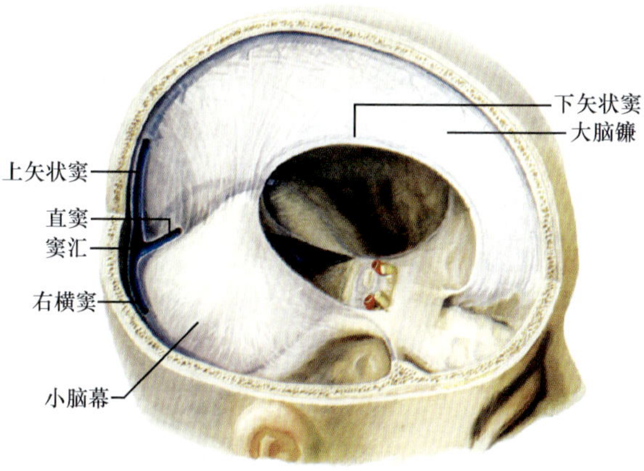

图 11-25 硬脑膜和硬脑膜窦

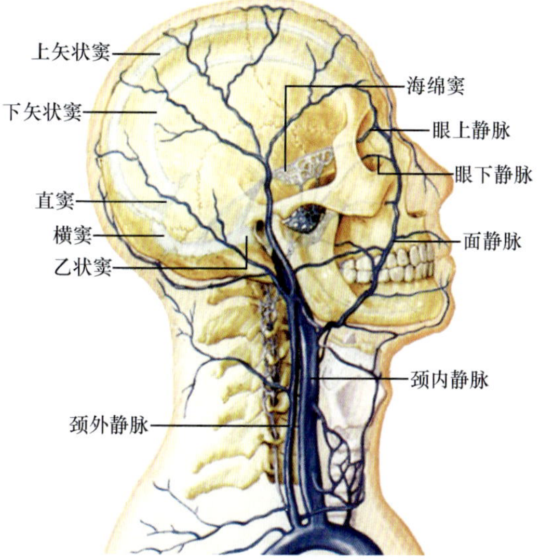

图 11-26 硬脑膜窦与头颈部静脉的吻合情况

2. 蛛网膜 薄而透明，无血管和神经。蛛网膜与软膜之间的不规则腔隙称**蛛网膜下隙**，内含脑脊液。此隙在某些部位扩大形成**蛛网膜下池**，主要有小脑延髓池和终池。蛛网膜在上矢状窦两侧形成**蛛网膜粒**突入窦内，脑脊液可通过蛛网膜粒渗入上矢状窦内，回流入静脉（图 11-27）。

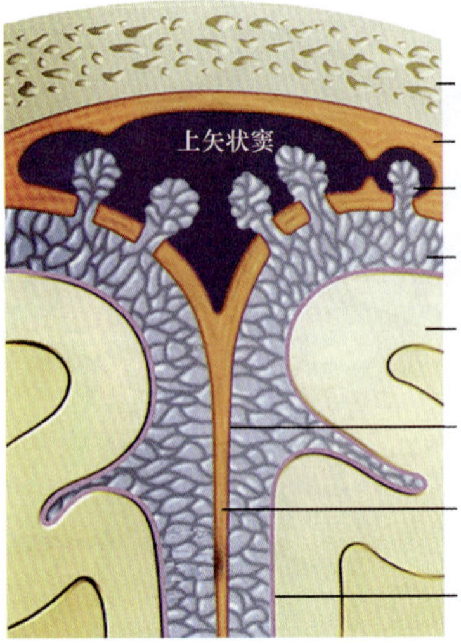

图 11-27　上矢状窦和蛛网膜粒

考点：脑和脊髓被膜的名称；硬膜外隙和蛛网膜下隙的概念及其临床意义

3. 软膜　薄而透明，富含血管，紧贴脑和脊髓表面并深入其沟、裂中，按位置分别称为软脑膜和软脊膜。在脑室附近，软脑膜、毛细血管和室管膜上皮共同突入脑室内构成**脉络丛**，是产生脑脊液的主要结构。

（二）脊髓和脑的血管

1. 脊髓的血管

(1) 脊髓的动脉：来自椎动脉和节段性动脉。椎动脉发出脊髓前、后动脉，沿脊髓表面下降，与肋间后动脉、腰动脉发出的节段性动脉分支吻合成网，分支营养脊髓。

(2) 脊髓的静脉：脊髓的静脉较动脉多而粗，收集脊髓内的小静脉后汇合成脊髓前、后静脉，最后注入硬膜外隙的椎内静脉丛。

2. 脑的血管

(1) 脑的动脉：来自颈内动脉和椎动脉。

1) 颈内动脉：起自颈总动脉，经颈动脉管入颅后，分出**大脑前动脉**、**大脑中动脉**等。主要供应大脑半球的前 2/3 和间脑前部（图 11-28，图 11-29）。其中大脑中动脉发出一些细小的中央支，垂直向上穿入脑实质，营养纹状体、内囊膝和内囊后肢前部。因其血流压力大，血管脆性高，在高血压动脉硬化时易发生破裂出血，故又称出血动脉。

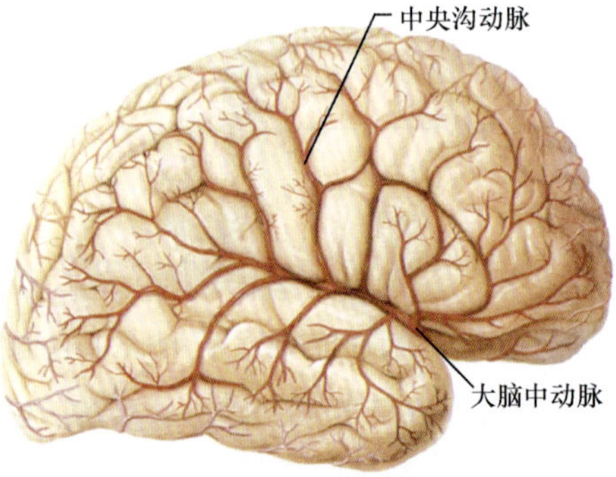

图 11-28　大脑半球上外侧面的动脉

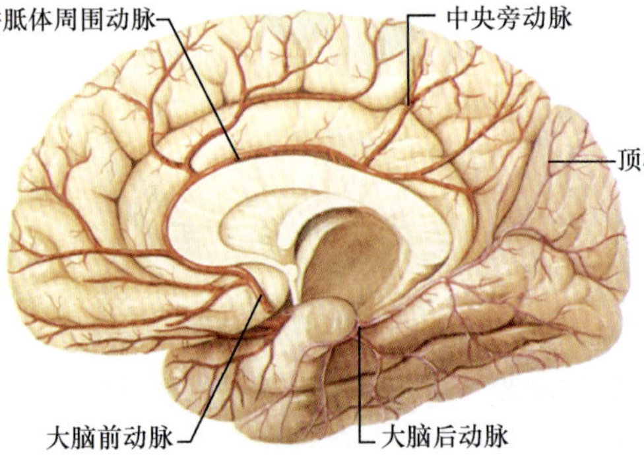

图 11-29　大脑半球内侧面的动脉

2）椎动脉：起自锁骨下动脉，经枕骨大孔入颅后合并成基底动脉，最后形成两条**大脑后动脉**。主要营养脑干、小脑、间脑后部和大脑半球的后 1/3。

3）大脑动脉环（willis 环）：围绕视交叉、灰结节和乳头体，由前交通动脉、大脑前动脉、颈内动脉、后交通动脉和大脑后动脉吻合而成（图 11-30）。当动脉环某处发育不良或阻断时，可通过血液重新分配，在一定程度上起代偿作用，以维持脑的血液供应。

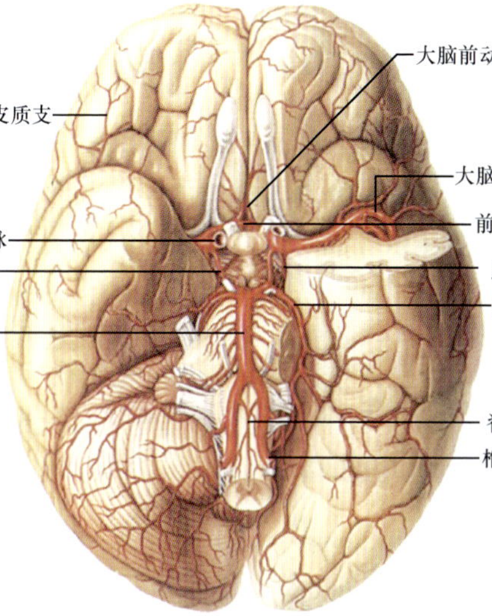

图 11-30　大脑动脉环

考点：脑的动脉来源及其分部概况；大脑动脉环的构成

（2）脑的静脉：脑的静脉不与动脉伴行，分为浅静脉和深静脉。收集皮质、髓质和基底核等处的静脉血，注入邻近的静脉窦。

（三）脑脊液的产生与循环途径

1. 脑脊液　为各脑室脉络丛产生的无色透明液体，总量约 150ml，流动于脑室和蛛网膜下隙内。脑脊液对脑和脊髓起缓冲、保护、运输代谢产物和调节颅内压的作用。

2. 脑脊液循环途径　左、右侧脑室脉络丛→室间孔→第三脑室→中脑水管→第四脑室→正中孔和左、右外侧孔→蛛网膜下隙→蛛网膜粒→上矢状窦→颈内静脉（图 11-31）。

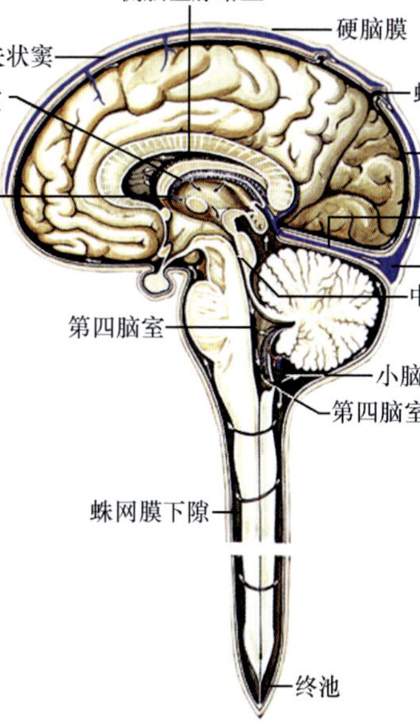

图 11-31　脑脊液循环模式图

考点：脑脊液的产生部位及循环途径

四、血 - 脑屏障

血 - 脑屏障是阻止有害物质进入脑组织、

保证脑细胞内环境稳定的结构基础。它的构成是脑和脊髓毛细血管无孔的内皮及内皮细胞间的紧密连接，毛细血管的基膜，星形胶质细胞形成的胶质膜。这三层结构形成了血液和脑组织之间进行物质交换的屏障。

第三节　周围神经系统

周围神经系统包括脑神经、脊神经和内脏神经。

一、脊　神　经

脊神经共31对，与脊髓相连，从上到下包括**颈神经**8对，**胸神经**12对，**腰神经**5对，**骶神经**5对和**尾神经**1对。每对脊神经在椎间孔处由脊髓发出的前根和后根组成（图11-32）。前根为运动性，后根为感觉性，在后根上有一椭圆形膨大，称为**脊神经节**，由假单极神经元胞体聚集而成，故脊神经是混合性神经。

考点：脊神经和脊神经节的组成、脊神经丛

脊神经出椎间孔后，立即分为前支和后支：后支较细小，主要分布于项、背、腰和骶部的深层肌肉和皮肤；前支较粗大，主要分布于躯干前、外侧和四肢的肌和皮肤（图11-32）。除第2～11对胸神经前支外，其余脊神经前支分别交织成4对神经丛：颈丛、臂丛、腰丛和骶丛。再由丛发出分支到相应的区域。

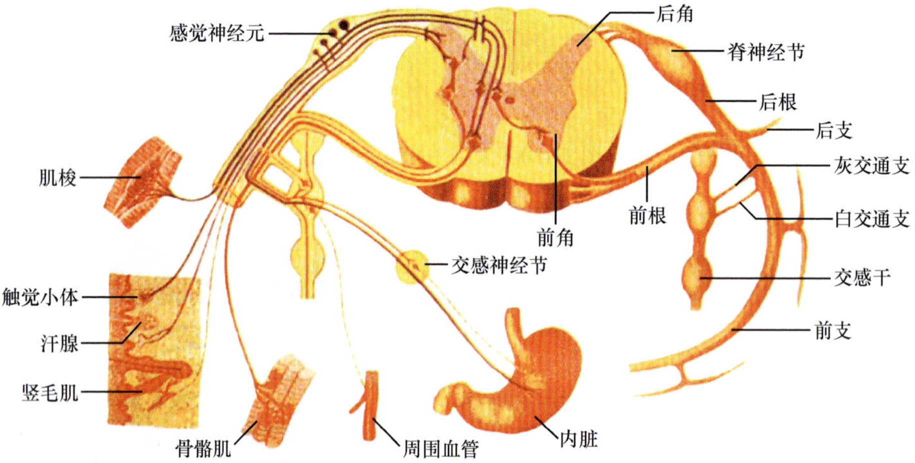

图11-32　脊神经的组成

（一）颈丛

1. 组成及位置　颈丛由第1～4颈神经前支组成，位于颈侧部胸锁乳突肌上部的深面。

2. 颈丛的分支　有皮支和肌支。

(1) 皮支：较粗大，位置表浅，有枕小神经、耳大神经、颈横神经和锁骨上神经等。均自胸锁乳突肌后缘中点附近穿过深筋膜浅出，呈放射状分布枕部、颈侧部、耳郭、肩部及胸壁上部的皮肤（图11-33）。做颈部表浅手术时，常在胸锁乳突肌后缘中点附近，做局部阻滞麻醉。

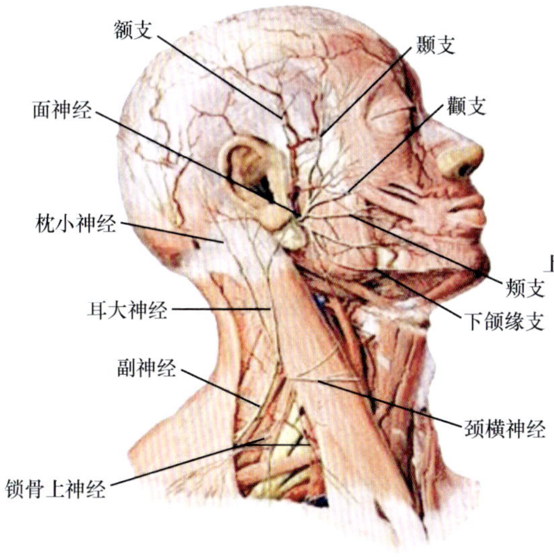

颈丛的皮支

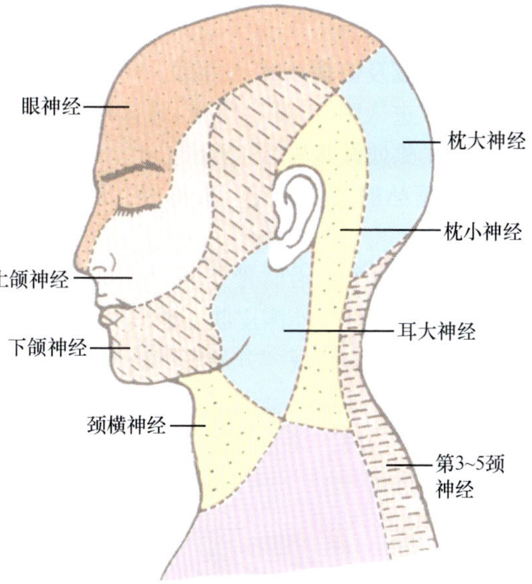

颈丛皮支的分布

图 11-33　颈丛的皮支及分布

考点：膈神经的分布

(2) 肌支：主要有膈神经（图 11-34），为混合性神经。自颈丛发出后经锁骨下动静脉之间入胸腔至膈。其运动纤维支配膈；感觉纤维分布于胸膜、心包和膈下面腹膜，右膈神经的感觉纤维还分布于肝、胆囊和肝外胆道等。

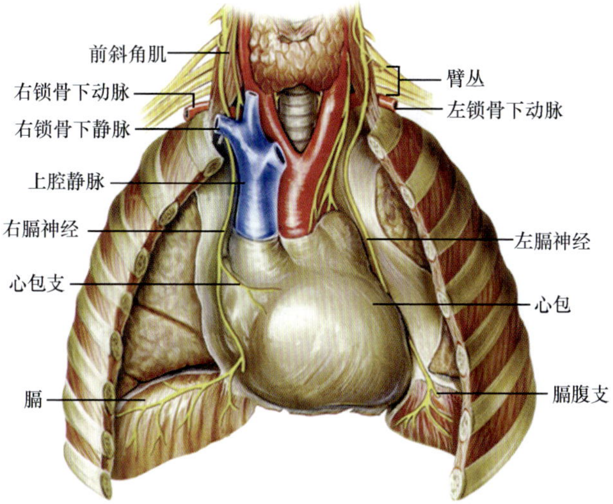

图 11-34　膈神经

链接

呃逆

膈神经受刺激可引起膈肌痉挛性收缩，从而表现为呃逆。

口　诀

颈组颈丛，肌皮分支有两种；肌支名为膈神经，胸膜心包达膈肌；右膈神经有特点，肝胆信息它传递。

（二）臂丛

1. 组成及位置 臂丛由第 5 ～ 8 颈神经前支和第 1 胸神经前支的大部分组成。经锁骨中点后方进入腋窝，围绕腋动脉排列。在锁骨中点后上方，臂丛较集中，且位置较浅，临床上常在此处做臂丛阻滞麻醉。

2. 臂丛的主要分支 **腋神经、肌皮神经、正中神经、尺神经、桡神经**（图 11-35，图 11-36）。

考点：臂丛的主要分支、分布

(1) 腋神经：沿肱骨外科颈行向后外至三角肌深面。肌支支配三角肌等，皮支分布于肩部及臂部上 1/3 外侧皮肤。肱骨外科颈骨折时易损伤此神经。腋神经损伤主要表现为肩关节不能外展，呈现“方形肩”。

(2) 肌皮神经：沿肱二头肌深面行向外下，沿途发出肌支和皮支；终支在肘关节的外上方穿出深筋膜，续为前臂外侧皮神经。肌支支配臂前群肌，皮支分布于前臂外侧皮肤。

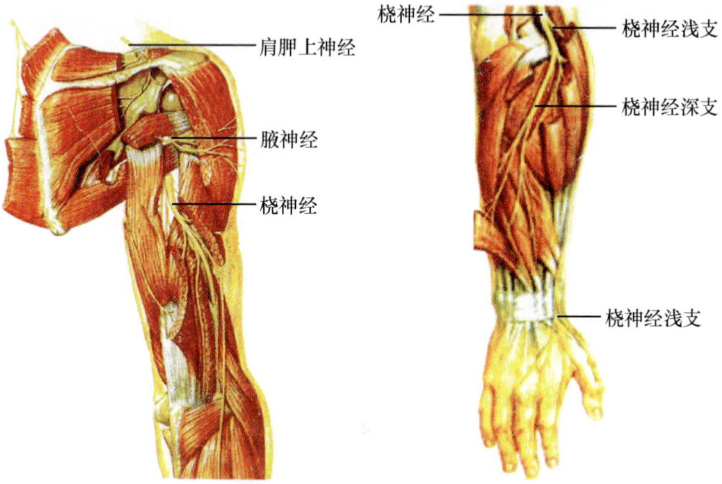

图 11-35　上肢后面的神经

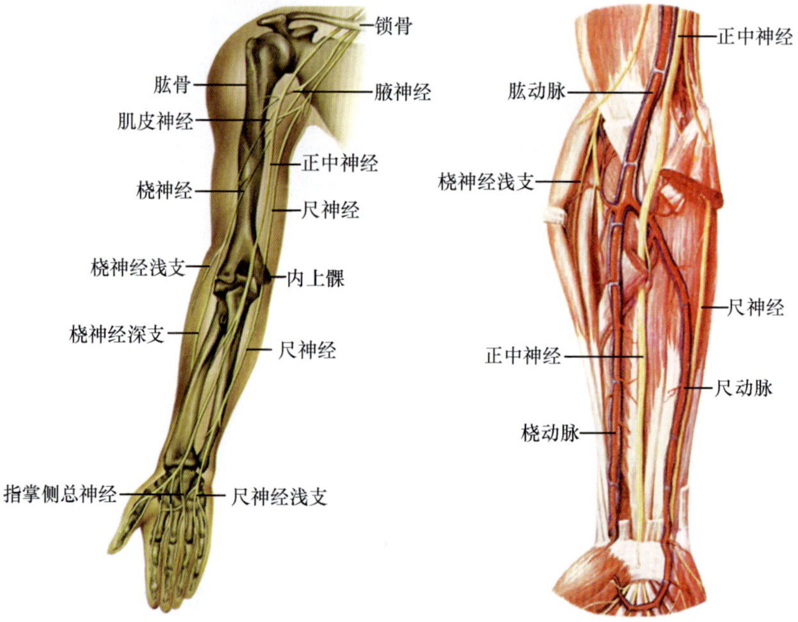

图 11-36　上肢前面的神经

(3) 正中神经：由臂丛发出后，沿肱二头肌内侧缘伴肱动脉下行至肘窝，在前臂正中下行于浅、深屈肌之间达手掌。在前臂发出肌支支配除肱桡肌、尺侧腕屈肌和指深屈肌尺侧半以外的前臂前群肌。在手掌，发出肌支支配手肌外侧群（拇收肌除外）及中间群的小部分。皮支分布于手掌桡侧 2/3，桡侧三个半手指掌面的皮肤及其背面中节和远节指的皮肤。正中神经主干损伤后，除皮支分布区的感觉丧失外，运动障碍主要表现为“猿手”（图 11-37）。

(4) 尺神经：伴随肱动脉内侧下行至臂中部，经尺神经沟进入前臂，伴尺动脉下行入手掌。在前臂发出肌支，支配尺侧腕屈肌和指深屈肌尺侧半。在手掌，发出肌支支配手肌内侧群、中间群的大部分和拇收肌。皮支分布于手掌尺侧部和尺侧一个半手指掌面的皮肤及手背尺侧半和尺侧两个半手指背面皮肤。尺神经在尺神经沟处位置表浅，肱骨内上髁骨折时易受损伤，尺神经损伤后最主要的症状为“爪形手”（图 11-36，图 11-37）。

(5) 桡神经：是上肢最粗大的神经，紧贴肱骨桡神经沟行向外下，到肱骨外上髁前方分为皮支和肌支。肌支支配臂肌后群、前臂肌后群、肱桡肌和桡侧腕长伸肌。皮支分布于臂和前臂背面、手背桡侧半及桡侧两个半手指近节指背面的皮肤。桡神经在经桡神经沟时，紧贴骨面，肱骨中段骨折易损伤此神经。桡神经损伤主要表现为“垂腕征”（图 11-35 和图 11-37）。

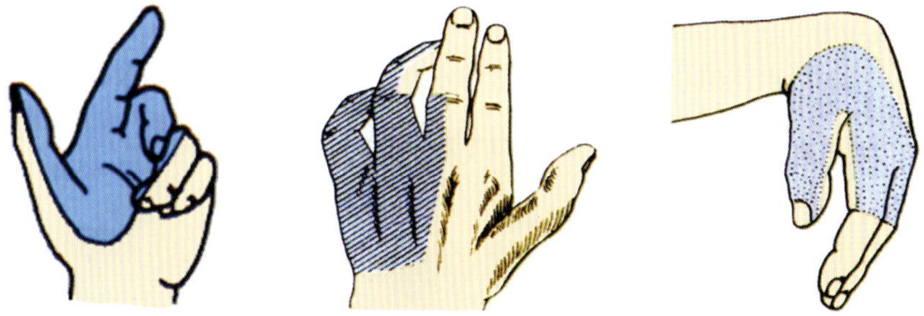

图 11-37 正中神经、尺神经、桡神经损伤手的体征

（三）胸神经前支

胸神经前支共 12 对，除第 1 对的大部分参与臂丛组成和第 12 对的小部分参与腰丛的组成外，其余均不形成神经丛。第 1 ～ 11 对胸神经前支均各自行于相应的肋间隙中，称**肋间神经**，第 12 对胸神经前支的大部分行于第 12 肋下方，故称**肋下神经**。

胸神经前支主要分布于胸腹壁皮肤、肋间肌、腹前外侧壁肌及相应的壁腹膜等处，且在胸、腹壁皮肤呈明显的节段性分布：第 2 胸神经前支分布于胸骨角平面；第 4 胸神经前支分布于乳头平面；第 6 胸神经前支分布于剑突平面；第 8 胸部神经前支分布于肋弓平面；第 10 胸神经前支分布于脐平面；第 12 胸神经前支分布于脐与耻骨联合连线中点平面（图 11-38）。临床施行硬膜外麻醉时，常以胸神经前支分布区来确定麻醉平面的高低。

考点：胸神经前支节段性分布规律

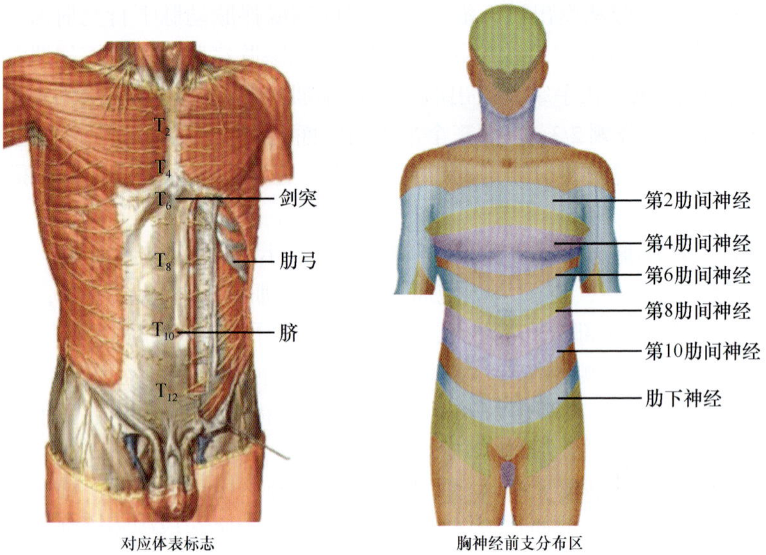

图 11-38　胸神经前支

（四）腰丛

1. 组成及位置　腰丛位于腰大肌的深面，由第 12 胸神经前支的小部分、第 1 ～ 3 腰神经前支及第 4 腰神经前支的一部分组成（图 11-39）。

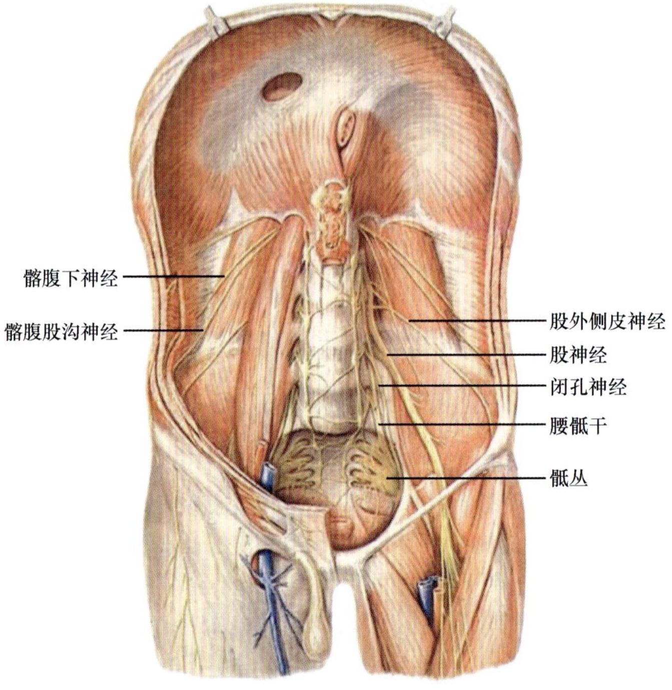

图 11-39　腰骶丛及其分布

2. 腰丛的主要分支　髂腹下神经、髂腹股沟神经、股神经和闭孔神经等。

(1) 髂腹下神经和髂腹股沟神经：主要分布腹股沟管区的肌和皮肤，髂腹股沟神经还分布于阴囊或大阴唇的皮肤（图 11-39)。

(2) 股神经：为腰丛中最大的分支，在腰大肌外侧缘与髂肌之间下行，经腹股沟韧中点的深面进入股三角内，于股动脉外侧分为数支。其肌支配大腿肌前群，皮支除分布于大腿前面的皮肤外，还发出一长的皮支为隐神经，伴大隐静脉下行，分布于小腿内侧面及足内侧缘皮肤（图 11-40）。如果股神经损伤后，不能伸小腿，行走困难。

(3) 闭孔神经：沿骨盆侧壁行向前下行，穿过闭孔至大腿内侧，分布于大腿内侧群肌和大腿内侧的皮肤（图 11-40）。

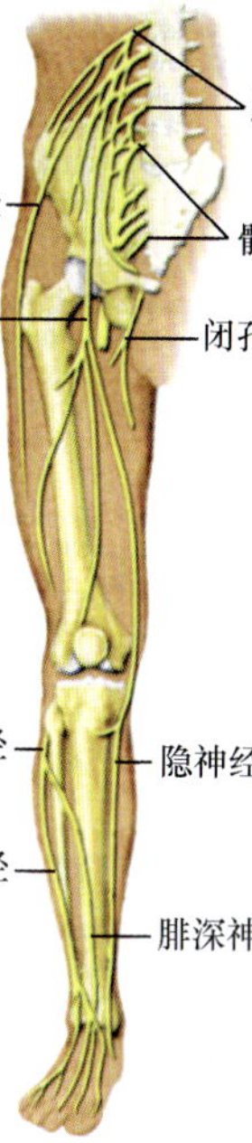

图 11-40 股神经与闭孔神经

考点：股神经

（五）骶丛

1. 组成和位置 骶丛由腰骶干（由第 4 腰神经前支的一部分和第 5 腰神经前支组成）、全部骶神经及尾神经前支组成。位于盆腔内、骶骨和梨状肌的前面，是全身最大的脊神经丛。

2. 骶丛的主要分支 **臀上神经**、**臀下神经**、**阴部神经**和**坐骨神经**等（图 11-41）。

(1) 臀上神经：经梨状肌上孔出盆腔，支配臀中肌和臀小肌等。

(2) 臀下神经：经梨状肌下孔出盆腔，支配臀大肌。

(3) 阴部神经：经梨状肌下孔出盆腔，绕坐骨棘经坐骨小孔入坐骨肛门窝，分支分布于肛门、会阴部和外生殖器的肌和皮肤。

(4) 坐骨神经：是全身最粗大的神经。经梨状肌下孔出盆腔，在臂大肌深面下行，经坐骨结节与股骨大转子连线的中点下降至大腿后面，在腘窝上方处方分为**胫神经**和**腓总神经**。坐骨神经干在大腿后部发出肌支支配大腿肌后群。

考点：坐骨神经的行程

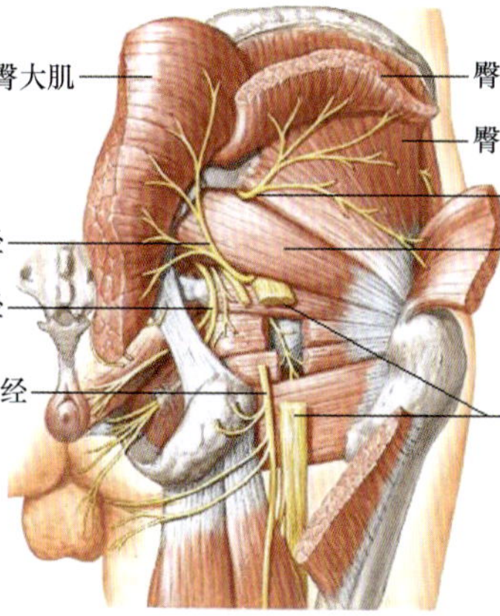

骶丛的主要分支

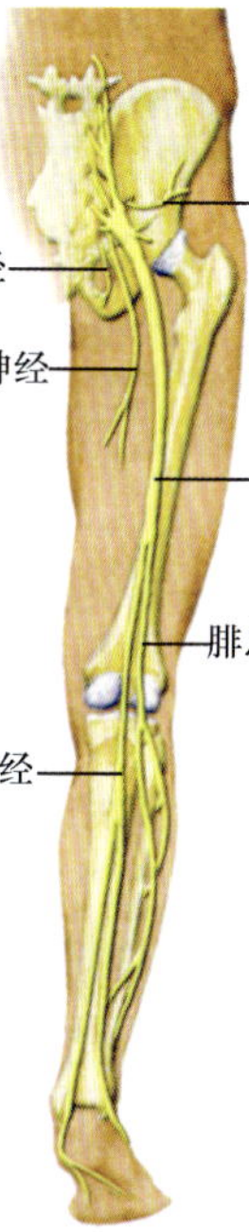

坐骨神经

图 11-41 下肢后面的神经

1）胫神经：沿腘窝中线下降，沿小腿三头肌深面下行，经内踝后方进入足底，分为足底内侧神经和足底外侧神经。胫神经肌支支配小腿后群肌和足底肌，皮支分布于小腿后面和足底的皮肤。胫神经损伤表现为“仰趾足（或钩状足）”畸形（图 11-42）。

2）腓总神经：沿腘窝外侧下行，绕腓骨颈外侧向前在小腿前面，分为腓浅神经和腓深神经（图 11-43）。腓浅神经支配小腿外侧群肌（腓骨长、短肌），皮支分布于小腿前外侧面、足背及第 2 ～ 5 趾背面相对缘的皮肤；腓深神经肌支支配小腿前群肌及足背肌，皮支分布于第 1 ～ 2 趾背面相对缘的皮肤。腓总神经损伤表现为“马蹄内翻足”（图 11-42）。

考点：胫神经、腓总神经主要分支和分布

口　诀

坐骨神经分两支，腓总神经胫神经；腓总前群外侧群，后者支配后肌群。

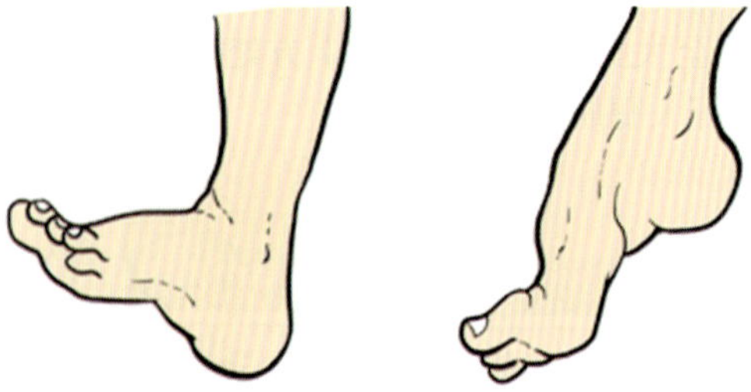

图 11-42　病理性足形

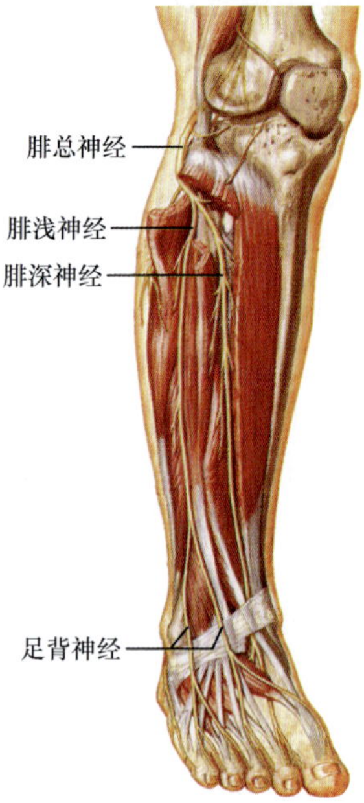

图 11-43　腓总神经

二、脑　神　经

脑神经共 12 对，与脑相连。其名称和顺序用罗马数字表示，分别为Ⅰ嗅神经、Ⅱ视神经、Ⅲ动眼神经、Ⅳ滑车神经、Ⅴ三叉神经、Ⅵ展神经、Ⅶ面神经、Ⅷ前庭蜗神经、Ⅸ舌咽神经、Ⅹ迷走神经、Ⅺ副神经、Ⅻ舌下神经（图 11-44）。

考点：脑神经的分类

脑神经中含有躯体感觉纤维、内脏感觉纤维、躯体运动纤维和内脏运动纤维 4 种纤维成分。根据每对脑神经所含纤维种类的不同，将脑神经分为感觉性神经（Ⅰ、Ⅱ、Ⅷ）、运动性神经（Ⅲ、Ⅳ、Ⅵ、Ⅺ、Ⅻ）和混合性神经（Ⅴ、Ⅶ、Ⅸ、Ⅹ）3 类。

口　诀

十二对脑神经序列

一嗅二视三动眼，四滑五叉六外展；七面八听九舌咽，迷副舌下十二全。

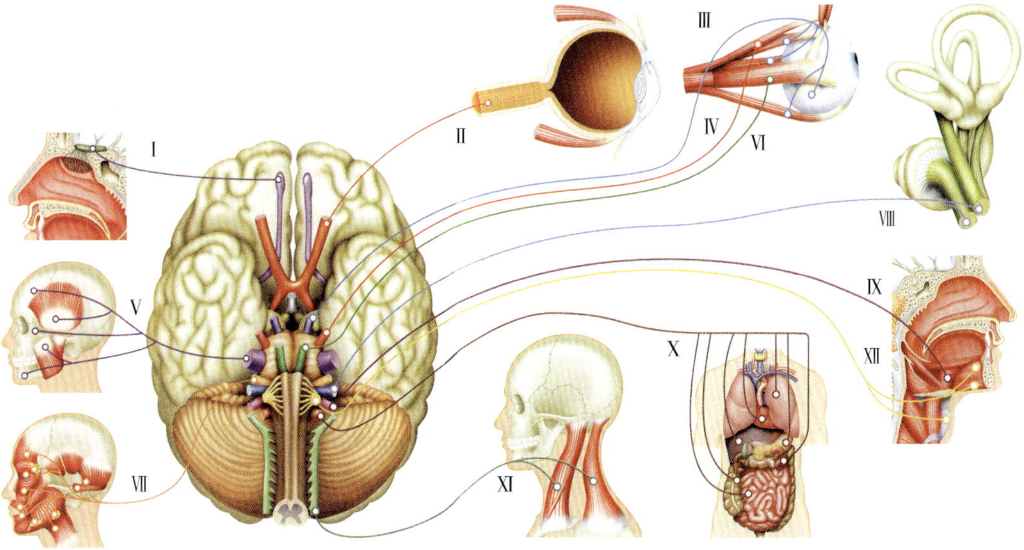

图 11-44 脑神经模式图

（一）嗅神经

嗅神经为感觉性神经，起于鼻腔嗅区黏膜的嗅细胞，由嗅细胞的中枢突聚集成嗅丝，向上穿筛孔入颅腔终于嗅球，传导嗅觉冲动（图 11-44）。

（二）视神经

视神经为感觉性神经，由眼球的视网膜的节细胞轴突在视网膜后部汇集成视神经盘后穿巩膜，经视神经管入颅腔形成视交叉，再经视束，止于外侧膝状体，传导视觉冲动（图 11-44，图 11-45）。

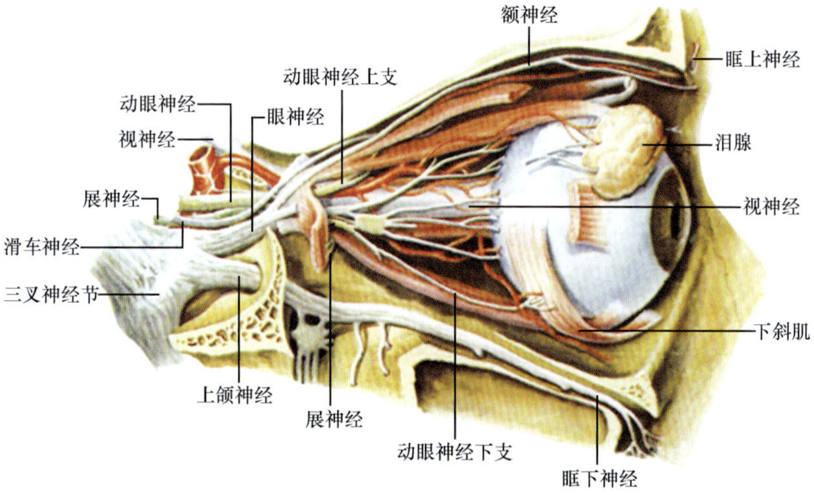

图 11-45 框内神经侧面观

（三）动眼神经

动眼神经发自中脑，为运动性神经，含有躯体运动纤维和内脏运动（副交感）纤维。

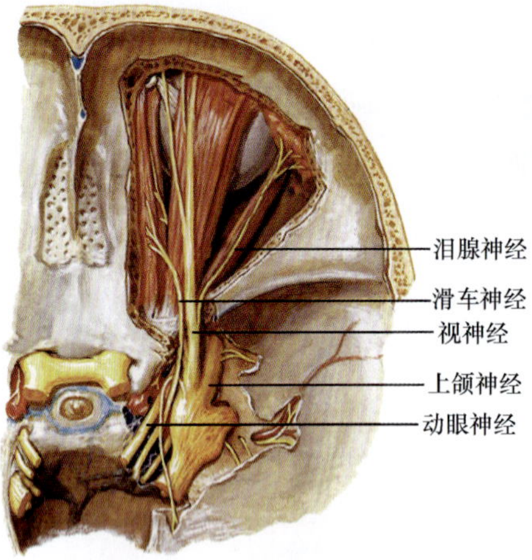

图 11-46　框内神经上面观

动眼神经自中脑脚间窝，经眶上裂入眶（图 11-46）。躯体运动纤维支配提上睑肌、上直肌、下直肌、内直肌和下斜肌；内脏运动纤维支配瞳孔括约肌和睫状肌。

（四）滑车神经

滑车神经发自中脑，为运动性神经，只含躯体运动纤维。自下丘下方出脑，经眶上裂入眶，支配上斜肌（图 11-44，图 11-46）。

（五）三叉神经

考点：三叉神经的分支分布

三叉神经（图 11-47，图 11-48）与脑桥相连，为最粗大的混合性神经，大部分为躯体感觉纤维，胞体位于颞骨岩部的三叉神经节内，其周围突分为 3 支，即**眼神经**、**上颌神经**、和**下颌神经**；小部分为躯体运动纤维，加入下颌神经。

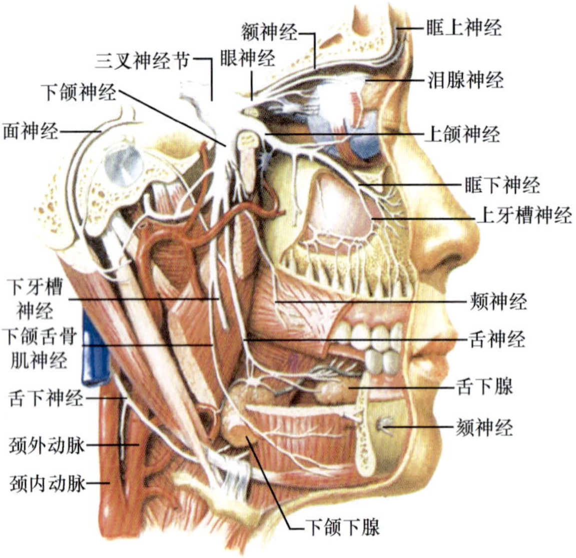

图 11-47　三叉神经（外侧面）

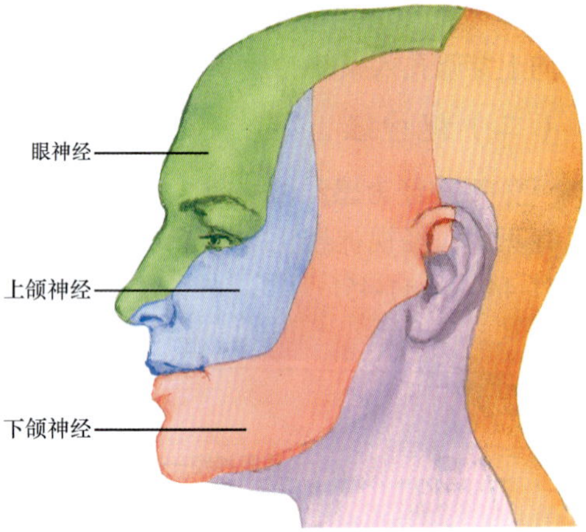

图 11-48　三叉神经皮支分布模式图

1. 眼神经　为感觉性神经。经眶上裂入眶，分布于泪腺、眼球、结膜及鼻背和睑裂以上的皮肤。

2. 上颌神经　为感觉性神经。穿圆孔出颅，经眶下裂入眶，分布于上颌牙、口腔、鼻腔黏膜、上颌窦及睑裂与口裂之间的皮肤。

3. 下颌神经　为混合性神经。经卵圆孔出颅，运动纤维支配咀嚼肌；感觉纤维分布于口腔底、舌前 2/3 黏膜、下颌牙和牙龈及颞部、耳前、口裂以下的皮肤。

链接

如果一侧三叉神经损伤时，表现为同侧面部的皮肤和口、鼻腔黏膜感觉消失，同时咀嚼肌瘫痪。

（六）展神经

展神经为运动性神经，只含躯体运动纤维。自延髓脑桥沟出脑，向前穿海绵窦经眶上裂入眶，支配外直肌（图 11-44，图 11-45）。

（七）面神经

面神经为混合性神经，含躯体运动纤维、内脏运动纤维和内脏感觉纤维。内脏运动纤维和内脏感觉纤维在面神经管内分出。内脏运动纤维支配泪腺、下颌下腺和舌下腺的分泌；内脏感觉纤维分布于舌前 2/3 的味蕾，传导味觉冲动。躯体运动纤维经茎乳孔出颅后，向前穿过腮腺，在腮腺前缘呈放射状发出颞支、颧支、颊支、下颌缘支和颈支，支配面部表情肌和颈阔肌（图 11-49）。面神经管外损伤主要表现为患侧表情肌瘫痪，额纹消失，鼻唇沟变浅，口角歪向健侧，不能闭眼等；面神经管内损伤：除上述症状外，还可出现患侧舌前 2/3 味觉障碍，泪腺、下颌下腺及舌下腺分泌障碍等。

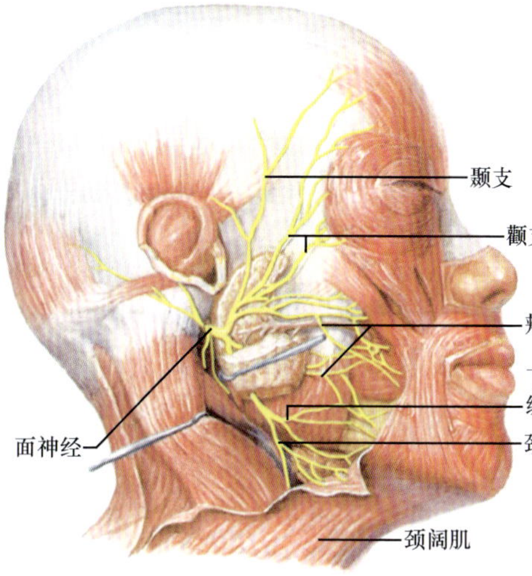

图 11-49 面神经

考点：面神经的分布

（八）前庭蜗神经

前庭蜗神经为感觉神经，由前庭神经和蜗神经组成。前庭神经分布于内耳的壶腹嵴、椭圆囊斑和球囊斑，传导平衡觉冲动；蜗神经分布于内耳的螺旋器，传导听觉冲动。前庭神经蜗神经经内耳门入颅，在延髓脑桥沟外侧入脑桥，终止于前庭神经核和蜗神经核（图 11-50）。

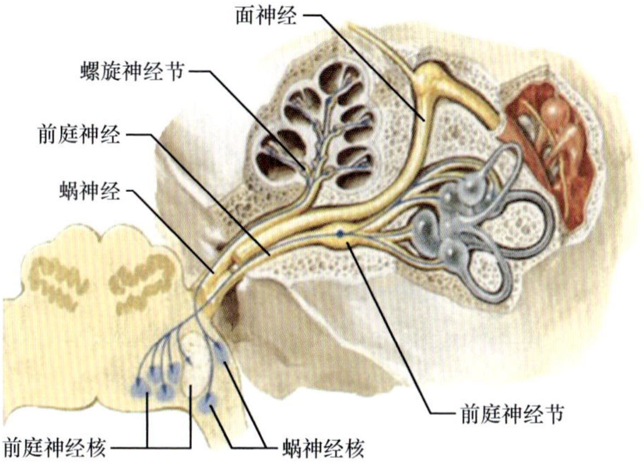

图 11-50 前庭蜗神经

（九）舌咽神经

舌咽神经为混合性神经，含有躯体运动纤维、躯体感觉纤维、内脏运动纤维和内脏感觉纤维。舌咽神经连于延髓两侧上部，经颈静脉孔出颅，下行于颈内动脉、静脉之间，继而呈弓形向前入舌（图 11-51）。舌咽神经的躯体运动纤维支配咽肌；内脏运动纤维管理腮腺的分泌；躯体感觉纤维和内脏感觉纤维分布于咽和舌后 1/3 的黏膜和味蕾，传导一般感觉和味觉冲动；由内脏感觉纤维组成的颈动脉窦支分布于颈动脉窦和颈动脉小球，传导这两个结构发出的冲动，以调节血压和呼吸。

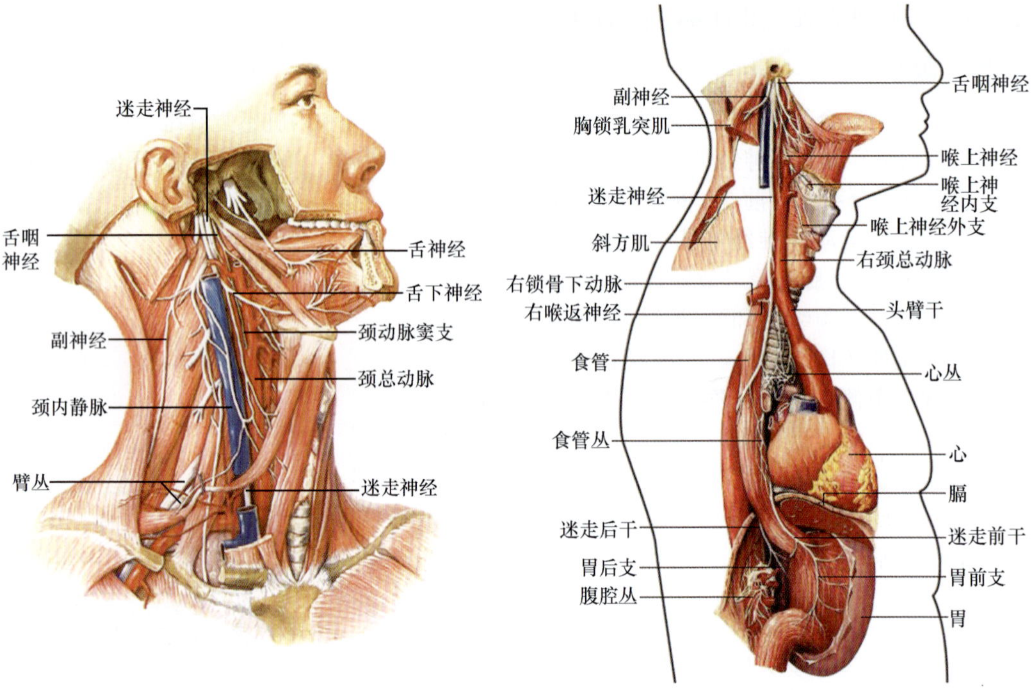

图 11-51　舌咽、迷走、副神经的行程与分布

（十）迷走神经

迷走神经为混合性神经，是分布最广，行程最长的脑神经。含有内脏运动纤维、内脏感觉纤维、躯体运动纤维和躯体感觉纤维。内脏运动纤维管理胸、腹腔器官的运动和腺体分泌；内脏感觉纤维分布于咽、喉及胸、腹腔器官，传导内脏感觉冲动；躯体运动纤维支配软腭、咽喉肌；躯体感觉纤维分布于硬脑膜、耳郭和外耳道等处。

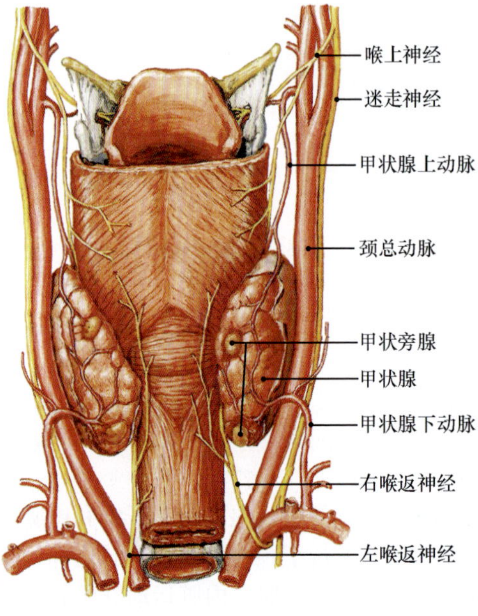

图 11-52　喉上神经和喉返神经

迷走神经在舌咽神经下方连于延髓，穿颈静脉孔出颅，于颈内静脉和颈总动脉之间的后方下行，经胸廓上口入胸腔，左、右迷走神经分支组成食管前、后丛伴食管下降，至食管下段分别汇成迷走神经前干和迷走神经后干，穿食管裂孔入腹腔，分布于肝、胰、脾、肾及结肠左曲以上的肠管（图 11-51）。迷走神经的主要分支如下。

1. 喉上神经　在舌骨平面处分为内、外两支。内支分布于声门裂以上的喉黏膜等处；外支支配环甲肌（图 11-52）。

2. 喉返神经　是迷走神经在胸部的分支，

考点：迷走神经的分支分布

左喉返神经绕主动脉弓下方，右喉返神经绕右锁骨下动脉下方，两者均返行向上，行于气管与食管之间的沟内，分布于声门裂以下的喉黏膜和除环甲肌以外的喉肌（图 11-52）。

（十一）副神经

副神经为运动性神经，连于延髓，自延髓外侧迷走神经根的下方出脑，经颈于静脉孔出颅，支配胸锁孔突肌和斜方肌（图 11-51）。

（十二）舌下神经

舌下神经为运动性神经，连于延髓，自延髓前外侧沟出脑，经舌下神经管出颅。支配舌肌。

链接

一侧舌下神经损伤，患侧舌肌瘫痪，伸舌时，舌尖偏向患侧。

考点：舌下神经分布

案例 11-2

患者，女，45 岁。患者于几个月前，初觉右侧四肢无力，动作不灵。随后，说话也困难，视物出现重影。检查发现左眼外斜视，上睑下垂，瞳孔比右侧大，直接对光反射和调节反射消失。向前平视时，左眼转向外下方。右侧眼裂以下面肌瘫痪，右侧鼻唇沟变浅，口角歪向左侧。伸舌时舌尖偏向右侧，无舌肌萎缩。右侧上、下肢痉挛性瘫痪，腱反射亢进，Babinski 阳性。

问题：试分析此患者病变的神经。

分析：①患者左眼外斜视、眼睑下垂、瞳孔散大，提示左侧动眼神经损伤；②患者右侧眼裂以下面肌瘫痪，右侧鼻唇沟变浅，口角歪向左侧。伸舌时舌尖偏向右侧，表现为面神经和舌下神经损伤症状。

三、内脏神经

内脏神经主要分布于内脏、心血管和腺体，包括内脏运动神经和内脏感觉神经。内脏运动神经又称自主神经或植物神经，支配平滑肌和心肌的运动及腺体的分泌。内脏感觉神经分布于内脏、心血管壁等处的内感受器。

（一）内脏运动神经

1. 内脏运动神经和躯体运动神经的比较 内脏运动神经和躯体运动神经都在大脑皮质及皮质下各级中枢的控制下，互相协调，互相制约，以维持机体内外环境的相互平衡。但两者在结构与功能上也有较大的区别。

(1) 躯体运动神经支配骨骼肌受意识控制，而内脏运动神经支配平滑肌、心肌和腺体，不受意识控制。

(2) 躯体运动神经自低级中枢至效应器仅需一个神经元。而内脏运动神经自低级中枢到所支配的器官需经过两个神经元。第 1 个神经元，称为节前神经元，胞体位于脑干或脊髓，其发出的纤维，称为节前纤维。第 2 个神经元，称为节后神经元，胞体位于内脏神经节内，其发出的纤维，称为节后纤维。

考点：内脏运动神经和躯体运动神经的比较

考点：交感神经的低级中枢

(3) 躯体运动神经只有1种纤维成分，而内脏运动神经则有交感和副交感两种纤维成分，且多数器官同时接受交感神经和副交感神经的双重支配（图 11-53）。

2. 交感神经 低级中枢位于脊髓胸1至腰3节段灰质的侧角内，其周围部由交感神经节、交感干、及其发出的节后纤维、交感神经丛组成。

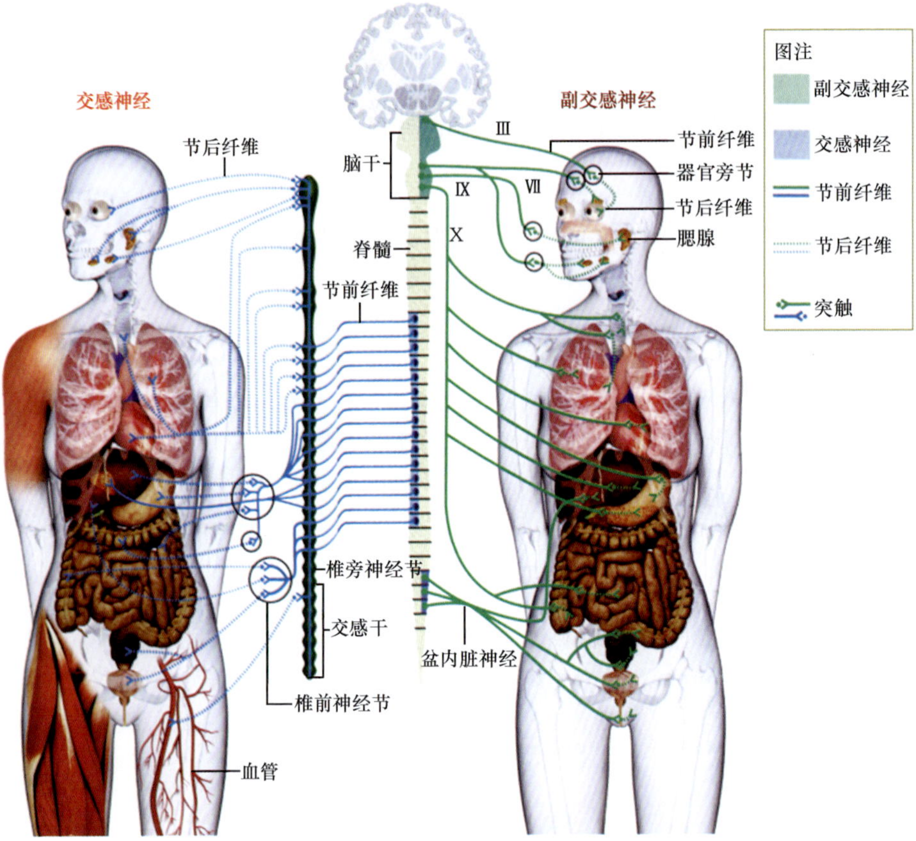

图 11-53　内脏运动神经概况

(1) 交感神经节：分为椎旁节和椎前节。椎旁节位于脊柱的两侧，共有 22 ～ 24 对。椎前节位于椎体前方，包括腹腔神经节、主动脉肾神经节和肠系膜上神经节、肠系膜下神经节，分别位于同名动脉根部附近，呈不规则的节状团块。

(2) 交感干：由椎旁节借节间支相互连接而成的串珠状结构，称为交感干。交感干位于脊柱两侧，上起自颅底，下至尾骨前面，两干下端汇合止于奇神经节（图 11-54）。

(3) 交感神经节前纤维的去向：节前纤维由脊髓灰质侧角的交感神经元发出，经脊神经前根、脊神经、交通支进入交感干后有 3 种去向：①止于相应的椎旁节；②在交感干内上升或下降，然后终止于该处的椎旁节；③穿过椎旁节，止于椎前节（图 11-55）。

(4) 交感神经节后纤维的去向：节后纤维由交感神经发出，也有 3 种去向：①经交通支返回脊神经，随脊神经分布于躯干、四肢的血管、汗腺和竖毛肌等；②攀附动脉形成同名神经丛，并随动脉分支到达所支配的器官；③由交感神经节直接发出分支分布到所支配的器官（图 11-55）。

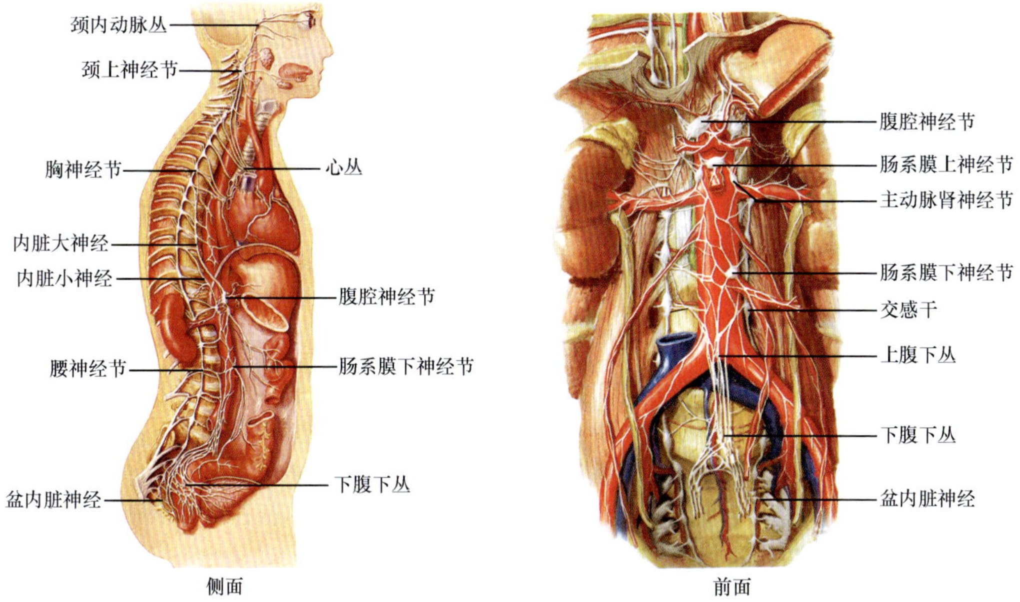

图 11-54　交感干和腹部神经丛

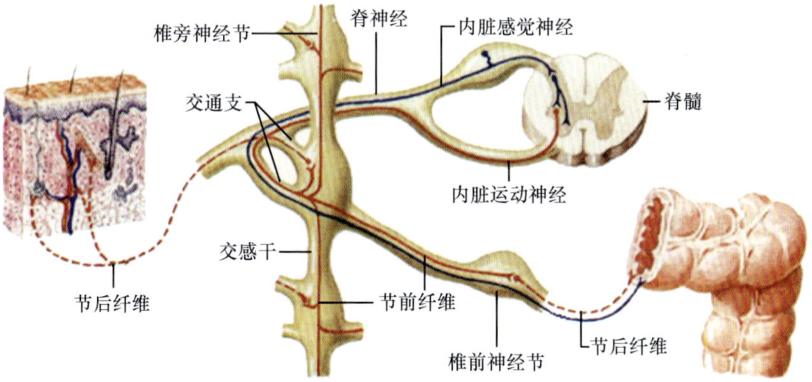

图 11-55　交感神经纤维走行模式图

3. 副交感神经　低级中枢位于脑干内的副交感神经核和脊髓 2 ～ 4 骶节的骶副交感核。周围部的副交感神经节多位于所支配器官的附近或器官壁内，分别称为器官旁节或器官内节。脑干内的副交感神经核（动眼神经副核、上泌涎核、下泌涎核和迷走神经背核）所发出的节前纤维随第Ⅲ、Ⅶ、Ⅸ、Ⅹ对脑神经分布，其节后纤维分布于瞳孔括约肌、睫状肌、唾液腺及胸腹腔器官和结肠左曲以上的消化管；由脊髓的骶副交感核发出的节前纤维随骶神经走行，组成盆内脏神经加入盆丛，在副交感神经节内发出的节后纤维分布于结肠左曲以下的消化管、盆腔器官及外生殖器（图 11-53）。

考点：副交感神经的低级中枢

4. 交感神经和副交感神经的区别　交感神经和副交感神经同属内脏运动神经，但两者在形态结构、分布范围和功能上又有明显区别（表 11-1）。

表 11-1 交感神经和副交感神经的区别

	交感神经	副交感神经
低级中枢	脊髓胸 1 至腰 3 节段灰质侧角	脑干副交感神经核，脊髓骶 2 ～ 4 节段的骶副交感核
周围神经节	椎旁节和椎前节	器官旁节和器官内节
节前、节后纤维	节前纤维短，节后纤维长	节前纤维长，节后纤维短
分布范围	全身血管和内脏平滑肌、心肌、腺体、竖毛肌和瞳孔开大肌等	内脏平滑肌、心肌、腺体、瞳孔括约肌和睫状肌等

（二）内脏感觉神经

内脏器官除有内脏运动神经支配外，也有内脏感觉神经分布。内脏感觉神经通过内脏感受器接受来自内脏的刺激产生的冲动，并传入中枢，产生感觉。

考点：内脏感觉的特点

内脏感觉的特点：①内脏一般性活动不引起感觉，较强烈的内脏活动才能引起感觉（心绞痛、饥饿等）；②对切、割等刺激不敏感，而对牵拉、冷热、膨胀和痉挛等刺激较敏感；③内脏感觉传入途径分散，因而内脏痛是弥散的，定位模糊。

（三）牵涉性疼痛

当某些内脏器官发生病变时，常在体表的一定区域产生感觉过敏或疼痛的现象，称为**牵涉性痛**。各内脏器官引起牵涉性痛的部位有一定规律，如心绞痛时，常在左胸前区及左臂内侧皮肤感到疼痛；肝胆疾患时，常在右肩部感到疼痛。

第四节 神经系统的传导通路

神经传导通路是指大脑皮质与感受器、效应器之间神经冲动的传导道路，包括感觉传导通路和运动传导通路。人体的感受器接受内、外环境的刺激所产生的神经冲动，由传入神经传递到大脑皮质的神经通路称为感觉（上行）传导通路；从大脑皮质发出的神经冲动到效应器的神经通路称为运动（下行）传导通路。

一、感觉传导通路

（一）躯干和四肢的本体感觉与精细触觉传导通路（图 11-56）

本体感觉又称为**深感觉**，是指肌、腱、关节等处的位置觉、运动觉和震动觉，该传导通路还传导皮肤的精细触觉（即辨别两点间的距离和感受物体的纹理粗细等），由三级神经元组成。

一级神经元胞体位于脊神经节内，其周围突随脊神经分布于躯干和四肢的肌、腱和关节等处的本体感受器及皮肤的精细触觉感受器，中枢突经脊神经后根进入脊髓后索上行。其中来自第 5 胸节以下的纤维组成薄束，来自第 4 胸节以上的纤维组成楔束，两束上行至延髓，分别止于薄束核和楔束核。

考点：本体感觉传导通路的三级神经元胞体的位置

二级神经元胞体位于薄束核和楔束核，它们发出的纤维向前绕过中央灰质的腹侧左右交叉，称为内侧丘系交叉。交叉后的纤维在延髓中线两侧上行，称为内侧丘系，经脑桥和中脑止于背侧丘脑腹后外侧核。

三级神经元胞体位于背侧丘脑腹后外侧核，其发出的纤维经内囊后肢投射到大脑皮质中央后回上 2/3 和中央旁小叶后部。

（二）躯干、四肢的痛觉、温度觉、粗触觉和压觉传导通路

躯干和四肢的痛觉、温度觉、粗触觉和压觉的传导通路又称为浅感觉传导通路（图 11-57），由三级神经元组成。

一级神经元胞体位于脊神经节内，其周围突随脊神经分布于躯干、四肢皮肤内的痛觉、温度觉、粗触觉和压觉感受器，中枢突经脊神经后根进入脊髓，止于脊髓灰质后角。

二级神经元胞体位于脊髓后角内，发出纤维上升 1～2 个脊髓节段后，经中央管前方交叉到对侧形成脊髓丘脑束，沿外侧索和前索上行，经延髓、脑桥和中脑止于背侧丘脑的腹后外侧核。

考点：浅感觉传导通路的三级神经元胞体的位置

三级神经元胞体位于背侧丘脑腹后外侧核，其发出纤维经内囊后肢投射到大脑皮质中央后回上 2/3 和中央旁小叶后部。

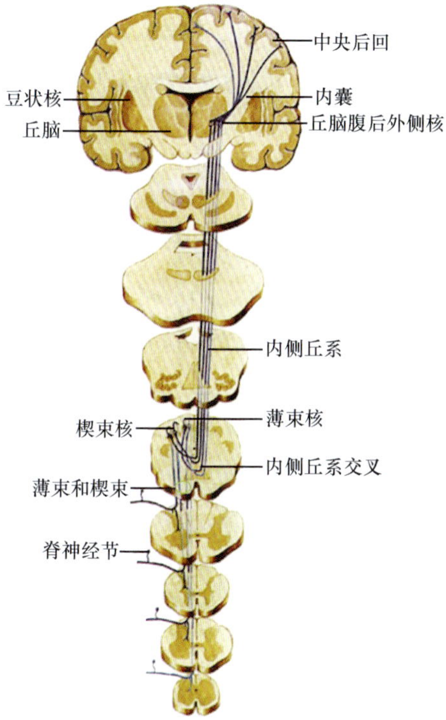

图 11-56　躯体、四肢本体感觉和精细触觉传导通路

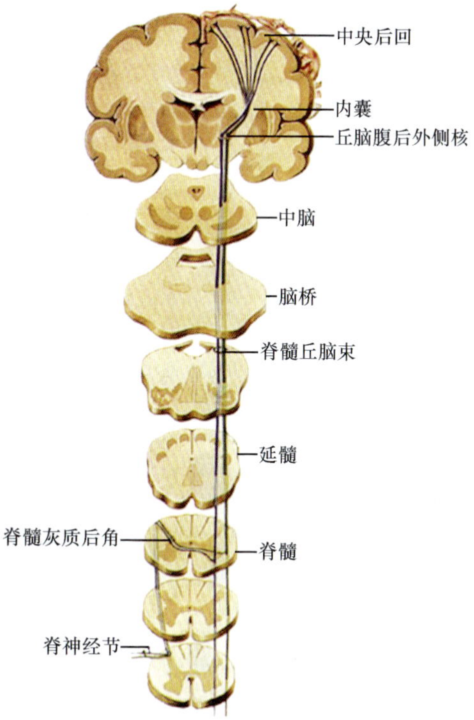

图 11-57　浅感觉传导通路

（三）头面部的痛觉、温度觉和粗触觉传导通路

主要由三叉神经传入，传导头面部皮肤和黏膜的感觉冲动，该感觉传导通路由三级神经元组成（图 11-58）。

一级神经元位于三叉神经节内，其周围突构成三叉神经感觉支，分布于头面部的皮肤和黏膜感受器，中枢突经三叉神经根进入脑桥，止于三叉神经感觉核群。

二级神经元为三叉神经感觉核群，由其轴突组成纤维交叉至对侧形成三叉丘系，上行至背侧丘脑腹后内侧核。

三级神经元为背侧丘脑腹后内侧核，由此核发出投射纤维，经内囊后肢上行至中央后回下 1/3 的皮质。

（四）视觉传导通路

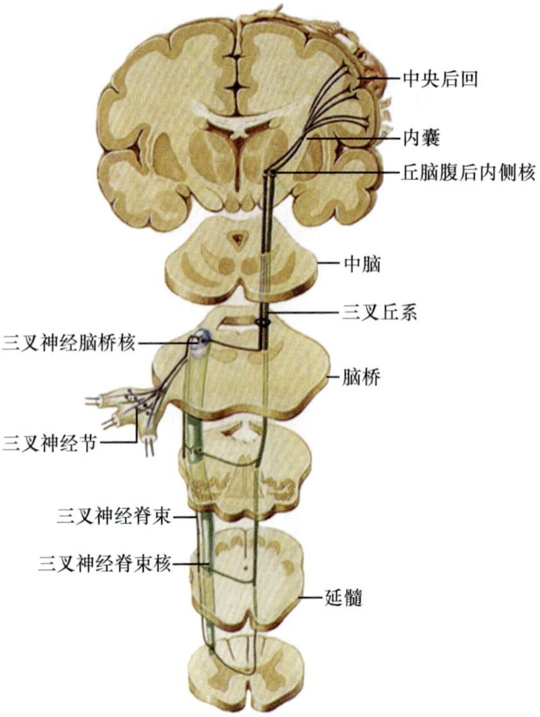

图 11-58　头面部的浅感觉传导通路

视觉传导通路（图 11-59）由三级神经元组成。

一级神经元为视网膜内的双极细胞，其周围突与视锥细胞和视杆细胞形成突触，中枢突与节细胞形成突触。

二级神经元为视网膜内的节细胞，其轴突在视神经盘处集聚成视神经，穿视神经管入颅腔，经视交叉后组成视束，绕过大脑脚终止于外侧膝状体。来自两眼视网膜鼻侧半的纤维相互交叉，而来自两眼颞侧半的纤维不交叉。因此，每侧视束内含有同侧眼视网膜的颞侧半纤维和对侧眼视网膜的鼻侧半纤维。

三级神经元胞体位于外侧膝状体内，其发出的纤维组成视辐射，经内囊后肢投射到大脑皮质距状沟两侧的视觉中枢。

考点：分析视觉传导通路不同部位损伤的表现

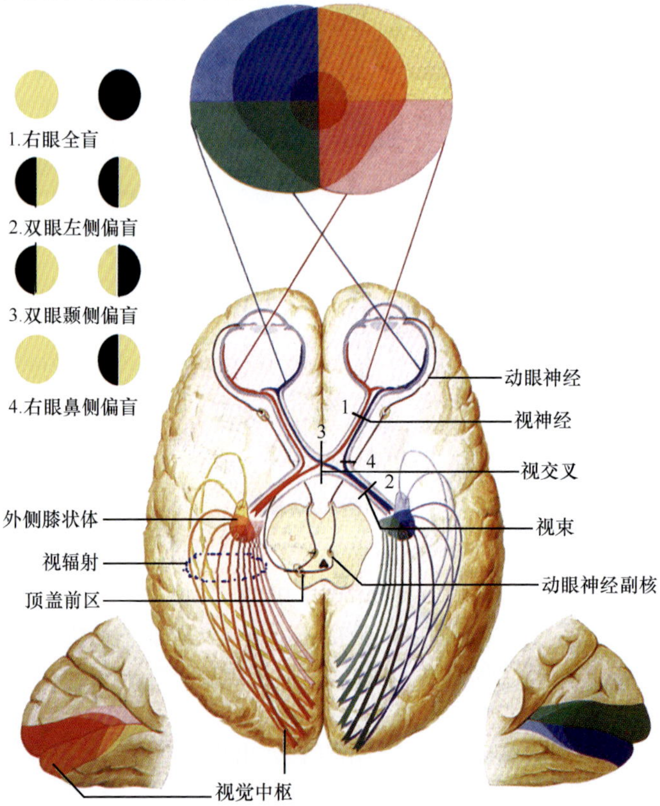

图 11-59　视觉传导通路

当眼球固定不动向前平视时，所能看到的空间范围称视野。视觉传导路不同部位损伤，临床症状不同：①一侧视神经损伤，引起该眼全盲；②视交叉中间部（交叉纤维）损伤，如垂体瘤压迫，将造成双眼视野颞侧偏盲；③一侧视交叉外侧部（未交叉纤维）损伤，可引起患侧视野鼻侧偏盲；④一侧视束、外侧膝状体、视辐射或视觉中枢损伤，则引起双眼对侧半视野同向性偏盲（患侧眼视野鼻侧偏盲和健侧眼视野颞侧偏盲）。

链接

瞳孔对光反射通路

当光照一侧瞳孔，引起双眼瞳孔缩小的反应称瞳孔对光反射。光照侧瞳孔发生的反应称直接对光反射，未接受光照射侧瞳孔发生的反应称间接对光反射。其通路：光→一侧视网膜→视神经→视交叉→视束→顶盖前区→两侧动眼神经副核→两侧动眼神经→睫状神经节→节后纤维→双侧瞳孔括约肌收缩→两侧瞳孔缩小。

二、运动传导通路

大脑皮质对躯体运动的调节是通过锥体系和锥体外系两部分传导通路来实现的。

（一）锥体系

锥体系主要管理骨骼肌的随意运动。由上、下两级神经元组成。上运动神经元是指位于大脑皮质的锥体细胞，胞体位于中央前回和中央旁小叶前部等处；下运动神经元是指脑神经运动核和脊髓前角运动神经元。锥体系分为皮质脊髓束和皮质核束。

考点：皮质脊髓束、皮质核束的传导路径

1. 皮质脊髓束 由大脑皮质中央前回上 2/3 和中央旁小叶前部锥体细胞的轴突集聚而成，下行经内囊后肢、中脑的大脑脚、脑桥至延髓形成锥体，在锥体下部，75%～90% 纤维左、右交叉形成锥体交叉，交叉后的纤维形成皮质脊髓侧束沿对侧脊髓外侧索下降，沿途陆续终止于同侧脊髓前角运动神经元，支配躯干肌和四肢骨骼肌；小部分未交叉纤维形成皮质脊髓前束，并在脊髓胸节经白质前连合逐节交叉到对侧，终止于该侧的前角运动神经元，支配躯干肌，所以躯干肌是受双侧大脑皮质支配（图 11-60）。

2. 皮质核束 由中央前回下部大脑皮质的锥体细胞的轴突聚合组成，下行经内囊膝部至脑干，大部分纤维终止于双侧脑神经核（如动眼神经核、滑车神经核、三叉神经运动核、展神经核、面神经核上部、疑核和副神经核），再由这些脑神经核发出纤维支配眼球外肌、眼裂以上面肌、咀嚼肌、咽喉肌、胸锁乳突肌和斜方肌等。小部分纤维终止于对侧脑神经核（面神经核下部和舌下神经核），支配对侧眼裂以下的面肌和舌肌（图 11-61）。一侧皮质核束损伤出现对侧眼裂以下面肌和舌肌瘫痪，表现为对侧鼻唇沟变浅或消失，口角歪向患侧，伸舌时舌尖偏向健侧。一侧面神经损伤则出现该侧面肌全部瘫痪，除表现上述症状外，还有额纹消失、不能皱眉，不能闭眼。一侧舌下神经损伤则出现患侧舌肌全部瘫痪，伸舌时舌尖偏向患侧（图 11-62）。

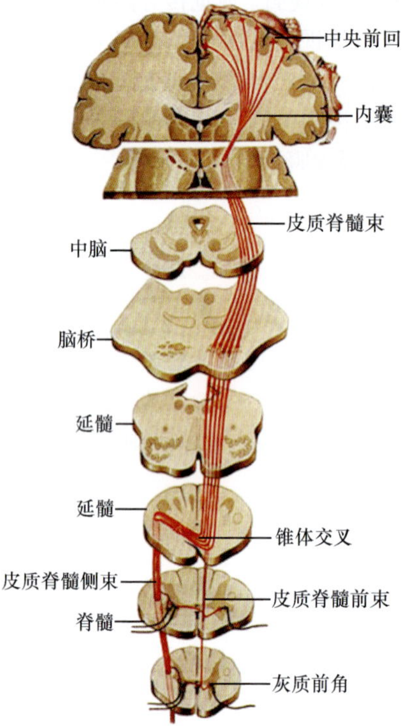

图 11-60 锥体系皮质脊髓束

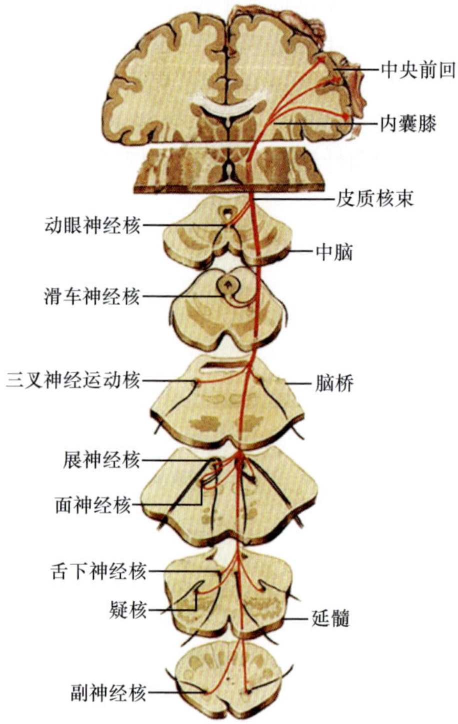

图 11-61 锥体系皮质核束

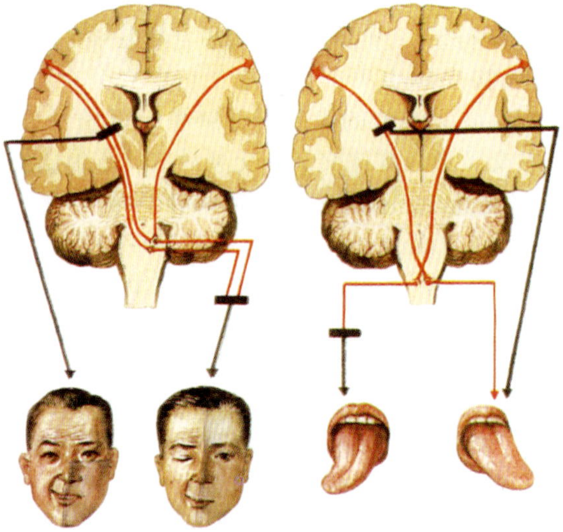

图 11-62 面肌瘫痪和舌肌瘫痪

链接

锥体系的任何地方损伤都可引起随意运动障碍，表现为肢体瘫痪等。上运动神经元损伤引起的肢体瘫痪为核上瘫，又称为硬瘫，其表现为肌不萎缩，肌张力增高，出现病理反射。下运动神经元损伤引起的肢体瘫痪为核下瘫，又称为软瘫，表现为肌张力降低，随意运动障碍，肌萎缩，无病理反射。

（二）锥体外系

锥体外系是指锥体系以外影响和控制躯体运动的传导通路。锥体外系的结构十分复杂，在种系的发生上较古老。随着大脑皮质和锥体系的发生、发展，锥体外系逐渐处于从属和协调锥体系完成运动功能的地位。锥体外系的主要功能是调节肌张力和肌群运动、维持和调整体态姿势和习惯性动作等。

案例 11-3

患者，男性，35 岁。体格检查发现：患者从脐平面开始，右侧下半身痛、温觉丧失，左下肢本体觉丧失。医生需要对患者进一步做临床检查或手术，请你根据所学神经解剖学知识为其提供定位依据。

问题：

1. 该患者病变位于脊髓的哪侧、哪个平面？
2. 该平面相当于哪个椎体平面？

分析：

某平面以下所有区域的感觉均受损是上行的传导束在该平面被横断的征象。本病例从脐平面开始下半身感觉丧失，布于脐平面的神经为胸 10 节段，说明脊髓约在胸 10 节段处受到损害。右侧痛温觉冲动是通过左侧脊髓丘脑束传导的，而左侧下肢的本体觉冲动则靠左侧的楔束传导。综合两者可知患者脊髓受损在左侧，从脊髓节段与椎体的对应关系可知，胸 10 脊髓节段约与第 7 椎体相对，这就为进一步临床检查或手术提供了定位依据。

小结

神经系统分为中枢神经系统和周围神经系统。

中枢神经系统由脑和脊髓组成。脊髓位于椎管内，由灰质和白质构成；脑位于颅腔，分端脑、间脑、小脑、中脑、脑桥和延髓，后三部分合称脑干；小脑位于颅后窝，分小脑半球和小脑蚓；端脑由左右大脑半球组成，其结构包括大脑皮质、髓质、基底核和侧脑室。脑和脊髓的被膜由外向内依次为硬膜、蛛网膜和软膜。

周围神经系统包括脊神经、脑神经和内脏神经。脊神经 31 对，除大部分胸神经前支外，均交织成丛并发出分支支配相应器官；脑神经 12 对，Ⅰ、Ⅱ脑神经与端脑和间脑相连，其余 10 对与脑干相连，传导头面部运动和感觉冲动；内脏神经传导内脏的感觉和运动冲动；神经系统传导通路包括感觉传导通路和运动传导通路。

自测题

A 型题

1. 成人脊髓下端平对
   A. 第 12 胸椎体下缘　B. 第 1 腰椎体下缘
   C. 第 2 腰椎体下缘　D. 第 3 腰椎体下缘
   E. 第 5 腰椎体下缘
2. 脊髓灰质前角的组成是
   A. 运动神经元胞体　B. 感觉神经元胞体
   C. 联络神经元胞体　D. 交感神经元胞体
   E. 副交感神经元胞体
3. 从脑干背侧出脑的脑神经是
   A. 三叉神经　B. 舌下神经
   C. 副神经　D. 滑车神经

E. 面神经

4. 皮质核束经过

A. 内囊前肢　B. 内囊后肢

C. 内囊膝

D. 大脑脚脚底内侧 1/5

E. 锥体交叉

5. 产生脑脊液的结构是

A. 蛛网膜　B. 硬脑膜窦

C. 脉络丛　D. 蛛网膜粒

E. 软脑膜

6. 不属于下丘脑的结构是

A. 视交叉　B. 垂体

C. 乳头体　D. 漏斗

E. 灰结节

7. 分布于手掌桡侧半及桡侧三个半手指掌面皮肤的神经是

A. 尺神经　B. 桡神经

C. 正中神经　D. 腋神经

E. 股神经

8. 肱骨内上髁骨折可损伤

A. 尺神经　B. 桡神经

C. 正中神经　D. 腋神经

E. 肌皮神经

9. 下述哪块肌肉不受动眼神经支配

A. 上直肌　B. 下直肌

C. 外直肌　D. 内直肌

E. 下斜肌

10. 躯干和四肢的深感觉的第 2 级神经元位于

A. 脊神经节内　B. 脊髓后角内

C. 延髓的薄束核和楔束核内

D. 背侧丘脑腹后核内

E. 基底核

11. 含有副交感纤维的脑神经是

A. 视神经　B. 三叉神经

C. 动眼神经　D. 展神经

E. 副神经

12. 躯体运动区在

A. 海马旁回

B. 中央后回和中央旁小叶后部

C. 中央前回和中央旁小叶前部

D. 顶下小叶

E. 顶上小叶

13. 脊髓内传导躯干和四肢浅感觉的传导束是

A. 脊髓丘脑束　B. 薄束和楔束

C. 皮质脊髓束　D. 皮质核束

E. 内侧丘系

14. 管理舌前 2/3 味觉的脑神经是

A. 舌咽神经　B. 三叉神经

C. 舌下神经　D. 面神经

E. 迷走神经

15. 分布于乳头平面的神经是

A. 第 2 胸神经前支　B. 第 4 胸神经前支

C. 第 6 胸神经前支　D. 第 8 胸神经前支

E. 第 10 胸神经前支

16. 视区位于

A. 距状沟两侧皮质　B. 颞上回后部皮质

C. 角回皮质　D. 颞横回皮质

E. 缘上回皮质

17. 侧脑室和第三脑室发生脑积水，可能是哪个部位阻塞

A. 侧脑室　B. 第三脑室

C. 第四脑室　D. 中脑水管

E. 中央管

18. 管理下颌腺、舌下腺、泪腺分泌的脑神经是

A. 三叉神经　B. 展神经

C. 面神经　D. 副神经

E. 舌下神经

19. 支配肱二头肌的神经是

A. 尺神经　B. 桡神经

C. 肌皮神经　D. 正中神经

E. 腋神经

20. 支配舌肌的神经是

A. 三叉神经　B. 面神经

C. 舌咽神经　D. 舌下神经

E. 副神经

21. 不参与大脑动脉环组成的动脉是

A. 前交通动脉　B. 左、右大脑前动脉

C. 左、右大脑中动脉　D. 左、右后交通动脉

E. 左、右大脑后动脉

22. 小脑扁桃体疝可危及生命，是因为压迫了

A. 大脑　B. 间脑

C. 中脑　D. 脑桥

E. 延髓

23. 右侧内囊损伤可导致

A. 左侧半身软瘫 B. 右侧半身软瘫

C. 左侧半身硬瘫 D. 右侧半身硬瘫

E. 左眼全盲

24. 某患者出现一侧额纹消失，闭眼困难，鼻唇沟变浅，笑时口角偏向健侧，是因为损伤了

A. 动眼神经 B. 滑车神经

C. 三叉神经 D. 面神经

E. 舌咽神经

25. 某甲状腺术后患者出现声音嘶哑，发音困难，可能损伤的神经是

A. 三叉神经 B. 面神经

C. 舌咽神经 D. 喉返神经

E. 舌下神经

26. 角膜反射消失，可见下列神经损伤

A. 面神经 B. 视神经

C. 动眼神经 D. 滑车神经

E. 三叉神经

27. 供应内囊的动脉来自

A. 大脑前动脉 B. 大脑中动脉

C. 大脑后动脉 D. 椎动脉

E. 基底动脉

28. 肱骨外科颈骨折易损伤

A. 尺神经 B. 桡神经

C. 腋神经 D. 肌皮神经

E. 正中神经

29. 一侧舌下神经损伤时，表现为

A. 不能伸舌

B. 伸舌时舌尖偏向健侧

C. 伸舌时舌尖偏向患侧

D. 伸舌时舌尖向上卷曲

E. 伸舌时舌尖向下

30. 蛛网膜下隙

A. 在硬膜与蛛网膜之间

B. 在蛛网膜与软膜之间

C. 有脊神经通过

D. 脑蛛网膜与软脑膜之间无蛛网膜下隙

E. 脑和脊髓的蛛网膜下隙不相通

（黄嫦斌　马　艳）

12 第十二章 内分泌系统

引言：人们常说“笑一笑，十年少”、“压力越大，长（涨）得越快”…… 情绪的变化等因素可以影响内分泌系统的功能。该系统的分泌物就象调节剂，正常分泌时可以保持生理功能处于平衡状态甚至可以激发青春的活力；当其分泌异常时可以诱发甲亢、糖尿病、肥胖症、多囊卵巢综合征等代谢性疾病。那么这些神奇的调节剂来自何处呢？让我们带着这些问题一起来探究内分泌系统的奥秘。

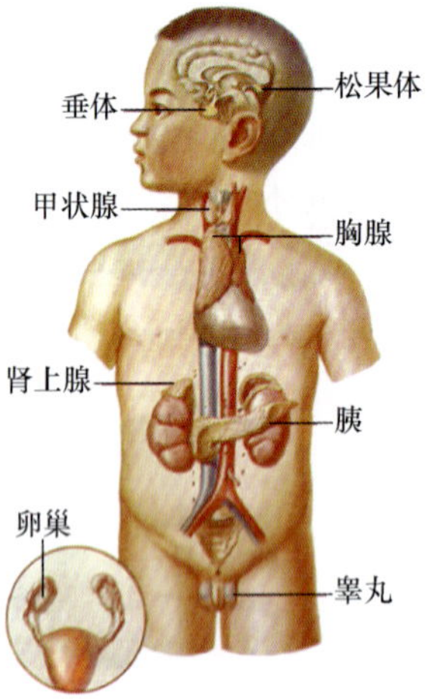

图 12-1　内分泌腺分布概况

内分泌系统由内分泌腺、内分泌组织和内分泌细胞构成。**内分泌腺**是指结构上独立存在、肉眼可见的内分泌器官，含有丰富的毛细血管，无导管，包括甲状腺、甲状旁腺、肾上腺、垂体等（图 12-1）。**内分泌组织**是指分散在其他器官中的内分泌细胞团，如胰岛、睾丸内的间质细胞、卵巢内的卵泡和黄体等。

内分泌细胞的分泌物称**激素**。激素直接进入血液或淋巴液，周流全身，调节人体的新陈代谢、生长发育和生殖功能等。激素的作用有明显的特异性，某种激素只能作用于特定的器官或细胞，称作**该激素的靶器官或靶细胞**。

第一节　甲　状　腺

一、甲状腺的形态和位置

甲状腺呈“H”形，分左右两侧叶和中间的峡部，峡部向上常伸出一个锥状叶，长短不一。两侧叶贴附在喉下部和气管上部的两侧，上达甲状软骨中部，下抵第 6 气管软骨环。甲状腺借结缔组织固定于喉软骨，可随吞咽动作而上下移动（图 12-2）。

二、甲状腺的微细结构

甲状腺表面覆有薄层结缔组织被膜，结缔组织伸入腺实质内将其分为许多大小不等的小叶，每个小叶内含有许多甲状腺滤泡（图 12-3）。

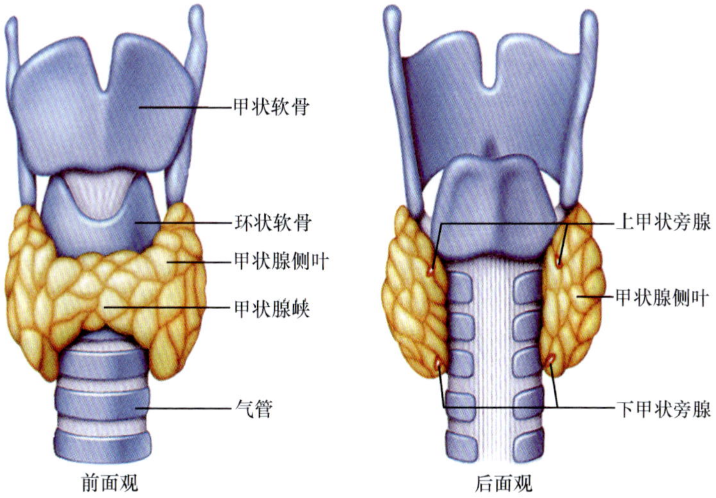

图 12-2 甲状腺和甲状旁腺

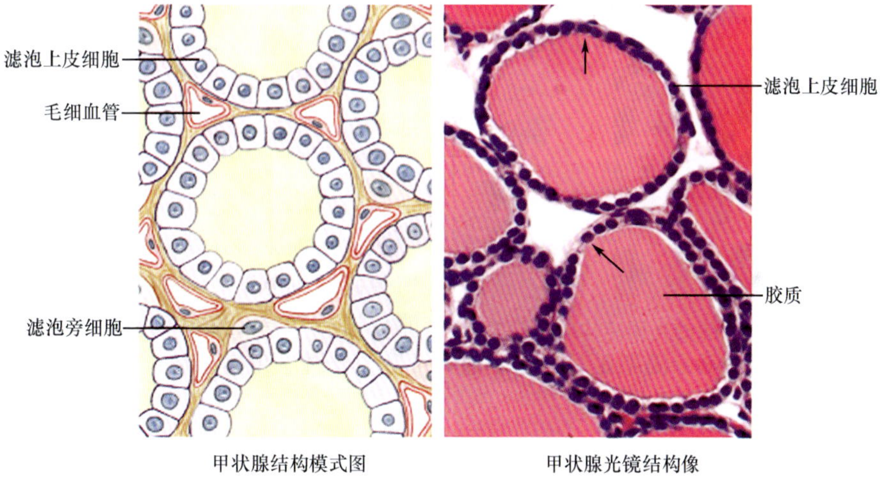

图 12-3 甲状腺的微细结构

滤泡

滤泡呈球形或椭圆形，大小不等。滤泡腔内充满胶状物质，其主要成分是甲状腺球蛋白，是合成甲状腺激素的主要原料。滤泡的上皮细胞有以下两种。

1. 滤泡上皮细胞 为单层排列的立方形细胞，细胞核呈球形，位于细胞的中央。滤泡上皮细胞分泌**甲状腺激素**，可提高神经兴奋性，促进物质代谢和机体的生长发育，尤其是对骨骼和脑的发育。

2. 滤泡旁细胞 位于滤泡上皮细胞之间的结缔组织内，细胞呈卵圆形或多边形，单个或成群分布。滤泡旁细胞分泌**降钙素**，可使血钙降低。

考点：甲状腺的位置、形态，甲状腺激素的功能

链接

幼儿时期，如果甲状腺功能低下，可致身材矮小、智力低下，称为呆小症。成年人甲状腺激素分泌过多，可导致甲状腺功能亢进。长期缺碘，可致甲状腺激素的活性降低，成为发生单纯性甲状腺肿的主要原因。为预防此病的发生，必须服用含碘食盐。

第二节　甲　状　旁　腺

一、甲状旁腺的形态和位置

甲状旁腺为棕黄色扁椭圆形小体，位于甲状腺左右叶的背面，有时藏于甲状腺实质内。一般分为上下两对，上方一对位于甲状腺侧叶后缘中部附近处，下方一对则在甲状腺下动脉的附近，位于腺体后部下约 1/3 处（图 12-2）。

二、甲状旁腺的微细结构

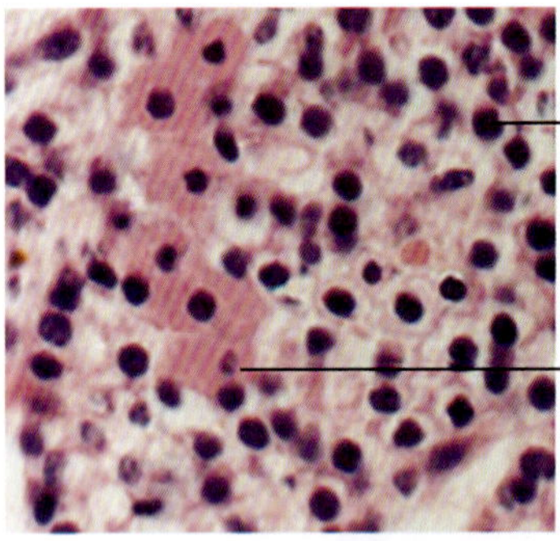

图 12-4　甲状旁腺的光镜结构像

甲状旁腺的细胞呈索状或团状排列，细胞团索之间有大量结缔组织和丰富的毛细血管（图 12-4）。

甲状旁腺的主要腺细胞为主细胞，主细胞呈圆形或多边形，细胞核位于细胞的中央。主细胞分泌甲状旁腺素，该激素可增强破骨细胞的活动，促使骨质溶解，并能促进肠和肾小管对钙的吸收，从而使血钙升高。当甲状旁腺素分泌不足时可引起血钙下降，出现手足搐搦症；功能亢进时，引起骨质过度吸收，容易发生骨折。

案例 12-1

患者，女，26 岁，重庆渝中区人。患者自诉 2 个月以来出现多食、消瘦、畏热、多汗、易激动等症状，来院经检查诊断为甲状腺功能亢进。

问题：

1. 甲状腺分泌什么激素，有什么作用？
2. 甲状腺的位置和分叶？
3. 甲状旁腺和甲状腺的位置关系，可分泌什么激素？

第三节　肾　上　腺

一、肾上腺的位置和形态

肾上腺位于肾的上方，左右各一，共同为肾筋膜和脂肪组织所包裹。左侧呈半月形，右侧为三角形。肾上腺表面有一层结缔组织被膜，其实质分为皮质和髓质两部分（图12-5）。

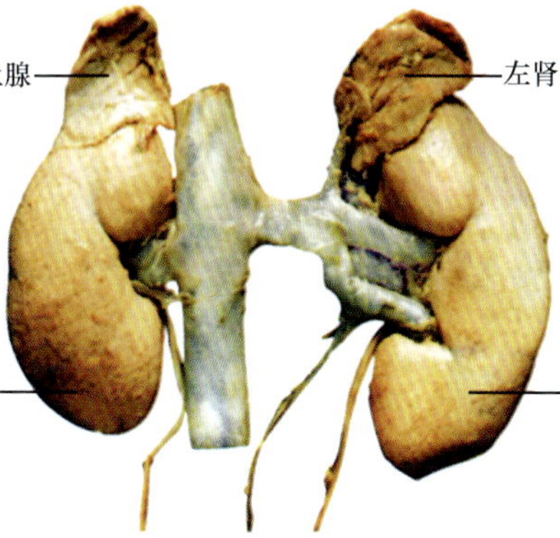

肾上腺的形态

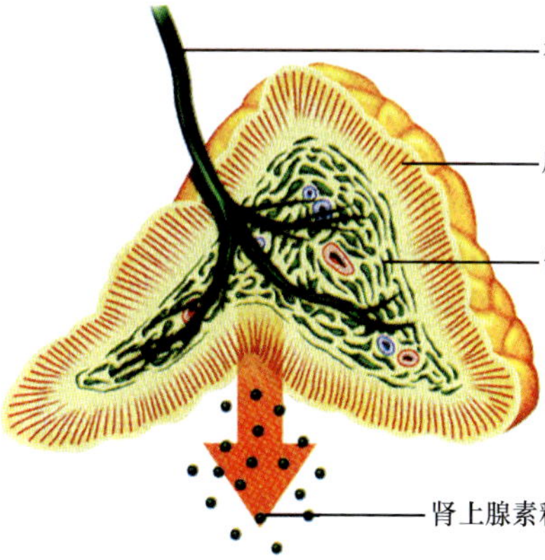

肾上腺的构造

图 12-5　肾上腺

二、肾上腺的微细结构

（一）肾上腺皮质

肾上腺皮质较厚，位于表层，占肾上腺体积的 80% ～ 90%，根据细胞排列的形态和特征不同，从外向内可分为球状带、束状带和网状带三部分（图 12-6）。

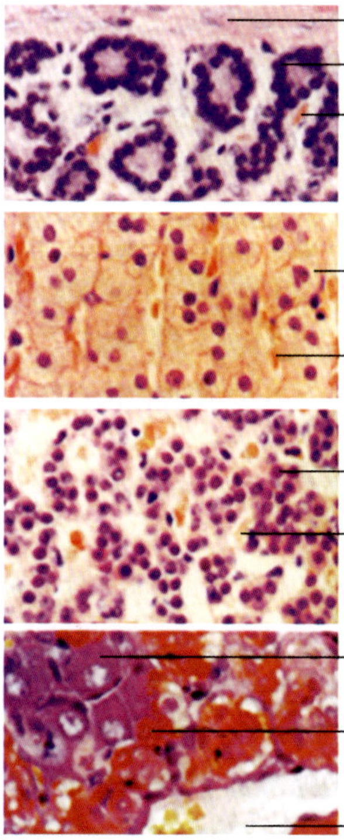

图 12-6　肾上腺光镜结构像

1. 球状带　紧靠被膜，约占皮质总体积的15%。细胞呈低柱状或立方形，排列成球形细胞团，核小而圆，染色深。细胞之间有血窦和结缔组织。球状带细胞分泌**盐皮质激素**，主要代表为醛固酮，调节电解质和水盐代谢。

2. 束状带　约占皮质总体积的78%，由多边形的细胞排列成束。细胞体积大，胞核染色浅，位于中央。束状带细胞分泌**糖皮质激素**，主要代表为可的松和氢化可的松，调节糖、脂肪和蛋白质代谢。

3. 网状带　约占皮质总体积的7%，紧靠髓质，细胞排列成不规则的条索状，交织成网。胞核小，染色深。网状带细胞主要分泌**雄激素**和少量的**雌激素**。

（二）肾上腺髓质

考点：肾上腺的位置、形态，肾上腺分泌的激素

肾上腺髓质位于肾上腺的中央部，主要由髓质细胞组成，髓质细胞体积较大，排列成索，吻合成网，胞质内含有嗜铬颗粒，故称为**嗜铬细胞**。嗜铬细胞分为两类：一类为肾上腺素细胞，胞体大，数量多，分泌肾上腺素；另一类为去甲肾上腺素细胞，胞体小，数量少，分泌去甲肾上腺素。**肾上腺素**作用于心肌，使心跳加快、加强；**去甲肾上腺素**使小动脉平滑肌收缩，血压升高，心脏、脑和骨骼肌内的血流加速。

第四节　垂　　体

一、垂体的位置和形态

垂体（图12-7）位于颅底蝶骨体上面的垂体窝内，呈椭圆形，上借漏斗连于下丘脑，前上方与视交叉相邻。垂体可分为**腺垂体**和**神经垂体**两部分。腺垂体包括远侧部、结节部和中间部，神经垂体包括神经部和漏斗。其中远侧部和结节部称**前叶**，中间部和神经部称**后叶**。

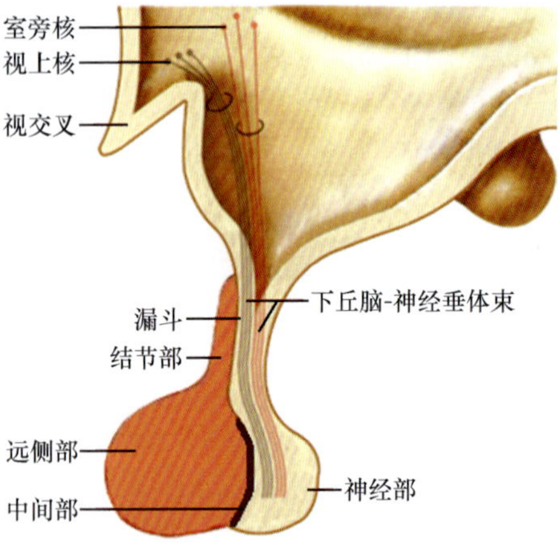

图12-7　垂体（矢状切面）

二、垂体的微细结构

（一）腺垂体

腺垂体由索状或团块状的腺细胞构成。有嗜酸性细胞、嗜碱性细胞和嫌色细胞3种（图12-8）。

1. 嗜酸性细胞　数量较多，呈圆形或椭圆形，胞质内充满嗜酸性颗粒，根据分泌激素的不同，嗜酸性细胞分2种。

(1) 生长激素细胞：数量较多，此细胞合成和释放的生长激素能促进体内多种代谢过程，刺激骺软骨生长，使骨增长。

(2) 催乳激素细胞：男女性的垂体均有此种细胞，在女性较多。此细胞分泌的催乳激素能促进乳腺发育和乳汁分泌。

2. 嗜碱性细胞　数量较嗜酸性细胞少，呈椭圆形或多边形，胞质内含嗜碱性颗粒。据形态和分泌的激素不同，嗜碱性细胞分3种。

(1) 促甲状腺激素细胞：呈多角形，此细胞分泌的促甲状腺激素能促进甲状腺激素的合成和释放。

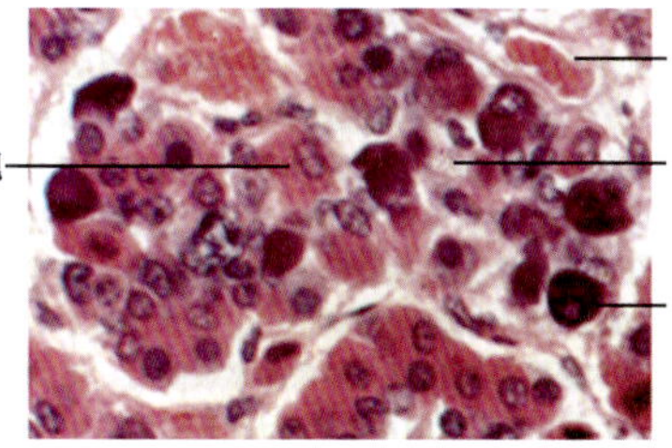

图 12-8　腺垂体远侧部光镜结构像

(2) 促性腺激素细胞：细胞大，呈圆形或椭圆形，该细胞分泌卵泡刺激素和黄体生成素。卵泡刺激素在女性促进卵泡的发育，在男性则刺激生精小管的支持细胞合成雄激素结合蛋白，以促进精子的发生。黄体生成素在女性促进排卵和黄体形成，在男性则刺激睾丸间质细胞分泌雄激素，故又称间质细胞刺激素。

(3) 促肾上腺皮质激素细胞：呈多角形，主要作用于肾上腺皮质的束状带，促进糖皮质激素分泌。

3. 嫌色细胞　细胞数量多，体积小，呈圆形或多角形，胞质少，着色浅，细胞界限不清楚。目前认为这些细胞可能是处于形成嗜色细胞的初期阶段。

（二）神经垂体

神经垂体由神经部和漏斗部组成。此部不含内分泌细胞，无内分泌功能，主要储存及释放由下丘脑神经元轴突输送来的抗利尿激素和催产素。

1. 抗利尿激素（加压素）　主要由下丘脑视上核的神经细胞分泌，其作用：一方面促进肾远曲小管和集合管对水的重吸收，使尿量减少，调节水盐代谢；另一方面大量抗利尿激素可使小动脉收缩，使血压升高，所以又称血管加压素。

2. 催产素　由下丘脑视上核和室旁核的神经内分泌细胞分泌。它能刺激子宫平滑肌收缩，有利于胎儿娩出，并促进乳腺分泌。

考点： 垂体分泌和释放的激素

链接

幼年时期生长激素分泌过多，可引起巨人症，表现为身材异常高大；若分泌不足，则形成侏儒症，表现为身材矮小，但智力正常。成人生长激素分泌过多可导致肢端肥大症，表现为头颅面容宽大、眉弓凸起、颧骨高、鼻肥大、嘴唇增厚、下颌突出、手足肥厚增宽、指（趾）变粗、多汗等，常见于生长激素腺瘤。

第五节　松　果　体

松果体为一淡红色的椭圆形小体，位于背侧丘脑的后上方，以细柄连于第三脑室顶的后部（图 12-1），因形似松果而得名。儿童时期较发达，一般 7 岁左右开始退化，成年后不断有钙盐沉着而形成脑砂，可作为临床上 X 线诊断颅内占位病变的定位标志。松果体细胞分泌的褪黑素有抑制性成熟的作用。松果体发生病变时，可出现性早熟和生殖器官过度发育。

小结

内分泌系统由内分泌腺、内分泌组织和内分泌细胞组成。内分泌腺无导管，其腺细胞分泌的化学物质称为激素，激素直接进入血液或淋巴液，周流全身，参与调节机体新陈代谢、生长发育和生殖。

甲状腺略呈“H”形，由左右两个侧叶和中间的甲状腺峡组成，可分泌甲状腺激素和降钙素；甲状旁腺位于甲状腺左右叶的背面，分泌甲状旁腺激素；肾上腺左侧呈半月形，右侧为三角形，分为皮质和髓质两部分，肾上腺皮质分泌肾上腺皮质激素，可调节水盐代谢和糖、蛋白质代谢的作用，肾上腺髓质分泌肾上腺素和去甲肾上腺素；垂体位于垂体窝内，分腺垂体和神经垂体两部分，腺垂体可分泌生长激素、催乳激素和多种促激素，神经垂体可储存和释放抗利尿激素和催产素。

自 测 题

A 型题

1. 不属于内分泌腺的是
   A. 甲状腺　B. 肾上腺
   C. 垂体　D. 腮腺
   E. 甲状旁腺
2. 不属于腺垂体分泌的激素是
   A. 生长激素　B. 促甲状腺激素
   C. 催乳素　D. 催产素
   E. 黄体生成素
3. 关于甲状腺的叙述，错误的是
   A. 有两个侧叶，一个峡，偶有一个锥状叶
   B. 侧叶位于喉和气管的两侧
   C. 体内最大的内分泌腺
   D. 可随吞咽而上下移动
   E. 峡位于第 3 ～ 5 气管软骨的前方
4. 肾上腺皮质球状带分泌
   A. 糖皮质激素　B. 盐皮质激素
   C. 肾上腺素
   D. 雄激素和少量雌激素
   E. 去甲肾上腺素
5. 关于垂体的描述错误的是
   A. 位于垂体窝内
   B. 分腺垂体和神经垂体两部分
   C. 仅由腺细胞构成
   D. 成人重 0.5 ～ 0.6g
   E. 借漏斗连于下丘脑
6. 缺碘可引起哪种内分泌腺肿大
   A. 垂体　B. 甲状旁腺
   C. 甲状腺　D. 肾上腺
   E. 睾丸
7. 幼年时期生长激素分泌不足可导致
   A. 巨人症　B. 侏儒症
   C. 呆小症　D. 向心性肥胖
   E. 肢端肥大症

（管永福）

13

第十三章　人体胚胎学概要

引言：你知道人体是怎样形成的么？它又是如何发育的呢？胎儿在母体子宫内呼吸么？营养和氧气从哪里获取？胎儿和母体血液相通么？出生时剪断脐带，脐带内流出的血是胎儿的还是母体的？带着这些问题，认真学习本章内容，我们不但可以充分了解人体发生和发育过程，并能将所学知识运用到优生优育工作中去。

人体胚胎学是研究从受精卵发育为新个体的过程及其机制的科学，研究范畴包括生殖细胞的形成、受精、胚胎发育、胚胎与母体的关系、先天畸形等。人胚胎在母体子宫内发育历经 266 天（即 38 周），分 2 个时期：①第 1 ～ 8 周称胚期，此期受精卵由单个细胞经过迅速而复杂的增殖分化，各器官的原基形成，胎儿初具雏形；②第 9 ～ 38 周称胎期，此期胎儿逐渐长大，各器官、系统继续发育，结构和功能逐渐完善。

链接

胎　龄

胎龄有 2 种计算方法，即月经龄和受精龄。月经龄：从孕妇末次月经第一天开始，至胎儿娩出，约 280 天，临床常用此法计算。受精龄：从受精开始，一般女性在月经第 14 天排卵，此时方可受精，所以受精龄 = 月经龄 -14 天，约 266 天，胚胎学用此法计算。

第一节　生殖细胞的成熟

一、精子的成熟和获能

睾丸精曲小管中的精原细胞在垂体促性腺激素的作用下，经过有丝分裂后，演变成初级精母细胞，其染色体为 46，XY。一个初级精母细胞，经两次成熟分裂（也称减数分裂）形成 4 个精子，染色体减少一半呈单倍体（23 条），核型半数为 23，X，半数为 23，Y 。精子进入女性生殖管道后，在子宫和输卵管分泌物的作用下方可获得受精能力，称获能。精子在女性生殖管道内可存活 1 ～ 3 天，但其受精能力仅可维持 24 小时（图 13-1）。

二、卵子的成熟

卵巢中的初级卵母细胞，也要经过两次成熟分裂。第一次成熟分裂，形成一个大的次级卵母细胞和一个小的第一极体，它们各有 23 条染色体，核型均为 23，X 。第二次成熟分裂，次级卵母细胞分裂形成一个大而成熟的卵子和一个小的第二极体，各有 23 条染色体，核型均为23，X。第二次成熟分裂要受精才能完成，如不受精第二次成熟分裂不能完成，卵子于排卵后12～24小时退化（图13-1）。

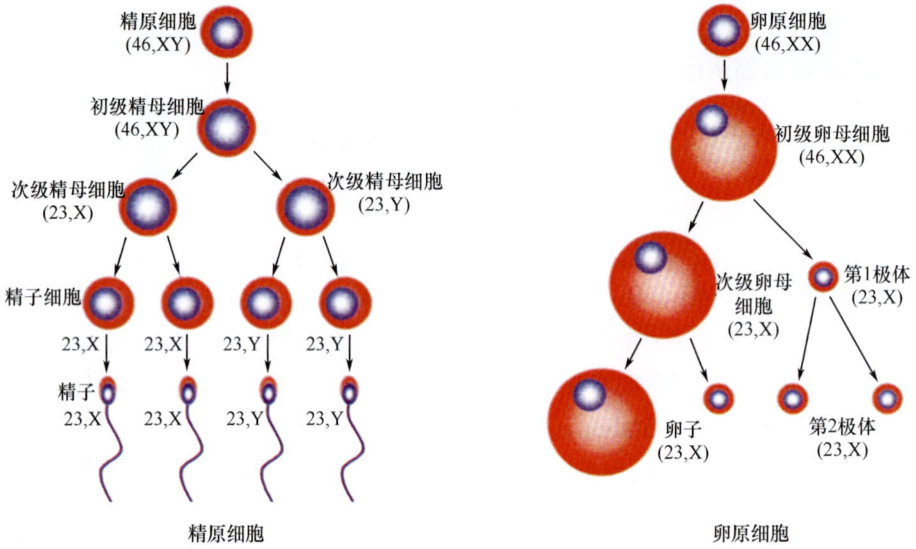

图13-1　精子与卵子发生示意图

第二节　受精与卵裂

案例13-1

患者，女，30岁，主诉停经46天，有恶心困倦不适1周，伴乳房胀痛。辅助检查：尿HCG阳性。诊断为早孕46天。

问题：

1. 什么叫受精？
2. 受精的部位、条件和意义有哪些？

一、受　　精

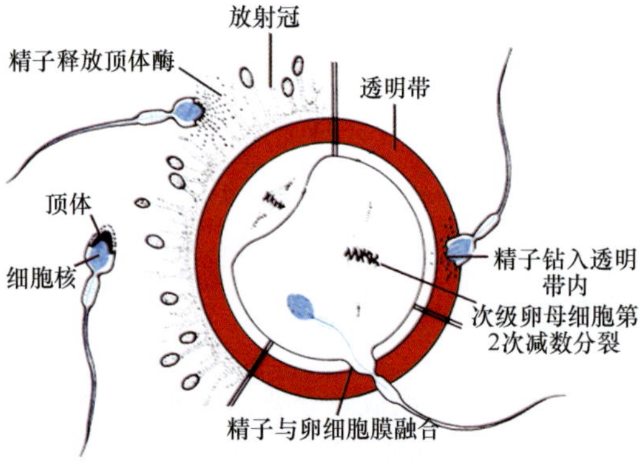

图13-2　精子与卵子发生示意图

精子与卵子结合形成受精卵的过程称受精。

（一）受精的部位、时间及过程

受精一般发生在输卵管壶腹部，排卵后12～24小时。受精过程：精子头部接触卵子的放射冠时发生顶体反应，即释放的顶体酶，溶解放射冠和透明带并形成一条孔道，精子经该通道进入到卵子内。精卵结合后，透明带的结构发生变化，从而阻止其他精子的穿越透明带，称透明带反应（该反应保证了单精受精）。此时精子和卵子的细胞核逐渐膨大，称雄原核和雌原核。两个原核相互靠近，核膜消失，染色体混合，形成受精卵，完成受精（图 13-2）。

（二）受精的意义

①受精标志着新生命的开始：受精卵经生长发育，逐渐形成新个。②染色体数目恢复 23 对：其中 23 条来自雄原核，23 条来自雌原核，因此新个体接受双亲的遗传物质。③决定性别：如带有 Y 染色体的精子与卵子结合，受精卵的核型为 46，XY，新个体为男性；如带有 X 染色体的精子与卵子结合，受精卵的核型为 46，XX，新个体为女性。

考点： 受精的概念、部位和意义

链接

人工授精与试管婴儿

人工授精 (AI) 是指采用人工方式将精子递送到女性生殖道中使之受孕的一种辅助生殖技术。

试管婴儿是分别将女性的卵子和男性的精子取出后，置于培养液内使其受精，再将胚胎移植回母体子宫内发育成胎儿的过程。最初由英国产科医生帕特里克•斯特普托和生理学家罗伯特•爱德华兹合作研究成功，该技术引起了世界科学界的轰动。罗伯特•爱德华兹因此获得了 2010 年诺贝尔生理学或医学奖。1978 年 7 月 25 日，全球首位试管婴儿在英国诞生。

二、卵　　裂

受精卵早期的细胞分裂称**卵裂**，卵裂产生的子细胞称**卵裂球**。在受精后 72 小时，受精卵分裂成 12 ～ 16 个卵裂球，形似桑葚，称**桑葚胚**（图 13-3）。在卵裂的同时，受精卵在输卵管内逐渐向子宫腔方向移动，到桑葚胚时，已进入子宫腔。桑葚胚进入子宫腔后继续分裂，形成囊泡状的胚泡。胚泡的内腔称**胚泡腔**，内含液体。胚泡壁由单层细胞构成，与吸收营养有关，称**滋养层**。胚泡腔内的一侧有一团细胞聚集，称**内细胞群**。与内细胞群相邻的滋养层称**极端滋养层**（图 13-4）。

考点： 胚泡的结构

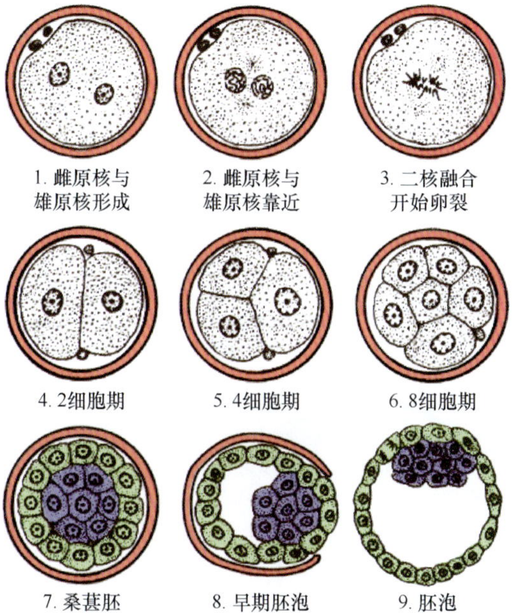

图 13-3　卵裂与胚泡形成

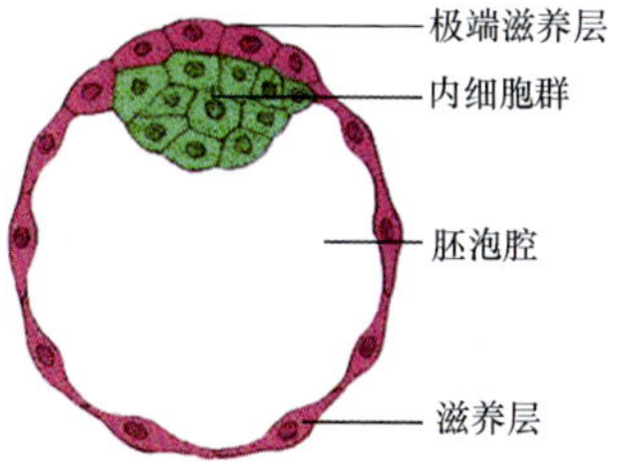

图 13-4　胚泡的结构

第三节　植入与蜕膜

一、植　　入

案例 13-2

患者，女，23 岁，已怀孕 37 周，不规律阴道流血 1 周，突然增多 2 小时，不伴腹痛，急诊入院。B 超提示晚孕，单活胎、头位；完全性前置胎盘。诊断：前置胎盘。需立即终止妊娠行急诊剖宫产术。

问题：

1. 什么是前置胎盘？
2. 胚泡正常植入的位置是什么？

（一）植入的概念

胚泡埋入子宫内膜的过程称植入（也称着床）。植入开始于受精后第 5 ～ 6 天，至第 11 ～ 12 天完成。

（二）植入的部位

胚泡正常植入在子宫底或子宫体上部（图 13-5）。若植入子宫颈处形成胎盘，称前置胎盘（图 13-6）。前置胎盘于妊娠晚期易发生胎盘早剥而导致大出血，于分娩时阻塞产道，导致分娩困难。

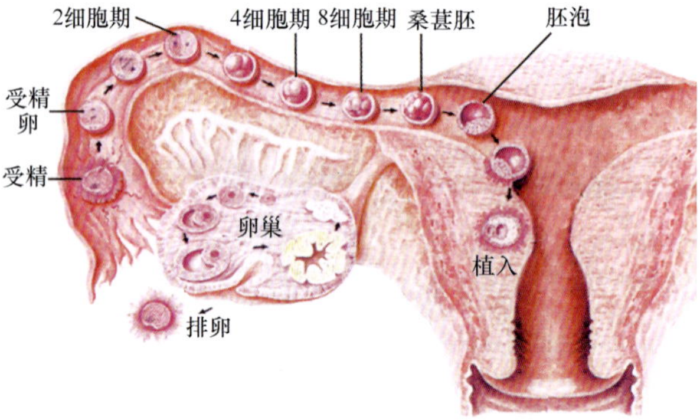

图 13-5　排卵、受精、卵裂和植入的位置

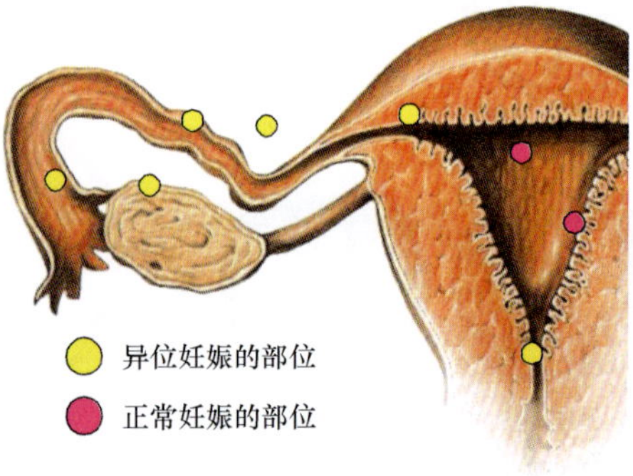

图 13-6　胚泡植入的部位

链接

前置胎盘与宫外孕

胚泡在子宫颈内口附近植入并在此形成胎盘，称前置胎盘。前置胎盘分娩时可堵塞产道，导致难产，如胎盘早剥可引起大出血，处置不当可危及母体和胎儿的生命安全。胚泡在子宫以外的部位植入，称宫外孕。宫外孕常发生在输卵管，偶可见卵巢、腹膜腔、肠系膜等处，如组织破裂亦可导致大出血。

（三）植入的过程

胚泡植入时，其极端滋养层先与子宫内膜接触，并分泌蛋白水解酶将接触处的子宫内膜溶解，形成缺口，胚泡由此逐渐埋入子宫内膜功能层。随后，缺口周围的内膜上皮细胞增生，将缺口修复，植入完成（图 13-7）。

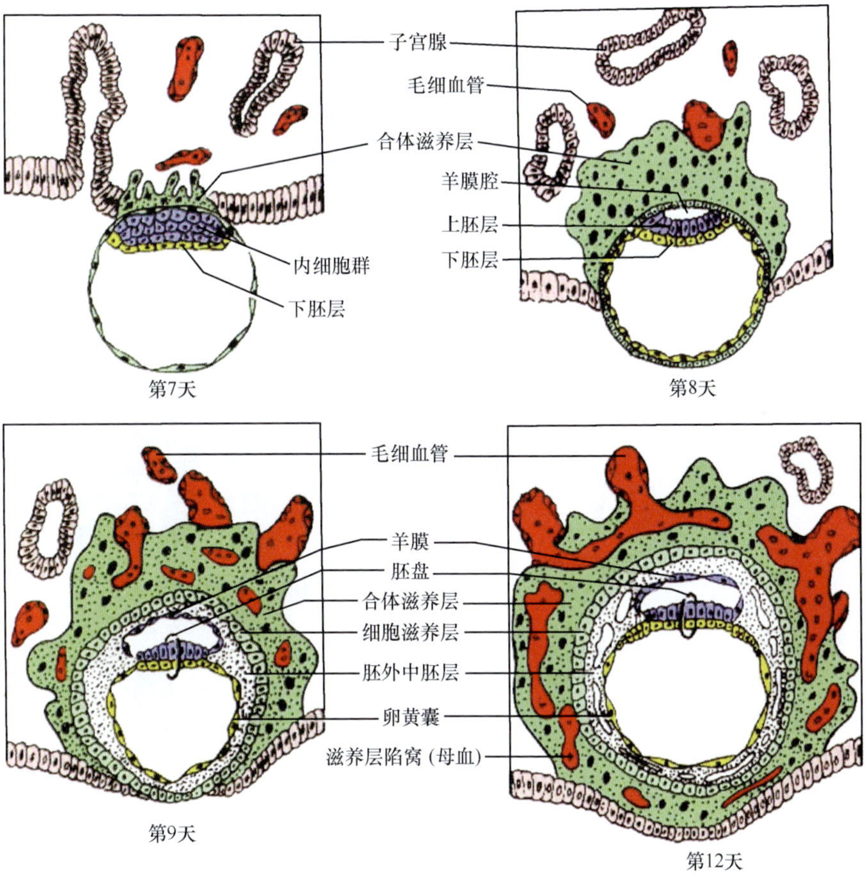

图 13-7 植入的过程

（四）植入的条件

1. 母体激素分泌正常，使子宫内膜处于分泌期。
2. 生殖管道畅通。
3. 胚泡按时进入子宫腔，透明带按时消失。

考点：植入的概念、时间和部位

考点：蜕膜的分部

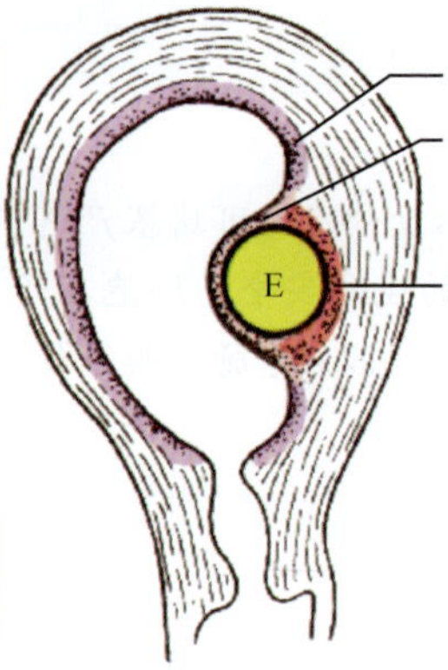

图 13-8 胚胎与子宫蜕膜的关系

4. 正常的子宫内环境。如口服避孕药、宫腔放置避孕环或宫腔炎症等，均可影响子宫内环境，干扰植入。

二、蜕　　膜

胚泡植入后的子宫内膜功能层称**蜕膜**。

蜕膜由 3 部分组成：①**基蜕膜**（也称底蜕膜）：位于胚深面；②**包蜕膜**：包绕胚泡的子宫腔面；③**壁蜕膜**：除基蜕膜、包蜕膜以外的子宫内膜。

随着胚胎的发育，包蜕膜与壁蜕膜逐渐靠近、融合，子宫腔逐渐变小、最后消失（图 13-8）。

第四节　三胚层的形成与分化

一、三胚层的形成

（一）内胚层与外胚层的形成

第 2 周初胚泡植入过程中，内细胞群增殖分化，逐渐形成圆盘状的胚盘（图 13-9）。胚盘是形成胎儿的原基，由两层细胞组成，靠近极端滋养层的一层称外胚层；靠近胚泡腔的一层称**内胚层**。在内、外胚层形成的同时，外胚层的背侧形成一个腔，称**羊膜腔**，内胚层的腹侧出现一个囊，称**卵黄囊**（图 13-10）。

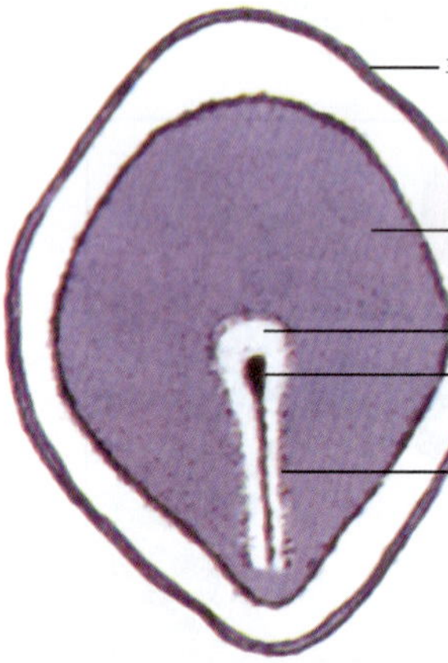

图 13-9　胚盘

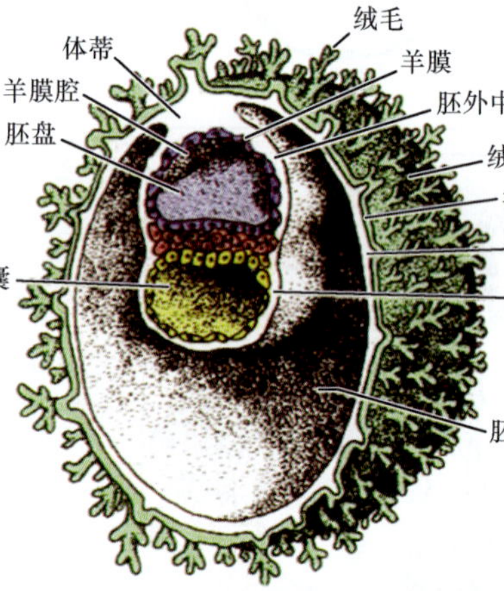

图 13-10　第 3 周初胚的立体模式图

此时，滋养层增殖分化，形成内、外两层。外层无细胞边界，称**合体滋养层**；内层细胞边界清楚，称**细胞滋养层**。细胞滋养层的部分细胞进入胚泡腔，形成星形细胞网，称**胚外中胚层**（图 13-7），一部分位于滋养层内表面，另一部分覆盖于羊膜腔和卵黄囊的外表面，两者之间的空腔，称**胚外体腔**。胚盘尾端与滋养层之间的胚外中胚层形成**体蒂**（图 13-10）。

（二）中胚层的形成

第 3 周初，外胚层部分细胞迅速增生，向胚盘正中线一侧迁移，形成一条增厚区，称**原条**。出现原条的一端为胚盘的尾端，另一端则为胚盘的头端。原条形成的同时，细胞不断增生，并在内、外胚层之间向周边扩展迁移，形成新的细胞层，称**中胚层**。原条头端膨大，称**原结**。

原结的细胞在内、外胚层之间的中线向头端延伸，形成一条细胞索，称**脊索**。原条和脊索为胚胎早期的中轴结构（图 13-11），原条随着中胚层的形成逐渐消失，脊索逐渐退变为椎间盘中的髓核（图 13-12）。

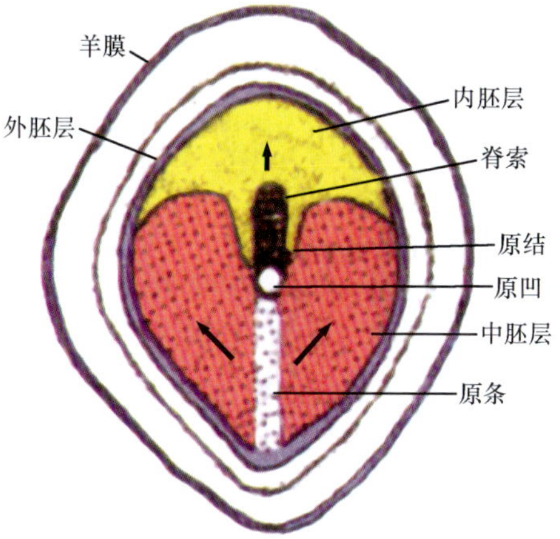

图 13-11　胚盘（切除外胚层，示中胚层和脊索）

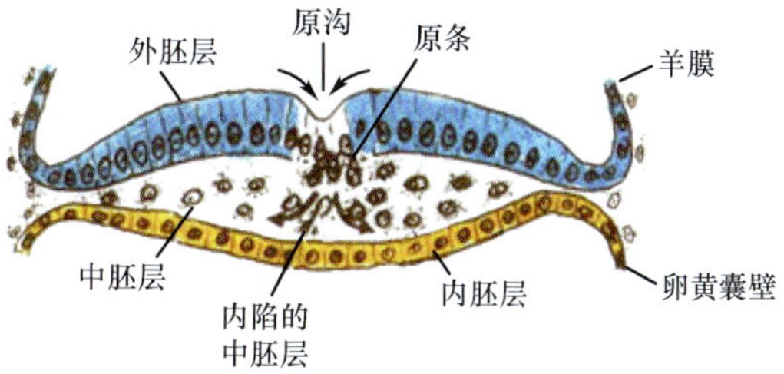

图 13-12　胚盘横切（示中胚层的发生）

二、三胚层的分化

从第 4 ～ 8 周，三胚层的细胞经过不断分化和增殖，形成复杂多样的细胞、组织、器官原基。

（一）外胚层的早期分化

随着脊索的形成，外胚层细胞分裂增殖成神经板，继而形成神经褶、神经沟和神经管（图 13-13）。神经管头侧发育形成脑，尾侧演变成脊髓。外胚层其余部分，演变成皮肤的表皮及其附属结构等。

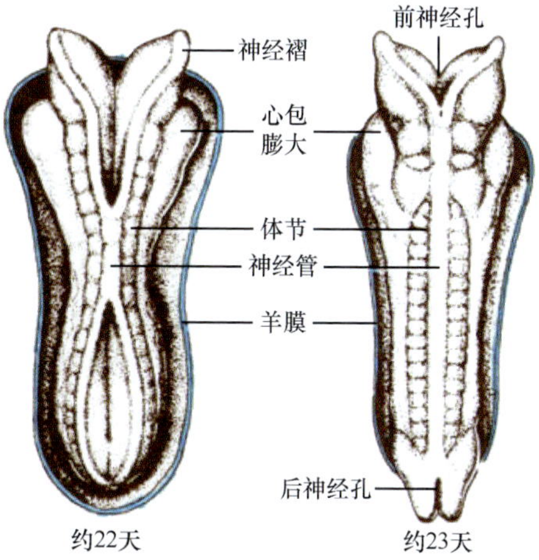

图 13-13　神经管及体节的形成

（二）内胚层的早期分化

胚胎第 3 周，胚盘的周缘部向腹侧卷折，变成圆桶状的胚体，内胚层被包入胚体内形成原肠。原肠主要形成消化管、消化腺、气管、肺、膀胱和尿道等处的上皮。

（三）中胚层的早期分化

紧邻脊索两侧的中胚层不断生长增厚，呈节段状，称**体节**（图 13-13）。体节分化为椎骨、骨骼肌和皮肤的真皮。体节外侧的中胚层，称**间介中胚层**。间介中胚层以后分化成泌尿、生殖系统的主要器官。间介中胚层外侧的中胚层，称**侧中胚层**。侧中胚层内形成腔隙，称**胚内体腔**。胚内体腔将来形成胸膜腔、腹膜腔和心包腔。胚内体腔将侧中胚层分为两层，与内胚层相贴的部分，称**脏壁中胚层**，将来分化为消化、呼吸系统的肌组织、结缔组织和血管等；与外胚层相贴的，称**体壁中胚层**，将来分化为体壁的骨骼、肌肉、结缔组织和血管（图 13-14）。

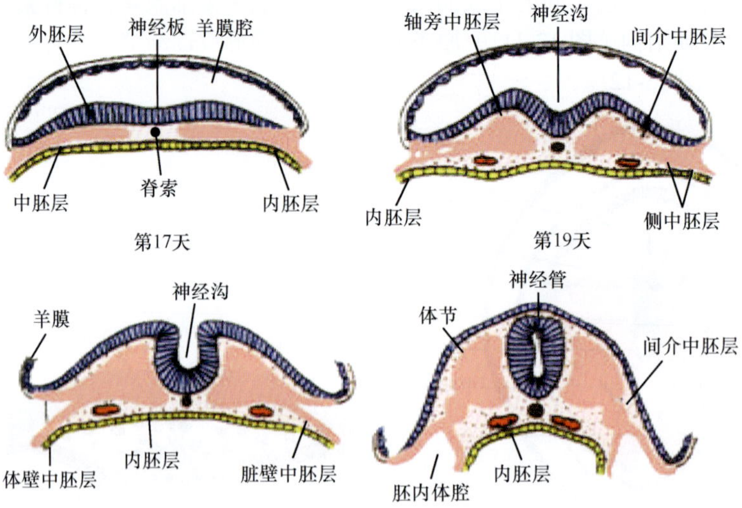

图 13-14　胚盘横切（示中胚层的早期分化和神经管的形成）

第五节　胎膜与胎盘

案例 13-3

患者，女，26 岁，孕 37 周，阴道流液 2 小时，色清亮，无腹痛，来医院就诊。B 超提示单活胎，头位；羊水过少。诊断为胎膜早破。

问题：

1. 什么是胎膜？
2. 羊水的性质及其作用如何？

胎膜和胎盘是胚胎发育过程中的附属结构，对胚胎起保护、营养、呼吸和排泄作用；胎盘还有内分泌功能。胎儿娩出时，胎膜即与胎儿脱离。

一、胎　　膜

胎膜包括绒毛膜、羊膜、卵黄囊、尿囊和脐带（图 13-15）。

（一）绒毛膜

绒毛膜由滋养层和衬于其内面的胚外中胚层发育而成。胚胎第 2 周，滋养层和胚外中胚层的细胞共同向周围生长，形成许多细小的突起，称**绒毛**。此时胚泡的滋养层称**绒毛膜**。绒毛膜内的胚外中胚层形成血管，血管内含有胎儿的血液。

胚胎早期，整个绒毛膜表面的绒毛均匀分布。之后，包蜕膜侧的绒毛因供血不足而逐渐退化、消失，形成表面无绒毛的平滑绒毛膜；基蜕膜侧的绒毛则因供血充足而发育旺盛，形成丛密绒毛膜（图 13-15）。丛密绒毛膜与基蜕膜一起构成胎盘。

绒毛膜是胎儿和母体进行物质交换的重要结构，并具有内分泌功能。

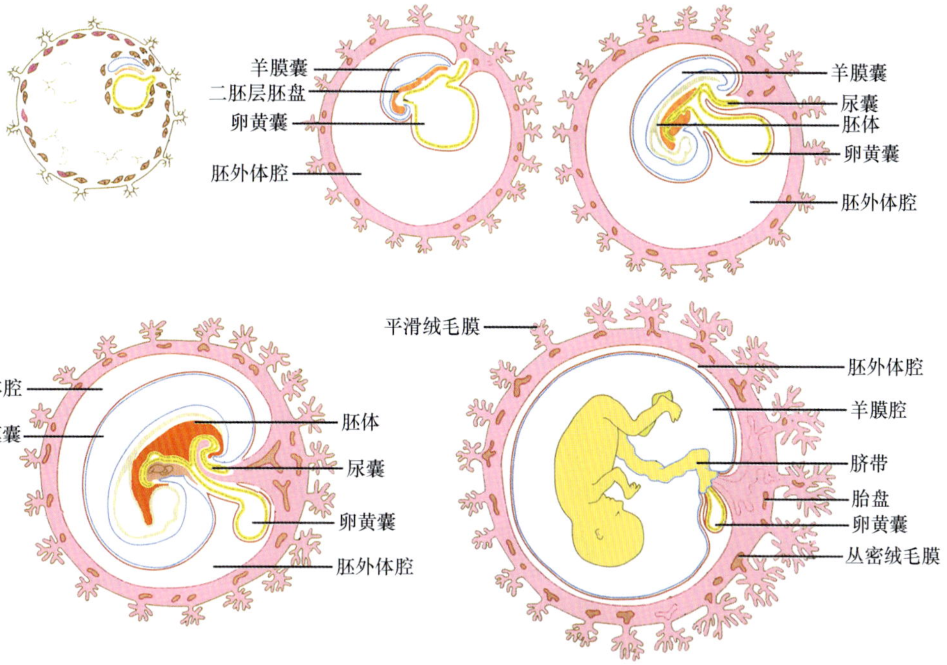

图 13-15　胎膜的形成

链接

葡　萄　胎

若绒毛滋养层细胞过度增殖，绒毛内结缔组织变性水肿，血管消失，绒毛呈水疱状或葡萄状，胎儿死亡，整个胎块像串串葡萄，故称葡萄胎。

（二）羊膜

羊膜为半透明薄膜，最初附着于胚盘的边缘，与外胚层连续。随着胚体的形成、羊膜腔扩大和胚体凸入羊膜腔内，羊膜在胚体腹侧包裹体蒂形成脐带（图 13-15）。由于羊膜腔的逐渐扩大，使羊膜与平滑绒毛膜逐渐接近直至融合，胚外体腔逐渐减小最后消失。

羊膜腔内充满淡黄色的羊水。羊水由羊膜上皮分泌，其中也含有胎儿的排泄物。羊膜和羊水对胚胎有保护作用。胎儿浸泡在羊水中，可防止胎儿肢体粘连；能缓冲外力对胎儿的振动和压迫；分娩时有扩张子宫颈和冲洗产道的作用。

足月分娩时的羊水为 1000 ～ 1500ml。羊水少于 500ml 为羊水过少，常见于胎儿无肾或尿道闭锁等；羊水多于 2000ml 为羊水过多，常见于消化管闭锁、无脑儿等。抽取羊水进行细胞学检查或检测羊水中某些物质含量，可以早期诊断某些先天性异常。

（三）卵黄囊

卵黄囊位于原始消化管的腹侧，当卵黄囊被包入脐带后，与原始消化管相连的部分逐渐变细，最终闭锁而逐渐退化。

（四）尿囊

尿囊是从卵黄囊尾侧的内胚层向体蒂内伸出的盲管，被脐带包裹，继而闭锁。

考点：胎膜的组成、足月胎儿羊水的正常值、脐带的长度及血管。

（五）脐带

脐带是羊膜包裹体蒂、卵黄囊、尿囊形成的一条圆索状结构。脐带一端连于胎儿脐部，另一端连于胎盘，长约55cm。内含有2条脐动脉和1条脐静脉，是胎儿与胎盘的血管通道，也是胎儿与母体之间物质交换的通道（图13-16）。

二、胎　　盘

（一）胎盘的形态结构

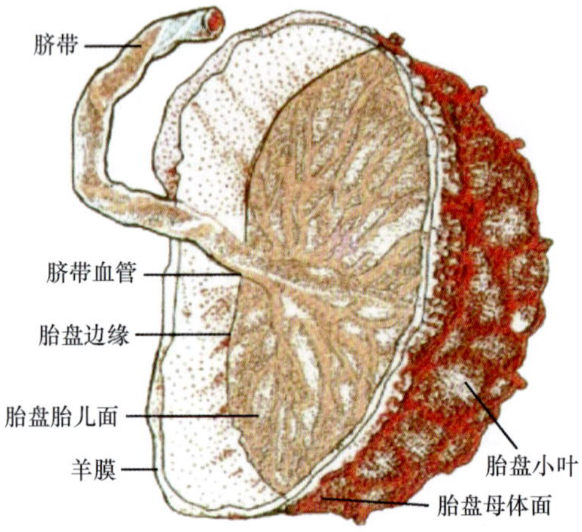

图13-16　胎盘和脐带

胎盘是由胎儿的丛密绒毛膜与母体子宫的基蜕膜共同构成的圆盘状结构。足月胎儿的胎盘重约500g，直径15～20cm，中央厚，周边薄。胎盘的胎儿面光滑，表面覆盖有羊膜，中央连有脐带。胎盘的母体面粗糙，形成15～30个胎盘小叶。胎盘小叶之间有由基蜕膜形成的胎盘隔。胎盘隔之间的腔隙，称**绒毛间隙**，其内充满母体血液，绒毛浸泡其中（图13-16，图13-17）。

（二）胎盘的血液循环和胎盘屏障

1. 胎盘的血液循环　胎盘内有母体和胎儿两套血液循环系统，两者在各自封闭的管道内循环互不相混，但可进行物质交换。母体的动脉血经子宫螺旋动脉流入绒毛间隙，与绒毛内胎儿的毛细血管进行物质交换后，经子宫静脉流回母体。胎儿的静脉血经脐动脉及其分支流入绒毛内毛细血管，与绒毛间隙内的母体血进行物质交换后，变为富含营养物质和氧气的动脉血，经脐静脉回流入胎儿体内（图13-17）。

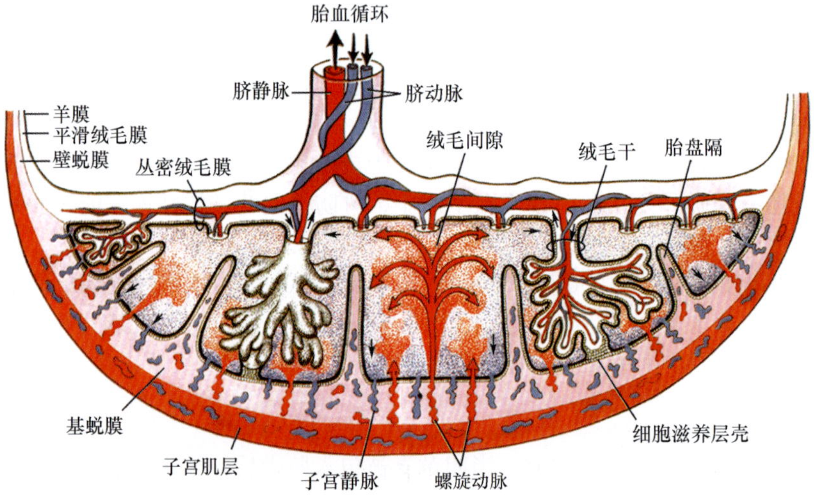

图13-17　胎盘结构模式图

2. 胎盘屏障　母体血和胎儿血在胎盘内进行物质交换所经过的结构，称**胎盘屏障**，有三层结构：①绒毛膜表面的滋养层细胞及其基膜；②绒毛内的毛细血管内皮及其基膜；③两层基膜间的结缔组织。胎盘屏障能阻止母体血液中的大分子物质进入胎儿体内，但对抗体、多数药物和大部分病毒等无屏障作用，故孕妇用药需谨慎。

（三）胎盘的功能

考点：胎盘的结构、功能及胎盘屏障的概念

1. 物质交换　胎儿从母体血液中获得营养物质和 O_2，并将代谢产物和 CO_2 排入到母体血液内，然后由母体排出体外。

2. 分泌激素　胎盘分泌多种激素，主要有：① **绒毛膜促性腺激素（HCG）**：能促进母体黄体的生长发育，以维持妊娠。该激素在受精后第 3 周可从孕妇的尿中检出，临床常作为早期妊娠诊断的依据；② **胎盘催乳素**：受精后第 2 个月开始分泌，能促使母体乳腺和胎儿的生长发育；③**雌激素和孕激素**：妊娠第 4 个月开始分泌，在黄体退化后，能继续维持妊娠。

第六节　胎儿血液循环的特点

一、胎儿心血管系统的结构特点

胎儿与外界的物质交换通过胎盘来进行，所以胎儿心血管系统的结构特点和血液循环途径，与出生后大不相同。

（一）卵圆孔与动脉导管

卵圆孔位于房间隔的中下部，左、右心房经此孔相通。由于胎儿右心房内血液的压力大于左心房，所以血液自右心房经卵圆孔流入左心房。**动脉导管**是连接肺动脉干和主动脉弓之间的一条短血管。血液可由肺动脉干经动脉导管流入主动脉。

（二）脐动脉

脐动脉有 2 条，起自髂总动脉，经胎儿脐部和脐带进入胎盘。脐动脉将含有二氧化碳和代谢产物的血液运送至胎盘绒毛。

（三）脐静脉和静脉导管

脐静脉为一条起于胎盘绒毛中的毛细血管，由胎儿的脐部进入胎儿体内。来自胎盘富含氧和营养物质的血液经脐静脉流入肝后，大部分经静脉导管直接注入下腔静脉，小部分流经肝血窦后再注入下腔静脉。

二、胎儿血液循环途径

富含氧气和营养物质的血液，由胎盘经脐静脉流入胎儿体内。当血液流经肝时，大部分血液经静脉导管注入下腔静脉，小部分血液经脐静脉的分支进入肝血窦，与来自肝门静脉的血液混合流入下腔静脉。下腔静脉血液流入右心房后大部分经卵圆孔流入左心房，再经左心室流入主动脉。主动脉的大部分血液经其分支流向头颈部、上肢，其余流入降主动脉。上腔静脉流入右心房的血液与少量来自下腔静脉的血液一起流入右心室，经右心室入肺动脉干。因肺尚处于未扩张状态，所以肺动脉干内的血液大部分经动脉导管流入降主动脉。降主动脉一部分血液供应躯干和下肢，另一部分经脐动脉流入胎盘，再与母体血液进行物质交换（图 13-18）。

三、出生后心血管系统的变化

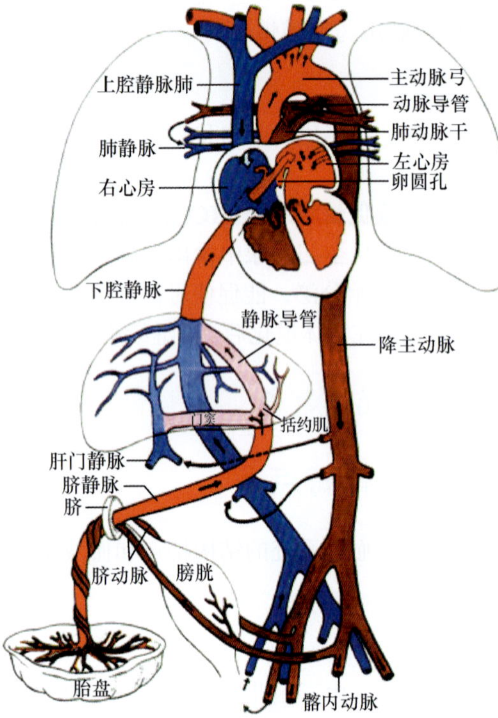

图 13-18　胎儿血液循环途径

胎儿出生后，胎盘血液循环中断，肺开始呼吸，于是心血管系统发生下述变化。

（一）脐静脉

脐静脉和静脉导管闭锁分别形成肝圆韧带和静脉韧带。

（二）脐动脉

脐动脉远侧段闭锁成脐外侧韧带，近侧段演变为膀胱上动脉。

（三）卵圆孔

胎儿出生1年后完全封闭，形成卵圆窝。

（四）动脉导管

胎儿出生2～3个月逐渐闭锁，形成动脉韧带。

新生儿心血管系统的结构经上述变化后，血液循环途径同成人。

链接

先天性心脏病

①房间隔缺损：若胎儿出生1年后卵圆孔尚未完全闭合，称房间隔缺损。此症导致左心房的血液混入右心房。②室间隔缺损：通常在室间隔膜部出现缺损，导致左心房的血液混入右心房。③动脉导管未闭：若胎儿出生后一定时间内动脉导管尚未闭锁，称为动脉导管未闭。④法洛四联症：是联合的先天性心血管畸形，包括肺动脉口狭窄、心室间隔缺损、主动脉右位、左心室肥大，是一种严重影响生长发育的复杂的先天性心脏病。

第七节　双胎与多胎

一、双　胎

一次妊娠分娩两个胎儿，称**双胎**或**孪生**。双胎有**单卵双胎**和**双卵双胎**两种。

(一)单卵双胎

单卵双胎是由一个受精卵发育成两个胚胎，他们的遗传基因完全相同，性别一样，相貌和生理特性也相似。他们之间如做器官移植，不发生排斥反应。单卵双胎的成因有3种：①受精卵发育成两个胚泡，分别植入，两个胎儿有各自的羊膜腔和胎盘；②一个胚泡内形成两个内细胞群，各自发育成一个胚胎，有各自的羊膜腔，但共用一个胎盘；③一个胚盘上形成两个原条，分别发育成两个胎儿，共用一个羊膜腔和一个胎盘（图13-19）。

(二)双卵双胎

卵巢排出两个卵，分别受精后发育成两个胎儿，它们有各自的胎膜和胎盘，性别相同或不同，相貌和生理特性的差异如同一般的兄弟姐妹。

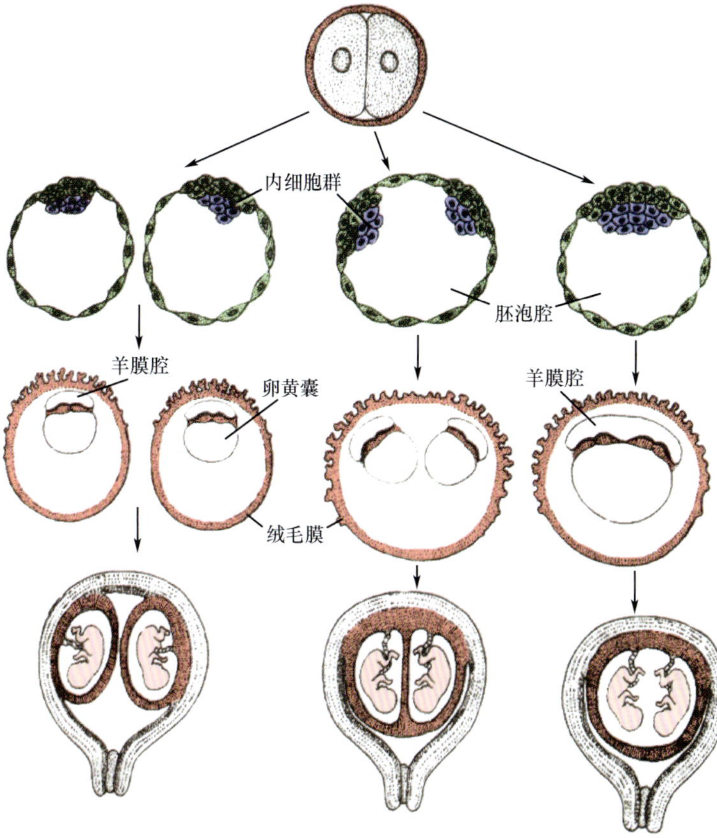

图 13-19　单卵双胎形成

二、多　　胎

一次分娩两个以上新生儿，称**多胎**。多胎的原因可能是单卵性、多卵性或混合性。

链接

优生优育知识

精子和卵子质量是优生的根本，人的最佳生育年龄应是 24 ～ 30 岁，开展婚前检查，禁止近亲婚配，创造受孕的佳期，合理均衡饮食，避免在吸烟、酗酒、喝咖啡、吃减肥药物、大量接受放射线之时受孕。排除致畸因素，防止病毒感染，忌怀孕期滥用药物。

小结

人体胚胎从受精到娩出约 266 天，第 1 ～ 8 周称胚期，此期各器官原基形成，如胚胎发育停滞，可造成器官缺失；第 9 ～ 38 周称胎期，此期胎儿逐渐长大，各器官、系统继续发育，结构和功能逐渐完善，如胚胎发育停滞，可导致胎儿器官发育不良。受精的部位多在输卵管壶腹。胚泡正常植入部位在子宫体上部或子宫底。宫颈植入称前置胎盘。子宫以外的部位植入称宫外孕。内细胞群增殖、分化形成3个胚层，再分化成人体的各种细胞、组织和器官。胎膜包括绒毛膜、羊膜、卵黄囊、尿囊和脐带，它具有保护胚胎和与母体进行物质交换的作用。胎儿心血管系统的结构特点和血液循环途径与成人不同。如出生后一定时期内卵圆孔、动脉导管等结构仍未闭合，可引起先天性心脏病。

自 测 题

A 型题

1. 胚期是指人体胚胎第几周的名称。
   A. 1 ～ 4　　B. 5 ～ 8
   C. 1 ～ 8　　D. 9 ～ 38
   E. 5 ～ 38
2. 胎期是指人体胚胎第几周的名称。
   A. 1 ～ 4　　B. 5 ～ 8
   C. 1 ～ 8　　D. 9 ～ 38
   E. 5 ～ 38
3. 正常精子的性染色体是
   A. XY　　B. X
   C. Y　　D. X 或 Y
   E. YY
4. 卵细胞完成第二次成熟分裂的时间是
   A. 受精后 24 小时内　　B. 排卵前 24 小时
   C. 排卵后 24 小时　　D. 受精时
   E. 排卵时
5. 人体胚胎在母体子宫内发育经历
   A. 18 周　　B. 28 周
   C. 38 周　　D. 48 周
   E. 58 周
6. 正常受精的部位在
   A. 输卵管伞部　　B. 输卵管壶腹部
   C. 输卵管峡部　　D. 输卵管子宫部
   E. 子宫底
7. 在受精后几个小时，受精卵分裂成 12 ～ 16 个卵裂球，形成桑葚胚
   A.12　　B.24
   C.36　　D.48
   E.72
8. 受精的意义有
   A. 受精标志着新生命的开始
   B. 受精卵的染色体数目恢复到 46 条
   C. 受精卵具有双亲的遗传物质
   D. 受精决定性别
   E. 以上都是
9. 脐带内含有多少条脐动脉，多少条脐静脉
   A.1；1　　B.1；2
   C.2；1　　D.2；2
   E.3；1
10. 胚泡植入后的子宫内膜称
    A. 平滑绒毛膜　　B. 丛密绒毛膜
    C. 蜕膜　　D. 胎膜
    E. 羊膜
11. 胎膜不包括
    A. 绒毛膜　　B. 羊膜
    C. 脐带　　D. 包蜕膜
    E. 卵黄囊
12. 前置胎盘时胚泡植入在
    A. 子宫前壁　　B. 子宫后壁
    C. 子宫颈处　　D. 子宫底
    E. 输卵管开口处
13. 足月胎儿羊水的正常值是
    A. 500 ～ 1500ml　　B. 500 ～ 2000ml
    C. 1000 ～ 2000ml　　D. 1500 ～ 2000ml
    E. 1000 ～ 1500ml
14. 羊水少于多少为羊水过少
    A. 300ml　　B. 500ml
    C. 800ml　　D. 1000ml
    E. 1500ml

15. 羊水多于多少为羊水过多
A. 1000 ml　B. 1500ml
C. 1800ml　D. 2000ml
E. 2500ml

16. 胎盘分泌的激素不包括
A. 绒毛膜促性腺激素　B. 肾上腺皮质激素
C. 雌激素　D. 孕激素
E. 胎盘催乳素

17. 早孕诊断常检测尿中的哪种激素
A. 绒毛膜促性腺激素　B. 肾上腺皮质激素
C. 雌激素　D. 孕激素
E. 胎盘催乳素

18. 以下关于胎盘说法错误的是
A. 胎盘内流有胎儿的血液
B. 胎盘内流有母体的血液
C. 胎盘能分泌胎盘催乳素
D. 胎盘能分泌孕激素
E. 胎盘内母体血液和胎儿血液混合在一起

19. 以下说法正确的是
A. 胎盘内只有胎儿的血液
B. 胎盘内只有母体的血液
C. 胎盘能分泌催产素
D. 脐带剪断后流出的是胎儿的血液
E. 胎盘内既有母体血液和也有胎儿血液，并且两者是混合在一起的

20. 以下关于胎儿出生后，心血管系统发生变化叙述错误的是
A. 脐静脉闭锁形成肝圆韧带
B. 静脉导管闭锁形成静脉韧带
C. 卵圆孔于出生 1 年后完全封闭，形成卵圆窝
D. 动脉导管出生 2 ~ 3 个月逐渐闭锁，形成动脉韧带
E. 脐动脉近侧段闭锁成脐外侧韧带，远侧段演变为膀胱上动脉

（赵国志）

14 第十四章 护理常用技术应用解剖

护理应用解剖学是在系统解剖学和局部解剖学的基础上发展起来的，以研究护理专业所涉及的器官的位置、形态、结构和毗邻关系为目的，其特点是将解剖学知识与护理专业的相关内容有机结合，研究器官的位置、形态、结构、毗邻，阐述操作的定位、局部层次结构特点与操作关系及操作的注意事项，把解剖学知识与临床具体应用结合起来，提高学生的学习兴趣和教学效果，使学生的基础理论知识和临床应用能力都得到提高，为提高操作的准确性和成功率奠定基础。本章仅就常用的护理技术的应用解剖做一些介绍。

第一节 穿刺技术应用解剖

一、浅静脉穿刺术

（一）目的

主要用于采血、输血、补液及注射药物。

（二）应用解剖学基础

浅静脉位于皮下组织内，又叫皮下静脉，位置表浅，在体表易于看见。浅静脉数目较多，多吻合成静脉网，无动脉伴行。浅静脉有静脉瓣，其数目以四肢较多，下肢多于上肢。静脉管壁薄，平滑肌和弹性纤维较少，收缩性和弹性差，故当血容量明显减少时，静脉管壁可发生塌陷。其内静脉血血流缓慢，尤以近心端受到压迫或压力增高时血流更为缓慢，且常出现静脉充盈。

1. 头皮静脉 分布于颅外软组织内，数目多，在额部及颞区相互交通呈网状分布，表浅易见。静脉管壁被头皮内纤维隔固定，故不易滑动，且头皮静脉没有瓣膜，正逆方向都能穿刺，只要操作方便即可，故特别适用于小儿静脉穿刺，也可用于成人。头皮静脉中的主要静脉如下。

(1) 滑车上静脉：起自冠状缝处的小静脉，沿额部浅层下行，与眶上静脉末端汇合，构成内眦静脉。

(2) 眶上静脉：从额结节处起始，斜向内下走行，在内眦处构成内眦静脉。

(3) 颞浅静脉：起始于颅顶及颞区软组织，在颞筋膜的浅面，颧弓根稍上方汇合成前后两支。前支与眶上静脉相交通，后支与枕静脉、耳后静脉吻合，而且有交通支与颅顶导静脉相连。前后支在颧弓根处汇合成颞浅静脉，下行至腮腺内注入面后静脉。

2. 颈外静脉 颈外静脉是颈部最大的浅静脉，收集颅外大部分静脉血和部分面部深层的静脉血。颈外静脉由前、后根组成，前根为面后静脉的后支，后根由枕静脉与耳后静脉汇合而成，两根在平下颌角处汇合，沿胸锁乳突肌表面斜向后下，至该肌后缘、锁骨中点上方 2.5cm 处穿颈部固有筋膜注入锁骨下静脉或静脉角。此静脉在锁骨中点上方 2.5 ～ 5.0cm 处内有一对瓣膜，瓣膜下方常扩大成窦。颈外静脉的体表投影相当于同侧下颌角与锁骨中点的连线。

由于颈外静脉仅被皮肤、浅筋胰及颈阔肌覆盖，位置表浅，管径较大，在小儿患病时常被选作穿刺抽血的静脉，尤其在小儿啼哭时或压迫该静脉近心端时，静脉怒张明显，更易穿刺。颈部皮肤移动性大，不易固定，通常颈外静脉不作为穿刺输液的血管。

3. 上肢浅静脉　上肢常用作穿刺的浅静脉主要有手背浅静脉和前臂浅静脉。

手背浅静脉较为发达，数目多，相互吻合成静脉网，静脉网的桡侧汇集向上延续为头静脉，静脉网的尺侧汇集成贵要静脉。头静脉起始后向上绕过前臂桡侧缘至前臂掌侧面，在肘窝稍下方发出肘正中静脉后，沿肱二头肌外侧沟上升，在三角胸大肌间沟穿入深部，汇入锁骨下静脉或腋静脉。贵要静脉沿前臂尺侧上升，在肘窝下方转向前面，接收肘正中静脉后，经肱二头肌内侧沟上行至臂中部，穿深筋膜汇入肱静脉。肘正中静脉在肘部连接头静脉与贵要静脉之间。前臂正中静脉起自手掌静脉丛，沿前臂前面上升，沿途接受一些属支，并通过交通支与头静脉及贵要静脉相连，末端注入肘正中静脉，有的末端分为两支，分别注入贵要静脉和头静脉，这种类型通常无肘正中静脉。

4. 下肢浅静脉　下肢常用做穿刺的浅静脉主要有足背静脉和大隐静脉起始段。足背浅静脉多构成静脉弓或网。弓的外侧端延续为小隐静脉，经外踝后方转至跟腱的后面上行。弓的内侧端延续为大隐静脉，该静脉经内踝前方约 1cm 处沿小腿内侧上行，于腹股沟韧带中点下方 3 ～ 4cm 处穿卵圆窝注入股静脉。

（三）操作的解剖学要点

1. 部位选择　根据年龄及病情可选择不同部位的静脉。婴幼儿多选用头皮静脉和颈外静脉，其次选用手背静脉和足背静脉。成人常选用手背静脉和足背静脉。

2. 穿经层次　虽选用的静脉部位不同，但穿经的层次基本相同，即皮肤、皮下组织和静脉壁。因年龄不同，静脉壁的厚度、弹性及硬度有所不同。

3. 进针技术与失误防范　在四肢，通常在欲穿刺部位的近心端扎以束带，以使静脉充盈，便于穿刺。穿刺时固定好皮肤和静脉，针尖斜面向上，与皮肤角度为 15° ～ 30° ，在静脉表面或旁侧刺入皮下，再沿静脉近心方向潜行然后刺入静脉，见回血后再顺静脉进针少许，将针头放平并固定，进行抽血或注入药物，穿刺时要固定好静脉，尤其是老年人，血管弹性较差，易于滑动。不可用力过猛，以免穿透静脉。如需长期静脉给药者，穿刺部位应先从小静脉开始，逐渐向上选择穿刺部位，以增加血管的使用次数。如果为一次性抽血检查，则可选择易穿刺的肘正中静脉。穿刺部位应尽可能避开关节，以利于针头固定。四肢浅静脉瓣膜较多，穿刺部位应避开瓣膜。颈外静脉穿刺时应让患儿取仰卧位，两臂贴附身旁，枕头垫于肩下，头偏向穿刺部位的对侧，并尽量后仰，充分显露穿刺部位，以便穿刺时使穿刺针与静脉平行，通常在该静脉的上、中 1/3 段交界处刺入。由于头皮静脉被固定在皮下组织的纤维隔内，管壁回缩能力差，故穿刺完毕后要压迫局部，以免出血形成皮下血肿。

二、股静脉穿刺术

（一）目的

1. 外周浅静脉穿刺困难，但需采血液标本或需静脉输液用药的患者。

2. 心导管检查。

3. 婴幼儿静脉采血。

（二）应用解剖学基础

股静脉是下肢的静脉干，上段位于股三角内，自内向外依次是股静脉、股动脉、股神经。其上段位于股三角内，股三角的上界为腹股沟韧带，外侧界为缝匠肌的内侧缘，内侧界为长收肌的内侧缘，前壁为阔筋膜，后壁凹陷，由髂腰肌、耻骨肌及其筋膜所组成。股三角内自外向内依次是股神经、股动脉、股静脉。

（三）操作的解剖学要点

1. 部位选择 穿刺点选在髂前上棘与耻骨结节连线的中、内 1/3 交界点下方 2 ～ 3cm，在股动脉搏动的内侧 0.5 ～ 1.0cm 处。

2. 体姿参考 仰卧位，膝关节微屈，臀部稍垫高，髋关节伸直并稍外展外旋。

3. 穿经层次 皮肤、浅筋膜、阔筋膜、股鞘、股静脉。

4. 进针技术与失误防范 在腹股沟韧带中点稍下方摸到搏动的股动脉，其内侧即为股静脉，左手固定股静脉，穿刺针垂直进入或与皮肤角度呈 30° ～ 40° 刺入。要注意刺入的方向和深度，以免穿入股动脉或穿透股静脉。边穿刺边回抽，如无回血，慢慢回退针头，稍改变进针方向及深度。穿刺点不可过低，以免穿透大隐静脉根部。

第二节　注射技术应用解剖

一、皮内注射术

（一）目的

皮内注射是把药物注入表皮与真皮之间的注射技术。在前臂掌侧中、下段的皮内注射一般用于药物过敏试验及抗毒血清测敏试验；三角肌下缘处用于卡介苗接种等。

（二）应用解剖学基础

皮肤由表皮和真皮组成，覆盖于人体的表面，具有重要的保护作用。皮肤内含有丰富的感觉神经末梢，能感受多种物理和化学性刺激，并参与体温调节和排泄代谢产物。表皮位于皮肤的浅层，厚 0.07 ～ 0.12mm，各处厚薄不一。表皮内一般无血管，但含有丰富的神经末梢，以疼痛刺激敏感。表皮由浅入深依次分为角化层、透明层、颗粒层、棘层和基底层。真皮由致密结缔组织构成，位于表皮深面，厚 1 ～ 2mm。按其结构特点分为乳头层和网状层。乳头层较薄，向表皮底部凸出，形成许多嵴状或乳头状隆起，称乳头。乳头层含有丰富的血管、游离的神经末梢和触觉小体；网状层较厚，位于乳头层深面，两者之间无明显分界。网状层含有较多的血管、淋巴管及神经。真皮中含有粗大的胶原纤维和弹性纤维，两者交织成网，使真皮具有韧性和弹性。

（三）操作的解剖学要点

1. 部位选择 用于药物过敏试验时常选择在前臂掌侧下端正中；接种卡介苗时多选择在三角肌下缘处。

2. 体姿参考 患者取坐位或仰卧位，操作者站在患者对面。

3. 穿经结构 由浅入深，针头斜行穿经表皮各层，至表皮与真皮乳头层之间。

4. 进针技术与失误防范　左手绷紧皮肤，右手持注射器，使针尖斜面向上，与皮肤呈 10° ～ 15° 角刺入皮内，待针尖斜面进入皮内后放平注射器，针头在皮内时可从皮肤表面透视到针尖斜面，如不能看见则提示穿刺过深。进针时注意掌握好刺入的角度和深度，刺入过浅易形成皮肤划痕且不能注入药物。皮肤内含有丰富的神经末梢，故皮内注射较痛，应熟练操作，减少失误及缩短注射时间。

二、皮下注射术

（一）目的

皮下注射是将药液注入皮下组织内。

（二）应用解剖学基础

皮下组织即浅筋膜，由位于皮肤和深筋膜之间的疏松结缔组织和脂肪组织构成。皮下组织中含有丰富的血管、神经、淋巴管及纤维成分。皮下组织的厚度随年龄、性别及部位不同而有差别，如腹部皮下组织可达 3cm，而眼睑等处因不含脂肪，皮下组织较薄。

（三）操作的解剖学要点

1. 部位选择　一般注射点选择在臂外侧三角肌下缘中区处，亦可在前臂外侧、腹壁、背部及股外侧部等处。这些部位皮下组织疏松，便于注射。

2. 体姿参考　取坐位或仰卧位。

3. 穿经结构　针头穿经表皮、真皮达浅筋膜。

4. 进针技术与失误防范　术者用左手绷紧注射部位的皮肤，右手持注射器，针头斜面向上，使针与皮肤呈 30° ～ 40° 角，斜行刺入皮下组织，进针深度一般为针梗的 2/3。皮下注射应注意以下几点：①皮内含有丰富的神经末梢，为减少疼痛，进针和拔针时动作应迅速；②浅筋膜中含有较大的静脉，为防止药液直接入血，进针后应回抽，无回血后方可注入药物；③注射不宜过浅，以免将药液注入皮内。

三、肌内注射术

肌内注射是临床上常用的注射技术。凡不宜口服的药物或患者不能口服时，可采用肌内注射法给药。

（一）臀大肌注射术

1. 应用解剖学基础

(1) 臀大肌：臀大肌是臀肌中最大且表浅的肌肉，近似四方形，几乎占据整个臀部皮下。起于髂前上棘至尾骨尖之间的深部结构，肌纤维向外下止于髂胫束和股骨臀肌粗隆。小儿此肌不发达。

(2) 臀大肌筋膜：该筋膜是臀区固有筋膜，向深面发出许多纤维隔，使臀大肌与筋膜结合非常牢固。

(3) 臀部的血管、神经：①臀下动脉、静脉及臀下神经通过梨状肌下孔出盆腔，三者相互平行，分布于臀大肌等处，各主干穿出梨状肌下孔处的体表投影在髂后上棘至坐骨结节连线的中点处；②臀上动脉、静脉及神经通过梨状肌上孔出盆腔，主要分布于臀中肌、臀小肌等处，它们出梨状肌上孔的体表投影在髂后上棘至大转子尖连线上、中 1/3 段交界处；③阴部内动脉经梨状肌下孔出盆腔，再经坐骨小孔至会阴部，阴部内静脉和阴部神经与阴部内动脉伴行，位于动脉内侧；④坐骨神经为全身最大的神经，起始部宽约 2cm，经梨状肌下孔穿出至臀大肌中部深面，约在坐骨结节与股骨大转子连线的中点处下降至股后部。

(4) 臀区皮肤及浅筋膜：臀区皮肤较厚，浅筋膜内含有大量的脂肪组织，故该区浅筋膜较厚，中年女性此处厚度可达 2 ～ 4 cm。

2. 操作的解剖学要点

(1) 部位选择：臀大肌注射区的定位方法有两种。①十字法：从臀裂顶点向外划一水平线，再通过髂嵴最高点向下作一垂线，其外上 1/4 为注射区。②连线法：将髂前上棘至骶尾连结处作一连线，将此连线分为三等份，其外上 1/3 为注射区。

(2) 体姿参考：患者多取侧卧位，下方的腿微弯曲，上方的腿自然伸直；或取俯卧位，足尖相对，足跟分开；也可取坐位。

(3) 穿经层次：穿经皮肤、浅筋膜、臀肌筋膜至臀大肌。

(4) 进针技术与失误防范：选准注射部位，术者左手绷紧注射区皮肤，右手持注射器，使针头与皮肤垂直，快速刺入 2.5 ～ 3.0 cm 即达臀大肌。注射时注意以下几点：①用十字法或连线法选准注射区，注射点处应无炎症、硬结及压痛。用十字法选区时，因臀外上 1/4 区内下角靠近臀下血管、神经及坐骨神经，故注射时应避开此区的内下角。为避免损伤坐骨神经，进针时针尖勿向内下倾斜。②因臀大肌发达，在肌肉紧张时易发生折针，预防的方法是在肌肉松弛情况下快速进针，针梗应垂直刺入，不可在肌内撬动及改变方向。一般针梗的 1/3 应保留在体外，以防针梗从根部焊接处折断。万一折断，应保持局部和肢体不动，速用止血钳夹住断端取出。③注射的深度因人而异，因臀区皮下组织较厚，成年人臀大肌注射时针梗不应短于 4.5cm，注射过浅针尖达不到肌肉时，易引起皮下硬结及疼痛。④婴儿臀区较小，肌肉不发达，不宜作臀肌注射。⑤进针后应回抽活塞，无回血方可注射。

（二）臀中肌、臀小肌注射术

1. 应用解剖学基础

(1) 臂中肌：该肌呈扇形，前上部位于皮下，后下部被臀大肌覆盖，前方为阔筋膜张肌，后方为梨状肌。肌纤维起于髂嵴背面，止于股骨大转子。

(2) 臀小肌：该肌位于臀中肌深面，其形态、起止、功能及血管神经分布都与臀中肌相同，故可将此肌视为臀中肌的一部分。

(3) 臀上血管：臀上动脉为臀中、小肌的供血动脉，起自髂内动脉后干，至臀部后即分为深浅两支。浅支至臀大肌深面，营养该肌。深支位于臀中肌的深部，分为上下两支，上支沿臀小肌上缘行进，与旋髂深动脉及旋股外侧动脉的升支吻合；下支在臀中肌与臀小肌之间向外行进，分支营养两肌。在髂嵴结节下方，臀上动脉的深上支与深下支相距 5.9cm。臀上静脉与臀上动脉伴行注入髂内静脉。

2. 操作的解剖学要点

(1) 部位选择：臀中肌、臀小肌注射部位的选择有两种方法。①髂前上棘后三角区：术者将示指指尖置于髂前上棘（由后向前，右侧用左手，左侧用右手），中指尽量与示指分开，中指尖紧按髂嵴下缘，此时，示指、中指及髂嵴围成的三角区为注射区。②髂前上棘后三横指处。

(2) 体姿参考：患者取侧卧位或俯卧位。

(3) 穿经结构：注射针穿过皮肤、浅筋膜，由臀肌筋膜至臀中肌或臀小肌。

(4) 进针技术与失误防范：进针技术及失误防范基本同臀大肌注射法。其注射深度略小于臀大肌注射深度，此注射区皮下脂肪较薄，成人一般 0.8cm，臀中肌和臀小肌平均厚度为 2.5cm，进针时不要过深，以免针尖触及骨面。

（三）三角肌注射术

1. 应用解剖学基础

(1) 三角肌：呈三角形，底朝上，起自锁骨外 1/3、肩峰、肩胛冈及肩胛筋膜，整块肌肉从前、外、后三方包绕肩关节，止于三角肌粗隆。

(2) 三角肌的血管、神经：前外侧部由肩峰动脉的三角肌支分布，后部由旋肩胛动脉的分支分布，旋肱后动脉经四边孔至三角肌，为三角肌的主要分支。腋神经从臂丛后束分出，与旋肱后动脉伴行至三角肌。

(3) 三角肌的分区：以两条水平线和两条垂线将三角肌分为 9 个区域（图 14-1）。

(4) 三角肌区皮肤较厚，皮下组织较薄。

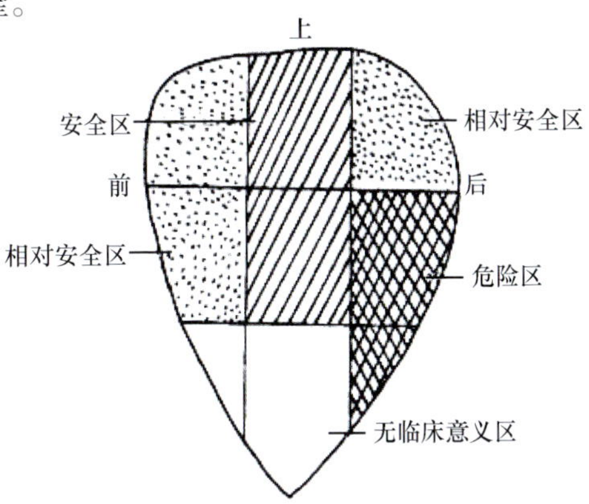

图 14-1　三角区注射区九分法

2. 操作的解剖学要点

(1) 部位选择：三角肌九区法中的中间区为注射区。

(2) 体姿参考：患者取坐位。

(3) 进针层次：注射针经过皮肤、浅筋膜、深筋膜至三角肌。

(4) 进针技术与失误防范：进针技术同臀大肌注射法。作三角肌注射时应注意以下几点：①三角肌不发达者不宜在此作肌内注射，以免刺至骨面，造成折针，必要时可提捏起三角肌斜刺进针；②在三角肌区注射时，针尖勿向前内斜刺，以免伤及近腋窝处的血管及臂丛神经；③在三角肌后区注射时，针头切勿向后下偏斜，以免损伤桡神经。

第三节　插管技术应用解剖

一、插胃管术

（一）目的

插胃管术多用于洗胃、鼻饲和抽取胃液。洗胃是将胃管由口腔或鼻腔，经咽、食管插入胃内，利用重力与虹吸作用的原理，使用适量的液体进行胃腔冲洗，常用于外科胃部手术前减少手术区的污染、口服毒物中毒的抢救和胃肠减压等。根据患者的病情和病因不同，洗胃术可分为洗胃器灌注洗胃法和胃管冲吸洗胃法。前者将胃管经口腔插入胃中，后者则经鼻腔插管入胃内。鼻饲法则是将胃管由鼻腔入路插入胃内以供给饮食或药物，是维持患者营养和治疗的一种重要方法。经鼻腔入路患者不出现张口疲劳，也不刺激反射敏感的腭垂（悬雍垂），减少恶心临床上较常用。

（二）应用解剖学基础

1. 口腔　以上、下颌牙及牙槽弓为界将口腔分为口腔前庭和固有口腔。当上、下颌牙咬k时，口腔前庭可借第 2 或第 3 磨牙后方的间隙与固有口腔相通，当患者牙关紧闭时可经此间隙插入胃管。固有口腔上壁为硬腭和软腭，下壁为口底和舌，前界和两侧界为上、下牙槽弓，后界为咽峡。

2. 鼻腔 插胃管时胃管通过总鼻道。总鼻道的形态受下鼻甲及鼻中隔形态的影响而改变，如鼻中隔偏曲可使一侧鼻腔狭窄。

3. 咽 咽是一前后略扁的漏斗状肌性管道，是呼吸道和消化道的共同通道。咽的上端附于颅底，下端在第 6 颈椎的下缘处与食管相续接，全长约 12cm。咽后壁和两侧壁主要由 3 对咽缩肌围成，咽前壁不完整，分别与鼻腔、口腔和喉腔相通，因而咽腔相应地分为鼻咽、口咽和喉咽三部分。

4. 食管 食管是前后略扁的肌性管道，上端在第 6 颈椎体下缘起于咽，下端约在第 11 胸椎体左侧连于胃，全长约 25cm。食管沿脊柱前面下行，依其所在部位分为颈、胸、腹三段。颈段长约 5cm，居颈椎和气管之间；胸段长 18 ～ 20cm，前面有气管，左主支气管和心包。主动脉胸部上段居食管的左侧，到胸腔的下部渐向右移位，食管在胸主动脉左前方穿过膈的食管裂孔，移行为食管腹段；腹段最短，长约 1cm，在膈下方连于胃的贲门。食管管径有三个狭窄处：第 1 狭窄在食管起始处，内径 1.3cm，距切牙约 15cm，第 2 狭窄在食管与左主支气管交叉处，距切牙约 25cm，第 3 狭窄在食管穿过膈处，距切牙约 40cm，深吸气时膈收缩，使之更为狭窄。这 3 处狭窄常是食管损伤、炎症、肿瘤的好发部位，异物也易于在此滞留。在插管时应记住 3 个狭窄距切牙的距离。

5. 胃 胃是消化管的膨大部位，具有容纳食物、分泌胃液及进行初步消化食物的功能。成人的胃容量为 1000 ～ 3000ml，儿童的胃容积在 1 周岁时约为 300 ml，3 岁时可达 600 ml。胃分为前后两壁和上、下两缘。上缘较短且凹陷，称胃小弯，该弯最低处成角状，称角切迹。下缘凸而长称胃大弯。胃的入口叫贲门，胃的出口叫幽门，与十二指肠相连。胃可分为四部：贲门附近的部分叫贲门部；自贲门向左上方膨出的部分，称胃底；胃的中间广大部分，称为胃体；近于幽门的部分称为幽门部；幽门部中紧接幽门而呈管状的部分，称幽门管；幽门管左侧稍膨大的部分，称为幽门窦。

（三）操作的解剖学要点

1. 体姿参考 患者取侧卧位、半卧位、或仰卧位。

2. 插管长度 成人一般插入 45 ～ 50cm，婴幼儿 14 ～ 18cm。相当于患者鼻尖经耳垂到剑突的长度。

3. 操作技术与失误防范 ①对意识不清或不合作的患者经口腔插管时，首先用开口器将口张开，然后用舌钳将舌牵出，将胃管插入胃内后，放置牙钳固定于口旁。②经鼻腔插管时，其方向应先稍上，而后平行向后下，使胃管经鼻前庭沿总鼻道下壁靠内侧滑行。注意鼻中隔前下部的易出血区，避免损伤其黏膜。同时注意插管侧鼻孔有无狭窄、息肉等。当胃管进入鼻道 6 ～ 7cm 时，立即向后下推进，避免刺激咽后壁的感受器引起恶心。③当胃管进入咽部时，嘱患者作吞咽动作以免胃管进入喉内，吞咽时喉前移，使食管上口张开，有利于插管进入食管。若患者发生呛咳，提示导管误入喉内，应立即退出。④食管起始部至贲门处细而直，导管不易弯曲，可以快速通过，至 50cm 标记处即达胃内。⑤鉴别导管是否在胃内可将导管放入水中看有无气泡冒出，如无则导管已进入胃内。⑥拔管时要将导管开口处折叠，捏紧快速拔出，以防管内存留的液体在导管拔至喉咽部时流入喉内。

二、灌 肠 术

（一）目的

灌肠术是将一定容量的液体经肛门逆行灌入大肠，促使排便，解除便秘，减轻腹胀，清洁肠道；采用结肠透析或借助肠道黏膜的吸收作用也可治疗某些疾病。根据不同的诊疗目的，导管插入的深度不同，一般插入直肠或乙状结肠。

（二）应用解剖学基础

大肠是消化管的下段，在右髂窝内起自回肠，下端终于肛门，全长 1.5m，可分为盲肠、结肠、直肠和肛管四部分。大肠的主要生理功能是吸收水分，也能吸收无机盐和葡萄糖；另一功能是形成、储存和排出粪便。

1. 盲肠　盲肠是大肠的起始段，长 6 ～ 8cm，多位于右髂窝内，内侧接回肠，向上续于升结肠。回、盲肠交界处，回肠末端的环形肌突入盲肠内，表面覆盖黏膜，形成上、下两个唇样的皱壁，叫回盲瓣。临床上通常将回肠末端、盲肠及阑尾合称为回盲部。由于此部恰是回肠与结肠的连接处，两者的连接角接近 90°，肠套叠常发生在此处。

2. 结肠　结肠呈方框形围绕在小肠周围，分为升结肠、横结肠、降结肠和乙状结肠四部分。升结肠位于腹腔右腰区，是盲肠的延续，上至肝右叶下方，向左弯曲成结肠右曲，移行为横结肠。升结肠长 12 ～ 20cm，为腹膜间位器官，其后面借疏松结缔组织与腹后壁相贴，位置较为固定。横结肠起自结肠右曲，横于腹腔中部，自右向左行至脾前下面弯成锐角，形成结肠左曲，向下接降结肠。横结肠长约 50cm，是腹膜内位器官，其后方借横结肠系膜附于腹后壁，是结肠较活动的部分。当胃充盈时，横结肠除左、右曲较为固定外，中间部分下垂，甚至可降至盆腔。降结肠自结肠左曲开始，向下至左髂嵴水平续为乙状结肠，长约 25cm。乙状结肠沿左髂窝经髂腰肌前面降入盆腔，至第 3 骶椎上缘续为直肠，全长 40 ～ 45cm。乙状结肠呈“乙”字形弯曲；有较长的系膜，活动性较大。

3. 直肠　直肠在第 3 骶椎处上续乙状结肠，向下穿过盆膈延续为肛管，全长约 12cm。直肠在矢状面上有两个弯曲，上部的弯曲循骶骨前面的曲度凸向后，称直肠骶曲，下部的弯曲绕尾骨尖前方凸向前，称会阴曲。直肠在冠状位上也有向左、右侧凸的弯曲，但不甚恒定。直肠盆部的下份管腔显著增大，称直肠壶腹。直肠腔内面黏膜形成 2 ～ 3 个横向皱襞，呈半月形，其中上直肠横襞位于乙状结肠移行部的左侧壁上，距肛门约 13cm。中直肠横襞最大，位置较恒定，位于直肠前右侧壁，距肛门约 11cm，相当于直肠前面腹膜返折线的高度。下直肠横襞位置最不恒定，多位于直肠的后左侧壁，距肛门约 8cm。

4. 肛管　在成人长 3 ～ 4cm，上接直肠盆部，向前下方绕尾骨尖的前方开口于肛门。肛管内面有 6 ～ 10 条纵向的黏膜皱襞，称肛柱，连接相邻的肛柱下端之间的半月形皱襞称肛瓣。肛瓣和相邻两个肛柱下端围成的小隐窝称肛窦。相邻的肛柱基部和肛瓣的边缘连线称齿状线，又称肛皮线，它是皮肤和黏膜的移行交界处。肛管黏膜及皮下的静脉可因血流不畅、淤滞而曲张成痔。发生在齿状线以上者称内痔，以下称外痔，跨越齿状线者称混合痔。直肠的环形平滑肌在肛管上 3/4 处增厚，形成肛门内括约肌，此肌只能协助排便而无明显括约肛门的作用。肛门内括约肌的外周有肛门外括约肌，属于横纹肌，它环绕肛管的周围，分为深部、浅部和皮下部三部分，有随意括约肛门的作用。肛门内、外括约肌，直肠下份纵行肌，连同肛提肌部分肌束，在直肠下分共同形成肛直肠环，此环在括约肛管、控制排便方面有重要作用。

（三）操作的解剖学要点

1. 患者体位　清洁灌肠的目的是清除下段结肠中滞留的粪便，以解除便秘或减轻腹胀，应采取左侧卧位，用重力作用将液体灌入肠内。结肠灌洗应取右侧卧位，使乙状结肠、降结肠在上方，有利于全程结肠内容物的清除。

2. 插管深度 一般清洁灌肠插管插入肛门 10 ～ 12cm，保留灌肠时应插入 15 ～ 20cm，至直肠以上部位。作治疗性灌肠时，根据病变部位不同，深度可达 30cm 以上。

3. 失误防范 插管前应让患者排尿。插管应沿直肠弯曲缓慢插入直肠。插管时勿用强力，以免损伤直肠黏膜，特别是直肠横襞。如遇阻力可稍停片刻，待肛门括约肌松弛或将插管稍后退改变方向再继续插入。

三、导　尿　术

（一）目的

导尿术是在无菌操作的原则下，将导尿管经尿道插入膀胱，导出尿液进行泌尿系统疾病的辅助诊断或治疗，也可用于排尿困难者。

（二）应用解剖学基础

1. 男性尿道的解剖学特点 成人男性尿道长 17 ～ 20cm，管径平均为 5 ～ 7mm。尿道全长可分为前列腺部、膜部和海绵体部。穿过前列腺的部分为前列腺部，此部长约 2.5cm，该部管腔中段膨大，是男性尿道管径较粗的部分。在一些老年患者，因前列腺内结缔组织过度增生形成前列腺肥大而压迫尿道，造成该段狭窄而致排尿困难。尿道穿过尿生殖膈的部分为膜部，长约 1.2cm，该部被尿道外括约肌环绕，管径最为狭窄。纵贯尿道海绵体的部分为海绵体部，长约 15cm，是尿道最长的一段，此部后端膨大称尿道球部，前端至阴茎头处扩大为舟状窝。临床上称尿道前列腺部和膜部为后尿道，海绵体部为前尿道。膜部与海绵体部相接处管壁最薄，尤其是前壁，只有结缔组织包绕，此处极易损伤。

男性尿道的管径粗细不均匀，有 3 处狭窄，即尿道内口、尿道膜部和尿道外口。尿道结石常易嵌顿在这些狭窄部位。尿道有两个弯曲，即耻骨前弯和耻骨下弯。其中耻骨前弯在把阴茎向前上提拉时，弯曲消失变直，整个尿道形成一个凹侧向上的大弯曲，此即临床上通过尿道内插入导尿管时所采取的措施。

2. 女性尿道的解剖学特点 女性尿道长 2.5 ～ 4cm，直径 6 ～ 8mm，易于扩张。自尿道内口向前下方穿过尿生殖膈，开口于阴道前庭阴道口的前上方，在阴蒂后下放约 2.5cm 处。女性尿道较男性尿道短、宽，且无弯曲，易引起逆行感染。

（三）操作的解剖学要点

1. 体位选择 患者取仰卧位，两腿分开。

2. 操作技术

(1) 男性患者导尿：将阴茎向上提起，使其与腹壁间呈 60° 角，尿道耻骨前弯消失变直，将导尿管子尿道外口插入约 20cm，见有尿液流出，再继续插入 2cm，切勿插入过深，以免导尿管盘曲。

(2) 女性患者导尿：分开大、小阴唇，仔细观察尿道外口，将导尿管自尿道外口插入尿道 4cm，见有尿液流出，再插入少许。

3. 失误防范 插入导尿管时手法要轻柔，以免损伤尿道黏膜。尤其对男性患者导尿，需轻柔缓慢插管，使导尿管顺尿道的耻骨下弯方向滑行。导尿管自尿道外口插入 7 ～ 8cm 时，相当于尿道海绵体部的中段，由于这一部位的黏膜上有尿道球腺的开口，开口处形成许多大小不等的尿道陷窝，如果导尿管前端顶住陷窝则出现阻力，这时可轻轻转动导尿管便可顺利通过。当导尿管进入到尿道膜部或尿道内口狭窄处，因刺激而使括约肌痉挛导致进管困难，此时切勿强行插入，可稍待片刻，让患者做深呼吸，使会阴部放松，再缓慢插入。

女性尿道外口较小，经产妇和老年女性因会阴部肌肉松弛尿道回缩，使尿道外口变异，初次操作者常因尿道外口辨认不清而误将导尿管插入阴道。女性尿道较短，导尿管容易脱出，应妥为固定。有些患者需将导尿管较长时间保留在膀胱内不拔出，也应妥为固定。

第四节　常用急救技术应用解剖

一、人工呼吸术

（一）目的

人工呼吸术是用人工方法维持和恢复肺通气的复苏技术，以抢救失去自主呼吸功能的患者。

（二）应用解剖学基础

肺通气是指肺与外界环境之间的气体交换过程。实现肺通气的器官包括呼吸道、肺泡和胸廓等。

1. 呼吸道和肺泡　通常把呼吸道分为上呼吸道和下呼吸道。鼻咽喉为上呼吸道；气管及主支气管为下呼吸道。从气管到肺泡囊共有 23 级分支，气管为 0 级，主支气管为第 1 级，最后一级为肺泡囊。随着呼吸道不断分支，气道的数目越来越多，口径越来越小，管壁越来越薄，总横面积越来越大。从 0 ～ 16 级的呼吸道因管壁较厚，不具备气体交换功能，称为导气部；17 ～ 19 级呼吸道已开始具有气体交换作用，20 ～ 22 级呼吸道为肺泡管，最后是肺泡囊，这些呼吸道的壁上有肺泡，为气体交换的场所，称呼吸部。人体两肺共有肺泡约 3 亿个，总面积约为 $70m^2$。

2. 胸廓　胸廓由胸椎、肋骨、肋软骨、和胸骨连接而成，呈扁圆锥形，上部窄，下部宽，其横径比前后径大。有上、下两口，上口呈肾形，由第 1 胸椎、第 1 肋骨及其肋软骨和胸骨柄上缘共同围成，为颈部与胸腔的通道。下口大而不规整，由第 12 胸椎，第 12、11 对肋骨及其肋软骨前端，两侧肋弓和剑突围成，有膈封闭。胸廓是呼吸运动的主要装置。吸气时，在肌肉作用下，肋上举，胸骨前移，增大胸廓的前后径和左右径，胸腔容积扩大，肺也随之增大；呼气时，肋与胸骨恢复原位，胸腔容积变小，肺也随之缩小。

3. 呼吸肌　呼吸肌为呼吸运动有关的肌肉，主要为肋间肌和膈。肋间肌位于肋间隙内，分为肋间外肌和肋间内肌。肋间外肌起自上位肋骨下缘，肌纤维由后上斜向前下，止于下位肋骨上缘，收缩时，肋骨被上提并外翻，使胸廓扩大，助吸气；肋间内肌位于肋间外肌深面，起自下位肋骨上缘，肌纤维斜向前上方，止于上位肋骨下缘，收缩时，肋骨下降，使胸廓复原，助呼气。膈位于胸、腹腔之间，凸面向上，呈穹隆状，膈为主要呼吸肌，收缩时，膈穹隆下降，胸腔容积扩大，助吸气；松弛时，膈穹隆上升，胸腔容积变小，助呼气。除了肋间肌和膈参与呼吸运动外，当用力深吸气时，还有前斜角肌、胸锁乳突肌、前锯肌和胸大肌等参加活动；深呼气时腹肌也参加活动。

（三）操作的解剖学要点

1. 人工呼吸方法和患者体位

(1) 口对口人工呼吸法：患者仰卧，头后仰，托起下颌，将空气吹入患者口中到肺内，再利用肺的自动回缩，将气体排出。

(2) 举臂压胸法：患者仰卧，头偏向一侧。举臂使胸廓被动扩大，形成吸气；屈臂压胸，胸廓缩小，形成呼气。

(3) 仰卧或俯卧压胸法：患者仰卧或俯卧，术者借助身体重力挤压胸部，把肺内气体驱出，再放松压力，使胸廓复原，空气随之吸入，完成被动呼吸运动。

2. 失误防范

(1) 行口对口吹气时，左手应轻按甲状软骨，借以压迫食管，以防止空气进入胃内，胃胀气严重时，可放入胃减压管。

(2) 术者右手应捏住患者鼻孔，以防鼻漏气。

(3) 口对口呼吸法在吹气时，使患者上胸部轻度膨起即可，尤其对小儿吹气不可过高，以防肺泡破裂。

(4) 操作宜有节奏，压力不可过猛，以防胸骨骨折。

(5) 患者的头部应尽量后仰，托起下颌，以免舌后坠造成呼吸道梗阻。

二、胸外心按压术

（一）目的

胸外心按压术主要是通过有节奏地将心挤压于胸骨与脊柱之间，使血液从左、右心室排出，放松时胸骨及两侧肋骨、肋软骨借助回缩弹性而恢复原来位置，此时胸腔负压增加，静脉血向心回流，使心充盈。如此反复按压推动血液循环，借助此机械刺激使心自动节律恢复。胸外心按压术适用于各种创伤、电击、溺水、窒息、心脏疾病或药物过敏而引起的心搏骤停。此项技术是抢救心搏骤停患者的一项基本技术。

（二）应用解剖学基础

1. 胸廓 胸廓由胸骨、12 个胸椎和 12 对肋骨借它们之间的连接装置共同组成。这种解剖学构造使胸廓具有一定的弹性和活动性，允许在外力作用下向后有一定幅度的移位而抵及心前壁，从而挤压心，这是胸外心按压术最基本的结构基础。

2. 心脏的体表投影 心的位置受年龄、性别、体型、体位、膈运动及本身搏动等诸多因素的影响而发生变化。一般来讲，不同体型的膈平面与心的位置相关，粗短体型的膈平面较高，心呈垂直位。从婴儿至成人的发育过程中，由圆桶状高位胸逐渐变为成人胸，心的体表投影也略有改变。心边界的体表投影可依下述点及其连线确定。左上点：左侧第 2 肋软骨下缘，距胸骨左缘约 1.2cm；右上点：右侧第 3 肋软骨上缘，距胸骨右缘约 1cm；右下点：右侧第 6 胸肋关节；左下点：左侧第 5 肋间隙，距前正中线 7 ～ 9cm（或距锁骨中线内侧 1 ～ 2cm），即心尖搏动处。左、右上点连线为心上界，左、右下点连线为心下界。左上、下点微凸向左侧的弧线为心左界，右上、下点间微凸向右的弧线为心右界。此外，由左侧第 3 胸肋关节与右侧第 6 胸肋关节的连线，标志心房和心室的分界线。

（三）操作的解剖学要点

1. 患者体位 患者仰卧于硬板床或平地上，若是软床，应在患者背后垫一木板，以免按压时患者身体随压力向下，造成无效按压。

2. 按压部位 按压的正确部位应在胸骨下 2/3 部。

3. 操作技术 术者立于患者一侧，以一手掌近侧部放于患者胸骨下 2/3 部，伸直手指与肋骨平行，另一手掌压在该手背上，前臂与患者胸骨垂直，以上半身前倾之力，将胸骨、肋骨及肋软骨向脊柱方向作有节奏的冲击式按压。每次胸骨下陷程度以胸廓大小而定，一般成人每次按压使胸骨下陷 3 ～ 4cm，随即放松，以利心舒张。按压次数以每分钟 60 ～ 80 次为宜（小儿约 100 次）。在按压的同时必须配合人工呼吸，两者之比约 4 ∶ 1 或 5 ∶ 1，直至心跳恢复。

在按压期间，应严密观察患者，如肤色转为红润、瞳孔缩小、自主呼吸恢复、可摸到大动脉搏动、伤口出血，则表示按压有效。若摸到心跳、脉搏或测到血压，说明心脏已恢复跳动，即可停止按压。

4. 失误防范

(1) 按压部位要准确：胸外心按压的部位一定要在胸骨下 2/3 部。

(2) 按压力量要适度：按压力量以既保证效果又防止并发症的出现为前提。力量过大或过猛会发生肋骨骨折，其中第 5 ～ 8 肋最易发生骨折，甚至造成气胸、心包出血、心挫伤或破裂等；若力量过轻则达不到目的。按压时还须力量均匀，使心脏像正常收缩舒张一样，血液循环达到连续性和有效性。

(3) 按压的同时必须实行人工呼吸：心搏骤停的患者，往往都伴有呼吸骤停，因此，对心跳和呼吸都已骤停的患者必须实行心肺复苏。

(4) 掌握适应证：不是所有的心搏骤停患者都能使用胸外心按压术。如老年人、多发性骨折、胸壁开放性损伤、胸廓畸形、肋骨骨折或心包压塞等。

(5) 患者必须仰卧在硬板床上：进行胸外心按压时，若在野外，则患者必须平卧地上；若在医院，患者不能卧软床，必须在背后垫一木板，才能将心挤压于胸骨与脊柱之间，而产生有效按压，达到抢救目的。

第五节　体 位 解 剖

体位是指患者在床上休息的体姿，它可直接影响患者的健康和疾病的转归。正确的体位符合人体解剖和生理的要求，它既可提高患者生活自理能力，促进疾病的痊愈和康复，避免或减少并发症，又有利于诊断、治疗及其护理措施的实施。

一、去枕平卧位

1. 适应证　主要适用于：①查体患者；②硬膜外麻醉或腰椎穿刺术后的患者，以避免颅内压降低；③全麻后尚未清醒的患者，防止分泌物流入气管内；④休克患者，有利于脑部血液循环。

2. 姿势要点　患者去枕平卧，保持正常解剖学姿势，根据需要手放于躯干侧面或置于腹部。昏迷患者可将头偏向一侧，以利于唾液流出，避免舌后坠所致呼吸不畅。根据需要可采用屈膝平卧位，如检查腹部。

3. 解剖学意义　去枕平卧位时肌肉、关节较为松弛，患者早期颇感舒适，但这种姿势时间不宜过长。对肥胖患者来说，由于腹部大量脂肪组织堆积，连同腹腔脏器拥至上腹部，推举膈，因而影响患者呼吸。对于肺病及心脏病患者，平卧位可加重呼吸困难，甚至会促成冠心病急性发作。

4. 注意事项　长期卧床的患者，平卧位易致下列骨性突起受压：枕外隆突、第 7 颈椎棘突、肩胛冈、尺骨鹰嘴、上部和中部胸椎棘突、骶正中嵴及跟骨结节。应经常变换卧位及按摩局部，以预防压疮。平卧位易受压的神经为尺神经，该神经从肱骨内上髁后方的尺神经沟通过，当肘关节伸直时，神经被拉紧，正好进入尺神经沟内，不易受压。当肘关节屈曲 90° 或小于 90° 时，尺神经由沟中逸出，肘部贴于床面极易受压，应予注意。

二、侧 卧 位

1. 适应证 侧卧位包括左侧卧位和右侧卧位，适用于胸部、肾及输尿管手术、腰椎穿刺及硬膜外麻醉、洗胃、肛门检查及灌肠术等患者。

2. 姿势要点 病人侧卧时，头一侧贴枕，肩部贴床，同侧上肢屈肘置于枕上，另一侧上肢随意放置。下方下肢伸直，上方下肢屈曲；或两下肢屈曲，在膝部垫一软枕。也可根据需要改变侧卧位姿势，如腰椎穿刺时应尽可能使脊柱腰段前屈，以增宽腰椎棘突及椎板间的间隙，利于穿刺。

3. 解剖学意义 吞服毒物需插管洗胃的患者应取左侧卧位。因为中等充盈的胃约 3/4 位于左季肋区，左侧卧位可使胃的位置和形态相对恒定。正常情况下，胃的贲门在平第 11 胸椎与食管相连，幽门平第 1 腰椎与十二指肠相续，由于胃出口处较入口处低，故侧卧位时应将床尾和患者臀部各垫高 10cm，使胃底、胃体的位置低于幽门，以延缓或减少胃内毒物向十二指肠内排放。灌肠时采用不同的侧卧位以达到不同的目的：患者取左侧卧位时，乙状结肠和降结肠在下方，这样灌肠液进入直肠后由于重力作用可使液体顺利内流。右侧卧位时，乙状结肠、降结肠在上方，升结肠在下方，这种卧位有利于灌肠液与结肠全程相接触。胸腔积液患者要采用患侧侧卧位，这样可使健侧肺功能补偿患侧肺功能障碍所致的供气不足。

4. 注意事项 长期保持侧卧位可使下方的肩峰、髂嵴、股骨大转子、腓骨小头、外踝及上方足的内踝受压，应垫软枕或适当变换卧位。

三、俯 卧 位

1. 适应证 适用于躯干背侧查体或手术患者、溺水者或某些疾病的特殊体位（如肠系膜上血管压迫十二指肠水平部所致的肠梗阻患者）。

2. 姿势要点 患者俯卧，头转向一侧，双臂屈曲置于头侧或双手垫在肩下，小腿下垫一软枕。

3. 解剖学意义 俯卧位是人类本能的需要，胸腹器官可得到有效保护，患者有安全感与舒适感。患者在饱食后不宜立即俯卧，以免体重对胃的压迫。对严重呼吸困难的肺源性心脏病患者，俯卧位会加重呼吸困难。对于无严重呼吸困难的肺源性心脏病患者来讲，采取俯卧位颇感舒适，其原因可能是俯卧位减少了心室对心房（尤其是左心房）的压迫，有利于肺部血液返回左心房之故。俯卧位对肠系膜上血管压迫所致的肠梗阻具有良好的治疗作用。肠系膜上血管恰在十二指肠水平部前方经过，如其张力过大，可压迫十二指肠形成急性肠梗阻，目前无特殊治疗方法，选用俯卧位是缓解症状的主要方法之一。俯卧位受压较重的骨性结构有肋弓与剑突（老年人的剑突有骨化倾向）、胸骨角、耻骨联合、髂前上棘及髌骨。

4. 注意事项 采取俯卧位后，如患者有突然不适或呼吸困难，应立即调整体位。对于肠系膜上血管所致的急性肠梗阻，采用俯卧位症状缓解后不宜立即起床活动，应逐渐转为左侧卧位、平卧屈膝位，然后下床活动。

四、半 卧 位

1. 适应证 主要适用于：①腹部手术后的患者，以减轻切口缝合处的张力，利于炎性渗出物向盆腔引流；②腹腔感染的患者，有利于脓液引流，防止并发症发生；③轻度呼吸困难的患者，利用重力作用使膈下降，扩大胸腔容量，以缓解症状；④肺叶切除术后的患者，有利于呼吸，引流通畅；⑤急性心力衰竭患者半卧位并两腿下垂，使下半身回流至右心的血量减少，从而减轻右心的负担。

2. 姿势要点 半卧位既是一种自由卧位，又是一种治疗体位。它以髋关节为轴心，病人在半卧位的基础上，抬高床头 30°（低坡卧位）至 45°（高坡卧位），躯干背面紧靠支架，膝关节屈曲 15°～30°（膝下垫枕或摇起膝部支架），两肘自由屈曲，肘下各垫一软枕。由于半卧位支撑点较多，患者体重被分散，重心较低，所以这种卧位比较稳定，肌肉、关节放松，患者感到省力、舒适。

3. 解剖学意义 半卧位的适用范围较大，不同病情下采用这一卧位所涉及的器官不同。胃、空回肠、横结肠及乙状结肠都有较长的系膜，肝、脾也有韧带悬吊，当半卧位时，由于重力作用及器官本身质地较软等因素，上述器官均有不同程度的下垂。这些器官和膈的下降，扩大了胸腔的容量，减轻了对心、肺的压迫，对于缓解呼吸困难患者的症状非常有利。半卧位有利于腹膜腔内液体的引流。

五、坐　　位

1. 适应证 ①疾病康复期患者；②极度呼吸困难患者；③胸腔穿刺、腹腔穿刺患者。

2. 姿势要点 患者坐于凳上，或摇起靠背支架，患者靠于背架上，亦可以棉被靠于患者背部。

3. 解剖学意义 坐位只适用于疾病恢复而体力又能支持的患者，这种姿势自然而舒适。身体重力落于臀部和坐骨结节处，腰部加垫软枕会使患者更加舒适。坐于登上，双下肢着地而不要悬垂。坐于床上时，双下肢屈膝盘坐，患者才感舒适，若伸直下肢会增加腰部负荷。但盘坐时间过长易压迫坐骨神经而使下肢麻木不适。

4. 注意事项 长期卧床患者，坐起时宜缓慢，时间不宜过长，猛然坐起会使患者头晕眼花或致晕厥。若有下肢循环不良者，可加垫脚踏板稍微垫高。随时观察患者的面色、呼吸、脉搏等情况。

六、膝胸卧位

1. 适应证 适用于肛门直肠及乙状结肠镜检查、前列腺检查、胎位矫正及子宫后倾后屈位的矫正等。

2. 姿势要点 患者的膝部与胸部贴于床面，并尽量接近，俯跪状，膝关节屈曲 90°，臀部高抬，面部偏向一侧，两臂置于头侧。

3. 解剖学意义 膝胸卧位是极不舒适的体位，腹腔器官的下坠重力拥抵膈，限制了腹式呼吸，而胸部又贴于床面，患者处于呼吸困难的状态之中。膈上举时，心脏也受到压迫而移位。

4. 注意事项 有严重心、肺疾病的人不宜采取这种体位，即使平时无明显心肺异常症状的患者，选用该体位后，一旦有不适感，应立即停止，改为半卧位，呼吸与脉搏恢复正常后，再让患者活动。当胸部抵贴床面时，双臂要支撑躯干，切勿使重力落到颈部和头部，免致颈椎损伤。这种体位不宜维持太久。

七、头低足高位

1. 适应证 适用于调整麻醉平面、体位引流或某些手术的特殊需要体位（如咽后壁脓肿切开引流）。股骨干骨折患者接受持续牵引治疗时采用此体位，以利于上半身重量所产生的反牵引力作对抗牵引，达到治疗的目的。

2. 姿势要点 患者头置于枕上，平卧，垫高床尾即成此体位。其足高度依需要而定。

3. 解剖学意义 颅脑损伤的患者禁用头低足高位。较重的心肺疾病患者慎用为宜，因为腹部器官直抵膈而影响心肺的活动。

4. 注意事项 头顶于床栏处用软枕垫住，以免头部直抵床栏而受压损伤。在手术台上采用此姿势，要防止滑动落地。

八、截 石 位

1. 适应证 适用于肛门直肠检查与手术、产妇分娩、妇产科手术、膀胱及前列腺手术等。

2. 姿势要点 患者仰卧在床上，髋关节与膝关节均屈曲 90°，两侧小腿悬于腿托架上，双大腿分开（即髋关节外展 45° 左右），臀部靠近床沿。

3. 解剖学意义 肛门及外阴部可以充分暴露。若为加强截石位，两大腿向腹部屈曲，则对腹部部分器官产生压迫，令患者不适。

4. 注意事项 腿托架要加厚棉垫，以免压迫腓总神经而致麻痹。勿使髋关节过度外展，以免发生脱位或骨折等意外。

第六节 神经反射应用解剖

护理诊断程序的正确实施需要护理工作者更多地掌握多学科的基础知识和技能，其中掌握神经反射的基本知识对疾病的护理诊断无疑具有重要的意义。神经反射是指机体在神经系统参与下，对内外界环境刺激所产生的规律性应答，其生理意义在于维持机体内环境的相对稳定和使机体适应外环境的各种变化。

反射的分类方法有多种，以反射建立的时间可将其分为条件反射和非条件反射；以感受器的位置可分为浅反射和深反射；按效应器的位置可分为躯体反射和内脏反射；按反射的性质可分为生理性反射和病理性反射；按中枢所在部位可分为脊髓反射、脑干反射等。

反射的解剖学基础是反射弧。简单的反射弧只有感觉和运动两级神经元构成，但一般都有三级或三级以上神经元构成。由五个环节组成，即感受器、传入神经、中枢、传出神经和效应器。反射过程按以下程序进行：①某一刺激被特异的感受器所接受，感受器将刺激转化为神经冲动；②冲动经传入神经传向中枢；③通过中枢的活动产生兴奋过程；④中枢的兴奋过程通过传出神经到达效应器，使效应器发生相应的活动。在自然条件下，任何反射都要经过完整的反射弧才能实现，如果其中任何一个环节中断，反射就不能完成。

神经系统病变所致的反射异常主要有三种：①反射减弱或丧失；②反射活跃或亢进；③病理反射。人体的状况（正常或异常）每时每刻都不同程度地通过神经反射反映出来，因此，熟悉各种反射的意义及反射弧的组成，可在一定程度上对疾病的发展及预后作出判断。反射是否异常，两侧反射是否对称，检查方法和患者姿势是否正确等都要注意，还要考虑患者局部和全身因素，外界环境的影响，以便作出正确的判断。

一、瞳孔对光反射

用强光突然照射眼睛时，出现两侧瞳孔缩小（缩瞳），光线突然减弱或移开，瞳孔立即散大（散瞳），瞳孔随光照强度变化而出现缩瞳和散瞳的现象叫瞳孔对光反射。瞳孔对光反射的意义在于使眼尽快地适应光线的变化。被照侧瞳孔缩小叫直接对光反射，另一侧瞳孔缩小叫间接对光反射或互感对光反射。

（一）应用解剖学基础

瞳孔位于虹膜的中央，其前方为角膜，后方为晶状体。虹膜内有两种平滑肌，其中围绕瞳孔呈环形排列的为瞳孔括约肌，呈放射状排列的为瞳孔开大肌，分别受副交感神经和交感神经支配，使瞳孔缩小与开大，以调节进入眼内的光线量。正常成人瞳孔直径约 4mm，其变化范围在 1.5 ～ 8.0mm，最大直径是最小直径使进入眼内的光线量的 30 倍左右。

瞳孔对光反射的感受器为视网膜。视网膜的感光细胞有视锥细胞和视杆细胞。感光细胞与双极细胞构成突触，双极细胞又与节细胞构成突触。节细胞的轴突构成视神经，视神经经视交叉、视束和上丘臂到中脑背部的顶盖前区。顶盖前区为瞳孔对光反射中枢。由顶盖前区发出的纤维，一部分终止于同侧的动眼神经副核，另一部分则越过中线至对侧的动眼神经副核。动眼神经副核发出的节前纤维随动眼神经入眶腔，与睫状神经节内的节后神经元构成突触。睫状神经节发出的节后纤维经睫状短神经分布于瞳孔括约肌。当光线照射视网膜的感光细胞时，感光细胞将光刺激转化为神经冲动，冲动经双极细胞、节细胞、视神经、视交叉、视束、上丘臂、顶盖前区、两侧动眼神经副核、动眼神经、睫状神经节、睫状神经、瞳孔括约肌，该肌收缩瞳孔缩小。由于视神经在视交叉处有部分纤维交叉和顶盖前区发出的纤维终止于两侧动眼神经副核，所以光照一侧瞳孔时能引起两侧瞳孔缩小。

（二）反射异常在护理诊断中的意义

正确的瞳孔对光反射检查方法：用聚光较强的手电筒对准视轴照射，同时观察两侧瞳孔的变化，比较是否有异常。人在觉醒状态下瞳孔的直径随周围光线的强弱、注视物体的远近、情绪紧张与否及恐惧、疼痛等而改变。正常足月儿生后即有瞳孔对光反射，但其瞳孔较小，对光反应较弱。婴幼儿的瞳孔对光反射呈动摇性，即强光照射时瞳孔缩小，但不论照射持续与否瞳孔却又随即散大，在检查时要认真鉴别，同时还要注意瞳孔本身有无畸形。在临床上，若瞳孔直径小于 2mm 则定为瞳孔缩小，大于 5mm 即定为瞳孔散大。以上谈到的瞳孔大小改变并非瞳孔对光反射的反射弧病变所致。下面着重分析反射弧病变造成的瞳孔对光反射改变。

1. 视网膜和视神经病变　当光照病侧瞳孔时，其直接对光反射和健侧的间接对光反射均消失。这是由于光刺激不能使视网膜产生神经冲动或产生的冲动不能传至反射中枢的结果。光照健侧眼时，直接对光反射和患侧间接对光反射均存在。

2. 顶盖前区病变　此区如有肿瘤、外伤及脑疝等病变时，两侧瞳孔对光反射均消失。由于瞳孔调节反射的反射弧不经过顶盖前区，故调节反射仍存在。瞳孔变化的这种特点叫对光反射与调节反射分离，这种分离现象是诊断顶盖前区病变的依据之一。

3. 动眼神经损伤　动眼神经损伤破坏了瞳孔对光反射的传出通路。由于传入通路仍然完好，所以光照病侧眼时，直接对光反射消失，而健侧眼的间接对光反射存在。光照健侧眼时，直接对光反射存在，病侧眼的间接对光反射消失。总之，无论光照哪侧眼，病侧眼的瞳孔均无反应。

4. 其他　脑室出血、催眠药物中毒等可使瞳孔缩小，昏迷、阿托品类药物中毒可使瞳孔散大。

二、呕吐反射

当舌根、咽部、胃及小肠等处受到机械性或化学性刺激时，先出现恶心、流涎、呼吸急迫、心跳加快，继而胃内容物及一部分小肠内容物通过食管、咽逆流出口腔，这种现象叫呕吐反射。它是一种常见的保护性反射，通常反射活动排出胃内刺激性物质及毒物。

（一）应用解剖学基础

呕吐反射的感受器位于舌根、咽部、胃及小肠等处。传入神经为舌咽神经、迷走神经的感觉纤维。呕吐中枢位于延髓外侧网状结构内，与迷走神经背核、疑核、脊髓前角运动核及交感神经核之间有广泛联系。传出神经为迷走神经的副交感纤维、交感神经、膈神经及支配腹肌的神经。效应器位于胃、十二指肠、膈及腹肌等处。当上述感受器受到刺激时，兴奋沿舌咽神经或迷走神经的传入纤维传至呕吐中枢。呕吐中枢同呼吸中枢、心血管中枢及植物性神经间均有密切联系，以协调这些邻近结构的活动，从而产生复杂的反应。呕吐中枢首先兴奋交感神经和副交感神经，出现恶心、流涎、呼吸急迫和心率加快而不规律现象，继而深吸气，声门紧闭。随后，胃和食管下端舒张，膈和腹肌剧烈收缩，挤压胃内容物通过食管、咽经口腔吐出。呕吐时十二指肠和空肠上段的运动也相当剧烈，蠕动加速并可转为痉挛。由于胃舒张而十二指肠收缩，平时的压力差倒转，使十二指肠内容物倒流入胃，所以呕吐物中常混有胆汁及小肠液。强烈的震动、旋转头部，或因脑膜炎等引起的颅内压增高，均可直接刺激呕吐中枢而引起呕吐，且呕吐反射更为强烈，出现喷射样呕吐。呕吐反射也可因视觉和内耳前庭的病变而引起。在呕吐中枢附近，有一个特殊的化学感受区，某些中枢性催吐药可直接刺激该感觉区，通过它与呕吐中枢间的联系达到催吐的目的。

（二）反射异常在护理诊断中的意义

呕吐反射对人体具有双重意义。一方面它可把胃内有害物质排出体外，因此，可把该反射看作是一种具有保护意义的防御反射。但呕吐对人体也有不利的一面，如频繁剧烈的呕吐，可影响进食，并使大量的消化液丢失，造成体内水、电解质平衡紊乱。在临床上为了达到治疗的目的，可利用机械或药物作用促进或中止呕吐。

（刘东方）

实　　验

实验一　显微镜的构造和使用

【实验目的】

1. 掌握光学显微镜的构造。

2. 熟悉显微镜的组成。

3. 会使用显微镜观察细胞和组织的微细结构。

【实验材料】

光学显微镜，显微镜用油，二甲苯，擦镜纸，上皮组织切片。

【实验内容和方法】

1. 显微镜的构造　显微镜的种类很多，常用的是复式显微镜，由3个主要部分构成（实验图1-1）：①机械部分；②光学部分；③照明部分。

(1) 机械部分

1) 镜座：显微镜的基座，支撑着整个镜体，起稳固作用。

2) 镜柱：垂直于镜座上的短柱，用以支持镜臂。

3) 倾斜关节：镜柱与镜臂间的活动关节，可使镜臂倾斜，以利观察。

4) 镜臂：镜柱上方呈弓形结构的部分。

5) 调节器：镜柱两侧两对齿轮，较大的称粗调节器，较小的称细调节器，转动时能使镜筒上下移动用来调节焦距。

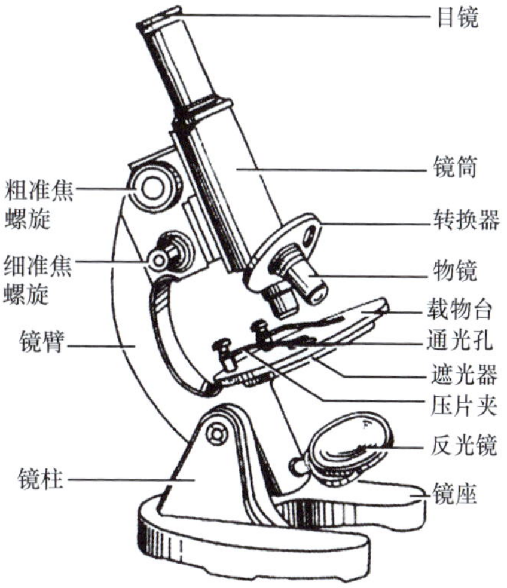

实验图1-1　光学显微镜的构造

6) 镜筒：位于镜臂前方，上端装置目镜，下端连接物镜转换器。

7) 物镜转换器：又称旋转盘，位于镜筒下端的一个可旋转的凹形圆盘。一般装有2～4个放大倍数不同的物镜。

8) 载物台：镜臂下面的平台，用以承放玻片标本。其中央有一圆形的通光孔，光线可通过它由下向上反射。

9) 标本推进器：位于镜台的后方或侧面边缘，连一可动弧形弹簧夹。其下方一侧有两个旋钮，转动旋钮可调节推进器，使玻片标本前后或左右移动。

(2) 照明部分

1) 照明装置：即光源，位于底座，开关在底座一侧，侧面有旋钮可以调节灯光的明暗。

2) 聚光器：在载物台下方，作用是聚焦光线，增强视野的亮度，聚光器的一侧有一个螺旋，旋动它可升降聚光镜，上升时可增强反射光，反之可减弱。

3) 光圈：聚光器下方的圆环结构，为多片半圆形的薄金属片叠合而成。圆环外缘有一小柄，拨动它能使金属薄片分开或合拢，用以控制光线的强弱。

(3) 光学部分

1) 目镜：装在镜筒的上端。放大倍数有 5 ～ 25 倍等数种，“5×”即表示 5 倍，“10×”即 10 倍。

2) 物镜：嵌装在旋转盘上，一般分低倍镜、高倍镜和油镜 3 种。其上刻有 4× 或 10× 的为低倍镜；40× 的为高倍镜；100× 的为油镜。各物镜的长短不同，一般是越短的放大率越低，越长的放大率越高。

显微镜放大倍数 = 目镜放大率 × 物镜放大率

例如：所使用的目镜是 10×，物镜是 40×，则放大倍数为 400 倍。

2. 显微镜的使用方法 右手握住镜臂，左手托镜座，取显微镜，放在身前稍左侧的实验桌上，镜臂对着胸前，使镜筒向前方，镜座与桌边距离约 6.6cm，坐于适当高度的凳上操作。

【低倍镜的使用】

(1) 先向上转动粗调节器，使载物台下降，再转动旋转盘，使低倍镜对准通光孔，即能听到“咔”的固定响声，同时手也感到有阻力，说明物镜与镜筒已成一直线。

(2) 对光：打开光圈，旋转聚光器升降螺旋，使聚光器升到与镜台平齐。用左眼在目镜上观察（两眼齐睁），同时调节光源亮度，使视野内的光线适中。

(3) 玻片标本：将有盖玻片的一面向上，置于载物台上，用弹簧夹固定住，然后移动玻片，使标本对准通光孔。

(4) 调焦：从侧面观察低倍镜，转动粗调节器，使载物台上升，当低倍镜距标本约 0.5cm 时，从目镜上观察，慢慢向上转动粗调节器，直至视野出现清晰物像为止。如物像不在视野中央，可稍移动玻片标本的位置，注意玻片移动方向与物像移动方向恰好相反。

【高倍镜的使用】 使用高倍镜必须按照上述步骤，先在低倍镜下找到物像后，再把放大的部分移到视野的中央，调节到最清晰的程度后，进行以下操作。

(1) 转动物镜转换器，使高倍镜与镜筒成一直线，转换高倍镜时速度要慢，特别当心高倍镜是否触碰到玻片，如触碰到玻片证明低倍镜的焦距没有调好，应重新调节。

(2) 调焦：从目镜观察，此时物像往往不甚清楚，可用细调节器慢慢向上或向下转动（切勿用粗调节器），转动范围不宜过大，一般只需向上或向下转动一圈，就能清晰地看到物像。需要更换玻片标本时，应先转动粗调节器使镜筒上升之后，才能取下玻片标本。

【油镜的使用】 使用油镜时必须先在低倍镜下看到一清晰物像后再换高倍镜观察，并使观察的物像位于高倍镜的视野中央。转动旋转盘，使高倍镜移向一侧，在所要观察的盖玻片上，滴上一滴香柏油，从侧面观察，转动物镜旋转盘将油镜镜筒移至镜筒下方，与镜筒成一直线，使油镜镜头与香柏油接触，用眼观察目镜，慢慢上下转动细调节器，直至视野中央出现清晰的物像为止。油镜用完后须用擦镜纸沾少许二甲苯将玻片标本及油镜上的香柏油擦干净。

3. 使用显微镜的注意事项

(1) 拿显微镜应右手紧握镜臂，左手托住镜座，不能用一手随便斜提，以防止目镜从镜筒滑出和反光镜脱落。

(2) 显微镜用完后，必须将目镜、物镜等用清洁的擦镜纸或绸布轻轻揩擦，切勿口吹、手摸或用粗布揩擦，勿用乙醇及其他药物，以免侵蚀镜台或镜头。

(3) 使用显微镜应先用低倍镜调节光源，如观察组织细胞或染色较浅的标本时，要适当关小光圈，使物像清晰。

(4) 放置玻片标本时，应将有盖玻片的一面向上，用标本夹轻轻固定住玻片，再把要观察的部分对准通光孔的正中央。如果玻片标本放反了，不仅不易找到物像，并且容易压碎玻片，损伤物镜。

(5) 用双筒显微镜观察时，调整两目镜的距离以适合本人的瞳孔距离；用单筒显微镜观察时要两眼齐睁，用左眼从目镜中寻找物象，仔细观察，用右眼看纸绘图。

(6) 使用低倍镜用粗调节器调节物距，使用高倍镜必须用细调节器调节物距。粗、细调节器都不能作单方向的旋转，防止压碎玻片。

(7) 不要随意取出物镜，以防灰尘落入。禁止任意拆卸任何零件，以防意外损失。

(8) 显微镜用完后，应转动粗调节器使载物台徐徐下降，取下玻片，并转动旋转盘，使物镜离开聚光镜，调暗光线，关闭电源，再装入箱内。

4. 上皮组织切片观察

(1) 低倍镜观察：低倍镜下可见复层扁平上皮细胞体积较小，排列紧密。细胞质染成浅红色，核圆形，呈蓝色，细胞间界限清楚。

(2) 高倍镜观察：高倍镜下复层扁平上皮细胞得细胞膜不太清楚，核内可见不均匀的染色质块，有的可见核仁，细胞器一般看不到。

【实验报告】

绘低倍镜下复层扁平上皮图。

（李广鹏）

实验二　基本组织

【实验目的】

1. 学会使用光学显微镜观察组织切片。

2. 能使用显微镜辨认单层柱状上皮、复层扁平上皮、疏松结缔组织、骨骼肌和神经组织的微细结构。

【实验材料】

光学显微镜，显微镜用油，二甲苯，擦镜纸，小肠切片（HE 染色），食管横切片（HE 染色），疏松结缔组织铺片（经台盼蓝处理 HE 染色），平滑肌切片（HE 染色），气管横切片（HE 染色），血涂片，骨骼肌切片（舌肌），神经细胞（脊髓横切片）(HE 染色)，运动终板切片（特殊染色）。

【实验内容和方法】

1. 观察单层柱状上皮（小肠切片、HE 染色）

(1) 肉眼观察：观察小肠黏膜腔面，可见高低不平，染成紫蓝色，有许多突起的是小肠绒毛，染成粉红色的为小肠的其余部分。

(2) 低倍镜观察：黏膜内表面有大量指状突起，选择一段完整的纵切面，观察排列整齐、密集的单层柱状上皮，其间夹杂有杯状细胞。

(3) 高倍镜观察：细胞呈高柱形，排列整齐，细胞质呈粉红色，细胞核呈椭圆形，靠近基底部，呈深蓝色。在镜下还可见柱状细胞间形似高脚杯状的杯状细胞，核呈三角形或扁圆形位于底部，底部狭窄，上部膨大呈空泡状。

2. 观察复层扁平上皮（食管横切片、HE 染色）

(1) 肉眼观察：切片呈环形，靠近管腔面染成紫蓝色的部分就是食管的上皮。

(2) 低倍镜观察：镜下上皮细胞层数很多，排列紧密，胞质粉红色，胞核深蓝色，上皮细胞的基底面有结缔组织呈乳头状突入，两者连接处凸凹不平。

(3) 高倍镜观察：高倍镜下可见浅层细胞扁平形；中间层为多层多边形的细胞；基底部一层细胞呈立方形或低柱状。

3. 观察疏松结缔组织（铺片、HE 染色）

(1) 肉眼观察：标本呈淡紫红色，纤维交织成网，选择切片较薄（染色淡的）部位进行观察。

(2) 低倍镜观察：低倍镜下胶原纤维和弹性纤维交织成网，细胞分散其间，胶原纤维粗细不等，呈淡红色；弹性纤维较细直并交织成网状，呈暗红色。

(3) 高倍镜观察：高倍镜下胶原纤维粗大，粉红色；弹性纤维细丝状，有分支。成纤维细胞数量最多，形状不一，有突起，胞质淡红色，胞核椭圆形，紫蓝色；巨噬细胞形状不规则，胞质中有蓝色颗粒，核小而圆，染成深蓝紫色；肥大细胞成群分布于小血管周围，胞质中充满粗大的异染颗粒。

4. 观察血细胞（血涂片、瑞氏染色）

(1) 肉眼观察：涂片呈薄层粉红色。

(2) 低倍镜观察：低倍镜下可见大量染成粉红色无核的红细胞，还有紫蓝色核的白细胞。

(3) 高倍镜观察：高倍镜下可进一步看清红细胞呈红色，圆形，偶见有核的白细胞。

(4) 油镜观察：①油镜下红细胞染成淡红色，周围部色深，中央部色浅，无细胞核。②移动视野寻找有核的白细胞。中性粒细胞体积比红细胞大，胞质淡粉红色，可见紫红色的细小颗粒，胞核紫蓝色，分成 2 ～ 5 叶不等，核叶间有细丝相连；嗜碱性粒细胞，胞质内含有紫蓝色颗粒，颗粒大小不一，且分布不均，核呈“S”形或不规则形，染色淡；嗜酸性粒细胞，胞质内含有橘红色颗粒，颗粒大小一致，分布均匀，核紫蓝色，多分成 2 叶；淋巴细胞较小，胞质少，胞核圆形，往往一侧有凹陷，染成深蓝色；单核细胞，胞质较多，染成浅灰蓝色，细胞核呈肾形或马蹄形，染成蓝色。③血小板呈不规则的紫蓝色小体，成群分布。

5. 观察骨骼肌（舌肌切片、特殊染色）

(1) 肉眼观察：标本呈蓝色椭圆形状。

(2) 低倍镜观察：低倍镜下骨骼肌纤维呈细长圆柱状，有明暗相间的横纹，且与纤维的长轴垂直。胞核扁椭圆形，深蓝色，位于肌膜深面，数量较多。肌纤维间有少量结缔组织。

(3) 高倍镜观察：高倍镜下骨骼肌纤维内有许多纵行线条状结构，即肌原纤维。下降聚光镜，在暗视野下观察肌原纤维及其明带和暗带，肌细胞核的形态、位置。

6. 观察多极神经元（脊髓横切片、特殊染色）

(1) 肉眼观察：标本呈椭圆形，中央深染部分为灰质，周围浅淡的部分为白质。

(2) 低倍镜观察：灰质较宽处为前角，内可见深黄色、多突起的细胞，即多极神经元，小而圆的是神经胶质细胞的胞核。

(3) 高倍镜观察：多极神经元的胞体不规则，可呈星形、锥体形，可见自胞体发出的突起根部，细胞核位于中央，大而圆，染色淡。移动视野至淡染色区域，可见神经纤维束的横切面。

7. 观察平滑肌（小肠横切片、HE 染色）

(1) 肉眼观察：切片中染色最红的部分是平滑肌层。

(2) 低倍镜观察：平滑肌纤维排列成层。纵切面肌纤维呈梭形。横切面为圆形。选择清晰部位移至视野中央，换高倍镜观察。

(3) 高倍镜观察：纵切面纤维呈长梭形。肌质染成红色。细胞核呈椭圆形，染成深蓝色，位于纤维中央。平滑肌横切面呈圆形，大小不等。其中较大的断面，在中央部有圆形的细胞核，核的周围有红色的肌浆，较小的横切面，只含有肌浆。

8. 教师示教和总结

(1) 假复层纤毛柱状上皮（气管切片、HE 染色）。

(2) 骨骼肌 (HE 染色）。

(3) 神经元（脊髓横切片、HE 染色）。

(4) 运动终板（氯化金染色）。

(5) 骨（磨片）。

(6) 透明软骨（气管切片、HE 染色）。

(7) 心肌（心壁切片 HE、染色）。

(8) 神经纤维（神经纵切、HE 染色）。

【实验报告】

1. 单层柱状上皮绘图　在高倍镜下绘出单层柱状上皮的游离面、基底面、基膜、细胞质和细胞核。

2. 血细胞绘图　绘出红细胞、中性粒细胞、淋巴细胞、血小板。

（宋　瑜）

实验三　中轴骨及其骨连结

【实验目的】

1. 掌握躯干骨的组成和各骨的名称、位置及重要骨性标志，脊柱的组成、连结和整体观，胸廓的组成、形态，脑颅骨和面颅骨的形态结构、位置，骨性鼻腔的构成与鼻旁窦的位置。新生儿前后囟的位置及特点，颞下颌关节的组成和构造特点。

2. 结合标本，能在活体上触摸人体的主要骨性标志。

3. 了解肋的连结。

【实验材料】

人体骨架标本，脊柱标本，椎骨连结及椎间盘标本，椎骨、胸骨和肋骨标本，整颅及分离颅骨标本，颅的水平切面标本，颅的正中矢状切标本，骨性鼻窦标本，新生儿颅标，颞下颌关节标本。

【实验内容和方法】

1. 骨学总论

(1) 理解人体解剖的标准姿势、轴和切面及各种方位术语。

(2) 观察骨的形态（长、短、扁、不规则骨）和骨的构造（骨外膜、骨内膜、骨密质、骨松质、骨髓腔、骨髓、骺线）。

2. 躯干骨

(1) 在骨架上观察躯干骨的组成、数目和位置，以及其参与胸廓、脊柱和骨盆的组成情况。

(2) 在骨架上辨认肋骨与肋软骨，真肋、假肋及浮肋。观察胸骨柄、胸骨体、剑突、胸骨角、颈静脉切迹。

(3) 结合标本，在活体上触摸以下骨性标志：第 7 颈椎棘突、胸椎棘突和腰椎棘突、胸骨角等。

(4) 在骨架上观察脊柱的位置和组成。在标本上观察椎骨的连结。脊柱整体观：从前方观察椎体大小的变化；从后方观察棘突排列的方向，以及棘突之间距离大小的差别；从侧面观察 4 个生理性弯曲的部位和方向。

(5) 在人体骨架标本上观察胸廓的组成，以及各肋前、后端的连结关系。观察肋弓的形成；胸骨下角的构成；胸廓上、下口的组成。

3. 颅骨

(1) 观察脑颅和面颅诸骨位置，颅腔、眶、骨性鼻腔和口腔的构成。

(2) 观察整颅标本，观察颅骨的分部及各颅骨的位置关系，外耳门、乳突、下颌体、下颌角、下颌头等。

(3) 从各个方向观察颅的整体观，观察冠状缝、矢状缝、人字缝、观察外耳门、翼点。骨性鼻腔、上中下鼻甲、上中下鼻道、上颌窦、额窦、筛窦、蝶窦。新生儿颅的形态结构特征（前囟、后囟）。

(4) 在活体上触摸枕外隆凸、乳突、颧弓、下颌角等。

【实验报告】

1. 写出胸骨角、肋弓、翼点、鼻旁窦的定义及临床意义。
2. 简述脊柱的 4 个生理性弯曲及胸廓、脊柱和骨盆的组成。
3. 简述颞下颌关节的组成，前、后囟的组成及临床意义。

（姜　丽）

实验四　四肢骨及其连结

【实验目的】

1. 掌握上、下肢各骨的分部和排列的位置关系、形态结构，上、下肢骨的重要骨性标志。
2. 熟悉肩关节、肘关节、骨盆的组成、分部和髋关节、膝关节的组成和结构特点。
3. 了解手骨、足骨的形态及排列关系。

【实验材料】

人体骨架，上、下肢骨骼标本，肩关节、肘关节、髋关节、膝关节模型。

【实验内容和方法】

1. 上肢骨及其连结

(1) 在骨架上观察上肢骨的分部、位置及排列关系。观察锁骨、肩胛骨、肱骨、桡骨、尺骨的位置及特征结构。

(2) 观察肩关节、肘关节的组成，体会其运动形式。

2. 下肢骨及其连结

(1) 观察下肢骨形态、位置及排列关系。观察髋骨、股骨、髌骨、胫骨和腓骨的位置及形态特征。

(2) 观察下肢骨的连结，观察骶髂关节、骨盆的组成，大、小骨盆的分界，界线的构成，骨盆下口的围成、耻骨下角的大小等。观察髋关节、膝关节的组成，体会其运动形式。

【实验报告】

写出肩关节、肘关节、骨盆、髋关节、膝关节的组成。

（姜　丽）

实验五　骨　骼　肌

【实验目的】

1. 掌握膈的位置、形态结构和功能；胸锁乳突肌、斜方肌、背阔肌、胸大肌、的位置和功能；肱二头肌、肱三头肌、臀中肌、梨状肌、股四头肌、缝匠肌的位置和功能。掌握三角肌和臀大肌的位置、形态结构、功能和临床应用。

2. 熟悉腋窝、肘窝和腘窝的位置及境界；腹股沟管、腹直肌鞘和股三角的位置、境界和内容。

3. 了解竖脊肌、肋间肌、小腿三头肌的位置和功能。

【实验材料】　面肌、颅顶层次、咀嚼肌、膈、腹壁横切面和会阴肌标本或模型；颈肌、躯干肌、上肢肌和下肢肌标本。

【实验内容和方法】

同学分组观察。

1. 在标本上观察长肌、短肌、扁肌和轮匝肌的形态，辨认肌腹、肌束、肌腱和腱膜，观察腱鞘的位置和结构。

2. 在标本上观察躯干肌　①斜方肌和背阔肌的起止点，注意背阔肌肌束的方向和止点，理解其作用。在活体上摸认背阔肌的下缘。②竖脊肌：观察它与棘突的位置关系，结合活体上观察竖脊肌形成的纵行隆起。③胸肌：a. 确认胸大肌的起止点，观察肌束的方向，在活体上辨认其轮廓并触摸其下缘；b. 观察胸小肌的位置；c. 观察前锯肌的附着部位；d. 观察肋间内、外肌肌纤维走行方向。④腹肌：a. 观察腹外斜肌肌束的方向，腱膜与腹直肌鞘的关系，腱膜与腹股沟韧带的关系，腹股沟管浅环的位置及其通过的结构。b. 观察腹内斜肌肌束的方向，腱膜与腹直肌鞘的关系。c. 观察腹横肌肌束的方向，腱膜与腹直肌鞘的关系。d. 观察腹直肌腱划的位置、形态及数目，腱直肌鞘后层的形态，弓状线的位置。

3. 在标本上观察白线的形态和位置；观察腹股沟管的内、外口的位置、形成和内容物。

4. 在标本上观察膈的位置及形态，确认主动脉裂孔、食管裂孔和腔静脉孔的位置及其通过的结构。

5. 在标本上在面肌和颅顶层次：①枕额肌的枕腹、额腹和帽状腱膜。②眼轮匝肌和口轮匝肌的位置和形态。③在咀嚼肌标本上，观察咬肌、颞肌位置。当上、下颌牙紧咬时，在自己头部触摸咬肌和颞肌的轮廓。

6. 在标本上观察颈肌　①观察胸锁乳突肌起止点并理解作用，在活体上辨认其轮廓。②确认舌骨上、下肌群附着的位置。

7. 在标本上观察上肢肌　①肩肌：观察三角肌的位置及起止点，在体表确认其轮廓。②臂肌：观察肱二头肌形态、位置及起止点，在活体上确认肱二头肌腱、肱三头肌位置及起止点。③前臂肌：a. 观察辨认前臂各肌及前臂肌的位置；b. 对照标本在体表辨认掌长肌腱、桡侧腕屈肌腱和尺侧腕屈肌腱的轮廓；c. 在手背观察各指伸肌和拇长展肌等肌腱的轮廓。④手肌：观察鱼际和小鱼际的位置。

8. 在标本上观察下肢肌　①髋肌：a. 观察髂腰肌的组成；b. 观察臀大肌的形态、起止点，臀中肌与臀小肌的位置以及与臀大肌的位置关系；c. 观察梨状肌的位置。②大腿肌：a. 观察缝匠肌和肌四头肌的起止点、股四头肌腱及髌韧带的位置，并在活体上寻认髌韧带；b. 观察内侧群各肌的位置；c. 观察股二头肌、半腱肌和半膜肌的形态、位置及起止点；d. 观察股三角的境界，自外侧向内侧依次寻认股神经、股动脉、股静脉。③小腿肌：a. 观察胫骨前肌、趾长伸肌和拇长伸肌的位置；b. 观察腓骨长肌腱和腓骨短肌腱与外踝的位置关系；c. 辨认构成小腿三头肌的腓肠肌和比目鱼肌；查看跟腱的部位。

【实验报告】

绘三角肌和臀大肌的形态结构模式图，并标注注射的分区。

（邓仁川）

实验六　消化系统大体结构

【实验目的】

1. 掌握消化管各段的位置、形态结构、分部及连通关系，肝、胰和胆囊的位置、形态结构及胆汁、胰液的排出途径，阑尾根部和胆囊的体表投影。

2. 熟悉消化系统的组成及上、下消化道的范围。

3. 了解口腔的境界，恒牙的名称、形态、结构和排列，舌乳头和舌系带。

【实验材料】

消化系统概观标本，腹腔器官标本，人体半身模型，头颈部正中矢状切标本或模型，头面部示唾液腺标本或模型，各类牙标本或模型，消化管各段离体及切开标本，肝、胆囊、胰和十二指肠标本或模型，男、女性盆腔正中正中矢状切标本或模型。

【实验内容和方法】

1. 在消化系统概观标本和人体半身模型上，观察消化系统的组成及上、下消化道的组成器官，确认消化管各段的连通关系。

2. 对照口腔模型，以活体为主，采用照镜子观察自己或相互观察的方法，观察下列结构：舌尖、舌乳头、舌系带、舌下阜、舌下襞、硬腭、软腭、腭舌弓、腭咽弓、腭扁桃体窝。

3. 在各类牙标本或模型上，观察牙的形态、结构及分类。在头面部示唾液腺标本或模型上，观察 3 对大唾液腺的位置，并确认各自的开口位置。

4. 在头颈部正中矢状切标本或模型上，确认咽的位置、分部及其连通关系。

5. 在离体食管标本上，确认 3 个狭窄的部位，并测量食管的长度。

6. 在腹腔器官标本上，观察胃、小肠、大肠的位置、形态、分部及毗邻。在离体的胃剖开标本上，观察胃的皱襞，并辨认幽门括约肌。在切开的十二指肠标本上，观察皱襞的形态特点，确认十二指肠大乳头与胆总管及胰管的开口。在回盲部开标本上，观察回盲瓣的形态、阑尾的开口部位。在男、女性盆腔正中正中矢状切标本或模型上，确认直肠的位置和肛管黏膜形成的结构。

7. 在腔器官标本上，观察肝和胰的位置。在肝的离体标本或模型上，观察肝的形态及脏面的结构。在肝、胆囊、胰及十二指肠标本上，首先察胆囊的位置、形态和分部及肝外胆管的组成，其次观察胰的形态和分部及胰头与十二指肠的位置关系。

8. 在活体上确认咽峡、腭扁桃体及阑尾根部和胆囊底的体表投影。

【实验报告】

绘胃的形态结构模式图，并标注出贲门、幽门、胃小弯、胃大弯、角切迹、胃底、贲门部、胃体和幽门部等结构。

（房　霞）

实验七　消化系统微细结构

【实验目的】

1. 掌握食管、胃、肠壁层次及各层结构特点与功能关系。

2. 熟悉显微镜的使用，肝小叶的结构、功能。

3. 了解胃、肠腺的功能，三对大唾液腺的结构、功能。

【实验材料】

食管、胃、肠壁层次放大模型，肝小叶立体模式放大模型，胰腺微细结构放大模型，腮腺模型，已制备食管、胃、肠壁及肝小叶玻片标本，显微镜。

【实验内容和方法】

1. 肉眼观察食管、胃、肠壁层次放大模型，肝小叶立体模式放大模型，胰腺微细结构放大模型，准确识别各消化管壁层次（外向内依次为外膜 / 浆膜层、肌层、黏膜下层、膜层）；肝索、肝血窦、中央静脉、门管区等，胰岛、腺泡。

2. 显微镜下观察食管、胃、肠壁各层及各层结构特点；观察肝小叶（肝索、肝血窦、中央静脉、门管区等）结构，胰腺的胰岛、腺泡结构。

3. 肉眼观察腮腺的具体位置、腮腺鞘的结构、腮腺导管的走行及开口。

【实验报告】

1. 绘食管壁层次结构模式图，并准确标注出外膜 / 浆膜层、肌层、黏膜下层、黏膜层。

2. 据显微镜下所见肠壁结构特点，绘画出小肠肠壁的四层机构并加以名称的准确标注。

3. 据显微镜下所见肝小叶结构特点，绘画出肝小叶的结构模式图并加以名称的准确标注。

（魏成超）

实验八　呼 吸 系 统

【实验目的】

1. 掌握鼻旁窦和各窦的开口部位；喉的位置、喉腔的分部；气管的位置、分部，左、右主支气管的异同点；肺的位置、形态、分叶及左、右肺的区别及肺微细结构；胸膜的配布和壁胸膜的分部，肋膈隐窝的位置、形成及临床意义。

2. 熟悉呼吸系统的组成，上、下呼吸道的划分，纵隔的境界、分部及主要内容。

3. 了解气管微细结构。

【实验材料】

呼吸系统概况标本及模型，头颈部正中矢状切面标本、模型，鼻旁窦标本和切除鼻甲显示各鼻道的标本及模型，喉（后壁垂直切和冠状切）、喉软骨、喉肌标本、模型，气管和主支气管标本、模型，肺标本及模型、支气管树铸型标本，纵隔标本及模型，胸膜腔标本及模型，气管横切片、肺切片（HE 染色）。

【实验内容和方法】

1. 在呼吸系统概况标本上，逐一观察呼吸道的组成及各器官的位置关系，注意查看各器官之间的连通情况。

2. 在活体上观察确认鼻根、鼻背、鼻尖、鼻翼和鼻孔。在头颈部正中矢状切面标本或模型上区分鼻前庭和固有鼻腔，根据部位辨认鼻腔黏膜嗅区和呼吸区的范围，确认上、中、下鼻甲，上、中、下鼻道和蝶筛隐窝。

3. 在颅骨的水平切面标本、矢状切面标本及额状切面标本上，辨认上颌窦、额窦、蝶窦及筛窦的位置、形态及开口部位并注意观察各窦与鼻腔的位置关系。

4. 在活体上观察喉的位置，触摸喉结、环状软骨弓及吞咽时喉的上、下活动。

在喉的游离标本（已打开喉腔）和喉软骨标本或模型上识别甲状软骨、环状软骨、杓状软骨和会厌软骨的形态及其连接，观察喉口的位置和组成，辨认前庭襞和声襞及其两者的位置关系，比较前庭裂和声门裂的大小，确认喉前庭、喉中间腔及喉室和声门下腔。

5. 在气管与主支气管标本或模型上，观察气管与主支气管的形态，气管的分部及气管杈，比较左、右主支气管的形态差异，分析气管异物易落入右主支气管的原因。

6. 在切除胸前壁的半身标本或模型上，观察肺的位置。取肺标本，观察左、右肺的形态，注意识别出入肺门各结构。比较左、右肺形态结构上的差别，辨认右肺的斜裂、水平裂，上、中、下三叶，左肺的斜裂，上、下两叶。

7. 在胸腔标本上，观察脏胸膜和壁胸膜的配布，壁胸膜的分部，脏、壁胸膜的移行部位，理解胸膜腔的概念。观察胸膜顶及肋膈隐窝的位置、形态和形成。确认胸膜下界与肺下缘的位置关系。取纵隔标本，观察纵隔的境界、分部及各部的主要内容。

8. 在气管横切片上，①肉眼观察，气管的部分横断面呈半环状，腔面染成紫蓝色的纹条是上皮，其外染成红色的是黏膜下层及外膜，含染成深蓝色的透明软骨。②低倍镜下仔细观察，气管由内向外为黏膜、黏膜下层和外膜的三层结构。③高倍镜下仔细观察，黏膜层：上皮为假复层纤毛柱状上皮，染成淡紫红色，纤毛清晰，上皮细胞内夹有杯状细胞。靠近上皮外周染成粉红色的部分为固有层。黏膜下层：为疏松结缔组织，内含许多腺体和血管的切面。此层与固有层无明显分界。外膜：由透明软骨和结缔组织构成，软骨缺口处可见平滑肌束和结缔组织。

9. 在肺切片上，①肉眼观察，结构疏松呈蜂窝状，其中较大的腔隙为血管和支气管的断面。②低倍镜观察，肺实质中可见许多染色浅淡、大小不等、形态不规则的泡状结构，为肺泡的断面。肺泡之间的结缔组织为肺泡隔。在肺泡间可见一些细小的支气管断面。仔细观察找到细支气管、呼吸性细支气管、肺泡管、肺泡隔、肺泡。高倍镜下详细观察肺泡壁的构造，找见肺泡表面上皮细胞和肺泡隔。

在切片标本或模型上，确认直肠的位置和肛管黏膜形成的结构。

【实验报告】

1. 绘肺的形态结构模式图（前面观），并标注出肺尖、肺底、肋面、内侧面、水平裂、斜裂、上叶、中叶、下叶、前缘、下缘、心切迹等结构。

2. 绘气管高倍镜下的结构模式图，并标注出黏膜层、黏膜的上皮层和固有层、黏膜下层及腺体、外膜及透明软骨等。

（牛玉英）

实验九　泌尿系统

【实验目的】

1. 掌握泌尿系统的组成，肾的形态和位置。

2. 熟练女性尿道的毗邻、特点及开口部位，膀胱三角。

3. 了解肾的结构和被膜，肾的微细结构，输尿管的行程和狭窄部位，膀胱的形态、位置和毗邻。

【实验材料】

男、女性泌尿系统概观标本或模型，离体肾及肾的剖面结构标本或模型，腹后壁的器官标本或模型，通过肾中部的腹后壁横切模型，男、女骨盆腔正中矢状切面标本或模型，肾切片（HE 染色）。

【实验内容和方法】

1. 在男、女性泌尿系统概观标本或模型上，观察泌尿系统的组成及各器官的连接关系。

2. 在显示腹后壁器官的标本或模型上，观察左、右肾的形态和位置，观察肾门及出入肾门的结构及诸结构的位置关系。辨认左、右肾的上、下端与椎骨及 12 肋的关系。

3. 在离体肾及肾的剖面结构标本或模型上，观察肾的形态，比较上下 2 端，前后 2 面，内外 2 缘的不同。

4. 在肾的剖面结构标本或模型上，辨认肾皮质和髓质的结构特点，观察肾窦及内容物。

5. 在通过肾中部的腹后壁横切模型上，辨认肾的三层被膜。

6. 在腹后壁器官的标本或模型上，寻认输尿管，观察其行程，注意辨认 3 处狭窄的位置。

7. 在膀胱标本上，观察膀胱的形态和膀胱三角，注意辨认输尿管口和尿道内口；在男、女性盆腔正中矢状切面标本或模型上，观察膀胱的位置和毗邻。

8. 在女性盆腔正中矢状切面标本或模型上，观察女性尿道的特点和尿道外口与阴道口之间的位置关系。

9. 肾切片

（1）肉眼观察：周边部染色较深呈深红色为皮质，深面是染色较浅的部分为髓质。

（2）低倍观察：肾皮质内可见球形肾小体断面，肾小体周围有许多被横切或斜切的肾小管，它们主要是近曲小管和远曲小管。移动标本向深面观察，可见仅由管道组成而无肾小体的部分，即髓质部，包括近端小管直部、细段、远端小管直部和集合小管。

（3）高倍镜观察：①肾小体：散在分布于皮质内，由血管球和肾小囊组成。血管球：为由入球小动脉的襻状分支蟠曲而成的球形毛细血管团，位于肾小囊内。肾小囊：血管球外包的双层囊，脏层是有突起的细胞紧贴于血管球的毛细血管外，光镜下不能分辨细胞。壁层为单层扁平上皮。脏层与壁层之间的腔隙是肾小囊腔。近端小管曲部（近曲小管）：管腔较小不规则，管壁厚，为单层立方上皮。细胞核圆形，胞质嗜酸性强，染红色，细胞间界限不明显。上皮细胞游离面可见刷状缘。远端小管曲部（远曲小管）：管腔大而规则，管壁薄，由单层立方上皮构成，腔面整齐。细胞核多，靠近管腔；细胞质弱嗜酸性，染色浅，细胞分界较清。 细段：管径小，管壁薄，由单层扁平上皮组成。②集合小管：管径粗，管腔大，管壁为单层立方或柱状上皮。上皮细胞排列整齐，细胞界限清楚。

【实验报告】

1. 写出输尿管的三处狭窄的位置。

2. 简述女性尿道的特点。

（聂新星）

实验十　生殖系统

【实验目的】

1. 掌握男、女性生殖系统的组成；睾丸的位置、结构和功能与男性尿道的分部、狭窄

5. 利用胸腹腔后壁解剖标本，在膈的主动脉裂孔稍下方，确认左、右腰干和肠干汇合形成的乳糜池。向上观察胸导管的行程及注入左静脉角的位置。

6. 利用腹腔解剖标本，观察肝、脾的位置，并在肝门处观察肝门静脉的情况。再利用肝、脾的离体标本，观察肝门静脉的开口位置，辨认肝固有动脉，观察脾的形态、脾门、脾切迹。

7. 利用肝门静脉与上、下腔静脉的吻合模型，观察食管静脉丛、直肠静脉丛、脐周静脉网，以及联系上、下腔静脉系的椎静脉丛。

【实验报告】

1. 从手背静脉网输液，药物经何途径到达阑尾。

2. 简述肝门静脉的组成、收集范围、主要属支名称及与上、下腔静脉之间的吻合。

（崔志英）

实验十三　感　觉　器

【实验目的】

1. 掌握眼球壁各层的位置、分部及主要形态结构，耳的组成和分部，位、听觉感受器的位置。

2. 熟悉眼球内容物的组成及其形态，鼓膜的位置和形态。

3. 了解眼副器的结构；鼓室的位置及其沟通关系。

【实验材料】

眼球标本或模型，眼球外肌标本或模型，耳全貌标本或模型，听小骨标本，内耳放大模型。

【实验内容和方法】

1. 在眼球标本或模型上，观察眼球壁的层次结构，眼球内容物的位置和视神经的部位。

2. 在眼球外肌标本或模型上，观察眼球外肌的位置及其走向，并理解其作用原理。

3. 在活体上互相辨认角膜、巩膜、虹膜、瞳孔、上下睑、睫毛、睑结膜、球结膜、内眦和泪点等结构，并转动眼球，体会眼球的运动与眼球外肌的关系。

4. 在耳全貌标本或模型上，观察耳的组成，确认中耳和内耳的主要形态结构。辨认前庭窗、蜗窗和听小骨的位置，乳突小房、咽鼓管与鼓室的连通关系。结合活体观察耳郭的形态、外耳道的弯曲和鼓膜的位置，并互相体会检查观察鼓膜的方法。

5. 在内耳放大模型上，观察骨迷路和膜迷路的形态、结构，以及位、听觉感受器的位置。

【实验报告】

绘眼球水平切面结构模式图，并注明主要结构的名称。

（杨爱连）

实验十四　中枢神经系统

【实验目的】

1. 掌握脊髓的位置和外形，脑的分部，脑干的组成和外形，以及第Ⅲ～Ⅻ对脑神经的连脑部位，大脑半球的分叶和各面的主要沟回，内囊的位置和分部，脑和脊髓被膜的配布，脑脊液的产生部位及循环途径，基底动脉的组成。

2. 熟悉脊髓灰质、白质的分部，小脑的位置和外形，丘脑的位置和分部，大脑前动脉和大脑中动脉的行程及分布概况。

3. 了解间脑的位置和分部，内、外侧膝状体的位置，下丘脑的位置和组成。

【实验材料】

脊髓标本，脊髓横切面模型，整脑标本或模型，脑干、间脑标本或模型，小脑标本或模型，电动脑干模型，脑正中矢状切面、水平切面标本或模型，基底核模型，脑、脊髓被膜标本或模型，脑血管标本或模型，脑室标本或模型，脑脊液循环电动模型。

【实验内容和方法】

1. 在脊髓标本上，观察脊髓的外形，确认颈膨大、腰骶膨大、脊髓圆锥、终丝和脊髓表面的 6 条沟裂及相连的脊神经根。在脊髓横切面模型上，观察脊髓灰质、白质的分部，并确认中央管。

2. 在整脑标本或模型上，观察脑的分部，并确认大脑纵裂和大脑横裂，注意各部间的位置关系。

3. 在脑干、间脑标本或模型上，确认延髓、脑桥和中脑，分别观察腹侧面和背侧面的重要表面结构，辨认第Ⅲ～Ⅻ对脑神经在脑干的附着部位。利用电动脑干模型显示脑干内的神经核团和上、下行纤维束。

4. 在脑、小脑标本或模型，观察小脑的位置和外形，确认小脑蚓、小脑半球、小脑扁桃体及第四脑室。

5. 在脑干、间脑标本和脑正中矢状切面标本或模型上，观察间脑的位置，确认第三脑室、背侧丘脑、内外侧膝状体和组成下丘脑的各结构。

6. 在脑正中矢状切面标本或模型上，首先辨认其上外侧面、内侧面和下面，然后确认外侧沟、中央沟、顶枕沟和 5 个叶，最后依次辨认大脑半球各面的主要沟回及其所在的部位。

7. 在基底核模型上，辨认尾状核、豆状核及杏仁体。在大脑水平切面标本或模型上，观察大脑皮质、基底核、侧脑室、内囊的位置和分部。

8. 在脑、脊髓被膜标本或模型上，逐层辨认硬膜、蛛网膜和软膜，确认硬膜外隙的位置及内容，观察大脑镰、小脑幕和硬脑膜窦的位置及沟通关系。

9. 在脑血管标本或模型上，确认颈内动脉、大脑中动脉、大脑前动脉、大脑后动脉、椎动脉、基底动脉及大脑动脉环的位置和组成。

10. 在脑室标本或模型上，观察各脑室的位置、形态及交通情况。在脑脊液循环电动模型上，确认脑脊液的产生部位及循环途径。

【实验报告】

1. 写出腰椎穿刺时，穿刺针到达硬膜外隙或蛛网膜下隙时需经过的层次结构名称。

2. 简述脑脊液的产生部位及循环途径。

（黄嫦斌）

实验十五　周围神经系统

一、周围神经系统

【实验目的】

1. 掌握脊神经的数目、组成和分布概况；颈丛、臂丛、腰丛、骶丛的位置、主要分支及分布；动眼神经、三叉神经、面神经、舌咽神经、迷走神经的主要分支及分布；内脏神经的概念。

2. 熟悉交感神经、副交感神经中枢的位置；内脏神经节的位置。

3. 了解胸神经前支在胸、腹壁的走行和分布；脑神经的名称和连脑的部位；视神经、滑车神经、展神经、副神经、舌下神经的分布；嗅神经、前庭蜗神经的连脑部位、走行和功能；交感神经、副交感神经节后纤维的分布概况。

【实验材料】

切除椎管后壁的脊髓标本和模型，颈丛皮支及膈神经的标本和模型，上肢血管、神经标本和模型，胸神经标本和模型，腹后壁及下肢的血管和神经标本，脑标本，眶内结构标本，三叉神经标本和模型，面神经的标本和模型，颈部深层血管、神经标本，迷走神经标本和模型，保留脊神经和内脏神经的部分胸腹腔标本。

【实验内容和方法】

1. 脊神经

(1) 在切除椎管后壁的脊髓标本或模型上：观察脊神经的组成，脊神经根出入椎管的部位，脊神经的分支及神经丛的组成。

(2) 观察头颈部的标本：在胸锁乳突肌后缘中点寻找颈丛皮支，观察膈神经的行程和分布。

(3) 在头颈及上肢标本或模型上：观察臂丛的组成、位置及主要分支，确认肌皮神经、尺神经、正中神经、桡神经和腋神经的分布范围，分析不同神经损伤的临床表现。

(4) 结合胸神经标本或模型：观察肋间神经和肋下神经的行程和分布范围。

(5) 取腹后壁及下肢的血管、神经标本或模型：观察腰丛、骶丛的组成、位置和主要分支。腰丛的主要分支有髂腹下神经、髂腹股沟神经、闭孔神经和股神经。骶丛的主要分支有臀上神经、臀下神经、阴部神经和坐骨神经。确认股神经、坐骨神经的行程、分支和分布，分析其损伤后的临床表现。

2. 脑神经

(1) 结合脑标本和去除脑保留脑神经根的颅底标本：观察脑神经的连脑部位和出入颅的部位。

(2) 在眶内结构标本或模型上：辨认动眼神经、滑车神经、展神经、视神经、上颌神经的走行和分布。

(3) 三叉神经标本或模型：辨认三叉神经节的位置，三叉神经的分支、走行及分布。

(4) 取面神经标本或模型：观察面神经的走行、分支及分布。

(5) 在颈部深层的血管、神经标本和迷走神经标本和模型上：观察舌咽神经、副神经、迷走神经、舌下神经的走行、分支及分布。

3. 内脏神经 在内脏神经标本或模型上：交感神经、副交感神经低级中枢的位置；内脏神经节的位置；交感干的位置及组成；内脏神经行程及分布；交感神经、副交感神经节后纤维的分布概况。

【实验报告】

写出 12 对脑神经的连脑部位。

二、神经系统的传导通路

【实验目的】

1. 掌握躯干四肢的痛、湿、粗触觉、压觉传导通路、本体觉和精细触觉传导通路。

2. 熟悉锥体系的传导通路。

3. 了解头面部浅感觉传导通路和视觉传导通路。

【实验材料】

脑干神经核模型，电动传导通路模型。

【实验内容和方法】

1. 躯体与四肢的深、浅感觉传导通路　利用电动传导通路模型，指导学生观察躯体与四肢的深、浅感觉的传导通路的三级神经元所在的部位、交叉的部位和通过内囊的部位，让学生观察传导通路模型的传导运行途径。

2. 头面的浅感觉传导通路　利用电动传导通路模型，指导学生观察头面的浅感觉的传导通路的三级神经元所在的部位、其纤维行程和通过内囊的部位。

3. 视觉传导通路　利用电动传导通路模型，指导学生观察视觉的传导通路的神经元所在的部位，鼻侧纤维交叉的部位，再让学生分小组继续观察到熟悉为止。

4. 皮质脊髓束、皮质核束的传导通路　利用电动传导通路模型，指导学生观察皮质脊髓束、皮质核束的传导通路的二级神经元所在部位，锥体交叉的部位和通过内囊的部位。再利用脑干神经核模型，观察皮质核束通过内囊的膝部及纤维交叉与终止脑神经运动核的情况。

【实验报告】

绘制浅感觉传导通路图（三级神经元、纤维束、交叉部位，通过内囊部位及端脑投射部位）。

（马　艳）

实验十六　内分泌器官大体及微细结构的观察

【实验目的】

1. 掌握甲状腺的形态、位置、组织学结构。

2. 熟悉垂体的形态、位置、组织结构，肾上腺皮质的分布、组织结构特点。

3. 了解甲状旁腺的位置、形态和结构。

【实验材料】

颈部解剖标本、腹膜后间隙器官标本、头部正中矢状切面标本、喉模型（带甲状腺和甲状旁腺）、甲状腺组织切片（HE 染色）、肾上腺组织切片（HE 染色）、甲状旁腺切片（HE 染色）、垂体组织切片（HE 染色）、甲状腺、肾上腺、垂体微细结构挂图、多媒体音像资料。

【实验内容和方法】

1. 在颈部解剖标本和喉模型上，观察甲状腺的外形及其左右叶和甲状腺峡。

2. 在喉连气管解剖标本上，甲状腺侧叶后面，寻认 4 个椭圆形小体，即甲状旁腺。

3. 在腹膜后间隙器官标本上，观察肾上腺，左、右肾上腺的位置和形态差别。

4. 在头部正中矢状切面标本上，观察垂体的位置和形态，垂体与漏斗的连接关系。

5. 甲状腺切片观察（HE 染色）

(1) 肉眼观察：切片组织呈团块状，染红色。

(2) 低倍镜观察：甲状腺小叶内可见许多大小不等、圆形或椭圆形的甲状腺滤泡，滤泡腔内有染成深红色的胶状物质。

(3) 高倍镜观察：滤泡壁为单层上皮构成，大部分为立方形细胞。在甲状腺间质内辨认滤泡旁细胞，呈卵圆形，胞浆染色浅。

6. 肾上腺切片观察（HE 染色）

(1) 肉眼观察：切片外周局部染成深红色为皮质，中央部染成紫蓝色为髓质。

(2) 低倍镜观察：表面为结缔组织构成的被膜，染成红色，外附脂肪组织。被膜深面为皮质，由浅入深，依次辨认球状带、束状带、网状带。皮质的深面为髓质，内有较多的血管。

(3) 高倍镜观察

1) 球状带：细胞体积较小，呈低柱状或多边形，排列成团，胞质染成紫蓝色，核大呈圆形，位于细胞中央。

2) 束状带：细胞排列成束状，细胞体积较大，形状不规则，染色较浅。由于胞质内的脂滴在制片时已被溶解，故胞质呈海绵状。

3) 网状带：细胞呈多边形，细胞质染色较红，核圆形。

4) 髓质：主要由髓质细胞构成，细胞呈多边形，胞浆染成紫蓝色。核圆形，位于细胞的中央。细胞团之间有血窦。

7. 垂体切片观察（HE 染色）

1) 肉眼观察：组织染色深，呈红色的部分为垂体远侧部；染色浅，呈粉红色的部分为垂体神经部。

2) 低倍镜观察：可见一窄裂隙的一侧为深紫红色的中间部；另一侧为前叶，其内细胞呈团块或索状排列。

3) 高倍镜观察：①嗜酸性细胞：圆形或多边形，边界清楚，胞质内含有红色颗粒，核圆或卵圆形。②嗜碱性细胞：体积较大，圆形或卵圆形，边界清楚，胞质有紫蓝色颗粒，核圆形或卵圆形。③嫌色细胞：数目多，体积小，多成群排列，细胞界限不清，胞质染色浅，无颗粒。

8. 示教　甲状旁腺切片观察（HE 染色）。

【实验报告】

1. 绘甲状腺高倍镜下图，注明滤泡上皮细胞，滤泡腔及滤泡旁细胞。

2. 绘肾上腺低倍镜下图，注明皮质的球状带、束状带、网状带、血窦和髓质。

（管永福）

实验十七　人体胚胎学概要

【实验目的】

1. 掌握胎膜和胎盘的形态结构。

2. 熟悉卵裂和胚泡的结构特点；蜕膜的分部及各部的位置。

3. 了解胚盘的结构，三胚层的形成与早期分化。通过观看畸形标本，了解优生优育知识。

【实验材料】

卵裂、桑葚胚和胚泡的模型，胎盘模型和第 2 ～ 7 周的胚胎模型，妊娠子宫的剖面模型，胎膜和胎盘的标本，各月胎儿和畸胎标本。

【实验内容和方法】

1. 在第 2 周胚胎的模型上，观察羊膜腔、卵黄囊、内外胚层、胚盘和绒毛膜等结构。在第 3 周胚胎的模型上，观察由外胚层分化形成的神经沟、神经褶、神经管及中胚层形成的体节。在第 4 周末的模型上，观察由内胚层形成的原肠及中胚层形成的间介中胚层、侧中胚层和胚内体腔。

2. 在卵裂及桑葚胚的模型上，观察卵裂球的形态、数量、大小的变化，以及桑葚胚的形成。

3. 在胚泡剖面的模型上，观察胚泡的滋养层、胚泡腔、内细胞群的位置及它们之间的位置关系。

4. 在妊娠子宫剖面的模型上，观察子宫内膜与胚胎的关系，辨认基蜕膜、包蜕膜和壁蜕膜。

5. 在妊娠 3 个月的子宫剖面模型上，观察羊膜、绒毛膜和绒毛膜上的绒毛，辨认丛密绒毛膜和平滑绒毛膜。在脐带的模型或标本上，辨认脐动脉和脐静脉。

6. 在标本或模型上，观察胎盘形态、直径和厚度，辨别胎儿面和母体面。胎儿面光滑，覆有羊膜，中央连有脐带。母体面粗糙，有浅沟将其分隔成 15 ～ 30 个胎盘小叶。

7. 观察各月的胎儿标本和畸胎标本。

【实验材料】

绘胚泡的结构图。

（赵国志）

参考文献

柏树令.2008.系统解剖学.第8版.北京：人民卫生出版社

程辉龙.2010.人体解剖学及组织胚胎学.北京：科学出版社

董博，崔文.2015.解剖学基础.北京：人民卫生出版社

窦肇华.2009.人体解剖学及组织胚胎学.北京：人民卫生出版社

刘东方，陈开润.2012.解剖学基础.北京：科学出版社

刘文庆.2004.人体解剖学.北京：人民卫生出版社

苏传怀，高云兰.2011.解剖学与组织胚胎学.北京：科学出版社

王之一 王俊帜.2013.解剖学基础.北京：科学出版社

王之一.2012.正常人体学基础.第3版.北京：科学出版社

邢贵庆.1996.解剖学及组织胚胎学.第3版.北京：人民卫生出版社

杨壮来.牟兆新.2011.人体结构学.第2版.北京：人民卫生出版社

钟世镇.1998.临床应用解剖学.北京：人民军医出版社

邹锦慧.2015.人体解剖学.第5版.北京：科学出版社

邹仲之，李继承.2013.组织胚胎学.第8版.北京：人民卫生出版社

《解剖学基础》教学大纲

一、课程性质和任务

解剖学基础是研究正常人体形态结构的科学，是医学科学中一门重要的基础课程，包括解剖学、组织学及胚胎学的内容。学习这门课程的目的，在于让学生熟悉和掌握人体各系统器官的正常形态、结构和发生、发育的基本知识，为学习其他基础医学和临床医学课程奠定必要的形态学基础。

解剖教学中要注意培养学生掌握解剖学的基本理论和基本技能的能力，通过引导学生观察和研究人体的形态结构，初步培养学生解决临床问题的能力。

教学方法上，要充分利用现代化的多媒体教学设施，既要重视理论讲授，又要重视实验实习。实验课要做到让学生独立观察标本，同时强调密切结合活体观察，加深学生对所学的知识的理解和记忆。

二、课程教学目标

（一）知识教学目标

1. 能够描述人体主要器官的位置、形态结构、毗邻及其基本功能。
2. 能够在标本或模型上指认主要器官，在显微镜下辨认重要器官的微细结构。
3. 熟悉胎儿生长发育的过程及规律。
4. 了解人体形态结构的异常与疾病发生的关系。

（二）能力培养目标

1. 通过实验教学，使学生具备规范、熟练的基本操作技能。
2. 培养学生用解剖学的基本知识和技术，提高解决临床问题的能力。
3. 培养学生举一反三、融会贯通的能力；发现问题、分析问题、解决问题的能力；终生学习、自学的能力。
4. 能够阐明人体的发生和胚胎的早期发育。

（三）思想教育目标

1. 通过了解人体形态结构与功能的关系，培养辨证唯物主义世界观。
2. 通过对生命现象的认识，树立热爱生命、实事求是的科学态度。
3. 具有良好的职业道德意识、人际沟通能力和相互协作的团队精神。
4. 具有严谨求实的学习态度、科学思维能力、敢于创新的精神和能力。

三、教学内容和要求

教学内容	教学要求			教学活动参考
	掌握	熟悉	了解	
第一章　绪论				理论讲授
1. 解剖学基础的定义与地位				多媒体演示
(1)解剖学基础的定义		√		讨论
(2)解剖学基础的地位			√	
2. 学习解剖学基础的基本观点和方法			√	
3. 人体的组成和分部	√			
4. 常用的解剖学术语				
(1)解剖学姿势			√	
(2)方位术语			√	
(3)轴	√			
(4)面	√			
第二章　细胞				理论讲授
1. 细胞的概况			√	多媒体演示
2. 细胞的结构				讨论
(1)细胞膜			√	
(2)细胞质	√			
(3)细胞核		√		
第三章　基本组织				理论讲授
1. 上皮组织				多媒体演示
(1)被覆上皮组织的分类、结构、分布	√			讨论
(2)上皮组织的特殊结构		√		实验
(3)纤毛、微绒毛的概念	√			
(4)腺上皮、腺的概念	√			
(5)腺的分类			√	
2. 结缔组织				
(1)结缔组织的特点和分类	√			
(2)疏松结缔组织的纤维	√			
(3)致密结缔组织	√			
(4)脂肪组织			√	
(5)网状组织			√	
(6)软骨组织的一般结构			√	
(7)软骨的分类、特点			√	
(8)骨组织			√	
(9)骨密质和骨松质的结构特点			√	
(8)血液的组成	√			
(9)血浆			√	
(10)血细胞分类、正常值	√			
3. 肌组织				
(1)骨骼肌一般结构、分布和功能	√			
(2)心肌一般结构、分布和功能	√			
(3)平滑肌一般结构、分布和功能	√			
4. 神经组织				理论讲授
(1)神经元的结构	√			多媒体演示
(2)神经元的形态分类、功能分类		√		讨论
(3)神经胶质细胞			√	实验
(4)神经纤维、神经末梢的概念	√			
(5)突触		√		
实验一：显微镜的构造和使用	√			
实验二：细胞、上皮、结缔组织			√	
实验三：肌、神经组织			√	
第四章　运动系统				理论讲授
1. 骨				多媒体演示
(1)骨的构造、分类和形态	√			讨论
(2)骨的化学成分和物理特性			√	实验
2. 骨连结				
(1)直接连结			√	
(2)间接连结	√			
3. 躯干骨及其连结				
(1)躯干骨的名称和位置	√			
(2)椎骨、胸骨和肋的形态		√		

续表

教学内容	教学要求			教学活动参考
	掌握	熟悉	了解	
(3)躯干骨主要骨性标志(胸骨角、骶角、肋弓等)及其临床意义		√		
(4)脊柱、胸廓的组成、形态和功能	√			
4. 颅骨及其连结				
(1)颅的分部与组成			√	
(2)颞骨、下颌骨的形态结构		√		
(3)颅的整体观:颅囟、翼点、鼻旁窦的形态、临床意义	√			
(4)颅骨主要骨性标志(下颌角、乳突等)及其临床意义		√		理论讲授
(5)颅骨的连结:颞下颌关节		√		多媒体演示
(6)新生儿颅的特征	√			讨论
5. 四肢骨及其连结				实验
(1)四肢骨的名称和位置	√			
(2)上肢骨:锁骨、肩胛骨、肱骨的形态结构	√			
(3)上肢骨:尺骨、桡骨、手骨的形态结构			√	
(4)上肢骨的连结:肩关节、肘关节	√			
(5)上肢骨的连结:腕关节		√		
(6)下肢骨:髋骨、股骨的形态结构	√			
(7)下肢骨:髌骨、胫骨、腓骨、足骨的形态结构			√	
(8)下肢骨的连结:骨盆、髋关节、膝关节、踝关节	√			
(9)四肢骨主要骨性标志(髂嵴、内踝等)及其临床意义		√		
6. 骨骼肌				
(1)肌的分类与配布			√	
(2)肌的构造	√			
(3)辅助结构:筋膜	√			
(4)辅助结构:滑膜囊、腱鞘			√	
(5)头肌			√	
(6)颈肌	√			
(7)躯干肌:背肌、胸肌、膈、腹肌	√			
(8)四肢肌:上肢肌、下肢肌	√			
实验四:躯干骨及连结		√		
实验五:颅骨及连结		√		理论讲授
实验六:上肢骨及连结		√		多媒体演示
实验七:下肢骨及连结		√		讨论
实验八:骨骼肌		√		实验
第五章　消化系统				理论讲授
1. 概述				多媒体演示
(1)消化系统的组成和功能	√			讨论
2. 消化管				实验
(1)胸部标志线			√	
(2)腹部标志线与分区			√	
(3)口腔:舌、牙	√			
(4)咽			√	
(5)食管:形态、位置、生理性狭窄	√			
(6)胃:位置、形态与分部	√			
(7)胃壁的结构特点		√		
(8)小肠的位置和分部	√			
(9)小肠黏膜的微细结构特点		√		
(10)盲肠:形态位置、回盲瓣		√		
(11)阑尾形态、位置、麦氏点	√			
(12)结肠			√	
(13)直肠:形态位置、黏膜结构特点			√	
(14)肛管:形态位置、黏膜结构特点	√			
3. 消化腺				
(1)口腔腺名称、位置	√			
(2)口腔腺形态、导管开口部位			√	

续表

教学内容	教学要求			教学活动参考
	掌握	熟悉	了解	
(3)肝形态、位置及体表投影	√			
(4)肝的微细结构		√		
(5)胆囊与输胆管道	√			
(6)胰的形态、位置和分部		√		
(7)胰的微细结构			√	
4. 腹膜				
(1)腹膜和腹膜腔的概念	√			
(2)腹膜与脏器的关系		√		理论讲授
(3)腹膜形成的结构：网膜、韧带、系膜、陷凹		√		多媒体演示
实验九：消化系统大体结构		√		讨论
实验十：消化系统微细结构		√		实验
第六章　呼吸系统				理论讲授
1. 呼吸道				多媒体演示
(1)鼻、咽、喉			√	讨论
(2)气管的构成、位置	√			实验
(3)左右主支气管的形态特点	√			
2. 肺				
(1)肺的位置、形态和分叶	√			
(2)肺下缘体表投影	√			
(3)肺段支气管和支气管肺段		√		
(3)肺的微细结构		√		
(4)呼吸膜的概念	√			
(5)肺的血管			√	
3. 胸膜与纵隔				
(1)胸膜与胸膜腔	√			
(2)胸膜下界体表投影	√			
(3)纵隔			√	
实验十一：呼吸系统				
第七章　泌尿系统				理论讲授
1. 肾				多媒体演示
(1)肾的形态和位置	√			讨论
(2)肾的剖面构造		√		实验
(3)肾的被膜		√		
(3)肾的微细结构：肾单位、集合小管、肾血液循环特点	√			
2. 排尿管道				
(1)输尿管：形态、位置		√		理论讲授
(2)膀胱：形态、位置、膀胱三角	√			多媒体演示
(3)尿道：女性尿道的形态特点	√			讨论
实验十二：泌尿系统		√		实验
第八章　生殖系统				理论讲授
1. 男性生殖系统				多媒体演示
(1)男性生殖系统组成和功能	√			讨论
(2)睾丸：形态、位置、微细结构和功能	√			实验
(3)附睾：形态、位置和功能			√	
(4)输精管与射精管			√	
(5)附属腺：精囊、前列腺、尿道球腺			√	
(6)外生殖器：阴囊、阴茎			√	
(7)男性尿道：长度、弯曲、狭窄和功能	√			
2. 女性生殖系统				
(1)女性生殖系统的组成和功能	√			
(2)卵巢：形态、位置、微细结构和功能	√			
(3)输卵管：形态、分部		√		
(4)子宫：形态、位置、分部、固定装置、微细结构	√			
(5)子宫内膜的周期性变化与卵巢周期性变化的关系	√			
(6)阴道：位置、形态及其黏膜的结构特点			√	
(7)附属腺			√	
(8)外生殖器			√	
3. 会阴		√		
4. 乳房　位置、形态、构造			√	
实验十三：生殖系统		√		

续表

教学内容	教学要求			教学活动参考
	掌握	熟悉	了解	
第九章 脉管系统				理论讲授
1. 概述				多媒体演示
(1)脉管系统的组成	√			讨论
(2)血液循环路径			√	实验
2. 心血管系统				
(1)心的位置和外形	√			
(2)心各腔的形态结构	√			
(3)心壁的微细结构			√	
(4)心的传导系统	√			
(5)心的的血管		√		
(6)心的体表投影	√			
(7)心包	√			
(8)肺循环的血管			√	
(9)体循环的动脉:行经和配布规律;主动脉的主要分支;常用压迫止血点	√			
(10)体循环的静脉:分部和各部的主干;临床常选作静脉穿刺的血管	√			
3. 淋巴系统				
(1)淋巴管道:毛细淋巴管、淋巴管、淋巴干、淋巴导管			√	
(2)淋巴器官:淋巴结的形态、微细结构、功能		√		
(3)淋巴器官:脾的形态、位置和功能		√		
(4)淋巴器官:胸腺的形态、位置和功能		√		
实验十四:心		√		
实验十五:体、肺循环的血管、淋巴系统		√		
第十章 感觉器				理论讲授
1. 视器				多媒体演示
(1)眼球:眼球壁和眼球内容物	√			讨论
(2)眼副器			√	实验
(3)眼的血管			√	
2. 前庭蜗器				
(1)组成和功能	√			
(2)外耳:外耳道、鼓膜的形态、位置	√			
(3)中耳			√	
(4)内耳			√	
(5)声波的传导		√		理论讲授
3. 皮肤				多媒体演示
(1)皮肤的微细结构	√			讨论
(2)皮肤的附属器			√	实验
第十一章 神经系统				理论讲授
1. 概述				多媒体演示
(1)神经系统的组成和分部		√		讨论
(2)神经系统的活动方式			√	实验
(2)神经系统的常用术语	√			
2. 中枢神经系统				
(1)脊髓位置和外形	√			
(2)脊髓的内部结构			√	
(3)脊髓的功能	√			
3. 脑				
(1)脑干:外形及功能	√			
(2)小脑:位置及功能		√		
(3)小脑的形态结构			√	
(4)间脑:位置和分部;第三脑室的位置和沟通关系	√			
(5)端脑:大脑半球的分叶及各叶的主要沟、回;皮质机能定位	√			
4. 脑、脊髓的被膜和血管		√		
5. 脑脊液产生、作用及其循环	√			
6. 周围神经系统				
(1)脊神经:颈丛、臂丛、腰丛、骶丛构成、分支、分布概况		√		
(2)脑神经:动眼 N、面 N、迷走 N 的构成和分布	√			

续表

教学内容	教学要求			教学活动参考
	掌握	熟悉	了解	
7. 内脏神经				
(1)内脏运动神经			√	
(2)内脏感觉神经			√	
(3)牵涉性痛			√	
8. 感觉传导通路				
(1)躯干、四肢的本体感觉(深感觉)和精细触觉传导通路	√			
(2)躯干、四肢的痛温觉及粗触觉(浅感觉)传导通路		√		
(3)头面部痛温觉及粗触觉(浅感觉)传导通路			√	
(4)视觉传导通路	√			
9. 运动传导通路				
(1)锥体系	√			理论讲授
(2)锥体外系			√	多媒体演示
实验十六:中枢神经系统		√		讨论
实验十七:周围神经系统		√		实验
第十二章　内分泌系统				理论讲授
1. 甲状腺的形态、位置、微细结构。	√			多媒体演示
2. 甲状旁腺的形态、位置、甲状旁腺素的作用			√	讨论
3. 肾上腺的形态、位置、微细结构	√			实验
4. 垂体的位置、分部、微细结构		√		理论讲授 多媒体演示
实验十八:感觉器、内分泌系统		√		讨论 实验
第十三章　人体胚胎学概要				理论讲授
1. 人体的发生				多媒体演示
(1)精子的成熟			√	讨论
(2)卵子的成熟			√	实验
(3)受精的概念	√			
2. 胚胎的早期发育				
(1)卵裂			√	
(2)胚泡的形成			√	
(3)植入的概念	√			
(4)蜕膜			√	
(5)三胚层的形成与分化		√		
3. 胎膜和胎盘				
(1)胎膜			√	
(2)胎盘	√			
4. 胎儿的血液循环				
(1)胎儿血液循环特点	√			
(2)胎儿出生后心血管系统的变化		√		
第十四章　护理应用解剖			√	

四、教学大纲说明

(一)适用对象与参考学时

本教学大纲可供护理、助产、医学检验、药剂、医学影像、中医、涉外护理、口腔技工、眼视光等专业使用，总学时为120，其中理论教学74学时，实践教学34学时，机动12学时。

(二)教学要求

1. 本课程对理论教学部分要求有掌握、理解、了解三个层次。掌握是指对解剖学基础中所学的基本知识、基本理论具有深刻的认识，并能灵活地应用所学知识分析、解释一些生理现象和临床问题。理解是指能够解释、领会概念的基本含义并会应用所学技能。了解是指能够简单理解、记忆所学知识。对要求掌握的内容，教师应讲深、讲透，使学生深入理解、记牢，并能熟练地联系实际加以应用；对要求理解的内容，教师要重点讲解，学生可在全面理解的基础上，抓住重点；对要求了解的内容，教师可作概括讲解，使学生有一般的认识和理解。

2. 本课程突出以培养能力为本位的教学理念，在实践技能方面分为熟练掌握和学会两个层次。熟练掌握是指能够独立娴熟地进行正确的实践技能操作。学会是指能够在教师指导下进行实践技能操作。实验课是解剖教学过程的重要环节，教师要充分利用标本、模型、组织切片、直观教具和多媒体等多种手段进行教学。对大纲中要求掌握的内容，教师应指导学生仔细观察、记牢；对要求理解的内容，在全面观察的基础上，抓住重点仔细观察；对要求了解的内容，要使学生能够看到、看懂。

（三）教学建议

1. 在教学过程中要积极采用现代化教学手段，加强直观教学，充分发挥教师的主导作用和学生的主体作用。注重理论联系实际，并组织学生开展必要的临床案例分析讨论，以培养学生的分析问题和解决问题的能力，使学生加深对教学内容的理解和掌握。

2. 实践教学要充分利用教学资源，案例分析讨论等教学形式，充分调动学生学习的积极性和主观能动性，强化学生的动手能力和专业实践技能操作。

3. 教学评价应通过课堂提问、布置作业、单元目标测试、案例分析讨论、期末考试等多种形式，对学生进行学习能力、实践能力和应用新知识能力的综合考核，以期达到教学目标提出的各项任务。

学时分配建议（120 学时）

序号	教学内容	学时数		
		理论	实践	合计
1	绪论	2	0	2
2	细胞	2	0	2
3	基本组织	8	4	12
4	运动系统	10	6	16
5	消化系统	8	4	12
6	呼吸系统	4	2	6
7	泌尿系统	4	2	6
8	生殖系统	4	2	6
9	脉管系统	10	4	14
10	感觉器	4	2	6
11	神经系统	12	4	16
12	内分泌系统	2	2	4
13	人体胚胎学概要	4	2	6
14	护理常用技术应用解剖	自学		
15	机动	8	4	12
合计		82	38	120

考　核

本课程考试以期末考试、实验考核为主。

总成绩 = 平时成绩 20%+ 期末考试成绩 50%+ 实验考核 30%

（刘东方）

自测题参考答案

第一章 1. A 2. C 3. B 4. E 5. D 6. C 7. B 8. A 9. A 10. D

第二章 1. D 2. B 3. D 4. D 5. E 6. D

第三章 1. A 2. D 3. B 4. B 5. B 6. A 7. D 8. C 9. B 10. C 11. B 12. C 13. C 14. B 15. A 16. C 17. B 18. E 19. D 20. E 21. C 22. D 23. A 24. E

第四章 1. C 2. C 3. B 4. B 5. B 6. B 7. E 8. C 9. C 10. B 11. E 12. D 13. E 14. E 15. C 16. A 17. E 18. A 19. A 20. D 21. E 22. A 23. E 24. B 25. D 26 . E 27. B 28. E 29. B 30. D

第五章 1. B 2. D 3. E 4. A 5. A 6. C 7. B 8. C 9. E 10. A 11. C 12. B 13. C 14. E 15. A 16. C 17. A 18. D 19. D 20. D 21. C 22. B 23. C 24. B 25. D 26. A 27. D 28. A 29. B 30. C

第六章 1. C 2. D 3. B 4. E 5. C 6. E 7. A 8. E 9. C 10. B 11. E 12. B 13. B 14. D 15. C 16. C 17. D 18. D 19. C

第七章 1. B 2. C 3. C 4. B 5. B 6. C 7. A 8. B 9. D 10. D 11. B 12. C 13. B 14. C 15. C

第八章 1. B 2. B 3. D 4. A 5. D 6. D 7. A 8. A 9. D 10. D 11. C 12. A 13. E 14. D 15. B 16. C 17. B 18. B 19. D 20. D 21. B 22. B 23. E 24. D 25. C 26. A 27. D 28. B 29. E 30. F

第九章 1. B 2. A 3. B 4. A 5. A 6. C 7. B 8. D 9. A 10. C 11. C 12. C 13. C 14. B 15. C 16. C 17. A 18. B 19. A 20. B 21. D 22. E 23. C 24. B 25. B 26. D 27. B 28. A 29. C 30. C

第十章 1. C 2. B 3. D 4. B 5. C 6. D 7. D 8. A 9. E 10. B 11. C 12. A 13. C 14. B 15. D 16. C 17. E 18. A 19. D 20. A

第十一章 1. B 2. A 3. D 4. C 5. C 6. B 7. C 8. A 9. C 10. C 11 C 12. C 13. A 14. D 15. B 16. D 17. D 18. C 19. C 20. D 21. C 22. E 23. C 24. D 25. D 26. E 27. B 28. C 29. B 30. A

第十二章 1. D 2. D 3. E 4. B 5. C 6. C 7. B

第十三章 1. C 2. D 3. A 4. D 5. C 6. B 7. E 8. E 9. C 10. C 11. D 12. C 13. E 14. B 15. D 16. B 17. A 18. E 19. D 20. E